Band 626

Wolfgang Mertens

# Psychoanalytische Erkenntnishaltungen und Interventionen

Schlüsselbegriffe für Studium, Weiterbildung und Praxis

2., aktualisierte und erweiterte Auflage

Verlag W. Kohlhammer

Dieses Werk einschließlich aller seiner Teile ist urheberrechtlich geschützt. Jede Verwendung außerhalb der engen Grenzen des Urheberrechts ist ohne Zustimmung des Verlags unzulässig und strafbar. Das gilt insbesondere für Vervielfältigungen, Übersetzungen, Mikroverfilmungen und für die Einspeicherung und Verarbeitung in elektronischen Systemen.

Die Wiedergabe von Warenbezeichnungen, Handelsnamen und sonstigen Kennzeichen in diesem Buch berechtigt nicht zu der Annahme, dass diese von jedermann frei benutzt werden dürfen. Vielmehr kann es sich auch dann um eingetragene Warenzeichen oder sonstige geschützte Kennzeichen handeln, wenn sie nicht eigens als solche gekennzeichnet sind.

Es konnten nicht alle Rechtsinhaber von Abbildungen ermittelt werden. Sollte dem Verlag gegenüber der Nachweis der Rechtsinhaberschaft geführt werden, wird das branchenübliche Honorar nachträglich gezahlt.

2. Auflage 2014

Alle Rechte vorbehalten
© W. Kohlhammer GmbH, Stuttgart
Gesamtherstellung: W. Kohlhammer GmbH, Stuttgart

Print:
ISBN 978-3-17-024372-9

E-Book Formate:
pdf:    ISBN 978-3-17-024374-3
epub:   ISBN 978-3-17-024373-6
mobi:   ISBN 978-3-17-024375-0

Für den Inhalt abgedruckter oder verlinkter Websites ist ausschließlich der jeweilige Betreiber verantwortlich. Die W. Kohlhammer GmbH hat keinen Einfluss auf die verknüpften Seiten und übernimmt hierfür keinerlei Haftung.

# Inhalt

**Vorwort** .......................................... 11

1 Einige Überlegungen zur Weiterentwicklung
  psychoanalytischer Erkenntnishaltungen und
  Interventionen .................................. 13

2 Psychoanalytische Erkenntnishaltungen und
  Interventionen .................................. 25

    Adaptives Handeln fördern ....................... 25
    Affektive Blindheit überwinden .................. 26
    Anerkennung ..................................... 27
    Anti-Regression beachten ........................ 31
    Arbeitsbündnis herstellen und
    aufrechterhalten ................................ 32
    Arbeiten mit dem Unbewussten .................... 35
    Atmosphäre, emotionale .......................... 41
    Außer-Übertragungsdeutung – Übertragungsdeutung
    außerhalb der analytischen Beziehung oder
    Deutung der außertherapeutischen
    Situation ....................................... 42
    Autonomie fördern ............................... 45
    Autorität, funktionale ausüben .................. 48

    Behandlungspraxis, explizite und implizite ...... 50
    Beobachten, behavioral und empathisch-
    introspektiv .................................... 52
    Beobachten der Körpersprache .................... 55
    Bestätigung kleinster Lernfortschritte .......... 57
    Bewältigungsmotiv anerkennen .................... 58
    Beziehungsregulierung, achten auf die ........... 60
    Bindungstheoretische Orientierung ............... 67

Biographisches Kontextualisieren .................. 68
Blinde Flecken, Umgang mit blinden Flecken
des Analytikers ................................. 72

Coaching, sich vom Patienten coachen lassen/
Lernen vom Patienten .......................... 74
Container/Contained ............................ 75

Denkprozesse, Wahrnehmung der eigenen .......... 77
Deutung ........................................ 78
Deutung als Sprechhandlung ..................... 79
Deutung, analytikerzentriert, patientenzentriert ..... 80
Deutung, genetische ............................ 81
Deutung, mutative .............................. 83
Deutung, neurowissenschaftliche ................. 86
Deutung, prozessbezogene (»Deutungen zweiter
Ordnung«) ..................................... 87
Deutung, virtuelle ............................... 88
Dialoghandeln .................................. 89
Durcharbeiten .................................. 89

Eigenübertragung ............................... 91
Einfühlung ..................................... 92
Einsicht fördern ................................ 98
Emotionszentrierte Interventionen ................ 103
Enactment, Erkennen des und Umgang
mit dem ...................................... 104
Entwicklungstheoretische Orientierung ........... 109
Erklären, kausales und intentionales .............. 111
»Etwas mehr« als Deutung ...................... 115

Fokaltherapeutisch konzeptualisieren ............. 117
Fragen stellen .................................. 118
Freie Assoziation, zulassen und fördern ........... 120

Gegenübertragung erkennen ..................... 129
Gegenwartsmoment ............................. 136
Gemeinsames Regredieren ....................... 138
Gleichschwebende Aufmerksamkeit für die
Inhalte des freien Assoziierens .................. 141

Handhabung der Übertragung .................. 144
Handlungsdialog ................................ 146

Ich-Funktionen ansprechen und fördern ........... 148
Ich-Funktionen stärken (auf niedrigem
Strukturniveau) ................................ 150
Ichpsychologische Orientierung .................. 150
Implizites Beziehungswissen beachten ............ 154
Innerer Analytiker .............................. 156
Inszenierende Interaktion ....................... 157
Interaktionelles Prinzip ........................ 158
Interaktionelle Mikroanalyse der Beziehung ...... 159
Interkulturelle Sensibilität entwickeln ......... 161
Interpersonelle Orientierung .................... 162
Intersubjektive Orientierung .................... 168
Introspektion .................................. 178

Klarifizieren .................................. 181
Kleinianische Orientierung ...................... 183
Körperinszenierungen erkennen ................... 186
Körperpsychotherapeutische Interventionen ....... 187
Komplementäre Identifizierung ................... 190
Konfrontieren .................................. 191
Konkordante Identifizierung ..................... 191
Kontext bezogenes Intervenieren ................. 192
Korrigierende emotionale Erfahrung .............. 195
Kreditierung ................................... 197

Lebenskunst ................................... 198
Lokale Ebene .................................. 199

Mentalisierung fördern ......................... 200
Metaphern verwenden ............................ 203
Metaphernbildung beim Analysanden anregen
und fördern ................................... 205
Mitteilen der Gegenübertragung .................. 206

Neutralität, eine neutrale Erkenntnishaltung
einnehmen ..................................... 209
Nichtdeutende Mechanismen ...................... 216

Nichtwissen ertragen können .................... 217
Nonverbale Kommunikation beachten ............. 219

Oberfläche, von der Oberfläche ausgehen .......... 222

PAM – Prototypische affektive
Mikrosequenzen ................................ 224
Prinzip Antwort ................................ 226
Projektive Identifizierung, Umgang mit der ......... 226
Prosodie, auf die Prosodie achten ................. 228
Prozessmonitoring, engmaschige Beobachtung
des assoziativen Prozesses ....................... 234
Prozessorientiert vorgehen ...................... 236
Prozessphantasien (des Patienten)
berücksichtigen ................................ 237

Rahmen, Umgang mit dem ...................... 240
Regression ermöglichen ......................... 243
Relationale Orientierung ........................ 246
Respekt ....................................... 248
Role-responsiveness, Rollenbereitschaft ........... 249

Selbstanalyse fördern ........................... 250
Selbstenthüllung/-mitteilung .................... 252
Selbstobjekt-Übertragung ....................... 257
Selbstpsychologische Orientierung ............... 260
Selbstregulierung/Fremdregulierung, interaktive
Regulierung ................................... 263
Sicherheit ermöglichen ......................... 268
Sprechhandeln ................................. 271
Strukturniveau beachten ........................ 273
Suggestion .................................... 274
Supportive Intervention ......................... 275
Szenisches Verstehen ........................... 278

Teilnehmende Beobachtung ..................... 282
Theorien verwenden ........................... 284
Theory of Mind, Entwicklung einer
Theory of Mind fördern ......................... 287
Tiefenpsychologisches Intervenieren ............. 289

Traumaspezifische Techniken .................... 291
Traumatisierende Übertragung .................... 292
Traumdeutung entsprechend einem
Traumklassifikationsdiagramm .................... 294

Übertragung – Arbeit in der Übertragung,
Arbeit an der Übertragung ...................... 296
Übertragung der Gesamtsituation ................. 297
Übertragungsdeutung im Hier und Jetzt ........... 300
Übertragungsdeutung, klassische ................. 303
Übertragungsfokussierung ....................... 307
Übertragungsneurose, Herstellung einer ........... 308

Verändern lassen, sich ......................... 311

Widerstand beachten ........................... 312

(Zu-)Hören .................................... 319

**Literatur** ........................................ 325

**Personenregister** ................................. 369

# Vorwort

Die moderne Psychoanalyse weist eine Vielzahl an Erkenntnishaltungen, Methoden und behandlungstechnischen Vorgehensweisen auf. In der Regel kennen Außenstehende aber lediglich das Deuten von unbewussten Beweggründen als genuin psychoanalytische Vorgehensweise. In den hundert Jahren ihres Bestehens hat sich das Repertoire ihrer Behandlungstechnik jedoch sehr verbreitet. Die beherrschende Stellung der nordamerikanischen Ichpsychologie ging mittlerweile zurück, neue psychoanalytische Richtungen, wie Objektbeziehungstheorien, Selbstpsychologie, interpersonelle Psychoanalyse, lacansche und postlacansche Theorien, und vor allem auch ein neues »postmodernes« Paradigma – die intersubjektive Psychoanalyse – breiteten sich in der weltweiten psychoanalytischen Gemeinschaft aus. Auch die Berücksichtigung von Befunden aus der Kleinkind-, Gedächtnis-, Interaktions- und Emotionsforschung hat das interdisziplinäre Wissen um nichtbewusste Kommunikationsvorgänge in den letzten Jahren bereichert. Diese Erkenntnisse erweisen sich als sehr anschlussfähig an Konzepte psychoanalytischer Praktiker, die aufgrund ihres Professionswissens zu ähnlichen Erkenntnissen kommen. Des Weiteren wurden neben der klassischen Psychoanalyse modifizierte Verfahren entwickelt, wie z.B. die analytische Psychotherapie, die tiefenpsychologisch fundierte Psychotherapie, Kurz- und Fokaltherapien, die körperorientierte Psychotherapie, die strukturbezogene Psychotherapie, die analytische Traumatherapie, psychodynamische Therapien von Panik- und Borderlinestörungen u.a.m. Diese am Patienten orientierten, jeweils unterschiedlichen Vorgehensweisen und Interventionen scheinen auf den ersten Blick allerdings recht heterogen zu sein. Dennoch liegen allen Verfahren eine oder auch mehrere Erkenntnishaltungen zugrunde, welche die verschiedenen Modi der Beziehung zwischen Therapeut und Patient v.a. hinsichtlich ihrer unbewussten Abläufe kontinuierlich zu reflektieren und soweit es sinnvoll und angebracht ist, zu thematisieren versuchen. Dies macht ihre psychoanalytische Schnittmenge aus.

In diesem Buch werden die wichtigsten psychoanalytischen Erkenntnishaltungen und behandlungstechnischen Vorgehensweisen definiert, unterschiedliche Auffassungen und Handhabungen aufgrund verschiedener Richtungen aufgezeigt sowie etwaige Engführungen, die sich aufgrund der Überbetonung einer zu einseitig verfolgten Richtung ergeben, problematisiert und diskutiert. Die Erläuterung der Gemeinsamkeiten, aber auch der Unterschiede in den einzelnen Auffassungen lässt neue Überlegungen entstehen, wie psychoanalytische Erkenntnishaltungen, Interventionsmodi und explizite sowie implizite Theorien zukünftig besser erforscht werden können.

Der Autor plädiert für ein kritisches Überdenken so mancher, gelegentlich immer noch antreffbarer, konzeptueller und methodischer Engführungen und damit für eine patientengerechtere, prozessorientierte und integrativere psychoanalytische Behandlungseinstellung. Wo es sinnvoll erscheint, werden auch empirische Forschungsmethoden angesprochen. Erläuternde Beispiele dazu sind in der »Einführung in die psychoanalytische Therapie« zu finden (vgl. Mertens 2015).

Herrn Dr. Ruprecht Poensgen danke ich für die Inverlagnahme und die stets gute Zusammenarbeit, Frau Filbrandt für die sorgfältige Betreuung des Manuskripts.

Wolfgang Mertens
München, im Oktober 2013

# 1 Einige Überlegungen zur Weiterentwicklung psychoanalytischer Erkenntnishaltungen und Interventionen

Obwohl viele Psychoanalytiker heutzutage pluralistisch vorgehen, d. h. aus der Fülle theoretischer Modelle über Entwicklung, Persönlichkeit, Psychogenese von Leidenszuständen, Behandlungstechnik und Krankheit diejenigen Metaphern und Konzepte auswählen, die ihnen für einen bestimmten Patienten passend erscheinen, lassen sich in der Literatur doch immer wieder polarisierende Behauptungen antreffen, bei denen die Überlegenheit des eigenen Ansatzes betont und die Theorien anderer Richtungen zumeist in Schwarz-weiß-Zeichnung abgewertet werden. In dieser Abhandlung wird deshalb dafür plädiert, die Ausschließlichkeit bestimmter polarisierender Behauptungen kritisch zu betrachten und ihre Relativität zu erkennen, denn der psychoanalytische Erfahrungsschatz, der im 20. Jahrhundert entstanden ist, ruht auf den Schultern vieler Praktiker, Theoretiker und Methodiker der Psychoanalyse. Das nimmt zwar einigen Konzepten etwas von ihrer Bedeutsamkeit und verringert das allgegenwärtige Bedürfnis, einzelne Personen idealisieren zu können, trägt aber auch zu einer Verwissenschaftlichung der Psychoanalyse bei, deren Ideen und Hypothesen immer auch in Bezug auf interne und externale Kohärenz und Stimmigkeit überprüft werden müssen. »Schulen«, deren Gründer und Jünger tendieren hingegen eher dazu, sich theoretisch wie institutionell abzuschotten, ihre Hypothesen nicht ausreichend zu explizieren und sich methodisch zu wenig in die Karten schauen zu lassen. Nicht zuletzt auch aus diesem Grund ist es in der Psychoanalyse in den letzten Jahren zu einer nahezu unüberschaubaren Anzahl von Minitheorien gekommen. Nach außen erscheint dies nicht nur wie ein überbordender Theoriekörper, sondern auch wie die Fragmentierung eines einst doch relativ zusammenhängenden Gebäudes.

In manchen holzschnittartigen Vereinfachungen der ersten und zweiten Generation von Psychoanalytikern ließen sich Übertragung, Übertragungsneurose, Widerstand sowie Gegenübertragung und Deutung wie ausgestanzte Gebilde beschreiben und handhaben. Nach und nach wurde dann aber der Prozesscharakter dieser Phänomene erkannt und schließlich gehen wir in der Gegenwart von einem komplexen Ineinander von verbalen und nonverbalen Beziehungsfaktoren, Handlungsmustern und Interventionsformen aus. Und im Unterschied zu lehrbuchhaften Handlungsanleitungen muss jeweils für den einzelnen Menschen bzw. für die Therapeut-Patient-Dyade entschieden werden, welche Priorität die verschiedenen Konzepte haben (vgl. Zwiebel 2007).

Wenn es in den zurückliegenden 20 bis 30 Jahren zu einer enormen Erweiterung psychoanalytischer Interventionsformen gekommen ist, dann ist dies in erster Linie natürlich auch den Patienten zu verdanken, die mit ihren unterschiedlichen Leidenszuständen immer wieder etablierte, manchmal auch festgefahrene Vorgehensweisen in Frage gestellt haben. Ein weiterer Grund sind aber sicherlich auch die soziokulturellen Veränderungen im Verlauf des 20. Jahrhunderts, die zu neuen Auffassungen über eine optimale analytische Vorgehensweise führten, und nicht zuletzt hat auch die Auseinandersetzung mit Theorien und Befunden aus der Kleinkind-, Bindungs-, Emotions-, Gedächtnis- und neurowissenschaftlichen Forschung entweder zu ganz neuen Anregungen, häufig aber auch zu einer präziseren Fassung bereits seit längerer Zeit intuitiv gehandhabter und der Praxis entsprungener Überlegungen und Konzepte geführt.

Eine Bestandsaufnahme lässt so manche bislang als identitätsstiftend betrachtete Interventionsform in den Hintergrund treten, rückt zeitgenössische Auffassungen dementsprechend stärker in den Vordergrund, macht aber auch gemeinsame Schnittmengen zwischen vormals als unvereinbar betrachteten Positionen sichtbar und hilft vielleicht auch, den immer wieder aufflackernden »Schulenstreit« konzeptuell ein wenig zu entschärfen. Denn das dogmatische Insistieren auf der »Richtigkeit« eines einzigen theoretischen Modells lässt gerade die psychoanalytische Erkenntnis von der prinzipiellen Unabgeschlossenheit einzelner Erkenntnisperspektiven unberücksichtigt (Gabbard 2007, Mertens 2010–12).

Denn während noch in der amerikanischen Ichpsychologie die Übertragungsdeutung so etwas wie psychoanalytische Identität verbürgen konnte, gibt es in Zeiten einer pluralistischen Psychoanalyse eine Vielzahl an Vorgehensweisen, die je nach Schulrichtung die Geltung für sich beanspruchen, der jeweils primäre Wirkfaktor zu sein. Glen O. Gabbard und Drew Westen (2003) haben deshalb für eine multimodale Auffassung von psychoanalytischen Wirkfaktoren plädiert, anstelle der früheren normativen »Übertragungsdeutungs-Psychoanalyse«, einer ausschließlich ich- oder selbstpsychologischen Herangehensweise oder der aus heutiger Sicht allzu einfach erscheinenden Zweiteilung »psychoanalytisch« versus »psychotherapeutisch«, wobei Letzteres mit dem Stigma des Zweit- oder gar Drittklassigen behaftet war. Mehr und mehr hat sich auch die Erkenntnis durchgesetzt, dass eine psychoanalytische Kur für jeden einzelnen Patienten maßgeschneidert sein sollte im Sinne von »Legt die Lehrbücher oder die Manuale beiseite«. »Multimodal« könnte dann bedeuten, dass z. B. auch supportive Interventionen, die lange Zeit als antianalytisch galten, für eine analytische Psychotherapie bedeutsam werden, weil sie den Bedürfnissen eines Patienten nach Orientierung hinsichtlich seiner äußerst prekären nichtbewussten Interaktionserwartungen zunächst einmal entgegenkommen, statt ihn durch eine zu stark abstinente Haltung – die für einen anderen Patienten oder in einer späteren Phase der Behandlung durchaus angezeigt sein kann – zusätzlich zu verunsichern.

Mit der Einstellung, dass entsprechend einem schulenspezifischen Denken nur bestimmte Vorgehensweisen als genuin psychoanalytisch gelten, stand und steht zum Teil immer noch die Psychoanalyse in der Gefahr, einen sehr engen Indikationsbereich für sich zu beanspruchen bzw. darauf festgelegt zu werden. Patienten, die überwiegend psychosomatisch erkrankt waren, wurden für psychoanalyseuntauglich erklärt; Patienten, denen eine körperbezogene Intervention geholfen hätte, wofür sich die Psychoanalyse aber nicht zuständig erklärte, wurden an Körperpsychotherapeuten verwiesen; für schizoide und narzisstische Patienten mit präödipalen Erkrankungen wie schizoiden oder narzisstischen Persönlichkeitsstörungen, die Schwierigkeiten mit Reflexion und Symbolisierung hatten, schien nur eine stützende Psychotherapie indiziert; Patienten mit schweren Kindheitstraumatisierungen wurden an eigens dafür ausgebildete Traumaspezialisten weitergereicht; zwischen Einsicht und als suggestiv eingeschätzten Beziehungsfaktoren wurde vereinzelt immer noch eine strikte Trennungslinie gezogen u. a. m. Es schien, als sei der Olymp der Psychoanalyse nur einigen wenigen Patienten vorbehalten. Und in dieser derartigen Engführung der Psychoanalyse wurde lediglich der metakommunikative Diskurs, das Erleben und Thematisieren der Beziehung im Hier und Jetzt als i. e. S. psychoanalytisch eingeschätzt.

Eine metareflexive Kompetenz ist bei nicht wenigen Patienten durch frühe Traumatisierungen und Erfahrungs- sowie Lerndefizite in verschiedenen präverbalen und verbalen Erlebnisbereichen dermaßen eingeschränkt, dass es einer Münchhauseniade gleichkäme, zu glauben, ihnen von Anfang an allein mit verbalen Beziehungsdeutungen zu mehr selbstanalytischer Reflexionsfähigkeit verhelfen zu können. Denn diese Patienten neigen dazu, ihren augenblicklichen Stimmungs- und Affektzustand für die Gesamtheit ihres Erlebens zu halten; das damit einhergehende Pars pro Toto-Denken ist ihnen reflexiv nicht zugänglich. Ebenso überwiegen voneinander getrennt gehaltene affektive Bewertungen des eigenen Selbst und anderer Menschen. Dieser Mangel an Ambivalenztoleranz führt zur Unfähigkeit, intrapsychische Konflikte zwischen Liebe und Abneigung bzw. Hass zu erleben. Projektive und introjektive Vorgänge führen zu Externalisierungen eigener Affektzustände in andere Menschen oder zu einer blitzschnellen Affekt- und Stimmungsansteckung, denen sich der Betreffende hilflos ausgeliefert fühlt. Überhaupt herrschen dysphorische, depressive, verzweifelte und gelegentlich auch Aufmerksamkeit erheischende, grandiose und manische Gefühlszustände und/oder unmentalisierte körperliche Spannungszustände vor. Weil sie häufig kein Gespür für ihre eigene Feindseligkeit haben, die sie in Mimik, Sprache und Handlungen ausstrahlen, erleben sie sich zumeist als Opfer von vermeintlichen oder per projektiver Identifizierung erzwungenen Unverschämtheiten und Zumutungen anderer Menschen. Es fällt ihnen schwer, Affektzustände zu verbalisieren, weshalb sie zum motorischen Agieren, zum Somatisieren und zur unmittelbaren Affektabfuhr neigen. Sprechen wird oft zum Sprechhandeln, von dem etwas Aggressives, Zwingendes und Beherrschenwollendes ausgeht. Ebenso können Erinnerungen nicht als Vorstellungen repräsentiert werden, sondern müssen unmittelbar als Beziehungserfahrung ausgelebt werden. Es kann nicht ausbleiben, dass schwere Beeinträchtigungen der Selbstwertregulierung in Form von starker Selbstüberschätzung, vernichtend empfundener Minderwertigkeit, übermäßiger Idealisierung und massiver Entwertung anderer Menschen ebenfalls das Erleben charakterisieren.

Andere Vorgehensweisen, die sich in einem zeitgenössischen Verständnis jedoch alle als psychoanalytisch begreifen lassen, sind für die Behandlung dieser strukturell beeinträchtigten Menschen notwendig und sie sind in der psychoanalytischen Literatur ausgiebig beschrieben worden (vgl. z.B. Bergmann-Mausfeld 2006, Kernberg et al. 1993, Riesenberg-Malcolm 2003, Robbins 1983, 1988, 1996, Rosenfeld 1981, Rohde-Dachser & Wellendorf 2004, Steiner 1998). Selbst eine psychoedukative Maßnahme kann, wenn sie in ein psychoanalytisches Verständnis der bewussten und unbewusst ablaufenden Beziehung eingebettet bleibt, durchaus als angemessen gelten.

Das Kriterium der Analysierbarkeit war viele Jahre so etwas wie ein Gütesiegel der Psychoanalyse; nur wer über eine ausreichende Introspektionsfähigkeit und psychological mindedness verfügte, kam in den Genuss einer psychoanalytischen Behandlung. Damit wurde aber auch der Kreis der Menschen, für die eine Psychoanalyse überhaupt in Frage kam, sehr stark eingeschränkt. »Times have changed in many ways«: Wilma Bucci (2002) hat – wie viele andere Psychoanalytiker der Gegenwart – darauf aufmerksam gemacht, dass im Fall einer nicht erfolgreichen analytischen Behandlung die Frage nach der Eignung eines Patienten in den zurückliegenden 15 bis 20 Jahren der Einschätzung gewichen ist, ob es nicht vielmehr die analytische Standardtechnik ist, die sich als ungeeignet für diesen Patienten erweist.

Gabbard und Westen (2003) betonen, dass Psychoanalytiker immer mehr erkannt haben, dass Einsicht und Deutung der Übertragung bzw. der Beziehung im Hier und Jetzt kein Entweder-Oder darstellen, wie es z. B. noch vor 20 Jahren gang und gäbe war, sondern synergistisch wirken, wobei bei manchen Patienten in bestimmten Therapieabschnitten mehr die Einsichtsgewinnung, bei anderen wiederum mehr Übertragungsdeutungen Wirksamkeit entfalten. Es gibt keine scharfe Trennungslinie mehr zwischen Deutung und Beziehung (vgl. Pulver 1992, Daser 1999). Diese Gegenüberstellung wird sogar zunehmend als überholt betrachtet. Psychoanalytische Interventionen treten zumeist in gemischter Form auf und sind als Kontinua zu betrachten (vgl. Waldron et al. 2004). Deshalb kann auch in der gegenwärtigen Psychoanalyse ein viel größeres Augenmerk auf beziehungsförderliche Faktoren, ja sogar auf supportive, anerkennende und selbstwertstützende Interventionen gelegt werden, ohne damit in den Verdacht zu geraten, dass dies nichts mehr mit einer psychoanalytischen Vorgehensweise zu tun hat (vgl. z. B. Levy & Inderbitzin 1997, Jiménez 2006). Bereits für Sandler und Sandler (1983) war es wichtig, eine nichtverurteilende Atmosphäre für den Analysanden zu schaffen, wozu sicherlich nicht nur Schweigen und taktvolle Zurückhaltung gehören, in der Annahme, damit den Auftrieb des Unbewussten zu fördern, – aber auch nicht nur temperamentvolle Beziehungsdeutungen – sondern eine auf jeden einzelnen Patienten individuell abgestimmte Vorgehensweise, welche die Interventionen auf die jeweilige Schamanfälligkeit für die implizit regressiven Aspekte des analytischen Settings wohl zu dosieren versteht und den Patienten auch entsprechend seiner jeweiligen Symbolisierungs- und Mentalisierungsfähigkeit an dem Punkt abholt, an dem er sich gerade befindet.

Das klassische sprachphilosophische Paradigma mit seinem semantisch-logischen Bezugssystem und dem Schwerpunkt auf dem Wahrheitsgehalt von Aussagen beachtete nicht die pragmatische Funktion der menschlichen Sprache bzw. ordnete diese völlig der repräsentativen semiotischen Funktion der Zeichen unter. Es berücksichtigte somit nicht, dass die Pragmatik menschlichen Sprechens zur Bedeutung von Aussagen in einem entscheidenden Ausmaß beiträgt und die Intersubjektivität der ausgetauschten Bedeutungen überhaupt erst ermöglicht. Die »pragmatische Wende«, die in der Sprachphilosophie vor allem anhand der Arbeiten von John L. Austin (1962) und John R. Searle (1969) eingeleitet wurde, ermöglicht demgegenüber ein völlig neues Verständnis von Sprache als einer »Sprechhandlung«, das mit vielen psychoanalytischen Überlegungen über Sprache und Sprechen Überschneidungen aufweist. Der verbale Inhalt ist in Therapien meistens nur deshalb wirksam, weil er eine emotionale Erfahrung auslösen kann, und nicht, weil die darin enthaltene inhaltliche Botschaft die hauptsächliche Bedeutung hätte. Allerdings wird die pragmatische Funktion des Sprechens in der Psychoanalyse ergänzt durch die psychodynamisch unbewusste Wirkabsicht und – worauf es in diesem Buch besonders ankommen wird – durch die nichtbewusste Emotionsregulierung, die »unterhalb« der Sprache verläuft.

Wallerstein (1998) spricht hinsichtlich der US-amerikanischen Verhältnisse von einem Paradigmenwechsel, der durch den Wandel von einer tendenziell als elitär und autoritär eingeschätzten Psychoanalyse zu einer intersubjektiven Psychoanalyse zustandegekommen ist, die eine ungleich größere Sensibilität für die Belange eines Patienten aufweise.

Es wäre jedoch mehr als bedauerlich, wenn der Eindruck entstünde, die Psychoanalyse sei aufgrund ihrer Anforderungen an die Reflexionsfähigkeit, Belastbarkeit und psychische Stabilität Relikt einer zu Ende gegangenen Epoche und deshalb nur noch einem kleinen nostalgischem Kreis besonders reflexionsfähiger und introvertierter, vielleicht auch autoritätshöriger und zu wenig für notwendige Wandlungsprozesse aufgeschlossener Personen vorbehalten und zu empfehlen, vielleicht schließlich nur noch solchen Menschen, die dieses Verfahren wegen einer Ausbildung zum Psychoanalytiker erlernen wollen.

Die vorliegende Abhandlung zielt in die entgegengesetzte Richtung: Es lässt sich so viel Psychoanalyse durchführen wie möglich, vorausgesetzt, man zwingt Patienten nicht, sofort in den obersten Stockwerken einzusteigen, sondern lädt sie ins Erdgeschoss ein und bemüht sich dann darum, einen Weg zu finden, wie die Betreffenden mit sich selbst und mit ihrem Analytiker selbstreflexiver umgehen können, weniger gezwungen zur unmittelbaren Bedürfnisbefriedigung und zum Ausagieren in Krankheitssymptomen und ständigen Konflikten mit anderen Menschen und mit zunehmender Freude daran, immer komplexere Bedeutungszusammenhänge über sich und ihr interpersonelles Handeln zu erfahren und sich gefühlsmäßig zu Eigen machen zu können. Vielleicht kommt nicht jeder im obersten Stockwerk an, aber der Weg dorthin ist allein schon mit vielen fruchtbaren Lernerfahrungen verbunden.

Erkenntnisse der Kleinkindforschung, der Gedächtnis- und Emotionspsychologie geben der Psychoanalyse viele Möglichkeiten an die Hand, ihre bisherigen Konzepte noch besser fundieren zu können, manchmal durchaus auch in Abgrenzung zu interdisziplinären Befunden. So hat z. B. die Auseinandersetzung mit der Bindungsforschung deutlich gemacht, dass diese zwar den von Freud eher als selbstverständlich betrachteten Teil mitmenschlicher Bezogenheit differenziert betrachten kann, aber zu den Phänomenen der psychosexuellen Entwicklung und Konflikte bislang wenig zu sagen hat. In der Auseinandersetzung mit der Bindungsforschung mit ihren z. T. irreführenden Behauptungen über ein angeblich beziehungsloses psychoanalytisches Kleinkind sind deshalb wichtige und weiterführende Überlegungen entstanden (vgl. z. B. Cohen 2007, Diamond 2004, Müller-Pozzi 2008, Peskin 2001, Weinstein 2007, Zepf 2006), die zu einer Differenzierung psychoanalytischer Interventionen führen. Überlegungen, ob es eine bindungsorientierte Psychotherapie geben sollte, die statt auf die Triebentwicklung auf die Bindungsentwicklung fokussieren sollte, erscheinen angesichts irreführender Polarisierungen von bindungsbezogenem Kind versus psychosexuellem Kind somit nicht länger haltbar.

Aber auch die Auseinandersetzung mit den Konzepten und Forschungsbefunden der kognitiven und neurobiologischen Gedächtnisforschung hat deutlich gemacht, dass Psychoanalytiker sich vor der neueren Gedächtnisforschung nicht zu verstecken brauchen (vgl. z. B. Koukkou et al. 1998, Leuzinger-Bohleber et al. 1998a, b; Mancia 2007).

Schon des Längeren wird immer wieder daran erinnert, dass die Praxis nicht deduktiv aus theoretischen Grundannahmen abgeleitet werden kann, sondern ihr eigenes Handlungswissen generiert (vgl. Buchholz 1996, 1999). Statt sich ausschließlich mit normativen und idealtypischen Vorgaben und Theorien zu beschäftigen und deren buchstabengetreue Anwendung in der Praxis zu überwachen, sollte deshalb in viel größerem Ausmaß eine Untersuchung der tatsächlichen therapeutischen Praxis stattfinden. Was tun Psychoanalytiker tatsächlich? Wie denken sie? Welche Theorien und Konzepte unterlegen sie – wenn überhaupt – ihrem Vorgehen? Welche impliziten Theorien lassen sich eruieren (vgl. Bohleber et al. 2013, Tuckett 2007, 2012)? Es kommt hinzu, dass bisherige empirische Untersuchungen nicht den Nachweis erbringen konnten, dass bestimmte idealtypisch postulierte Orientierungen oder Richtungen erfolgreicher sind als andere.

Wenn aber die expliziten, theoretischen Orientierungen letztlich keine Unterschiede bezüglich des Behandlungserfolgs aufweisen und wir auch innerhalb der analytischen Richtungen von einem »Äquivalenz-Paradox« ausgehen müssen – zumindest angesichts der heute zur Verfügung stehenden empirischen Forschungsmethoden und deren Resultate –, dann wird die folgende Thematik immer bedeutsamer: Was macht ein Psychoanalytiker wirklich, wenn er sein Vorgehen als psychoanalytisch ausgibt und auch entsprechend als solches erlebt? Welchen Einfluss haben z. B. seine Alltagspsychologie, sein Weltwissen und seine Lebenskunst auf die Behandlung seines Patienten (vgl. Bohleber 2007, Canestri 2006, Gödde & Zirfas 2006, Will 2008)? Dennoch bleibt auch eine Explikation der verschiedenen Orientierungen und Einstellungen – der sog. expliziten Theorien – wichtig, da sie so etwas wie das Selbstverständnis führender Psychoanalytiker ausmachen. Diese Orientierungen stellen zudem generelle Möglichkeiten der Perspektivierung des behandlungspraktischen Vorgehens dar, mit deren Hilfe man sein eigenes methodisches Vorgehen einzuschätzen lernt. Vielleicht sind sie aber auch nur die oberste bewusstseinsmäßige Schicht eines viel komplexeren Beziehungsgeschehens, das jenseits des derzeitigen theoretischen und methodischen Wissensstandes seine eigene Dynamik entfaltet. Deshalb kann auch eine multimethodische und die verschiedenen Perspektiven (behandelnder Psychoanalytiker, Off-line-Forscher, Patient) triangulierende Psychotherapieforschung sehr hilfreich sein, um in das Dunkel der Komplexität von Veränderungsprozessen etwas mehr Licht zu bringen (z. B. Bucci & Maskit 2007, Bucci, Maskit & Hoffman 2012, Freedman et al. 2009). Diese Überlegung führt zu einem letzten Punkt:

Wenn man untersucht, was Psychotherapeuten verschiedener Therapieschulen jenseits ihrer für sich in Anspruch genommenen Identität als kognitiv behaviorale, interpersonelle, psychodynamische oder psychoanalytische Psychotherapeuten tatsächlich tun, kommt man zu erstaunlichen Ergebnissen. Es ist nämlich keineswegs so, dass kognitiv behaviorale Therapeuten nur Anweisungen bzw. Hausaufgaben geben oder festgefahrene kognitive Überzeugungen in Frage stellen; genauso wenig fokussieren Psychoanalytiker überwiegend nur auf Phantasien und Gefühle und geben permanent Übertragungsdeutungen im Hier und Jetzt. Vielmehr kommt in Wirklichkeit ein breites Spektrum keineswegs nur therapieschulengebundener Interventionen zum Einsatz.

Dies lässt sich mittlerweile auch mit Methoden der modernen psychoanalytischen/psychodynamischen Psychotherapieforschung belegen. Mit Hilfe des von Jones (2000) entwickelten Psychotherapieprozess-Q-Sets haben Jones, Ablon und Mitarbeiter Prototypen für jedes der oben genannten Verfahren bestimmt. Damit lässt sich für jede durchgeführte Therapiestunde angeben, wie hoch sie mit dem idealen Prototypen der jeweiligen Therapieschule korreliert.

In einer Weg weisenden Untersuchung einer manualisierten psychodynamischen Kurztherapie für Panikstörungen von Barbara Milrod et al. 1997 (die sich in vorausgegangenen Untersuchungen sowohl der verhaltenstherapeutischen Kurztherapie von Panikstörungen als auch der pharmakologischen Behandlung als gleichwertig und in einer Sechs-Monate-Katamnese als überlegen erwies), gingen Ablon, Levy und Katzenstein (2006) folgendermaßen vor: Zunächst bestimmten sie anhand des Psychotherapieprozess-Q-Sets die Korrelationen mit den idealen Prototypen »kognitiv-verhaltenstherapeutisch«, »psychodynamisch« sowie »interpersonell« und stellten fest, dass diese erfolgreiche psychodynamische Kurztherapie hinsichtlich ihrer am häufigsten eingesetzten Interventionen die größte Nähe zum kognitiv-verhaltenstherapeutischen Prototypen aufwies, was natürlich sehr erstaunlich war, da die psychodynamische Kurztherapie von Milrod entwickelt worden war, um dem verhaltenstherapeutischen Verfahren die Stirn zu bieten. Als Ablon et al. jedoch die Korrelationen zwischen Symptomverbesserung und den einzelnen prototypischen Items berechneten, erwiesen sich die Items der interpersonellen Vorgehensweise, dicht gefolgt von den psychodynamischen Items, als am erfolgreichsten.

Dies ist für die Autoren – abgesehen von dem für die Psychoanalyse letztlich doch wieder beruhigenden Ergebnis – dennoch ein Hinweis darauf, dass die Zukunft der Psychotherapie »jenseits der Markennamen« liegen wird. Was man auch immer von einer einzelnen, empirischen Psychotherapiestudie und von dieser Schlussfolgerung halten mag, so wird auf jeden Fall doch deutlich, dass erst auf der Grundlage einer stärkeren Feinauflösung und differenzierteren Bestimmung dessen, was Psychoanalytiker in ihrer Praxis denn nun wirklich tun, die Auseinandersetzungen über die Überlegenheit bestimmter Theorierichtungen und auch Psychotherapieergebnis- und -prozessforschung sinnvoll werden. Dabei wird die Berücksichtigung unbewusster psychodynamischer Prozesse und nichtbewusster Beziehungsregulierungsvorgänge sicherlich zentral bleiben.

In den folgenden Ausführungen über Erkenntnishaltungen, Methoden und Interventionen, die sich auch als Voraussetzung für die Einschätzung von psychoanalytischen Kompetenzen auffassen lassen (vgl. Tuckett 2005, 2012, Will 2006), werden – soweit es mir sinnvoll erscheint – Methoden der empirischen Psychotherapieforschung zumindest skizzenhaft erwähnt. Denn seit geraumer Zeit existieren gehaltvolle methodische Möglichkeiten, psychoanalytische Prozesse mit diversen Verfahren zu untersuchen. Auch wenn der Aufwand immens ist, so sind viele der in dieser Abhandlung aufgeworfenen Fragen letztlich nur mit Hilfe differenzierter Einzelfallstudien über das konkrete analytische Vorgehen weiter zu klären. Die Explikation der theoretischen Voraussetzungen ist hierfür ein wichtiger Schritt. Denn vor einer empirischen Reduktion sollte die Reflexion über die konzeptuellen und methodischen Grundlagen erfolgen. Und diese Studien können darüber hinaus immer wieder deutlich machen, wie stark psychoanalytische Idealvorstellungen von der praktizierten Wirklichkeit abweichen. Dennoch bleibt der Anspruch aufrechterhalten, dass ein Psychotherapeut in der Bearbeitung unbewusster Probleme seiner Patienten letztlich nur dann erfolgreich sein kann, wenn er seinen eigenen bewussten wie unbewussten Beitrag zur jeweiligen Beziehung reflektieren und einigermaßen gut regulieren kann. Insofern ist dieses psychoanalytische Essential die unverzichtbare Richtschnur, an der sich alle Neuerungen messen lassen sollten.

Und vielleicht kann diese Zusammenstellung verschiedener Erkenntnishaltungen, Methoden und Interventionen auch zu einem flexibleren Umgang mit unseren zeitgenössischen Patienten anregen, auch wenn dabei immer wieder eigene Ängste überwunden werden müssen. »Damit Analytiker innerlich für eine Bandbreite von Möglichkeiten verfügbar bleiben, müssen sie sich besonders in Richtungen offen halten, die ihrem theoretischem Vorverständnis und ihren persönlichen Neigungen eher widerstreben. Es ist kein so großes Problem, in einem psychischen Heimspiel gut zu analysieren. Für konsistent gute Ergebnisse muss man aber auch auswärts gut spielen« (Parsons 2013, S. 118).

## 2 Psychoanalytische Erkenntnishaltungen und Interventionen

## A

### Adaptives Handeln fördern

Dies stellt eine grundlegende Vorgehensweise bei Patienten mit gering integrierten Ich-Funktionen in bestimmten Erlebens- und Handlungsbereichen dar. Ausgehend von einer ▶ interpersonellen Orientierung liegt der Schwerpunkt therapeutischen Handelns hierbei in der ▶ Klarifizierung und ▶ Konfrontation mit eingeschränkten oder schlecht angepassten (maladaptiven) Reaktionen des Patienten in zwischenmenschlichen Beziehungen, wie z. B. in Partnerschaft und beruflichen Beziehungen. Die Einschränkung des adaptiven Handelns bei einem Patienten hat seinen Ursprung oftmals bereits in pathologischen Passungserfahrungen im präverbalen Bereich der Mutter-Kind-Interaktion und erfordert dann jenseits sprachlicher Interventionen ein affektives Eingestimmtsein auf früh gestörte Beziehungserfahrungen, die offensichtlich immer noch mehr oder weniger wirksam sind (▶ Entwicklungstheroetische Orientierung, ▶ Implizites Beziehungswissen).

Jahrelang hatte »Anpassung« hierzulande die Konnotation von Mitläufertum, Unterwerfung; die Hartmann'sche Ichpsychologie wurde wegen ihrer metapsychologischen Betonung der Anpassung an die Umwelt heftig kritisiert (▶ Ichpsychologische Orientierung). Aus heutiger Sicht sind aber die erstaunlichen Anpassungsleistungen von kleinen Kindern ein Forschungsschwerpunkt der Säuglings- und Kleinkindforschung. Sie ermöglichen überhaupt erst Prozesse der affektiven Kommunikation, der geteilten Aufmerksamkeit u. a. m. und sind Ausgangspunkt einer wirkmächtigen Selbstentwicklung. Erst missglückte Affektabstimmungsprozesse führen zu maladaptiven interpersonellen Einstellungen und Handlungsmustern.

In der Analytiker-Patient-Beziehung gilt es, permanent auf beeinträchtigte Anpassungsprozesse zu achten – wie z. B. auf ein Reden ohne Punkt und Komma, was nicht mit ▶ freier Assoziation des Patienten verwechselt werden darf –, in dem frühe Beeinträchtigungen der ▶ Selbst- und Fremdregulierung zum Ausdruck kommen können, Angst vor dem Überwältigtwerden, aber auch ein eher hysterisch phallisch zu begreifendes Imponiergehabe (▶ Widerstand).

Da beeinträchtigte interpersonelle Handlungsmuster auch stets mit unbewältigten intrapsychischen Konflikten und Traumatisierungen zu tun haben, ist die Trennung von interpersoneller Psychotherapie und Psychoanalyse bzw. analytischer Psychotherapie künstlich. Ein Selbsteinschätzungsinstrument, das maladaptive Interaktionsmuster aus Sicht des Patienten erfassen kann, ist das Inventar zur Identifizierung interpersonaler Probleme (IIP-deutsche Version) von Mardi Horowitz et al. (2000).

## Affektive Blindheit überwinden

Ausdruck von Rainer Krause (2002a, b, 2005) für das mehr oder weniger habituelle Unvermögen mancher Psychotherapeuten, die affektiven, unbewussten Beziehungsangebote ihrer Patienten wahrzunehmen (▶ Implizites Beziehungswissen). Dieser nach Krauses Einschätzung nicht selten antreffbare Befund spricht für die Notwendigkeit einer guten Ausbildung von Psychotherapeuten, denn die Wahrnehmungsfähigkeit für die eigene Gefühlswelt ist nicht nur ein Ziel analytisch orientierter Therapien, sondern auch Basiskompetenz in anderen therapeutischen Verfahren. Eine durchgängige affektive Blindheit dürfte unter analytischen Therapeuten eher selten sein, ist aber dann sicherlich ein Hauptgrund für das Scheitern von Therapien. Häufiger jedoch sind Abstufungen dieser Blindheit: Die affektiven Beziehungsangebote des Patienten können zwar wahrgenommen werden, aber der Therapeut verhält sich wie ein Laie, nämlich reziprok: Auf ein Lächeln (das vom Patienten zu Abwehrzwecken eingesetzt wird) reagiert er auch mit Lächeln, auf Ärger mit Ärger usf. Bei einem weiteren Typus verhält sich der Therapeut ebenfalls reziprok und Affekt angesteckt, findet dies aber im Unterschied zum vorhergehenden Typus unangemessen, kann sich jedoch gegen die Affektansteckung nicht wehren. Nach Krause ist dies die häufigste Form des Scheiterns bei gut ausgebildeten Therapeuten. Allerdings wäre hierbei noch zu unterscheiden, ob dies nur bei bestimmten Patienten auftritt und wie der Therapeut mit der Affektansteckung nachträglich umgeht.

Im gelungenen Fall kann ein Therapeut die affektiven Beziehungsangebote wahrnehmen, die affektive Fremdinduzierung ein Stück weit in sich zulassen, aber auch die abgewehrten Gefühle des Patienten in sich nacherleben, wie z. B. die abgewehrte Angst vor Liebesverlust bei häufig lächelnden, angstneurotischen Patienten, ohne sich dabei aber von dem Lächeln anstecken zu lassen. Hier erst beginnt nach Krause die Kunst der Behandlungstechnik (▶ Beziehungsregulierung, ▶ Projektive Identifizierung, ▶ Selbst-/interaktive Regulierung).

Ein sehr aufwändiges Beobachtungsinstrument für affektive Blindheiten unterschiedlicher Ausprägung und Typologie ist das EMFACS (Emotional Facial Action Coding System) von Friesen und Ekman 1984 (siehe auch Krause 1997, 2012).

Eine weniger aufwändige Methode, die sich deshalb auch dafür eignet, die Kluft zwischen Psychotherapieforschung und den Interessen und Bedürfnissen der Praktiker zu verringern, sind computerisierte linguistische Maße für das emotionale Engagement, wie das Wörterbuch der Gewichteten Referentiellen Aktivität, das aus der multiplen Code-Theorie von Wilma Bucci hervorgegangen ist (2012). Das Ausmaß der emotionalen Fundierung in den Sprechaktivitäten nicht nur des Patienten, sondern auch des Therapeuten, das überwiegend nicht-bewusst abläuft, scheint für das Gelingen einer Therapie von herausragender Bedeutung zu sein und könnte auch in Supervisionen eingeschätzt werden, um frühzeitig bei nicht erfolgreichen Therapien entgegensteuern zu können.

## Anerkennung

Patienten suchen nicht nur in ihrem Alltag, sondern auch in einer Analyse nach der Bestätigung ihres Soseins. Sie wollen endlich die Erfahrung machen, dass sie, so wie sie sind, anerkannt und bestätigt werden. Obwohl sie sich als krank und leidend präsentieren, als unfähig, selbst zu einer Lösung ihrer Probleme zu kommen, als depressiv, liebesunfähig und mit vielen psychosomatischen Symptomen belastet, wollen sie dennoch vom anderen anerkannt werden. Auch sie sind prinzipiell bereit, den anderen, in dem Fall den Analytiker, anzuerkennen, als Fachmann, als Autorität, als jemand, dem sie sich anvertrauen können.

Es verwundert deshalb nicht, dass die Suche nach Anerkennung, so sehr sie im einzelnen Fall auch durch eine Abwehr und entsprechende Widerstände kaschiert sein mag, für die analytische Behandlung zentral ist. Während manche nichtpsychoanalytischen Therapien es viel leichter mit dem Zulassen von Sympathiebezeugungen nehmen, haben es Psychoanalytiker aufgrund ihres Anspruchs, nicht durch überflüssig erscheinende Bekundungen – welche einen manipulativen Einfluss auf die Übertragung nehmen und somit den sich entfaltenden Beziehungsprozess beeinträchtigen könnten – in dieser Hinsicht auf den ersten Blick schwerer. Und so konnte z. B. in der klassischen Psychoanalyse nordamerikanischer Prägung, in der ein Analytiker oftmals über Stunden hinweg überwiegend schweigend den Erzählungen seiner Patienten zuhörte, diese Anerkennung für manche Patienten fragwürdig bleiben: »Hört er mir überhaupt noch zu oder langweilt er sich nicht fürchterlich?«; »Denkt er sich im Stillen, welch ein schrecklicher Mensch ich bin?«; »Eigentlich könnte ich auch ein Selbstgespräch mit mir führen«; »Noch nicht einmal ein ›Mhm‹ kommt über seine Lippen«. Die Annahme, dass der Auftrieb des Unbewussten am besten funktioniert, wenn der Analytiker das ▸ freie Assoziieren seines Patienten nicht durch eigene Äußerungen unterbricht – außer zum Zweck einer Deutung und den dazu gehörigen vorbereitenden Schritten, wie ▸ Klarifikation und ▸ Konfrontation –, ließ jegliche andere Intervention als unanalytisch erscheinen. Manche Analysen verliefen wegen dieses ichpsychologischen Ideals einer möglichst lang durchgehaltenen sensorischen Deprivation über mehrere Stunden hinweg von Seiten des Analytikers schweigend; aber selbstverständlich war dieser dabei nicht unkonzentriert oder gar abwesend. Und natürlich haben viele dieser früheren Patienten auch gespürt, dass sie trotz Schweigsamkeit anerkannt wurden.

Aber dennoch galten beruhigende, tröstende, spiegelnde, aufmunternde, anerkennende und Mut machende Interventionen nicht als analytisch, sondern nur als »psychotherapeutisch«, und waren allenfalls bei Patienten mit gravierenden ichstrukturellen Defiziten berechtigt. Denn diese psychotherapeutischen Maßnahmen versuchten – so war die Annahme – unter Zuhilfenahme der Beziehung mit ihren suggestiven und beschwörenden Anteilen eine Linderung der Symptome oder gar eine Heilung herbeizuführen, die aber – da die zugrunde liegenden unbewussten Konflikte nicht erkannt, geschweige denn durchgearbeitet worden waren – zwangsläufig oberflächlich und deshalb auch von kurzer Dauer bleiben mussten (▶ Durcharbeiten).

Die Dichotomisierung von »psychotherapeutisch« als stützend, tröstend, anerkennend, möglicherweise sogar suggestiv, und »psychoanalytisch« als auf den Auftrieb des Unbewussten wartend und dann die Übertragung ansprechend sowie kausal analysierend, findet sich bis zum heutigen Tag in fast allen gängigen Lehrbüchern der Psychoanalyse und offiziellen Verlautbarungen zur Abgrenzung der Verfahren von analytisch, tiefenpsychologisch und supportiv. Gegen diesen eingefleischten psychoanalytischen Lehrsatz half auch nicht der Befund von Psychotherapieforschern, wie z. B. Robert Wallerstein (1989), dass sich in der bekannten Untersuchung an der Menninger Clinic in Topeka in nahezu allen Psychoanalysen nicht nur deutende, sondern ebenso stützende psychotherapeutische Elemente fanden; half auch nicht, dass spätestens mit den Objektbeziehungstheoretikern und den Selbstpsychologen faktisch viele Nichtübertragungsinterventionen (die sog. »mütterliche Technik«, vgl. Cremerius 1979) Einzug in die psychoanalytische Vorgehensweise fanden. Aus der Angst heraus, die Psychoanalyse könnte verwässert oder gar zu einer der unzähligen selbstgestrickten dialogischen Therapien und Beratungstechniken werden, in denen der Therapeut auch Tipps und

Ratschläge erteilt und von sich selbst spricht, wurde zumindest in der Theorie konsequent an der klassischen Auffassung festgehalten, auch wenn faktisch oftmals – und zumeist mit einem schlechten Gewissen – davon abgewichen wurde (▶ Bestätigung kleinster Lernfortschritte, ▶ Ressourcen ansprechen und fördern, ▶ Selbstmitteilung, ▶ Supportive Intervention), weil es nicht dem analytischen Ideal entsprach.

Nun soll allerdings nicht der Eindruck entstehen, dass Psychoanalytiker zu direkter Belobigung übergehen müssen, um ihre Patienten anzuerkennen. Vielmehr sind Psychoanalytiker nach wie vor davon überzeugt, dass Anerkennung in den einzelnen genuin psychoanalytischen Erkenntnishaltungen und Methoden sehr wohl zum Ausdruck kommt (vgl. Miller 1996, Daser 2003, 2005), sofern diese patientengerecht eingesetzt werden. Und die Aufrechterhaltung einer psychoanalytischen Erkenntnishaltung schließt die Kunst, jenseits des methodischen Bewusstseins dennoch natürlich zu sein, selbstverständlich nicht aus.

Marc Schechter (2007) hat sechs Stufen der Anerkennung benannt, die sich sehr gut mit psychoanalytischen Konzepten verbinden lassen: Auf Stufe 1 vollzieht sich die Anerkennung in Form aktiven ▶ (Zu-)Hörens und ▶ Beobachtens, was dem Patienten signalisiert, dass seine Person und Erzählungen Aufmerksamkeit und Anerkennung verdienen; auf Stufe 2 gibt der Therapeut anhand von Paraphrasierungen zu verstehen, dass er sich in seinen Patienten einfühlt, und Abgleichungen seiner Mitteilungen kraft stellvertretender Introspektion mit den Empfindungen und Einschätzungen seines Patienten geben diesem das Gefühl, eine angemessene Resonanz in ihm zu finden (▶ Einfühlung). Auf Stufe 3 geht der Therapeut über den Inhalt des vom Patienten Mitgeteilten hinaus, indem er Verbindungen aufzeigt, die dem Patienten nicht bewusst zu sein brauchen und neben dem verbalen auch nonverbales Verhalten einbezieht. Dem Patienten wird auf diese Weise bewusst, dass er auch für dasjenige Verhalten Anerkennung findet, das ihm selbst bislang unverständlich war (▶ Deutung). Auf Stufe 4 kontextualisiert der Therapeut Verhalten, Erleben, Gefühle und Einstellungen biographisch, was dazu führt, dass der Patient sich auch in seinem Gewordensein anerkannt fühlt (▶ Biographisches Kontextualisieren). Psychoanalytisch entspricht diese Stufe ▶ genetischen und ▶ außeranalytischen Übertragungsdeutungen. Auf Stufe 5 gibt der Therapeut seinem Patienten zu verstehen, dass seine Gefühle und Gedanken nicht nur im Hinblick auf seine Vergangenheit und sein Gewordensein zu verstehen sind, sondern auch in Bezug auf die Gegenwart; dies entspricht dem psychoanalytischen Umgang mit der ▶ Übertragungsbeziehung im Hier und Jetzt. Auf Stufe 6 sind Therapeut wie Patient auf eine authentische Weise miteinander im Kontakt, jenseits ihrer üblichen Rollen, aber natürlich dennoch im Halt gebenden analytischen Setting. Der Umgang mit dem ▶ Gegenwartsmoment und dem Moment der Begegnung (z. B. Stern et al. 1998), das Spüren, dass der Therapeut wirklich von seinem Patienten berührt ist und nicht nur seine Berufsrolle spielt (Viederman 1991) und das »Vergessenkönnen der Lehrbücher und Manuale« (vgl. Hoffman 1996) lässt sich auf dieser Stufe ansiedeln.

## Anti-Regression beachten

Mit dem Ausdruck »Anti-Regression« bezeichnen Joseph und Anne-Marie Sandler eine Ich- und Über-Ich-Funktion, gegen eine allgegenwärtige Versuchung anzukämpfen, zu regredieren. Denn es ist anstrengend, über mehrere Stunden ein hohes Funktionsniveau eines wachen und reflexiven Bewusstseinszustands aufrechtzuerhalten, bei dem logisches Denken, Perspektivenübernahme, political correctness, Überwindung von Vorurteilen und möglichst wenige niedrig strukturierte Abwehrmechanismen dominieren. Es bedeutet einen wesentlich geringeren Aufwand, sich Tagträumen von Wunsch erfüllendem Charakter, einem egozentrischen und grandiosen Denken, eigennützigem Verhalten, einfachen Schwarz-weiß-Urteilen, der Externalisierung von Schuldgefühlen sowie der Evakuierung von unerwünschten Selbstanteilen hinzugeben – mit den Begrifflichkeiten von Matte Blanco (1975) symmetrischem Denken gegenüber dem aristotelischen asymmetrischen Denken den Vorzug zu geben.

Auch in einer psychoanalytischen Therapie versuchen Patienten sich gegen die Verlockung zu wehren, ihren Wünschen und Tagträumen freien Lauf zu lassen, wie dies durch die Grundregel der freien Assoziation, die Auflockerung und tendenzielle Außerkraftsetzung konventioneller Diskursregeln und die geduldige und nicht verurteilende Haltung des Analytikers induziert wird (▶ Anerkennung, ▶ freie Assoziation ermöglichen). Patienten tun sich jedoch in unterschiedlichem Ausmaß damit schwer und verlangen je nach Über-Ich-Ängstlichkeit nach einem die Regression eingrenzenden Gegenüber (▶ Beziehungsregulierung). Wenn sich dieser aber nicht dazu bewegen lässt, z. B. zu antworten, Fragen zu stellen, Anregungen zu geben oder wie ein liebevoller Elternteil den Wechsel der verschiedenen Bewusstseinszustände aktiv zu unterstützen, verspüren manche Patienten den Drang, sich anti-regressiv zu verhalten. Denn regressive Bewegungen wecken Ängste, in konflikthafte Themen hinein zu geraten, alte traumatische Erfahrungen des Beschämt- oder Beschuldigtwerdens wieder virulent werden zu lassen und »kindliches« Verhalten nicht genügend kontrollieren zu können. Anti-Regression ist deshalb eine Möglichkeit, sich gegen die regressive Tendenz, die mit der Lockerung der Ich-Funktionen und einer Zunahme unerwünschter Bewusstseinszustände, wie z. B. tagträumerischer Phantasien, einhergehen würde, zur Wehr zu setzen. Neben dem Verständnis für die Dialektik regressiver und anti-regressiver Kräfte und der einfühlsamen Beobachtung des Wechsels verschiedener Bewusstseinszustände im Analysanden ist deshalb die Vermittlung von Sicherheit eine ständige Aufgabe des Analytikers (▶ Gemeinsames Regredieren, ▶ Sicherheit herstellen).

## Arbeitsbündnis herstellen und aufrechterhalten

Das Interesse für die Beschäftigung mit dem Verdrängten, Nichtgelebten und Nichtsymbolisierten zu wecken, innere, bislang nie gekannte Erlebnisräume zu betreten, neue Bedeutungszusammenhänge kennenzulernen, eine Sensibilität für den eigenen Körper und die eigene Gefühlswelt zu entwickeln, lässt sich unter das Konzept der Herstellung des Arbeitsbündnisses gut einordnen. »Man braucht nichts anderes dazu zu tun«, schrieb Freud (1913c, S. 473 f.) in seinem behandlungstechnischen Aufsatz über die Einleitung der Behandlung, »als ihm Zeit zu lassen. Wenn man ihm ernstes Interesse bezeugt, […] stellt der Patient ein solches Attachement von selbst her.« Freud hatte allerdings keinen eigenen ausgearbeiteten behandlungstechnischen Begriff des Arbeitsbündnisses, sprach nur gelegentlich von einem Pakt und subsumierte das »Attachment« weitgehend unter die »milde, unanstößige Übertragung«. Damit machte er deutlich, dass sich die Bereitschaft zu erkennen nicht von der persönlichen Geschichte der Selbsterhaltungs- und libidinösen Triebe abtrennen lässt, m.a.W. mit Vertrauen und Liebe zu tun hat (vgl. Deserno 1990).

Karlen Lyons-Ruth (2006) – Psychoanalytikerin und Bindungsforscherin – hat die interessante Hypothese aufgestellt, dass das Motiv für intersubjektives Teilen noch grundsätzlicher als das Bindungsmotivationssystem sein könnte. Während das Bindungssystem aktiviert oder deaktiviert werden kann, die sinnlich erotische Komponente der »milden, unanstößigen Übertragung« mehr oder weniger stark ausfallen kann, ist das Bedürfnis nach intersubjektivem Austausch permanent präsent. Dieses unterscheidet uns auch von den meisten Tieren. So ist Sexualität zwar ein Trieb, den wir mit unseren tierischen Vorfahren gemeinsam haben, aber dieser ist in der Evolution des Menschen – so die Annahme – von dem Motivationssystem des intersubjektiven Teilens überformt worden.

Peter Fonagy und Mary Target (2007) haben den Standpunkt der relationalen Psychoanalytiker (wie z. B. Mitchell 2000) anhand der neuesten entwicklungspsychologischen Befunde untermauert: Es gibt demnach nicht zuerst das Kind mit seiner kindlichen Innenwelt, das sich dann mühsam die äußere Welt aneignen muss, diese aber immer idiosynkratisch nach Maßgabe seiner Phantasien konstruiert, sondern der intrapsychische und der interpersonelle Bereich kommen im intersubjektiven Bereich zusammen, bzw. entstehen aus diesem. Das kindliche Bewusstsein beginnt mit einem Erleben geteilter Aufmerksamkeit in einem implizit kodierten Lernmodus. Wenn dabei der andere, wie z. B. die Mutter, nach und nach zu einem Teil des

Außen wird, so ist dies zwar eine entwicklungsmäßige Errungenschaft, aber keineswegs eine, die von allen Menschen gleich gut erreicht wird. Entwicklungspsychologisch ist die äußere Wirklichkeit zunächst inhärent subjektiv und das Selbst muss sich dann von dieser Subjektivität der »Andersheit« schrittweise differenzieren. Äußere Welt und innere Welt sind zunächst beide Teil der psychischen Realität. Die Autoren berufen sich auf Marcia Cavell (1993), nach der Subjektivität zusammen mit Intersubjektivität entsteht und kein entwicklungspsychologisch früherer Zustand ist. Wissen über die äußere (und innere) Welt kann beim menschlichen Lebewesen nur entstehen, wenn es von einem älteren wissenderen Lebewesen lernen kann.

Die klassische Ichpsychologie legte großen Wert darauf, zunächst das Arbeitsbündnis zu festigen, bevor der Analytiker mit Übertragungsdeutungen beginnt, während die kleinianische Objektbeziehungspsychologie ziemlich rasch positive und negative Aspekte der Übertragung deutete (vgl. Kernberg 2007; ▶ Kleinianische Orientierung). Empirische Untersuchungen konnten aufzeigen, dass der sowohl vom Patienten als auch vom Therapeuten geteilte Eindruck über eine Passung und eine Erfolg versprechende Zusammenarbeit meistens in den ersten drei bis fünf Vorgesprächen erfolgt und in der Regel ein gutes Therapieergebnis voraussagen kann.

Einen wichtigen Stellenwert bei der Betrachtung des Arbeitsbündnisses haben auch Unterbrechungen des empathischen Verstehens in Form von zunächst unerkannt bleibenden ▶ Enactments und ihre jeweiligen Reparaturen. Diese Unterbrechungen können sich von minimalen Schwierigkeiten (»Mikro-Rupturen«) im Verstehen bis hin zu schwerwiegenden Beziehungsstörungen und -missverständnissen erstrecken. Wenn diese Mikro- und Makrobrüche des Aufeinanderbezogenseins anschließend gemeinsam verstanden werden können, sind sie ein wertvoller Bestandteil der Therapie und stellen oftmals fruchtbare Wendepunkte dar (Safran et al. 2009).

Es gibt gegenwärtig mehr als 24 Instrumente, um das Arbeitsbündnis zu messen. Ein häufig auch in der psychodynamischen Psychotherapieforschung eingesetztes Instrument sind die California Psychotherapy Alliance Scales (CALPAS) von Gaston und Marmar (1994). Diese Skalen erfassen vier Dimensionen: Die Fähigkeit des Patienten, seine Gefühle und Gedanken zu beobachten und mitzuteilen, das Engagement des Patienten für die Therapie, die Fähigkeit des Therapeuten, die Probleme seines Patienten zu verstehen und sich davon berühren zu lassen und schließlich die Übereinkunft zwischen Patient und Therapeut, welche Probleme durchgearbeitet werden müssen und auf welchen Wegen dies am besten zu erreichen ist. Einschätzungen des Arbeitsbündnisses zu Beginn und im letzten Drittel einer Therapie können das Therapieergebnis in psychodynamischen Therapien besser vorhersagen als in der mittleren Phase. Dies ist dadurch erklärbar, dass das Durcharbeiten von Abwehrvorgängen zumeist mit Erschütterungen des Selbstbildes und mit starken Krisen einhergeht.

Erhardt (2014) untersuchte im Rahmen des Münchner Bindungs- und Wirkungsforschungsprojekts mit Hilfe der CALPAS, welchen Einfluss die Persönlichkeit des Patienten (anaklitische versus introjektive Depression) auf Arbeitsbündnis, Therapieverlauf und Outcome hat.

## Arbeiten mit dem Unbewussten

In der Psychonalyse kommen zwei Menschen zusammen, wobei der Patient darauf hofft, bei der Lösung seiner psychischen und psychosomatischen Probleme von einem Fachmann Hilfe zu erhalten und der Psychoanalytiker ihm dabei helfen möchte, mehr über sich selbst erfahren und symbolisieren zu können. Ein Charakteristikum der psychoanalytischen Therapie ist es, dass neben der Aufmerksamkeit für die bewussten Schilderungen ein besonderes Augenmerk auf die unbewusste Motivierung des Verhaltens und Erlebens gerichtet wird, die in ungelösten intrapsychischen Konflikten, traumatisierenden Verlusten und Entbehrungen, pathologischer Abwehr, missglückter Bewältigung und in mangelhaft ausgeprägten oder konflikthaft beeinträchtigten Ichfunktionen ihren Ursprung hat.

Der Ausdruck »unbewusste Motivierung« hat im Verlauf der psychoanalytischen Theoriebildung zahlreiche Modifikationen erfahren: Dem gegenwärtigen Kenntnisstand entsprechend wird nunmehr einerseits zwischen dem Vergangenheits-Unbewussten und dem Gegenwarts-Unbewussten unterschieden sowie zwischen zwei grundlegend verschiedenen Gedächtnissystemen, dem impliziten oder nicht-deklarativen und dem expliziten oder deklarativen Gedächtnis (vgl. Clyman 1992, Sandler & Sandler 1984, 1997, Mertens 2007).

Nahezu alle Schulrichtungen innerhalb der Psychoanalyse räumen ferner der bewussten und unbewussten Beziehung eine große Bedeutung ein. Wie gut ist die Beziehung zwischen Analytiker und Analysand, mit welcher Sensibilität reagiert das Unbewusste des Analysanden auf dasjenige des Analytikers und umgekehrt? »Es ist die Durchlässigkeit der beiden Unbewußten füreinander, die auch ein Verstehen in den Übertragungs- und Gegenübertragungsbewegungen möglich macht« (Eicke-Spengler 1999, S. 11).

Unbewusste Kommunikation zwischen Analytiker und Analysand wird heute von allen Schulrichtungen als etwas nahezu Selbstverständliches angenommen. Dabei ist das Geheimnisvolle dieses Vorgangs weitgehend aufgeklärt: Kommunikation aus psychoanalytischer Sicht verläuft zum größten Teil über die nicht-bewusste Wahrnehmung von non- und paraverbalen Stimuli. Denn wir kommunizieren ja nicht nur verbal und bewusst, sondern immer auch mimisch, mit den Bewegungen unseres Gesichts, mit unserer Körperhaltung, mit Gesten, mit dem Klang unserer Stimme, ja sogar mit dem Geruch. Nur einen Teil dieser non- und paraverbalen Kommunikationsinhalte nehmen wir allerdings bewusst wahr und ebenso wird uns auch nur ein Teil unserer Reaktionen auf diese nicht-bewusst wahrgenommenen Botschaften bewusst.

Manchmal allerdings können die klanglichen und prosodischen Elemente der Stimme – so wichtig sie auch sind – einem Patienten im Couchsetting nicht mehr das übermitteln, was er für sein Sicherheitserleben und die dringend benötigte und sehnsuchtsvoll erwartete Regulierung seiner Spannungs- und Bedürfniszustände braucht – die Therapie sollte dann im Sitzen im Face-to-face-Kontakt stattfinden (▶ Prosodie, ▶ Sicherheit). Und sicherlich muss sine ira et studio über ▶ körperpsychotherapeutische Interventionen erneut nachgedacht werden, die für manche Patienten auch in einer analytischen Psychotherapie indiziert sein können.

Bereits als Säuglinge entwickelten wir, lange bevor wir sprachlich kommunizieren konnten, eine expressiv-motorische Kommunikation. Wir tauschten Affekte durch körperliches Verhalten aus. Mit unserer Gestik und Mimik signalisierten wir, wie unser Gegenüber sich emotional verhalten sollte; und auch als Erwachsene unterlaufen wir mit unserem mimischen Ausdruckssystem immer noch die sprachliche Kommunikation. »Denn darunter schwelt noch eine Sprache, die reicht bis in die Gesten und Blicke, das Abwickeln der Gedanken und den Gang der Gefühle, und in ihr ist schon all unser Unglück«, schreibt defätistisch Ingeborg Bachmann in ihrer Kurzgeschichte »Alles« in »Das dreißigste Jahr« (1966, S. 53). Tatsächlich liegt in dieser evolutionär betrachtet älteren Form der Wahrnehmung und Mitteilung aber auch unser ganzer Reichtum. Während in der älteren Psychoanalyse nur von primärprozesshaft organisierter, regressiver und alsbald in Sprache und höheres Bewusstsein zu überführender und damit zu überwindender Kindlichkeit die Rede war, begreifen wir in der Gegenwart diese vorsprachliche und präreflexive Organisation unserer frühen Kindheit als ein riesiges Potenzial an Erfahrungen, auch wenn dieses zum größeren Teil unsymbolisiert und unmentalisiert (▶ implizites Beziehungswissen, ▶ Mentalisierung) in uns schlummert.

Wenn unterdrückte, konflikthafte Phantasien und Wünsche in einem affektiven Kommunikationsmodus stattfinden, den bereits Säuglinge benutzen, bedeutet dies jedoch nicht, dass die in einer Analyse auf diese Weise mitgeteilten Erlebnisinhalte lediglich aus der präverbalen Phase stammen. Zeit unseres Lebens verlieren wir nicht die Fähigkeit, auf mimische, gestische, rhythmische und prosodische Stimuli zu reagieren und entsprechende Signale zu produzieren sowie die emotionalen Ausdrucksformen weiterzuentwickeln.

Das psychoanalytische Arbeiten mit dem Unbewussten erfordert u. a. die Herstellung eines analytischen Raumes, genauer und weniger metaphorisch ausgedrückt, eines interaktiven Beziehungsfeldes, in dem Gefühle, Erwartungen und Phantasien spielerisch miteinander ausgetauscht werden können. So können z. B. von einem Patienten Vorstellungen ausgesprochen werden, ohne dass er und sein Analytiker die Sorge zu haben brauchen, dass diese Gedanken und Phantasien in die Tat umgesetzt werden. Natürlich muss hierbei auch der Patient die Gewissheit haben, dass seine geäußerten Einfälle und Gefühle keine realen Handlungskonsequenzen beim Analytiker hervorrufen, wohl aber von ihm aufgenommen, innerlich verarbeitet, kommentiert, klarifiziert und elaboriert werden. Dabei gibt es eine Ausnahme von der Regel. Diese ist der von Körner (1989b) beschriebene Interventionstyp des »Arbeitens in der Übertragung« (▶ Übertragung, Arbeiten an und in der), bei dem der Analytiker für einen Augenblick den Eindruck entstehen lässt, als sei aus dem Spiel Ernst geworden.

Ansonsten aber heißt »spielerisch«, dass Phantasien und Erwartungen nicht Wirklichkeit werden, sondern in einem fiktiven »Als-ob« verbleiben. Das bedeutet aber keineswegs, dass dieses Spiel nicht gefühlsmäßig ergreifend ist, im Gegenteil, es kann fast so spannend wie die Wirklichkeit sein. Und der Reiz dieses Spiels besteht gerade darin, dass der Analysand und in unterschiedlichem Ausmaß auch der Analytiker die Grenzen zwischen Fiktion und Realität unklar lassen. Aber natürlich darf die Spiel-Metapher nicht darüber hinwegtäuschen, dass dabei auch mentale Arbeit stattfindet: Unablässig versucht der Analytiker die ihm angetragenen, in Wunsch und Abwehrbewegung aufgespaltenen Konflikte in sich zu einer Lösung zu bringen; und der Patient ist nicht minder bemüht, sich mit der angebotenen Lösung auseinanderzusetzen.

Der Entwurf eines lediglich vorgestellten und phantasierten Beziehungsfeldes wird von Moser (2001) als »simulative Mikrowelt« bezeichnet. Diese simulative Mikrowelt galt lange Zeit – neben der mehr rationalen und vernünftigen ▶ Arbeitsbeziehung – als die einzige Beziehungsdimension in der psychoanalytischen Begegnung.

Aber es gibt wie ausgeführt gleichsam darunter oder daneben noch eine andere Beziehungsebene, die eine grundsätzlichere Kommunikationsebene jenseits der symbolisierbaren Beziehungselemente darstellt. Sie läuft parallel zu der verbalisierbaren Beziehung ab und wird von Moser als »affektive Übertragung« bezeichnet, die eine unmittelbare, für den Patienten zumeist nicht-bewusste, für den Analytiker gelegentlich bewusste, ansonsten ebenfalls nicht-bewusst ablaufende Beziehungs- und Affektregulierung (▶ Beziehungsregulierung) beinhaltet. Diese Unterscheidung von simulativer Mikrowelt auf der einen Seite und unmittelbarer emotionaler Beziehungserfahrung und -regulierung auf der anderen Seite macht deutlich, dass das Konzept des »Arbeitens mit dem Unbewussten« dahingehend erweitert werden muss, dass die Sammelbezeichnung »unbewusst« zu differenzieren ist in das psychodynamisch Unbewusste und in die nicht-bewusste Beziehungsregulierung, die überwiegend im ▶ Enactment ihren Ausdruck findet und immer nur in ihren partiell bewusst werdenden Anteilen überhaupt erfassbar ist.

Im Unterschied zu den nicht-bewusst ablaufenden Beziehungsregulierungen, die non- und paraverbal (mimisch, stimmlich, prosodisch, gestisch) stattfinden (▶ Prosodie), erfordert die Ermöglichung einer simulativen Mikrowelt, auf die sich herkömmlich das psychoanalytische Interesse konzentriert hat, einige entwicklungspsychologische Voraussetzungen bzw. ichstrukturelle Kompetenzen, die keineswegs bei jedem Patienten, der heutzutage eine analytische Psychotherapie machen möchte, gegeben sind. Moser (2001, S. 103) spricht davon, dass sie »ein spätes Produkt der affektiv-kognitiven Entwicklung« darstellen, deren Vorstufen in den verschiedenen Entwicklungsschritten der ▶ Theory of mind zu suchen sind.

Der Verlust des psychischen Raumes, des Möglichkeitsraumes (vgl. Winnicott 1979), der simulierten Mikrowelt (vgl. Moser 2001) ist zumeist auf eine Traumatisierung in der Kindheit zurückzuführen, durch die entweder bereits vorhandene Symbolisierungs- und Mentalisierungsfähigkeiten abgeblockt oder überhaupt nicht weiterentwickelt werden konnten. So verliert z. B. ein Kind, das von einem Elternteil sexuell traumatisiert worden ist, mehr oder weniger die Fähigkeit, sich eine Als-ob-Welt zu phantasieren.

Arbeiten mit dem Unbewussten heißt seitens des Analytikers vor allem, dem Patienten dazu zu verhelfen, zu »träumen«,

d. h. in einen kreativen Kontakt mit der vormals ungedachten und unträumbaren vorbewussten Erfahrung zu kommen (vgl. Ogden & Gabbard 2010). Dazu muss er sich selbst in eine Art träumerischen Bewusstseinszustands versetzen können, gleichsam tagträumen können. Mit dieser Erkenntnishaltung, die in einem längeren Prozess erworben wird und immer wieder verloren gehen kann, wird ein intensiver Zugang zu vorbewussten Denkprozessen ermöglicht, die wiederum mit den Abkömmlingen psychodynamisch unbewusster und nicht-bewusster Vorgänge in Verbindung stehen. Gelingt dies nicht, überwiegen stattdessen rational kognitive, oberflächliche Formen des Zuhörens und des Diagnostizierens. Man weiß dann immer schon im Vorhinein, um welchen Konflikt es sich bei den Darstellungen des Patienten handelt, und ist versucht, sehr schnell Deutungen über unbewusste Sinnzusammenhänge zu geben, die scheinbar evident sind. Freuds Empfehlung, im Kontext des Arbeitens mit dem Unbewussten eine ▶ gleichschwebende Aufmerksamkeitshaltung einzunehmen, klingt einfacher, als es tatsächlich ist. Denn hierbei gilt es auch, eine Anzahl von Ängsten zu überwinden: »Die psychoanalytische Methode führt zu Ängsten vor Unsicherheit, vor Wahrnehmungskonflikten, vor Aporie, Invasion, Bedrohtsein von Verwirrung und Nichtertragen von Nichtgenügenkönnen in Anbetracht der realen seelischen Struktur des Analysanden. Es sind Ängste über den Verlust therapeutischer Allmacht. Ferner Ängste vor der Zustandsabhängigkeit von psychoanalytischer Erkenntnis und Entwicklung eines psychoanalytischen Gedächtnisses« (Danckwardt 2011, S.130). Der Autor fragt sich, ob auf diese Ängste vor der spezifisch psychoanalytischen Methode in der Ausbildung zum Psychoanalytiker genügend eingegangen wird. Vor allem die »negative capability« (John Keats), der Mut, die Ungewissheit aushalten zu können, die sich ergibt, wenn man sich nicht mit vorgefertigten diagnostischen Kategorien und logischen Schlüssen auf die Erzählungen seines Patienten bezieht, sondern sich mit allen Sinnen auf die unvertraute und verwirrende terra incognita unbewusster Vernetzungen einlässt, ist eine zentrale Voraussetzung der psychoanalytischen Erkenntnishaltung.

Diese Suchhaltung des »Erratens« ist auch als Logik der Abduktion (Hinz 1991) beschrieben worden und Danckwardt (1994) hat von »Arbeitsaffekten«, wie Verwundern, Erstaunen, Erschrecken, gesprochen.

## Atmosphäre, emotionale

Obgleich schon Freud und die späteren Generationen von Analytikern wussten, dass das »attachment« und »Gehaltenwerden« eines Analysanden dessen Sich-sicher-Fühlen verstärken, ist doch erst in den letzten Jahren betont worden, dass den emotional-sensorischen Eindrücken, welche die therapeutische Beziehung auf Schritt und Tritt begleiten, noch viel mehr explizite Aufmerksamkeit zu widmen ist, als wir dies vorher als notwendig erachtet haben. Vor allem Patienten mit defizitären Erfahrungen in ihrer Kindheit haben grundlegende Ich-Funktionen unzureichend erworben (▶ Ich-Funktionen). Wir rekonstruieren in ihrer Lebensgeschichte z. B. depressive, narzisstische, übergriffige, intellektualisierende, innerlich abwesende und unkonzentrierte Eltern, die ungenügend zur Affektregulierung, zur Symbolisierung und ▶ Mentalisierung der Affekte und zur Anerkennung ihres Kindes beigetragen haben. Die Beziehungsdimension benötigt deshalb eine sehr starke Aufmerksamkeit. Bei diesen Patienten ist es besonders wichtig, dass eine angemessene Einstimmung unserer bewussten und unbewussten Affektivität stattfindet (Hübner 2006). Diese läuft weitgehend »atmosphärisch«, jenseits des verbal semantischen Austauschs und oftmals auch jenseits verbal mitgeteilter Deutungen ab (▶ »Etwas mehr« als Deutung).

In die moderne Psychoanalyse hat diese Erkenntnis mit verschiedenen entwicklungspsychologischen und behandlungstechnischen Konzeptualisierungen Eingang gefunden, wie z. B. durch das Affekt-Attunement (vgl. Stern 1985), »erhöhte affektive Momente« (vgl. Beebe & Lachmann 1994), ▶ »Momente der Begegnung« (Stern et al, 1998a, b) und »mentalisierte Affektivität« (vgl. Jurist 2005).

Zur Herstellung einer emotionalen Atmosphäre gehört auch das Anheimelnde des therapeutischen Praxisraums.

Geißler und Heisterkamp (2007) sprechen von der »Atmosphäre der psychotherapeutischen Werkstatt« und drücken damit ihre ganzheitliche, Leib und Seele umfassende Behandlungsphilosophie aus: Der Raum – der bei analytischen Kollegen manchmal etwas kahl und unpersönlich wirken kann (siehe z. B. Guderian 2004) – sollte etwas von einer freundlichen, wohligen und vertrauensvollen Atmosphäre aufweisen, die entsprechende Stimmungen der freudigen Ankunft und des Willkommenseins auszulösen imstande ist. Denn Stimmungen stellen den Urgrund für Prozesse des Erkennens dar.

Obwohl das Räumliche durchaus ein Spiegelbild des Seelischen des Analytikers sein kann, kann Raum für vertrauensvolle Stimmungen sozusagen auch in der kleinsten Hütte sein: Das Zueinanderpassen von Patient und Therapeut befindet dann doch in erster Linie darüber, wie der Praxisraum beseelt wird (▶ Arbeitsbündnis).

Atmosphärisches z. B. in Form »sehnsuchtsvoll-wehmütiger Empfindungen« oder »diffus angsthafter Erwartungen« bleibt in Therapien oftmals unerkannt, da es keinen Symptomcharakter hat (Dahl 2010, S. 396 f.). Aber diese Erinnerungen aus dem emotionalen oder impliziten Gedächtnis können als Gestimmtheiten maßgeblich den psychoanalytischen Prozess prägen und Anzeichen früh entstandener Ängste sein, die bislang keine Verwörterung gefunden haben.

## Außer-Übertragungsdeutung – Übertragungsdeutung außerhalb der analytischen Beziehung oder Deutung der außertherapeutischen Situation

Bei der »Außer-Übertragungsdeutung« oder »Übertragungsdeutung« außerhalb der analytischen Beziehung wird eine Beziehung oder Ähnlichkeit zwischen der vom Patienten erinnerten und rekonstruierten Beziehung zu einem Elternteil und der Beziehung zu einer wichtigen Person außerhalb der analytischen Beziehung hergestellt. So spricht der Therapeut z. B. an, dass der Ehemann der Patientin von ihr ähnlich uneinfühlsam erlebt werde wie ihre Mutter.

Dieser Deutungstyp stellt eine häufige Interventionsform in Psychotherapien, vor allem auch in nichtanalytischen Psychotherapieformen dar. In der tiefenpsychologisch fundierten Psychotherapie soll er sogar zum bevorzugten Deutungstypus werden (vgl. Rüger et al. 2011). Selbstpsychologen, die nahezu ausschließlich von der Erlebnisperspektive des Patienten ausgehen, erblicken hierin den bevorzugten Interventionstyp, da sie hierbei auch am besten als vom Patienten benötigtes Selbstobjekt (▶ selbstpsychologische Orientierung, ▶ Übertragung, selbstobjektale) dessen Erfahrung validieren, anstatt diese kritisch zu hinterfragen, was mit dem geringen Selbstwertgefühl narzisstisch verunsicherter Patienten und mit entsprechend rechthaberischen Einstellungen nur um den Preis von erheblichen Kränkungen zu machen ist. Manche Therapeuten gehen deshalb sogar soweit, dass sie sich zusammen mit ihren Patienten über einen als autoritär erlebten Chef oder uneinfühlsam wahrgenommenen Ehepartner ereifern und sich gemeinsam überlegen, was zu tun sei, angefangen von empfohlenen Streitgesprächen, Kündigungsbriefen bis hin zu Trennungen. Dies kann vor allem von solchen Patienten als wohltuend erlebt werden, die sich dem anderen gegenüber im Recht fühlen, aber ohne die Hilfe eines Dritten sich nicht durchzusetzen trauen; die noch zu wenig Selbstwertgefühl haben, um zu erkennen, worin ihre Rolle in dieser Auseinandersetzung besteht, oder die noch nicht über genügend Selbstreflexion verfügen, um sich zu verdeutlichen, dass sie diese Auseinandersetzungen zur Externalisierung ihrer inneren konflikthaften Objektbeziehungen noch eine Zeitlang benötigen.

Der Nachteil von Außer-Übertragungsdeutungen besteht nach herkömmlicher analytischer Auffassung darin, dass der Psychoanalytiker zwar einerseits davon ausgeht, dass die geschilderten Personen wie z. B. der Chef, der Ehemann oder ein Arbeitskollege, in unterschiedlichem Ausmaß Konstruktionen der (inneren) Objektbeziehungen seines Patienten sind, der Analytiker sie mit diesen vom Patienten geschilderten Merkmalen aber zunächst als real existierend bestätigt. Aus klassischer psychoanalytischer Sicht wäre es zudem eine erhebliche Verletzung der Neutralität und vor allem ein Versäumnis, die unbewussten Externalisierungen und projektiven Konstruktionen nicht anzusprechen und in der Übertragungsbeziehung nicht zu bearbeiten (▶ Neutralität). Es wäre auch ein Verzicht auf das selbstständige Herausfindenlassen, warum dem Patienten in diesem Moment der Beistand seines Therapeuten als so dringlich erscheint und es ihm so schwer fällt, selbst zu einer Lösung zu kommen. Therapeuten, die dazu neigen, im Anschluss an Außer-Übertragungsdeutungen ihre neutrale Rolle zu verlassen, binden möglicherweise ihre Patienten mit zu viel Unterstützung an sich, weil ihnen deren Selbstständigkeit Unbehagen und Trennungsangst bereitet.

Außer-Übertragungsdeutungen umgehen die Übertragungsbeziehung und deren Deutung im Hier und Jetzt (▶ Übertragungsdeutung im Hier und Jetzt); sie werden deshalb bevorzugt in der tiefenpsychologisch fundierten Psychotherapie bei solchen Patienten eingesetzt, die mit dem Sprechen über die Beziehung wenig anfangen können, weil ihnen entweder die metareflexiven Fähigkeiten dazu fehlen, die bei Übertragungsdeutungen im Hier und Jetzt unterstellte Als-ob-Situation die Möglichkeiten ihrer Affektregulation übersteigt oder die zur Leidensbewältigung erfolgreich eingesetzten Abwehrmechanismen unterminiert werden könnten.

Zu früh erfolgende Übertragungsdeutungen können aber auch Prozesse der Idealisierung und des Aufbaus einer sicheren Bindung unterbrechen, so dass vor allem von Seiten der Selbstpsychologie Übertragungsdeutungen längere Zeit unterbleiben (▶ selbstpsychologische Orientierung, ▶ Sicherheit ermöglichen).

Aber auch von Psychoanalytikern anderer Richtungen wird berücksichtigt, dass bei der Infragestellung von gut eingespielter Abwehr und Bewältigung die nicht auszuschließende Gefahr besteht, dass die dadurch ausgelöste Verunsicherung im Rahmen kürzerer Therapien nicht genügend bearbeitet werden kann.

Außer-Übertragungsdeutungen können aber durchaus Sinn machen, wenn man den Patienten besser kennt, wenn man aufgrund der Übertragungs- und Gegenübertragungsbeziehung zu ihm weiß, dass er aufgrund seiner inneren Objekte gelegentlich oder auch öfters an Menschen gerät, die dann tatsächlich eigene maligne Objektbeziehungen mit ihm ausleben (▶ Interpersonelle Orientierung). Mit zunehmender Kenntnis eines Patienten werden Außer-Übertragungsdeutungen somit wirklichkeitsnäher, während sie anfänglich beim Therapeuten häufig das ungute Gefühl hinterlassen, zu stark für den Patienten Partei zu ergreifen, sich in eine ödipal-rivalisierende oder narzisstische Eigen- und Gegenübertragung vom Patienten hineinziehen zu lassen, um von ihm als der verständnisvollere Vater oder die einfühlsamere Mutter idealisiert werden zu können.

Psychoanalytisch betrachtet ist es deshalb wichtig, darüber nachzudenken, inwieweit das Geben von Außer-Übertragungsdeutungen für den Patienten erforderlich ist oder inwieweit hiermit eigene Konfliktspannungen beschwichtigt werden sollen oder gar ein narzisstischer Missbrauch stattfindet.

Außer-Übertragungsdeutungen können zu einer identifikatorischen Übernahme der Ansichten des Psychotherapeuten führen, zu introjektiv stattfindenden Veränderungen, die aufgrund von ▶ Suggestion, pädagogischer Führung und Überredung zustande kommen, hingegen wenig oder gar nicht zu Einsicht in die innere Welt und deren konflikthafte oder traumatogene Dynamik. Sie sollten deshalb in einer analytischen Psychotherapie bzw. bei Patienten, die bereits höher strukturierte Ich-Kompetenzen aufweisen, nicht zum vorherrschenden Interventionstyp gehören, da diese sich dann zwar lieb behandelt, aber auch unterfordert fühlen können (▶ Kreditierung). Andererseits sollte bei einer Geringschätzung oder gar Entwertung von Außer-Übertragungsdeutungen daran gedacht werden, dass Patienten die anfängliche Identifizierung mit ihrer Sichtweise, vor allem wenn sie die scheinbar untrügliche Überzeugung haben, übergangen, ausgenützt oder beschämt worden zu sein, auch als sehr wohltuend erleben. Allerdings kann dies wohl nur eine erste Phase von analytischer Psychotherapie darstellen, in der es zunächst um die Festigung des ▶ Arbeitsbündnisses geht.

## Autonomie fördern

Eine vorrangige Zielvorstellung in der psychoanalytischen Therapie ist es, die Autonomie von Patienten zu fördern. Diese erleben sich in vielerlei Hinsicht als unfrei: nicht nur gegenüber ihren imperativ auftretenden Triebwünschen, sondern sie fühlen sich auch getrieben von unrealistischen Ich-Ideal-Ansprüchen und rigiden Schuldgefühlen; sie müssen sich mit sozialen Rollen und Erwartungen von anderen Menschen in überstarkem Ausmaß identifizieren und weisen so gut wie keine Rollendistanz auf. Körperlich wahrgenommene Affektspannungen können von ihnen nicht oder zu wenig symbolisiert und Affekte generell nicht reguliert werden. Einfühlung in sich selbst und Perspektivenübernahme sind mangelhaft ausgeprägt und das Vertrauen in andere Menschen beeinträchtigt. Nicht nur die psychodynamischen Konfliktdimensionen, sondern auch die basalen strukturellen Beeinträchtigungen führen dann zu mehr oder weniger starken Einschränkungen von Entscheidungsprozessen. Die betreffenden Menschen tun sich bei wichtigen Entscheidungen schwer, grübeln oft lange Zeit, müssen sich nach vollzogener Entscheidung immer wieder vergewissern, ob ihre Entscheidung auch richtig war. Entsprechend unzufrieden sind sie dann auch zumeist mit dem, wofür sie sich entschieden haben, hadern innerlich mit ihren Entschlüssen, wollen vieles wieder rückgängig machen, oder sie lassen sich ihre Entscheidungen abnehmen, lehnen sich an Autoritäten oder Traditionen an, lassen sich von anderen zu Handlungen mitreißen, zu denen sie sich selbst nie entschließen könnten. Es gibt viele Abstufungen des Erlebens, für eine Handlung nicht wirklich die Verantwortung übernehmen zu können, von einem leichten Gefühl des Getriebenseins bis hin zu Zuständen starker Selbstentfremdung.

Aus diesem Grund ist es nach psychoanalytischer Auffassung entscheidend wichtig, die Autonomie gegenüber den inneren und äußeren konflikthaft erlebten Anforderungen zu stärken (▶ Ichpsychologische Orientierung). Und deshalb soll auch nicht an die Stelle der Abhängigkeit von einem rigiden Über-Ich nunmehr die Abhängigkeit vom Analytiker treten. Selbstverständlich bleibt dieser für geraume Zeit die wichtigste Person für seinen Patienten; dennoch muss er darauf achten, nach Möglichkeit alles zu unterlassen, was die ohnehin schon sehr starke Abhängigkeit – selbst wenn diese von manchen Patienten bis zur letzten Stunde verleugnet und bekämpft wird – noch steigern könnte. Vielmehr sollte er seinem Patienten dabei helfen, eine maximale Selbstständigkeit und Unabhängigkeit, die erst eine wirkliche und tiefe Bindung ermöglicht, zu erreichen. Therapeuten, die ihre Patienten mit wohlwollender Unterstützung versorgen und der Auffassung sind, ausschließlich spiegelnd und resonant auftreten zu müssen, weil jede Deutung unbewusster Vorgänge ihrem Gefühl nach einen intrusiven und das Selbstwertgefühl verletzenden Akt darstellt, stehen in der Gefahr, zu wenig die Autonomie ihrer Patienten zu fördern, sondern machen stattdessen nicht selten diesen mit zu viel verwöhnender Einfühlung von sich tendenziell abhängig.

Roy Schafer hatte in den 1970er Jahren mit seinem groß angelegten Projekt einer psychoanalytischen Handlungssprache darauf aufmerksam gemacht, dass allein schon manche psychoanalytischen Redewendungen, die auch Eingang in die Alltagssprache von Patienten gefunden haben (wie z. B. »Das Unbewusste in mir ist so stark«, »Meine Depression hat mich wieder daran gehindert, etwas zu unternehmen«, »Die Abwehr in mir lässt es nicht zu«), per se bereits ein Ausweichen vor dem Autonomwerdenwollen darstellen und die Tatsache abwehren helfen, dass es ein Mensch letztlich selbst in der Hand hat, sein Leben aktiv zu gestalten. Hier wäre es nach Schafer (1976) deshalb die Aufgabe des Psychoanalytikers, auf schonende Art diese sprachlich verpackte Vermeidungshaltung anzusprechen. Diese, an die existentialistische Philosophie erinnernde Haltung, nach der ein Mensch die Angst vor der Freiheit überwinden lernen muss, indem er der Verantwortung nicht mehr ausweicht, stieß zunächst auf großes Interesse, bis erkannt wurde, dass es doch Erfahrungen gibt, die sich mit imperativer Macht dem Menschen immer wieder aufdrängen und die auch nicht durch sprachliche Umformulierungen aus der Welt geschafft werden können (z. B. Schönle 1981). Mit der einige Jahre später erfolgten Unterscheidung von zwei Gedächtnissystemen besitzen wir heute eine noch größere Klarheit darüber, welche Beziehungserfahrungen – wenn auch mit Mühen – veränderbar und welche nahezu unauslöschlich ins Gedächtnis eingebrannt sind und wohl nur durch neue Erfahrungen überformt werden können (▶ Deutung, neurowissenschaftliche).

Denn von der psychoanalytischen Gegenstandsbestimmung her ist der Mensch nicht nur ein intentionaler Akteur, dessen Handlungen für ihn selbst und für andere prinzipiell nachvollziehbar wären, sondern er ist auch Objekt seines psychodynamischen Unbewussten und des prinzipiell nicht reflexionsfähigen Nicht-Bewussten seines impliziten Gedächtnisses und somit Objekt innerer »Gewaltzusammenhänge« und unbegriffener Zwänge, in denen er sich selbst nicht wiedererkennt und auf die er gleichsam nur bewusstlos wie auf ein über ihn verhängtes Schicksal reagieren muss (vgl. Körner 1985). Dieser Doppelnatur des Menschen, einerseits durchaus intentional über sein Schicksal verfügen zu können und ihm andererseits wie einer fremden Macht kausal unterworfen zu sein, entspricht auch eine Zweiheit der Beobachtungseinstellung, die somit nur auf den ersten Blick widersprüchlich wirkt (▶ Beobachten, behavioral und empathisch-introspektiv, ▶ Erklären und Verstehen).

### Autorität, funktionale ausüben

Von manchen Psychoanalytikern des intersubjektiven Paradigmas (wie z. B. Renik 1995, Hoffman 1996, McLaughlin 1996) wird die Auffassung vertreten, dass der klassische, v. a. ichpsychologische Psychoanalytiker, eine autoritäre Rolle eingenommen, sich als deutungsmächtig und allwissend gegeben und übersehen habe, dass auch er keineswegs objektiv über den Dingen stehe, sondern vielmehr ein »verwundeter Heiler« sei. Mit seinem Anonymbleiben und nur intervenierend, wenn er es für richtig halte, habe er zur (falschen) Idealisierung von Psychoanalytikern beigetragen. Wenn er ganz normal Rede und Antwort stehen müsste, würde sehr bald deutlich werden, dass sein Wissen um Psychogenese und Psychodynamik seines Patienten durchaus begrenzt sei (z. B. Renik 1995). Dabei wüsste er im Grunde ohnehin weniger über die psychische Realität seines Patienten als dieser selbst. In den klassischen Deutungen seien viele Projektionen eigener Konflikte enthalten und deshalb sei es auch wichtig, auf keinen Fall eine Schiedsrichterrolle einzunehmen, etwa der Art, dass man wisse, was für den Patienten gut sei (so z. B. Schwaber 1992a, b), sondern sich eher demütig der Perspektive des Patienten zu widmen.

Wie so oft ist auch an diesen Auffassungen durchaus ein Körnchen Wahrheit, aber insgesamt müssen sie doch als ziemlich überzeichnet gelten. Weder nimmt heutzutage ein Analytiker an, dass er objektives Wissen besitzt, noch dass er mit seinen Vermutungen immer Recht hat. Ebensowenig geht er davon aus, dass er völlig anonym bleiben kann und dass das, was er an Deutungseinfällen äußert, überhaupt nichts mit seinem Leben und seinen Erfahrungen zu tun hat. Auch das Mitteilen von Gegenübertragungseindrücken hat nicht per se einen therapeutischen Wert oder führt zur Verringerung von Autorität (▸ Selbstmitteilung). Ohnedies muss das Konzept der Autorität differenziert werden: Es gibt ohne Zweifel einen Wissensvorsprung des Analytikers, ohne den sich seine berufliche Tätigkeit und sein Honorar nicht legitimieren ließen, aber deswegen muss er seine Expertise nicht autoritär einsetzen. Kernberg (1996) spricht von funktionaler Autorität, um damit zum Ausdruck zu bringen, dass der Analytiker darüber entscheidet, wie die analytische Behandlung zum Besten des Patienten durchzuführen ist.

Jeglicher Versuch, sich vor seinem Patienten kleiner zu machen oder per kumpelhaftem Auftreten ihm die Angst vor einer Autorität zu nehmen, kommt einem manipulierenden Verhalten gleich und versäumt es, projektive Tendenzen und Übertragungen des Patienten anzusprechen und durchzuarbeiten. Manche Selbstpsychologen versuchen durch eine kontinuierlich durchgehaltene ▸ konkordante Identifizierung mit dem Selbstverständnis des Patienten der Bearbeitung von Übertragungen auszuweichen. Unter der Oberfläche von augenscheinlich viel Verständnis und scheinbarer Arbeit auf Augenhöhe können sich aber durchaus Ängste vor starken aggressiven Affekten angesichts als autoritär erlebter Elternfiguren verbergen, deren ▸ Durcharbeitung dann eher unterlassen wird.

Manchmal versuchen Patienten ihren Therapeuten vorzuschreiben, was sie für ihre Gesundung brauchen; so versuchen sie eigenwillig das Setting zu ändern, die Stundenfrequenz nach ihrem Belieben zu modifizieren oder den Spieß umzudrehen, indem sie z. B. dem Therapeuten Fragen stellen, auf Antworten insistieren oder die Äußerungen ihres Analytikers »analysieren«. Ängstliche Therapeuten, die Autorität mit autoritär verwechseln, lassen sich auf diesen Rollentausch zunächst in der Hoffnung ein, damit ihrem besonders schwierigen Patienten helfen zu können, bis sie merken, das sie von diesem manipuliert werden.

Nach der Kontrollbewältigungstheorie von Weiss und Sampson (1986) erfährt ein Patient immer dann Sicherheit, wenn seine Tests nicht im Sinne der unbewussten pathogenen Befürchtungen beantwortet werden. Tests können als Übertragungstests und als Rollenumkehrtests stattfinden. Versuche, die Standhaftigkeit des Therapeuten zu testen, indem seine funktionale Autorität angezweifelt oder gar unterminiert wird, können auch als Rollenumkehrtests aufgefasst werden. Therapeuten, die diesen Test nicht bestehen, sind z. B. der Auffassung, dass nur eine nachgiebige Gutmütigkeit den Patienten im Sinne einer ▶ korrigierenden emotionalen Erfahrung heilen könne, weil er sich Autoritäten bislang immer unterwerfen musste. Dabei übersehen sie aber, dass ihr Patient, der sich als Opfer eines tyrannischen Elternteils bezeichnet, nicht nur seine unnachgiebige Kränkungswut bearbeiten muss, sondern sich auch längst mehr oder weniger mit dem elterlichen Aggressor identifiziert hat und andere so zu behandeln versucht, wie er glaubt, selbst behandelt worden zu sein.

# B

## Behandlungspraxis, explizite und implizite

Unter Rückgriff auf die gedächtnispsychologische Unterscheidung von einem expliziten (deklarativen) und einem impliziten (nicht-deklarativen) Gedächtnis, die seit einiger Zeit v. a. in der nordamerikanischen Psychoanalyse verwendet wird (vgl. z. B. Clyman 1992, Davis 2001, Talvitie & Ihanus 2002, Fonagy

2003a, De Masi 2003, Mertens 2005), spricht Michael Ermann (2005) von einer expliziten und einer impliziten Behandlungspraxis. Die klassische Freud'sche Einsichtstherapie wird von ihm der expliziten Behandlungspraxis zugerechnet; die Therapie der emotionalen Erfahrung, die mit Ferenczi ihren Anfang genommen hat, der impliziten Behandlungstechnik. Beide Behandlungsansätze ergänzen sich, repräsentieren nach Ermann aber auch gegensätzliche Pole der psychoanalytischen Praxis (▶ Einsicht fördern).

Die implizite psychoanalytische Behandlungspraxis beinhaltet die Arbeit an den »archaischen Kernzuständen«. Sie setzt an der impliziten Beziehungsregulierung an und verzichtet zunächst auf ein Deuten, das der expliziten Behandlungstechnik vorbehalten ist. Das Motto dieses Vorgehens ließe sich mit Ermann (2005, S. 8) folgendermaßen beschreiben: »Wo ungestaltete vegetativ-affektive Aktivierung war, soll symbolisiertes Erfahrungswissen werden«. Dazu müssen die »archaischen« Affektzustände mit Gedanken verknüpft und in eine dialogische Erfahrung verwandelt werden.

Verschiedene Psychoanalytiker haben sich damit befasst, wie unerträgliche Körperzustände und affektive Spannungen von Patienten durch Denk- und Fühlprozesse im Analytiker transformiert werden können. Am bekanntesten wurde sicherlich das ▶ Container/Contained-Modell von Bion, das bei Fonagy im Konzept der ▶ Mentalisierung eine zeitgenössische Fortsetzung erfahren hat. Unbegriffene, überwiegend körperlich wahrgenommene Spannungszustände werden durch die Denk- und Fühlprozesse des Analytikers nach und nach zu einer gefühlsmäßig bedeutsamen Interaktion. Der Inhalt von sprachlichen Interventionen wird vom Patienten über längere Zeit hauptsächlich hinsichtlich der darin enthaltenen beziehungsregulierenden Botschaft aufgenommen (▶ Sprechhandeln). Das Sich-als-Objekt-verwenden-Lassen (i. S. v. Winnicott 1971) ist hierbei ebenfalls ein wichtiges Beziehungsgeschehen und trifft sich mit den in dieser Arbeit beschriebenen Vorgängen der ▶ Annahme der traumatisierenden Übertragung, des ▶ Container/Contained, des ▶ Enactments, der ▶ gemeinsamen Regression, der ▶ Metaphernbildung, der ▶ Rollenempfänglichkeit, der ▶ Selbst- und Fremdregulierung und des ▶ (sich) Verändern lassen. Bei dieser Haltung – so Ermann (2005, S. 8) – sei es wichtig, sich von den projizierten Gefühlszuständen des Patienten »nicht überwältigen zu lassen, sondern dazu eine gewisse Distanz zu erlangen, darüber nachzusinnen und gefühlsmäßig Stellung zu beziehen.«

Entsprechend der Kernaussage der vorliegenden Arbeit finden sich archaische Affektzustände auch bei Patienten für die auf den ersten Blick ausschließlich eine explizite Behandlungspraxis angezeigt zu sein scheint. Ferner ereignet sich auch bei diesen unterhalb der expliziten Deutungsebene eine permanente subsymbolische Beziehungsregulierung, die sich allerdings in der Regel in größerer Kongruenz zur symbolischen Beziehungsebene befindet. Und schließlich wird die Auffassung noch stärker akzentuiert, dass das Herausarbeiten aus der Verstrickung nicht nur einen Akt des Erkennens und des Stellungbeziehens darstellt, sondern eine mühselige, durchaus auch eine länger dauernde Anstrengung bedeutet (▶ Durcharbeiten, ▶ Enactment, ▶ Übertragungsneurose herstellen und durcharbeiten).

### Beobachten, behavioral und empathisch-introspektiv

Das Beobachten des Patienten in seiner körperlichen Erscheinung, mit seiner Mimik, seinen Gesten, seinen Haltungen, mit der Art und Weise, wie er spricht (▶ (Zu-)Hören) ist ein grundlegender Bestandteil der psychoanalytischen Methodologie, die aus einem Verbund unterschiedlicher Methoden, die sich gegenseitig triangulieren, besteht.

Entgegen einem weit verbreiteten Missverständnis, dass sich ein Psychoanalytiker ausschließlich empathisch-introspektiv den Äußerungen seines Patienten zuwendet, d. h. introspektiv seine eigenen Gefühle, Bilder und Vorstellungen beobachtet und sich in stellvertretender Introspektion in seinen Patienten hineinversetzt und ein inneres Arbeitsmodell über diesen entstehen lässt (▶ Einfühlung), nimmt der Psychoanalytiker ebenso das Verhalten seines Patienten optisch und akustisch wahr, wozu in erster Linie die verbalen Äußerungen, deren Abfolge und Unterbrechungen, aber natürlich auch die vielen nonverbalen Ausdruckselemente, wie Prosodie des Sprechens, Mimik, Gestik und Bewegungen gehören (▶ Beobachten der Körpersprache, ▶ Prozessmonitoring).

Spencer und Balter (1984, 1990) und Balter et al. (1980, 1991) haben zwei Formen der Beobachtung unterschieden: Der empathischen Beobachtung steht die Verhaltensbeobachtung gegenüber. Zusammen mit der ▶ freien Assoziation und der ▶ gleichschwebenden Aufmerksamkeit, dem sog. »Analytischen Instrument«, konstituiert die Verhaltensbeobachtung im Verbund mit Empathie und Introspektion eine genuin psychoanalytische Methodik der Datensammlung. Mit dieser Bestimmung geht auch eine Kritik an der alleinigen Form der empathischen Methode, wie sie von Heinz Kohut in die Selbstpsychologie eingebracht wurde, einher (▶ Einfühlung, ▶ Selbstpsychologische Orientierung).

Aber die psychoanalytische Verhaltensbeobachtung unterscheidet sich grundsätzlich von der methodologischen Doktrin der behavioristischen Psychologie, die den Menschen ausschließlich aus einer Außenperspektive beobachtete und jeglichen Bezug zur Introspektion und Empathie als unwissenschaftlich ablehnte, geschweige denn einen Schluss auf ein hypothetisches Konstrukt wie das Unbewusste für wissenschaftlich zulässig hielt. Ebenso unterscheidet sich die Verhaltensbeobachtung auch von einer herkömmlich psychiatrischen und neurologischen Einstellung, die sich auf das Beobachtbare (z. B. in Form von Dysfunktionen und Symptomen) ebenfalls aus einer ausschließlichen Dritte-Person-Perspektive beschränkt, ohne sich empathisch-introspektiv mit den Schilderungen in Beziehung zu setzen, geschweige denn ihren eigenen intersubjektiven Beitrag zu den beobachteten und eingefühlten Phänomenen zu reflektieren (vgl. Bolognini 2006).

Demgegenüber geschehen empathisch-introspektive und verhaltensmäßige Beobachtung in der Psychoanalyse im Verbund und in Wechselwirkung, und es ist die Kombination dieser beiden Beobachtungsmethoden, die für die Psychoanalyse so charakteristisch ist und ihre einzigartige Methodik ausmacht (▶ Szenisches Verstehen).

Die psychoanalytischen Schulrichtungen lassen sich anhand der beiden zum Einsatz kommenden Formen der Beobachtung gut unterscheiden. So räumte der Selbstpsychologe Kohut dem behavioralen Beobachtungsmodus nur ein geringes Gewicht ein, während seine ganze Aufmerksamkeit dem introspektiv-empathischen Modus galt. Dementsprechend legen Selbstpsychologen ein großes Augenmerk auf das Sich-Hineinversetzen in die Gefühle, Stimmungen und Perspektiven ihres Patienten und machen immer wieder darauf aufmerksam, wie unvollständig diese Perspektivenübernahme letztlich doch noch bleibt (z. B. Schwaber 1983, 1988, 2005; ▶ (Zu-)Hören). Post-Ichpsychologen kritisieren demgegenüber die Vernachlässigung der Einnahme einer »Dritte-Person-Perspektive«, einer »Ich-es-Beziehung« (Buber, zit. nach Modell 1984), die erst den kreativen Abstand zu dem dyadischen Verbundensein mit dem Patienten ermöglicht und vor allem auch einen Schluss auf unbewusste Vorgänge in ihm zulässt (vgl. Spencer & Balter 1990).

Arnold Modell (1984) hat diese flexible Balance zwischen einem teilnehmenden und einem naturwissenschaftlich eingestellten Beobachter folgendermaßen beschrieben: »Die ›Daten‹ der Psychoanalyse können zwei großen Kategorien zugeordnet werden, je nachdem welche Beziehung zwischen dem Beobachteten und dem Beobachter besteht. Wenn Analytiker und Patient eine Ich-Du-Beziehung zueinander haben, stehen die psychoanalytischen Daten den Daten interpretativer, d. h. hermeneutischer Wissenschaften näher. […] Der Analytiker nimmt jedoch auch die Position eines Beobachters ein, der den Patienten von außen betrachtet, nach diagnostischen Kategorien sucht, Formen von Widerstand kategorisiert, sich wiederholende Konfigurationen identifiziert usw. Der Analytiker ist dann einen Schritt zurückgetreten und vom Teilnehmer zum Betrachter geworden, ist von der Ich-Du- in die Ich-es-Beziehung gewechselt. In der Position des Beobachters sind die Daten vom theoretischen Vorverständnis oder von der Metapsychologie her sozusagen vorstrukturiert.«

Dabei geht der Wechsel zwischen den beiden Beobachtungseinstellungen rasch und kaum merklich vonstatten: »Es braucht kaum Anstrengung, die Beobachtungshaltung vom Ich-Du zum Ich-es zu verlagern, und die Verlagerung findet statt, ohne daß der Analytiker besonders Notiz von ihr nehmen würde« (ebd., S. 223). Dem wäre nur noch hinzuzufügen, dass auch die Position des teilnehmenden Beobachters nicht von einem theoretischen Vorverständnis absehen kann, auch wenn dieses stärker von idiosynkratischen Annahmen, Lebenserfahrungen und Theoriefragmenten bestimmt ist als von metapsychologischen Theorien (▶ Theorien verwenden).

Interessanterweise wird in der gegenwärtigen Selbstpsychologie ebenfalls dieser Wechsel betont. So schreibt Lichtenberg (2007, S. 45): »Die Beobachterhaltung wirkt einer potenziellen Tendenz auf Seiten der Therapeuten entgegen, der Tendenz, ihre Beobachtungen und Kommentare auf mitfühlende und tröstende zu beschränken, wo ein direktes Gespräch und eine Konfrontation dem Fortschritt des Erkundungsprozesses dienlicher wären.« Allerdings, so Lichtenberg, braucht es den empathischen Wahrnehmungsmodus, um zu einem angemessenen Timing für diese konfrontierenden Interventionen zu kommen (▶ Konfrontieren).

## Beobachten der Körpersprache

In den »Vorlesungen zur Einführung in die Psychoanalyse« führte Freud (1916–17a, S. 20 f.) aus, dass den Beobachtungsstoff der Psychoanalyse »gewöhnlich jene unscheinbaren Vorkommnisse (bilden), die von den anderen Wissenschaften als allzu geringfügig bei Seite geworfen werden, sozusagen der Abhub der Erscheinungswelt« und wirft dann gegenüber seinen Hörern die Frage auf: »Gibt es nicht sehr bedeutungsvolle Dinge, die sich unter gewissen Bedingungen und zu gewissen Zeiten nur durch ganz schwache Anzeichen verraten können? Ich könnte Ihnen mit Leichtigkeit mehrere solche Situationen anführen. Aus welchen geringfügigen Anzeichen schließen Sie, die jungen Männer unter Ihnen, daß Sie die Neigung einer Dame gewonnen haben? Warten Sie dafür eine ausdrückliche Liebeserklärung, eine stürmische Umarmung ab, oder reicht Ihnen nicht ein von anderen kaum bemerkter Blick, eine flüchtige Bewegung, eine Verlängerung des Händedrucks um eine Sekunde aus? Und wenn Sie als Kriminalbeamter an der Untersuchung einer Mordtat beteiligt sind, erwarten Sie dann wirklich zu finden, daß der Mörder seine Photographie samt beigefügter Adresse an dem Tatorte zurückgelassen hat, oder werden Sie sich nicht notwendigerweise mit schwächeren und undeutlicheren Spuren der gesuchten Persönlichkeit begnügen? Lassen Sie uns also die kleinen Anzeichen nicht unterschätzen, vielleicht gelingt es, von ihnen aus Größerem auf die Spur zu kommen […] In der wissenschaftlichen Arbeit ist es aussichtsreicher, das anzugreifen, was man gerade vor sich hat und zu dessen Erforschung sich ein Weg ergibt. Macht man das recht gründlich, voraussetzungs- und erwartungslos und hat man Glück, so kann sich infolge des Zusammenhanges, der alles mit allem verknüpft, auch das Kleine mit dem Großen, aus so anspruchsloser Arbeit ein Zugang zum Studium der großen Probleme ergeben.«

Gerhard F. Mahl (1977) – einer der psychoanalytischen Pioniere eines neuen Verständnisses von körperlichen Ausdrucksphänomenen – hat in einer immer noch kenntnisreichen und methodisch differenzierten Arbeit die Bedeutung von Körperbewegungen und ihrer anschließenden Verbalisierungen untersucht. Die Art der körperlichen Handlungen, um die es ihm ging, ist jedem Psychoanalytiker vertraut; er verstand sie lange Zeit als Ausdruck von Verdrängtem. Freud z. B. bemerkte bei der Behandlung von Dora, dass sie wiederholt ihre Handtasche öffnete und ihren Finger in die Tasche steckte und dass sie ein paar Stunden vorher erst davon berichtet hatte, sie habe keinerlei Erinnerung an Masturbation in der Kindheit. Freud vermutete damals, dass Dora sich mit ihrer Handlung jedoch »verriet«. In »Erinnern, Wiederholen und Durcharbeiten« interpretierte Freud (1914g) derartige Handlungen als »Ausagieren« von Vergessenem und Verdrängtem, die als Widerstand aufzufassen seien.

Für Mahl sind solche Handlungen jedoch nicht einfach eine widerständige Art des Erinnerns, sondern in Erinnerung und Verbalisierung integriert – aus heutiger Sicht der subsymbolische Ausdruck des nichtdeklarativen Gedächtnisses, der parallel oder dissoziiert vom deklarativen Gedächtnis erfolgt. Die folgende Beobachtung während eines Erstgesprächs führte ihn zu dieser alternativen Sichtweise: Als seine Patientin über ihre Minderwertigkeitsgefühle als Frau sprach, legte sie plötzlich einen Moment lang ihre Finger auf ihren Mund. Drei Minuten später sagte sie spontan, dass ihre Minderwertigkeitsgefühle aus ihrer Kindheit stammten: Damals habe sie sich unscheinbar und nicht so hübsch wie ihre Schwester empfunden, weil sie zwei hervorstehende Vorderzähne hatte. Diese unauffällige Geste wenige Minuten vorher hatte offensichtlich diese erwähnte Erinnerung und Verbalisierung vorweggenommen.

Mittlerweile gehört das Beobachten der Körpersprache und der nonverbalen Kommunikation zum Methodenrepertoire von Psychoanalytikern, wie z. B. Berzofsky et al. (2001), Eckhardt Daser (1995), Ted Jacobs (2001) und Ulrich Streeck (1989, 1999, 2000, 2004; ▶ Körperinszenierungen ▶ Körper-psychotherapeutische Interventionen, ▶ Nonverbale Kommunikation).

## Bestätigung kleinster Lernfortschritte

Hierunter verstanden Franz Heigl und Axel Triebel (1977) eine Vorgehensweise, die Änderungen eines Patienten in seinem interpersonellen Verhalten, bei Problemlösungen oder bei neuen Einsichten bestätigend anerkennt, statt sie stillschweigend zur Kenntnis zu nehmen. Was in den 1970er Jahren in der psychoanalytischen Welt noch wie eine unzulässige Vermischung mit lerntheoretischen Techniken galt, hat sich nicht zuletzt durch den Einfluss der Selbstpsychologie mittlerweile eher zu einer selbstverständlichen Haltung, im Sinne »einer Kunst, mit seinem Patienten natürlich zu sein« entwickelt (▶ Anerkennung vermitteln, ▶ Selbstpsychologische Orientierung). Selbstverständlich gilt es aber, bei Patienten mit einem sehr strengen Über-Ich oder mit einer Tendenz zum falschen Selbst darauf zu achten, dass diese Form der Bestätigung nicht wie eine neue Über-Ich-Tyrannei erlebt wird und hierdurch eine stillschweigende Anpassung an die impliziten Therapieziele des Therapeuten stattfindet (▶ Autonomie fördern).

## Bewältigungsmotiv anerkennen

Die von Joseph Weiss und Harold Sampson und der San Francisco Psychotherapy Research Group seit Beginn der 1970er Jahre vorgelegten theoretischen und empirischen Arbeiten beinhalten eine Revision der traditionellen Auffassung nicht nur über widerständiges Verhalten eines Analysanden, sondern auch des für die klassische Psychoanalyse grundlegenden »Selbsttäuschungs-Paradigmas«.

Gemäß der traditionellen psychoanalytischen Theorie werden unbewusste Wünsche aufgrund der analytischen Situation und der ▶ Regression im Behandlungsverlauf mobilisiert und in der Übertragung in mehr oder weniger impliziten Anspielungen auf die Person des Analytikers, aber auch im Agieren und in anderen Formen von Reinszenierungen auszudrücken versucht. Die Frustration dieser Wünsche anhand der analytischen Abstinenzhaltung verstärkt den Druck oder Auftrieb dieser Wünsche, bewusst zu werden. Der ▶ Widerstand wendet sich gegen das Bewusstwerden dieser Wünsche.

Nach Auffassung der San Francisco Psychotherapy Research Group kommen Patienten aber überwiegend mit der unbewussten und bewussten Motivation in die Therapie, ihre bisherigen unbewältigten Konflikte zu meistern. Dies stellt eine andere Sichtweise als die aus den Zeiten der Triebpsychologie stammende Überzeugung dar, nach der Patienten versuchen, ihre unbewussten kindlichen Wünsche mit Hilfe des Therapeuten zu befriedigen. Diese Auffassung war von der Prämisse abgeleitet, dass jegliches Verhalten im Dienste der Triebbefriedigung ausgeführt wird, während die Annahme von Weiss und Sampson (1986) von der des späten Freud, aber auch von den auf Hendrick (1943) und White (1960, 1963) zurückgehenden Konzeptionen geleitet ist, dass das Streben nach Kompetenz oder Bewältigung ein grundlegendes Handlungsmotiv ist. Der Patient hat auch bereits einen unbewussten Plan, wie die Meisterung seines Konflikts aussehen könnte. Bevor er diesen aber in die Tat umsetzt, muss er die Gewissheit haben, dass er mit der Ausführung seines Plans nicht scheitern wird. Dazu braucht er ein Gefühl von Vertrauen und ▶ Sicherheit und aus diesem

Grund sind bei diesem Modell die empathischen Fähigkeiten des Analytikers besonders gefragt (▶ Einfühlung, ▶ Szenisches Verstehen). Patienten unternehmen deshalb eine Anzahl von Tests, um zu erproben, wie weit sie ihrem Analytiker trauen können oder nicht. Wenn der Analytiker den Test nicht besteht (z. B. bei einer Kritik sofort sich zu rechtfertigen beginnt oder auf Biographisches abzulenken versucht), wird der Widerstand gegen die abgewehrten unbewussten Inhalte verstärkt und die Ängstlichkeit des Patienten, sich diesen Themen anzunähern, nimmt wieder zu. Besteht hingegen der Analytiker den Test, dann steigt die Wahrscheinlichkeit, dass der Patient seinen Widerstand gegen das Zulassen seiner konflikthaften Themen reduzieren wird.

Nach Weiss' und Sampsons (1986) ichpsychologischem Modell besitzt der Analysand eine viel größere rationale Intentionalität, als man im Triebkonflikt-Modell anzunehmen bereit war. Er ist folglich nicht der von archaischen Triebimpulsen und primitiv gebliebenen Rache- und Größenphantasien umhergetriebene Mensch, sondern von klein auf vernünftiger und an rationalen Ziel-Mittel-Handlungen interessiert, als im erst genannten Modell angenommen wird. Auch die Auswirkungen von traumatisierenden Sozialisationsvorgängen werden anders bestimmt: Wird im Trieb-Konflikt-Modell davon ausgegangen, dass der Traumatisierung vorgängige Phantasien und die aus der traumatischen Verarbeitung resultierenden Phantasien (z. B. in Form von Größen-, Rache- und Vergeltungsphantasien) zu einer starken Realitätsverzerrung i. S. v. trieb- und affektdominierter Wahrnehmung führen, so weisen Weiss und Sampson darauf hin, wie sehr sich Kinder z. B. für eine depressive Mutter oder für einen ewig mit sich selbst unzufriedenen Vater verantwortlich fühlen. So kann sich ein Kind, dessen Mutter erschöpft oder depressiv ist, für diesen Zustand der Mutter im Übermaß verantwortlich erleben; es kann das Gefühl haben, zum Misslingen der Ehe einen nicht unerheblichen Anteil beigetragen oder die Krankheit eines Geschwisters (mit-)bewirkt zu haben. Wenn dem Kind von diesen Forschern Omnipotenz zugeschrieben wird, dann dahingehend, dass es seine Verantwortlichkeit in einer entwicklungspsychologisch zu verstehenden egozentrischen Kausalität überschätzt.

Weiss und Sampson gehen von einer Auffassung unbewusster Problemlösungsprozesse aus, die sich als maximal intentional bezeichnen lässt. Gibt es auch subintentionale Prozesse, die im Verlauf einer Therapie wiederholt werden (vgl. Lamm 1993)? So kämpfen z. B. viele Patienten mit defizitären Erfahrungen, die sie nicht in einer psychodynamischen oder intentionalen Sprache unbewusst oder bewusst ausdrücken können, weil diese Erfahrungen vorsprachlich und vor der Konsolidierung eines reflexiven Bewusstseins entstanden sind und auch nicht zu späteren Zeitpunkten in ein intentionales und reflexives System übernommen werden können. Dennoch müssen wir wohl aus heutiger gedächtnispsychologischer Sicht davon ausgehen, dass diese in den ersten Lebensmonaten eines Kindes konditionierten Prozesse im nicht-deklarativen Gedächtnis ebenfalls Schlussfolgerungen und Erwartungen über zu vermeidende Ereignisse erzeugen, die somit als subsymbolische Form des Denkens eingeschätzt werden können, auch wenn sie nicht erinnerbar sind (▶ Deutung, neurowissenschaftliche).

Was an der ichpsychologischen Konzeption der Plananalyse allerdings revidiert werden muss, ist die ichpsychologische Auffassung von der Rolle des Therapeuten. Dieser hat lediglich die Funktion, die Tests seines Patienten zu erkennen, um nicht zum unreflektierten Übertragungsobjekt seines Patienten oder zum Objekt der Rollenumkehr zu werden. Dass er sich selbst hingegen in ein ▶ Enactment verstrickt, aus dem er sich keineswegs immer sofort souverän befreien kann, taucht bei Weiss und Sampson als Überlegung zu wenig auf.

## Beziehungsregulierung, achten auf die

Die »Beziehungsregulierung« geschieht in allen Beziehungen, so auch in therapeutischen, auf einer nichtbewussten Ebene. Sie läuft zusammen mit der Selbstregulierung ab, die in nahezu jedem Augenblick unseres Daseins in verschiedenen Bereichen stattfindet. Eine hinreichend gute Selbstregulierung ist eine Voraussetzung für eine hinreichend gute interaktive Regulierung und vice versa (▶ Selbst- und Beziehungsregulierung). Bei der Beziehungsregulierung kommt es zu einem Mikroaustausch von Informationen, die keinen symbolischen Inhalt haben, sondern in Form von Affektäußerungen mimischer, stimmlicher, gestischer und haltungsmäßiger Art erfolgen, die wiederum zu subsymbolischen affektiven Reaktionen führen (z. B. »Ich verlasse mich in allen Angelegenheiten der Näheregulierung ganz auf dich« oder »Ich verlasse mich völlig auf mich, wenn es um Fragen der Näheregulierung geht« sind z. B. zwei Extreme einer selbstverständlich nicht verwörterbaren Beziehungsregulierung). Dabei finden Vorgänge des Aushandelns und Einigens, der wechselseitigen Verstärkung und Dämpfung, aber auch des Einanderverfehlens, der Unterbrechung und Wiederherstellung, des Rückzugs und der Rückkehr zu einem früheren affektiven Gleichgewicht statt (vgl. Geißler 2004, Hartmann & Lohmann, 2004, Steiner Fahrni 2004, Tronick 1989).

Während in der früheren Psychoanalyse die Rede davon war, dass – entwicklungspsychologisch betrachtet – das Objekt Mutter »internalisiert« wird und fortan wie ein inneres Steuerungszentrum alle Phantasien über Beziehungen bestimmt, gehen Kleinkindforscher, wie z. B. Sander, Stern, Tronick und Beebe, davon aus, dass der Prozess der wechselseitigen Regulation von affektiven Zuständen als nicht-deklaratives Wissen aufgrund von unendlich vielen Beziehungserfahrungen gelernt, d. h. im impliziten Gedächtnis aufgenommen wird und fortan zum adaptiven Handeln beiträgt.

Die Präzisierung der analytischen Theorie der Beziehung von Moser (2001) im Anschluss an die psychoanalytischen Kleinkindforscher und die Unterscheidung der repräsentationalen Welt der Übertragungserfahrungen, der »psychoanalytischen Mikrowelt« von der unmittelbaren Beziehungsregulierung, bei der unmittelbare implizite emotionale Koregulationen (vgl. Fogel, 1992) vorherrschen, ermöglichen eine genauere Betrachtung: Auf die Vorgänge im nichtbewussten Beziehungsfeld reagieren beide Teilnehmer der analytischen Dyade zumeist weitgehend automatisch, d. h. jeder zunächst entsprechend seiner gelernten Art der Beziehungsregulierung und häufig werden sie sich der dabei ablaufenden Vorgänge nicht bewusst. Allerdings gelingt es dem Analytiker in der Regel besser, die affektivmimischen und nonverbalen Anteile seines Analysanden zu dekodieren; aber dennoch kann er in unterschiedlichem Ausmaß Schwierigkeiten haben, seine eigenen reziproken Affektausdrücke zu erkennen und zu kontrollieren (vgl. Krause, 2003; ▶ affektive Blindheit überwinden). Wichtig ist bei diesen Überlegungen, dass die affektiven Austauschprozesse innerhalb der Beziehungsregulierung nicht identisch mit den Vorgängen von Übertragung und Gegenübertragung in der Mikrowelt simulierter Als-ob-Prozesse zu sein brauchen. Um sie auf diese Ebene der psychoanalytischen Mikrowelt zu transportieren, dem bewussten Erkennen zuzuführen, um sie schließlich mit Hilfe eines nichterwartungskonformen Rollenverhaltens des Analytikers zu verändern, ist zunächst eine Emotionsregulierung im Hier und Jetzt notwendig, d. h. ein unmittelbares emotionales Mitgehen und sich dennoch Nicht-Anstecken-Lassen von den mitunter heftigen Emotionen des Patienten (▶ Einfühlung, ▶ Enactment). Dieser Vorgang hat auch Ähnlichkeit mit der für die Eltern-Kind-Interaktion beschriebenen Affektspiegelungstheorie von Gergely und Watson (1996), mit den Phasen der Affektmarkierung, referentiellen Entkoppelung und – beim Erwachsenen – anschließenden Benennung. Nach erfolgter emotional fundierter Einsicht in das Ausbleiben der vermeintlichen Erwartungen und Reaktionen des Analytikers oder auch ihrer vorübergehenden Erfüllung – sofern zunächst ein Enactment bzw. ein Handlungsdialog erfolgte – ist nach wiederholter Bearbeitung thematisch verwandter Übertragungsreaktionen eine Korrektur der bisherigen Beziehungsregulierungen zu erwarten (▶ Deutung, mutative). Inwieweit hierbei eine komplette oder partielle Löschung der alten emotionalen Konditionierungen stattfindet oder lediglich eine Überschreibung anhand der neuen Beziehungserfahrungen, ist seitens der Hirnforschung noch ungeklärt (vgl. Pally 2005, Roth 2001, 2003a, b).

Wichtig ist nach Schore (2007) aber auf jeden Fall, einen Zugang zu den früh erworbenen Mustern der Affektregulation, die das erwachsene Selbst in seinen beziehungsregulierenden Funktionen immer noch beeinträchtigen, zu bekommen, damit sie verändert werden können. Das heißt wiederum, dass die Aufmerksamkeit vor allem auf diesen zunächst nicht-bewussten Beziehungsaspekt der Patient-Therapeut-Dyade zu fokussieren ist. Dabei spielen sprachliche Inhalte viel weniger eine Rolle, als all die (rechtshemisphärischen) kommunikativen Signale und Botschaften, die das erwachsene (linkshemisphärische) »Sprechen« begleiten (▶ Übertragung der Gesamtsituation).

Die psychoanalytische Betonung der Beziehung bedeutet also nicht nur, dass Therapeut und Patient miteinander kommunizieren oder sich mit ▶ Respekt begegnen, dass der Therapeut über ▶ Einfühlung verfügt u. ä. m., sondern vielmehr, dass ein Therapeut gekonnt mit den beiden Beziehungsebenen, die verschiedenen Gedächtnissystemen entspringen, umgehen können muss: mit der unmittelbaren Beziehungsregulierung auf der Ebene emotionaler Regeln sowie mit dem Als-ob der Mikrowelt der prinzipiell symbolisierbaren und reflektierbaren Übertragungen. Beide Ebenen durchdringen sich gegenseitig, wobei die unmittelbare Beziehungsregulierung vor allem bei Patienten mit strukturell oder regressiv reduzierten kognitiven und sozioemotionalen Ich-Funktionen von zentraler Bedeutung wird (▶ Behandlungspraxis, explizite und implizite, ▶ Ich-Funktionen ansprechen und fördern).

Psychoanalytiker lernen während ihrer Ausbildung und ihres Berufs die Auswirkungen ihrer Persönlichkeit, wozu vor allem auch ihre eigenen emotionsregulierenden Kompetenzen gehören, zumindest teilweise zu erkennen, zu reflektieren und in Mimik, Gestik, Prosodie und Interventionen den jeweiligen Bedürfnissen ihrer Patienten anzupassen bzw. dem Ausagieren eines ▶ Enactments zu widerstehen. Sie können auch erkennen, wie sehr sich das Zusammenspiel zwischen ihnen und ihren Patienten als intersubjektiv und interpersonell herausstellt: Auf die subtil und ungewollt mitgeteilten idiosynkratischen Stile, Eigentümlichkeiten und Persönlichkeitscharakteristika antworten Patienten mit einer Mixtur ihrer erlernten maladaptiven Interaktionserfahrungen und situativ intcraktionellen Einstellungen (z. B. Mitchell 1998). Es ist unmittelbar einleuchtend, dass es nunmehr zur Aufgabe des intersubjektiv geschulten Psychoanalytikers gehört, dieses emergente intersubjektive

Erfahrungsfeld nicht mehr nur mit den aus den Anfängen der Psychoanalyse stammenden Konzepten von »anachronistischer Übertragung« und »verzerrter Wahrnehmung« zu begreifen, sondern sich selbst als Mitspieler in einem komplexen Beziehungsgeschehen so zu verhalten, dass sein Patient seine mitgebrachten maladaptiven Erwartungen invalidieren und zusätzlich neue Fertigkeiten erlernen kann (▶ Interpersonelle Orientierung, ▶ Intersubjektive Orientierung). Dazu muss er die Kompetenz besitzen, nicht nur die semantischen Inhalte seiner Interventionen und deren mögliche Auswirkungen auf seinen Patienten zu reflektieren, sondern sich selbst auch hinsichtlich seiner körpersprachlichen und nichtverbalen Signale und deren möglichen Auswirkungen angesichts spezifischer Idiosynkrasien seines Patienten beobachten zu lernen (▶ Körperinszenierungen erkennen).

Die herkömmliche Einschätzung, die analytische Situation bilde eine asymmetrische Rollenfiguration, muss somit im Hinblick auf die zwei grundsätzlichen Beziehungsphänomene – analytische Mikrowelt und unmittelbare Beziehungsregulierung – verändert werden. Zunächst stellt sie auf einer sozialpsychologischen Verhaltensebene – allerdings auch nur auf den ersten Blick – eine asymmetrische Interaktion und Kommunikation dar, bei der ein Partner überwiegend nach eigener Absicht handelt, während der andere sein Verhalten primär nach dem Verhalten des ersten Partners ausrichtet. In der analytischen Situation sind die Dialogrollen asymmetrisch: Der Patient soll spontan erzählen, der Analytiker hört zu, beantwortet aber überwiegend keine Fragen und verhält sich technisch neutral (▶ Neutralität). Da er aber niemals den Einfluss seiner Person auf seinen Patienten gänzlich ausschalten kann, werden auch auf dieser Beziehungsebene Cues von ihm ausgehen, die der Patient für die intrapsychische Wahrnehmungskonstruktion gebraucht; zwar stammt ein Großteil seiner habituellen Konstruktionsformen aus seiner Vergangenheit, doch nimmt er sein Gegenüber, den Analytiker, so wahr, als hätte dieser ihm alle Materialien für seine gegenwärtige Wahrnehmung geliefert. Als Analytiker sind wir deshalb in erster Linie daran interessiert, wie der Patient uns in seiner inneren Welt wahrnimmt, wohl wissend, dass wir ihm durchaus einen »Aufhänger« für seine Konstruktion geliefert haben, der Rest aber zumeist aus seiner Vergangenheit stammt. Verschiedene theoretische Orientierungen unterscheiden sich darin, mit welcher Sorgfältigkeit sie sich in die innere Welt ihres Patienten einfühlen und hineinversetzen; aber selbst bei Evelyne Schwabers engagierter erkenntnistheoretischer Haltung einer möglichen Ausschaltung aller eigenen Präkonzepte muss man immer noch davon ausgehen, dass das Sich-Hineinversetzen in die intrapsychische Welt des Patienten letztlich immer noch eine subjektive Konstruktion bleibt.

Die vom Alltag gewohnten Dialogrollen werden somit mehr oder weniger suspendiert. Wenn der Patient schweigt, füllt der Analytiker die entstehenden Gesprächslücken nicht sofort durch eine Frage oder eine Paraphrasierung des zuvor vom Patienten Gesagten, sondern wartet in der Regel zunächst ab, um dem Patienten die Chance zu geben, möglichst spontan von seinen Schwierigkeiten und Problemen zu erzählen und den Gesprächsverlauf selbst zu bestimmen (▶ Freie Assoziation zulassen und fördern).

Wegen des Wegfalls der Dialogsteuerung, die z. B. in strukturierten Interviews vor allem in Form von Fragen geschieht, wird die bewusste Selektion von Gedanken und an Kriterien sozialer Erwünschtheit orientierten Antworten reduziert; vorbewusste Bedeutungszusammenhänge, die auf unbewusste Konflikte verweisen, können so besser erkennbar werden, z. B. anhand eines zeitlichen Nacheinanders, auffallender Lücken und anderer Besonderheiten (▶ Prozessmonitoring). Die Aufforderung, spontan zu erzählen, befreit den Analysanden auch tendenziell von der sonst im Alltagsdialog üblichen Verpflichtung, die Implikationen seiner Rede, z. B. hinsichtlich möglicher Beziehungsanspielungen, zu kontrollieren.

Diese bisherige Charakterisierung der psychoanalytischen Beziehung anhand einer ausschließlich verhaltenstheoretischen Interaktionsanalyse sowie einer linguistischen Perspektive lässt aber übersehen, dass es neben der tendenziell asymmetrischen Interaktion auch eine reaktive und unmittelbare Interaktion gibt, bei der das Verhalten eines jeden Interaktionsteilnehmers ohne jegliche Reflexion vonstatten geht und stattdessen nur Reflex auf das Verhalten ist, hier auch im Sinne der unbewussten Stimuli, die von einem anderen Menschen ausgehen. Während also im Bereich der für den Analytiker reflektierbaren Übertragungs- und Gegenübertragungsdimension die wechselseitige Kommunikation eine Einschränkung wegen des Interaktionsvorbehalts erfährt, aber auch deswegen, weil sich der Analytiker mit seinen eigenen Bedürfnissen zurücknimmt, ist im Bereich der unmittelbaren Beziehungsregulierung die Interaktion sehr viel schwerer bewusst zu machen und zu reflektieren. Denn erstens gründet diese im nicht-bewussten Bereich des emotional-prozeduralen Gedächtnisses und manifestiert sich über non- und paraverbale Kommunikationskanäle und zweitens ist sie viel schneller getaktet als der vergleichsweise behäbige verbale Interaktionsmodus.

Da ein großer Teil dieser nichtbewussten Interaktionsregulierung über den Blickkontakt abläuft, entlastet das Liegen auf der Couch sowohl den Analytiker als auch den Patienten: Den Analytiker von dem Wahrgenommenwerden seines unmittelbaren interaktiven Reagierens v. a. im mimischen Ausdruck, den Patienten von der unmittelbaren Rückmeldung, die er entweder bewusst oder eher mit verminderter Aufmerksamkeit wahrnehmen würde. So kann sich der Schwerpunkt des Analysierens wiederum auf die intrapsychische Welt, dieses Mal erweitert um das emotional Nicht-Bewusste beim Patienten, konzentrieren. Selbstverständlich ist sich auch hierbei der Analytiker bewusst, dass wiederum Cues von ihm ausgehen können. So konzentriert sich bei Wegfall des Face-to-face-Kontaktes die Aufmerksamkeit automatisch stärker auf die Stimme des Analytikers (▶ Prosodie), der ohnehin eine große Bedeutung zukommt (vgl. Leikert 2007, Maiello 1999, Pflichthofer 2005).

Wenn Psychoanalytiker in den zurückliegenden Jahren immer häufiger von einem Rollenhandeln (▶ Rollenbereitschaft), ▶ Enactment, gegenseitigem Behandeln, ▶ Übertragung der Gesamtsituation und einer wechselseitigen ▶ projektiven Identifizierung sprechen, so ist es überwiegend diese Dimension unmittelbarer Beziehungsregulierung, die sie dabei im Auge haben, ohne dies bislang allerdings in den verschiedenen theoretischen Richtungen auf einen gemeinsamen Nenner gebracht zu haben. Denn wir reagieren nicht nur auf die semantischen Inhalte der Erzählungen unserer Analysanden, und diese reagieren nicht nur auf die sprachlichen »Hms« oder syntaktisch-semantischen Inhalte unserer Klärungen, Konfrontationen und Deutungen, nicht nur auf unser Schweigen und unseren »Dialogvorbehalt«, sondern zwischen beiden Beteiligten findet ein ständiger Strom von unbewussten, nichtbewussten und zunächst für beide Interaktionsteilnehmer, manchmal auch für längere Zeit, nichtsymbolisierbaren interaktiven Vorgängen – mit den oben beschriebenen Einschränkungen – statt. Dennoch bleibt der Schwerpunkt der Psychoanalyse auf die Wahrnehmung der intrapsychischen Welt des Patienten gerichtet, in dem sich all diese interaktiven und interpersonellen Wahrnehmungen mit seinen lebensgeschichtlich erworbenen Erfahrungen mischen.

In ▶ Momenten der Begegnung, in denen die eingespielten Muster der Selbstregulierung nicht mehr so wie bislang funktionieren, kommt es zu überraschenden Neukalibrierungen der interaktiven Regulierung und in der Folge auch der Selbstregulierung (▶ Selbst-/Fremdregulierung). Aber auch ohne diese dramatischen Zuspitzungen findet ein permanentes Abgleichen der Beziehungsregulierung statt (▶ Lokale Ebene). Bion hatte diese Funktion des Analytikers als ein Affekt regulierendes Gegenüber mit seiner Beschreibung der sog. »alpha-Funktion« schon vor vielen Jahren genial erkannt.

## Bindungstheoretische Orientierung

In den letzten Jahren kam es zu einer Annäherung zwischen Bindungstheorie und Psychoanalyse (z. B. Brisch 1999, Buchheim 1998, Dornes 1998, Endres & Hauser 2000, Fonagy 2003, Scheidt 2005, Schmidt & Strauß 1996, Strauß & Schmidt 1997, Strauß et al. 2002) und auch zu spezifischen Überlegungen, welchen zusätzlichen Wert eine bindungstheoretische Orientierung bei psychoanalytischen Interventionen haben könnte (z. B. Ammaniti & Sergi 2003, Chused 2000, Eagle 2003a, Hauser

2000, Hauser & Endres 2000, Holmes 2012, Köhler 1998a, 2002, Levy & Blatt 1999, Lichtenberg 2003, Slade 2000). Vermehrt haben auch Bemühungen eingesetzt, die in der Bindungsforschung bislang vernachlässigte Rolle der psychosexuellen Entwicklung wieder zu ihrem Recht kommen zu lassen (z. B. Diamond et al. 2007, Silverman 1998, 2001).

Da die verschiedenen Bindungsmuster bereits in den ersten Lebensjahren entstehen, werden sie im nicht-deklarativen Gedächtnis gespeichert. Je früher bestimmte Lernerfahrungen in Beziehungen gemacht werden und je stärker sie das Überleben sichern, desto schwerer können sie im späteren Leben verändert werden. Viele der in dieser Arbeit vertretenen Grundsätze moderner psychoanalytischer Behandlungspraxis (▶ Adaptives Handeln fördern, ▶ Arbeiten mit dem Unbewussten, ▶ Beziehungsregulierung, ▶ Enactment, ▶ Interpersonell orientiert sein, ▶ Mentalisierung, ▶ Sicherheit herstellen) weisen Gemeinsamkeiten mit der bindungstheoretischen Orientierung auf. Bedeutsam ist auf jeden Fall, dass im Bereich des Bindungsmotivationssystems Bindungsstrategien als adaptive, defensive und konflikthafte Vorgänge grundgelegt werden, die als nicht-bewusste und nicht-symbolisierte Repräsentationen im impliziten Gedächtnis kodiert sind und damit die Tiefenstrukturen der frühen affektiven Eltern-Kind-Kommunikation bilden. Insbesondere entscheidet sich in diesem frühen Dialog das Schicksal intersubjektiv entstandener Kompetenzen für Affekt mentalisierende Vorgänge, was vor allem für das Verständnis dissoziativer Phänomene bei desorganisierten Bindungsmustern wichtig ist (vgl. Lyons-Ruth 2003).

## Biographisches Kontextualisieren

In der Gegenwart scheint die Beschäftigung mit Erinnerungen – einstmals eines der Markenzeichen der klassischen Psychoanalyse und oftmals auch zu ihrer Diffamierung verwendet – keinen großen Stellenwert mehr einzunehmen. Ein kurzer Rückblick zeigt, wie das Verstehen der Lebensgeschichte mit Hilfe von autobiographischen Erinnerungen zunehmend an Bedeutung verloren hat.

Die strukturpsychologische Orientierung versuchte, die psychodynamisch verdrängten Triebwünsche mit Hilfe von Übertragungsdeutungen und einer daran anschließenden Entängstigung des Über-Ichs bewusst werden zu lassen. Übertragungsdeutungen hatten oftmals einen genetischen Anteil (»Sie fühlen sich von mir so kritisiert wie von Ihrem Vater«) im Verbund mit lebensgeschichtlichen Rekonstruktionen (▶ Deutung, genetische).

Bereits bei der kleinianischen Technik des Umgangs mit projektiven Identifizierungen und Spaltungen aber wurde das Hier und Jetzt wichtiger als eine Rekonstruktion vergangener Sozialisationseinflüsse. Die aufgrund von Spaltung nicht erlebbaren – und oftmals auch noch nie mentalisierten – affektiven Selbstanteile können nur auf nichtsprachliche Weise ausgedrückt werden (▶ Übertragung der Gesamtsituation); dazu benötigt es v. a. eines aufnahmefähigen Gegenübers (▶ Container/Contained) und eines Verständnisses für die nonverbalen, überwiegend im Körpersprachlichen und im Sprechhandeln zum Ausdruck kommenden nicht verwörterbaren archaischen Affekte (▶ Sprechhandeln). Aufgrund welcher Erziehungshandlungen oder traumatisierenden Einflüsse es zu diesen Spaltungsprozessen in der inneren Welt eines Kindes gekommen ist, lässt sich selbstverständlich nicht rekonstruieren; auch deshalb wird der Verzicht auf eine möglichst wirklichkeitsgenaue Rekonstruktion nachvollziehbar.

Ebenso wurde bereits von amerikanischen Ichpsychologen Mitte des vorigen Jahrhunderts die Möglichkeit angezweifelt, zu einer veridikalen Rekonstruktion wichtiger Ereignisse und Erfahrungen zu gelangen; zu stark sei die Tendenz unseres Gedächtnisses, Vergangenes im Lichte des Gegenwärtigen umzuinterpretieren; generell wurde der konstruierende Charakter unseres Erinnerungsvermögens erkannt. Statt zu einer historischen Wahrheit zu gelangen, müsse man sich mit einer narrativen Wahrheit zufrieden geben, die lediglich den Kriterien der interaktiven Passung und Evidenz zu genügen brauche (Mertens & Haubl, 1996).

Dies war sicherlich auch die Reaktion auf ein allzu simples Zurückführen psychoanalytischer Daten auf Kindheitseindrücke und -erinnerungen. Denn dabei wurde die vielschichtige

Übereinanderlagerung von neurobiologischen, sozialisationstheoretischen, interpersonellen, intrapsychischen und entwicklungsmäßigen Faktoren, die miteinander interagieren und zu unendlich komplexen und in sich verwickelten Konfigurationen führen, völlig außer Acht gelassen (vgl. Coates 1997). Es gilt deshalb mittlerweile als unmöglich, per Rekonstruktion darüber entscheiden zu können, ob die gegenwärtigen Erlebnisse und Persönlichkeitscharakteristika eher auf einen strukturellen Defekt, einen Konflikt oder gar auf ein elterliches Defizit z. B. hinsichtlich angemessenen Spiegelns zurückzuführen sind (vgl. Pine 1994). Vorbei sind somit die Zeiten, in denen man glaubte, anhand des Verhaltens nach einer Wochenendtrennung auf den spezifischen Verlauf der Wiederannäherungskrise (sensu Mahler et al. 1978) zurückschließen zu können. Und natürlich ist es mittlerweile nur noch eine Karikatur der Psychoanalyse, die sich aber in der »pop psychology« hartnäckig hält, wenn z. B. süchtiges Rauchen anhand einer oralen Verwöhnung oder Versagung des Säuglings erklärt werden soll, was bereits Heinz Hartmann (1950) als »genetischen Trugschluss« bezeichnet hatte.

Deswegen mutet es nicht sonderlich umstürzlerisch an, wenn intersubjektiv und relational orientierte Psychoanalytiker, wie z. B. Stephen Mitchell (1988) oder Nancy Chodorow (1999) sich gegen eine allzu leichtfertige In-eins-Setzung von gegenwärtigen Leidenszuständen mit Erinnerungen an kindliche Erlebnisse von Patienten wenden. Insbesondere Mitchell wehrt sich gegen die fast schon zur Trivialisierung verkommene Rede vom narzisstischen Missbrauch des Kindes als Passepartout für alle derzeitigen Probleme eines Menschen (▶ Deutung genetische).

Schließlich zeigte eine Auseinandersetzung über den therapeutischen Nutzen von Einsicht und Rekonstruktion biographischer Kindheitserlebnisse zwischen Peter Fonagy (2003a), einem Vertreter einer zeitgenössischen, sich an Bindungs- und Gedächtnisforschung orientierenden psychoanalytischen Auffassung, und Harold Blum (2003), einem Verfechter einer postichpsychologischen Orientierung, dass die klassische psychoanalytische Position vor allem in Hinblick auf das implizite Gedächtnis Probleme aufwirft, weil die in den ersten Lebensjahren entstandenen Gedächtniseindrücke per se nicht verbal erinnert werden können. Nur durch andere Erfahrungen im Hier und Jetzt sei das früh Erfahrene und Erlittene erlebbar und transformierbar (▶ Enactment). Das Ansprechen von Nicht-Erinnerbarem sei hingegen wirkungslos. Ebenso helfen vermeintliche Erkenntnisse aus (klassischen) Übertragungsdeutungen nicht weiter, da diese Vorgänge im Bereich des deklarativen autobiographischen Gedächtnisses verbleiben und wirkungslos verpuffen und – so lässt sich hinzufügen – der Psychoanalytiker sich dabei nicht wirklich auf das interaktive Übertragungsdrama einlässt.

Nach Fonagy (1999a, b, 2003a) haben es Psychoanalytiker bislang versäumt, die Rolle dieser unterschiedlichen Gedächtnissysteme für den therapeutischen Prozess genauer zu bestimmen, obwohl sich ihre therapeutischen Zielsetzungen in den letzten Jahrzehnten durchaus verändert haben. Insbesondere kritisiert er diejenigen Psychoanalytiker, die immer noch glauben, dass allein die Wiedergewinnung von Erinnerung therapeutische Wirkung aufweise. Vor allem die emotional prozeduralen Erlebnismuster können nur per ▶ Enactment inszeniert und schrittweise verändert werden und sind lange Zeit einer deklarativen Erinnerung überhaupt nicht zugänglich. In diesem Punkt widerspricht ihm Blum (2003): Fonagy polarisiere zu stark und werte die Integration des im Hier und Jetzt Erfahrenen in eine biographische Betrachtung, die auch wieder neue Einfälle entstehen lässt und damit die gegenwärtigen Erfahrungen bestätigt, zu stark ab. Zweifelsohne sei es aber richtig, dass nicht allein die genetische Rekonstruktion zur Aufhebung von Verdrängungen führe, sondern auch die Durcharbeitung vorbewusster und unbewusster Beziehungsrepräsentanzen in der Übertragung. Wenn Freud (1914g) in seiner berühmten Schrift »Erinnern, Wiederholen und Durcharbeiten« davon ausging, dass ein Patient, der sich nicht erinnere, trotzig und ungläubig gegen die Autorität seiner Eltern gewesen zu sein, stattdessen das Erlebte agiere, indem er sich trotzig verhalte, kam er dieser modernen Auffassung bereits sehr nahe. Allerdings ist es behandlungstechnisch ein großer Unterschied, ob man annimmt, dieser Trotz sei lediglich der Verdrängung geschuldet und könne deshalb bei ▶ Durcharbeitung des Übertragungswiderstands erinnert und dadurch auch aufgegeben werden oder ob man davon überzeugt ist, dass nicht-bewusste Beziehungserfahrungen diesem Verhalten zugrunde liegen. Denn im zuletzt genannten Fall ist es zwecklos, an die Vernunft des Patienten zu appellieren, seinen Widerstand endlich aufzugeben und ihm dies als ein Nicht-Wollen zu unterstellen. Nur durch einen anderen Beziehungsumgang kann er lernen, seine konditionierte Angst zu überwinden. Dazu gehören aber auch eine andere Einstellung und eine andere Haltung des Therapeuten (▶ Beziehungsregulierung, ▶ Mentalisierung, ▶ Selbst- und interaktive Regulierung).

Der gegenwärtige Schwerpunkt auf früh im Leben entstandene Kodierungen im impliziten Gedächtnis sollte aber nicht vergessen lassen, dass es nach wie vor auch psychodynamisch zu begreifende Verdrängungsvorgänge im expliziten autobiographischen Gedächtnissystem gibt, bei denen eine detaillierte biographische Betrachtung durchaus sinnvoll ist, weil die lebensgeschichtliche Untersuchung eine einzigartige Möglichkeit darstellt, sich selbst in seiner Gewordenheit besser zu verstehen. Für diese Beziehungsdomäne trifft die Interventionsklasse von ▶ Einsicht ermöglichen nach wie vor ohne Einschränkungen zu.

Zwiebel (2005, S. 82) kennzeichnet »lebendige Erinnerungen« des autobiographischen Gedächtnisses im Unterschied zu leblosen oder trockenen Erinnerungen als gefühl- und bedeutungsvoll, die zu weiteren Einfällen anregen, den analytischen Prozess befördern sowie sich an ein Gegenüber richten. Sie sind »relativ spontan, assoziativ, narrativ strukturiert, konkret, emotional besetzt, objekt- und kontextbezogen und selbstreflexiv.« Ebenso spricht er von »lebendigen Wiederholungen« des nichtdeklarativen Gedächtnisses, wenn die nonverbalen ▶ Enactments beim Analytiker emotionale und selbstreflexive Prozesse in Gang setzen.

## Blinde Flecken, Umgang mit blinden Flecken des Analytikers

Spätestens seit Freud (1912e) gilt die Faustregel, dass jeder Analytiker in seiner Selbstreflexion in der Regel nur so weit kommt, wie er seine eigenen »blinden Flecken« erkennen kann. Und natürlich hat dies auch immense Auswirkungen auf die analytische Arbeit mit einem Patienten. Verstand man in der Anfangszeit der Psychoanalyse unter blinden Flecken überwiegend die ungelösten ödipalen Probleme des Analytikers (z. B. sich vom Patienten in die Rolle des verständnisvolleren Partners drängen zu lassen, statt die ödipalen Wünsche anzusprechen, weil die zugeschriebene Rolle schmeichelhafter ist, was immer dann passiert, wenn ein Analytiker zu wenig reflexive Distanz zu seinen ödipalen und narzisstischen Wünschen hat), so weitete sich dies mit jeder neu hinzukommenden Theoriekonzeption aus. Objektbeziehungstheoretiker lenkten den Blick auf konflikthafte Autonomie- und Abhängigkeitswünsche, Kleinianer auf Spaltungsprozesse, Selbstpsychologen auf Selbstwertkonflikte, interpersonelle und intersubjektive Analytiker auf Themen der missglückten Anerkennung und Identitätskonstituierung. Mit der stärkeren ichpsychologischen Berücksichtigung ichstruktureller Kompetenzen lassen sich Schwierigkeiten von Therapeuten auch auf konflikthaft oder eher ubiquitär eingeschränkte Ichfunktionen zurückführen wie z. B. auf die für bestimmte Affektbereiche bestehende Schwierigkeit, Nuancen von Affekten nicht differenziert genug erkennen zu können oder bei affektiven Resonanzphänomenen den denkenden Überblick über den eigenen Phantasieraum zu verlieren. Hier wäre dann ein Therapeut nicht nur hinsichtlich seines eingeschränkten Umgangs mit unbewussten Konflikten kein gutes Rollenmodell für seinen Patienten, sondern auch im Hinblick auf eine gering integrierte strukturelle Ich-Kompetenz (vgl. Arbeitskreis OPD 2006; ▶ Affektive Blindheit, ▶ Coaching, ▶ Gegenübertragungswiderstand).

Neben der Forderung, verfahrensspezifische Lehrtherapien (▶ Tiefenpsychologische Orientierung) oder spezielle Selbsterfahrungsmodule (wie z. B. Erfahrungen im Umgang mit kindlichem Spielen und Spielzeug, vgl. Stadler 2007) einzurichten, sollte in der Gegenwart vor allem auch über die Einbeziehung körperpsychotherapeutischer Verfahren in die Selbsterfahrung von Analytikern nachgedacht werden. Denn in einem intersubjektiven Paradigma lässt sich die klassische, cartesianische Trennung von »nur sprechend« und »körperlich agierend« nicht länger aufrechterhalten (▶ Körperpsychotherapeutische Interventionen). Wie auch die Erkenntnisse über ▶ Beziehungsregulierung, ▶ Enactment bzw. Handlungsdialog, ▶ Körperinszenierungen u. a. m. zeigen, grenzt die nur sprachlich-reflexive Betrachtung die parallel dazu ablaufenden, nichtbewussten Beziehungsphänomene – welche als leibliche Phänomene die andere Seite des Psychischen verkörpern und normalerweise nur in geringem Umfang bewusst werden – bislang immer noch aus.

# C

## Coaching, sich vom Patienten coachen lassen/Lernen vom Patienten

Sich von Patienten »coachen« zu lassen und damit von ihm zu lernen, mag zwar auf den ersten Blick unpassend erscheinen, gehört aber schon seit langem zur Standardkompetenz analytischer Psychotherapeuten (z. B. Casement 1989, 2002). So ist z. B. jedes kontextbezogene Intervenieren von der Auffassung geleitet, dass Analytiker auf die Rückmeldungen über förderliche oder weniger förderliche Auswirkungen ihres Tuns achten müssen (▶ Kontext bezogenes Intervenieren).

Zu früh erfolgende oder als intrusiv erlebte (Übertragungs-)Deutungen werden zumeist von Patienten ebenso zurückgewiesen oder korrigiert wie fehlerhafte oder mit zu wenig Einfühlung vorgetragene Interventionen. Stimmliche und prosodische Elemente, Intonation und Vitalisierung werden angemahnt (»Das hätten Sie jetzt ruhig mit etwas mehr Freude in Ihrer Stimme sagen können!«). In der bereits von einem intersubjektiven Geist getragenen Übertragungsanalyse Merton Gills (1982) gehört das detaillierte Nachfragen, wie der Analytiker von seinem Patienten wahrgenommen worden ist – ohne dass hiermit Veridikalität unterstellt wird – zur bevorzugten Vorgehensweise (▶ Übertragungsdeutung im Hier und Jetzt). Ebenso beinhaltet die Plananalyse von Weiss und Sampson

(1986) das Achten darauf, ob die Interventionen vom Patienten »pro«- oder »antiplan« aufgefasst werden, d. h. in Übereinstimmung mit der Erwartung, dass der Therapeut anders als die traumatisierenden Eltern (= »proplan«) reagieren möge, oder in Nichtübereinstimmung (= »antiplan«), was vor allem, wenn dies häufiger oder gar regelmäßig geschieht, zu einer Retraumatisierung führen kann. In Bezug auf den erreichten Grad der ▶ Mentalisierung kann ein unangemessenes Mentalisierungsniveau (z. B. der Patient hat gerade die Ebene des überwiegend motorischen Ausagierens in einem bestimmten Konfliktbereich hinter sich gelassen und ein bildliches Mentalisierungsniveau erreicht, die Intervention des Therapeuten ist hingegen auf einem hohen sprachlich-abstrakten Niveau angesiedelt) dazu führen, dass ein Patient sich von der Formulierung seines Analytikers überfordert zeigt (▶ Mentalisierung, ▶ Metaphern verwenden). Wichtig ist deshalb, sich als Analytiker vom Mentalisierungsniveau des Patienten dort abholen zu lassen, wo er je nach Beschäftigtsein mit einem Konflikt oder einem strukturellen Defizitbereich, mit der analytischen Mikrowelt oder mit der Beziehungsregulierung gerade steht und ihm im nächsten Schritt eine Intervention mit einem geringfügig höheren Mentalisierungsgrad anzubieten.

Patienten können sogar mittels eines ▶ Enactments ihren Analytiker dahin bringen, dass er Handlungen begeht, die an alte traumatisierende Begebenheiten erinnern, die Wunden erneut aufreißen lassen und damit die Möglichkeit eröffnen, die ursprüngliche Erlebniskonstellation erneut, aber dieses Mal gemeinsam zu durchleiden (vgl. Scharff 2010).

## Container/Contained

Hierunter verstand Wilfried Bion (1962) die Fähigkeit eines Analytikers, sich einer unmittelbaren Reaktion auf der verbalen Deutungsebene zu enthalten sowie sich von den Emotionen, die in ihm durch die Schilderungen mitsamt ihren unbewussten Wirkabsichten und Übertragungen seines Patienten entstehen, nicht überwältigen zu lassen, sondern stattdessen Vorgängen der Beziehungs- und Affektregulierung und des

Verstehens Priorität einzuräumen (▶ Beziehungsregulierung). Wie wir alle aus dem Alltag wissen, ist Schlagfertigkeit normalerweise eine Fähigkeit, mit unserem Gegenüber in einen lebendigen Schlagabtausch zu treten, auf Verbalangriffe souverän und witzig zu kontern usw. Sich deshalb als Psychoanalytiker verbal zurückzuhalten, ohne der Lust am Zurückausteilen und Nichts-auf-sich-beruhen-Lassen freien Lauf und ohne sich von der jeweiligen affektiven Stimmung anstecken und sich von ihr dominieren zu lassen, ist deshalb eine Haltung, die gelernt werden muss und die nicht immer leicht fällt. Sie hängt auch von dem erreichten Mentalisierungsniveau in den diversen Konflikt- und Motivations-/Triebbereichen vis-à-vis einem bestimmten Patienten ab (▶ Blinde Flecke, ▶ Mentalisierung). Vor allem wenn es darum geht, die durch die Äußerungen des Patienten ausgelösten Emotionen nicht zu verleugnen, an sich »abtropfen« zu lassen und sie lediglich aus einer abstrakten »Dritte-Person-Perspektive« einzuordnen, sondern zunächst im resonanten Kontakt mit diesen zu bleiben und sie dann aber doch denkend und verstehend zu bewältigen. Dazu gehört eine einfühlsame Empfänglichkeit sowie die Fähigkeit, die Perspektive des Gegenübers einnehmen zu können (▶ Einfühlung, ▶ Komplementäre, Konkordante Identifizierung), ohne sich dabei ausschließlich in einer konkordanten Identifizierung mit ihm einzurichten. Ferner gehört dazu auch, das eigene Denken aufrechterhalten und aus diesem heraus dem Patienten eine Deutung anbieten zu können, die an dessen Emotionen, wie z. B. Wut oder Angst, anknüpft, aber zugleich auch eine Verarbeitungsmöglichkeit für diese findet (▶ Wahrnehmung der eigenen Denkprozesse). Jede Mutter versucht viele Male am Tag für ihr affektiv heftig reagierendes Kind eine Lösung zu finden, die dem Kind signalisiert, dass die Mutter einerseits z. B. die Empörung bis zu einem gewissen Grad verstehen und teilen kann, aber andererseits sich von diesem Affekt nicht gefangen nehmen lässt, d. h. zu stark anstecken lässt, was der Fall wäre, wenn bei ihr ein Mentalisierungsniveau angesprochen wird, bei dem sie den intensivierten Affekt unmittelbar impulsiv abreagieren möchte (▶ Mentalisierung). Ebenso können Patienten im analytischen Setting die durch das Denken des Analytikers

»verdauten« Affekte in sich aufnehmen und die vormals im Analytiker untergebrachten Affekte wieder »reintrojizieren«. Die »Verdauungs«- oder »Metabolisierungsmetapher« hat also sehr viel mit dem Aufrechterhaltenkönnen von Denkprozessen im Analytiker zu tun. Diese sind der unmittelbaren Affektansteckung und dem Drang nach unmittelbarem affektgesteuerten Handeln und Abreagieren buchstäblich abgerungen (▶ Kleinianische Orientierung).

Manchmal stellen verbale Deutungen eine Möglichkeit bereit, die noch nicht ganz »verdauten« Affekte – auch zeitverschoben – zum Ausdruck zu bringen (▶ Enactment). Dies kann sich im Inhalt, im Tonfall, aber auch im Zeitpunkt der Deutung manifestieren. So kann z. B. das Unterbrechen des freien Assoziierens durch überflüssiges Nachfragen oder eine zu forcierte oder unüberlegt gegebene Übertragungsdeutung, die beim Patienten eine ▶ interpersonelle Orientierung erzwingt, ein Hinweis für eine noch nicht genügend reflektierte Gegenübertragung sein.

# D

## Denkprozesse, Wahrnehmung der eigenen

Vor allem kleinianische Autoren haben den Einfluss der Übertragung eines Patienten auf die inneren Denkprozesse des Analytikers thematisiert (▶ Kleinianische Orientierung). Seit Bions (1959) berühmtem Konzept »Attack on linkings« haben auch andere Postkleinianer, wie z. B. Britton (1989), sich mit diesen Einflüssen beschäftigt. Immer wieder geschieht es, dass das Denken des Analytikers auf eigentümliche Weise lahmgelegt zu sein scheint; er kommt sich einfallslos vor, und es fallen ihm lediglich sterotype Gedanken orientiert an dem manifesten Inhalt der Erzählungen seines Patienten ein. Mehrere Ursachen lassen sich hierfür ausmachen: Neben einer generellen Angst des Analytikers, sich auf die Gesamtsituation der Übertragung einzulassen, weil er hierdurch in einen Strudel nichtkontrollierbarer Handlungen und Zugzwänge hineingeraten könnte

(▶ Übertragung der Gesamtsituation), kann der Druck, sich des Denkens zu enthalten, auch vom Patienten ausgehen. Dieser fürchtet laut kleinianischer Auffassung einen »inneren Verkehr« seines Analytikers, der ihm die Aufmerksamkeit entzieht. Voller Wut wird dann ein neidischer und eifersüchtiger Angriff auf das Denken des Analytikers vorgenommen. Die Einnahme eines triangulierenden Referenzpunktes misslingt; stattdessen kämpft der Analytiker darum, sich des affektiven Sogs, der von den projizierten und evakuierten Selbstanteilen des Patienten ausgeht, zu erwehren und zu entledigen, ohne diese denkend ausreichend verarbeiten zu können (▶ Container/Contained). Gelingt hingegen das Denken, kann sich der Analytiker aus der Unmittelbarkeit des präsentischen Verstehens und des unmittelbaren Reagierenmüssens heraus begeben und einen dialektischen Prozess des Reflektierens und der resonanten Einfühlung vollziehen.

## Deutung

»Deutungen« im engeren Sinn sind Mutmaßungen über unbewusste Vorgänge und Inhalte, die einen unbewussten Sinnzusammenhang erschließen, d. h. Verbindungen zwischen unerklärlichen Symptomen, Handlungen oder Trauminhalten und unbewussten Motiven und Handlungsgründen postulieren (▶ Erklären und Verstehen). Die Unterstellung eines verborgenen Sinns einer Handlung macht diese verstehbar, auch wenn dieser zunächst und manchmal lange Zeit nur mit Staunen zur Kenntnis genommen werden kann. Damit die Deutungshypothesen auf mehr Akzeptanz stoßen und eine bessere Beweiskraft entfalten können, sollten sie deshalb auf dem Feld der Übertragung angesprochen und bewahrheitet werden (vgl. Freud, 1912e).

Die Deutung der ▶ Übertragung wurde v. a. von der ichpsychologischen Richtung als »Königsweg« zum Unbewussten und vor allem zur Veränderung der unbewussten Strukturen betrachtet. »Wir deuten die Übertragung, indem wir die unbewußte Geschichte, die Vorläufer, Ursprünge, Zwecke und Zusammenhänge einer gegebenen Übertragungsreaktion aufdecken« (Greenson 1973, S. 318).

Von Renik (1998c), als einem Vertreter des intersubjektiven Paradigmas, wurde kritisiert, dass allein schon der Begriff »Deutung« darauf hinweist, dass Analytiker an einer potenziell objektiven statt einer inhärent subjektiven analytischen Technik festhalten würden. Der Begriff der Deutung stamme von einer positivistischen Konzeption des psychoanalytischen Prozesses. Denn selbstverständlich komme in den Mutmaßungen über unbewusste Motive und Handlungsgründe die Subjektivität des Analytikers mitsamt seinen expliziten und impliziten Theorien zum Tragen (▶ Theorien verwenden).

Wenn man von dieser begrifflichen Kritik absieht, bleiben die substanzielleren Fragen doch diejenigen nach der Wirkung von Deutungen. Wird durch eine verbale Deutung lediglich das deklarative Gedächtnis angesprochen? Bleiben damit die grundlegenderen Vorgänge des nichtdeklarativen emotionalen und motivationalen Beziehungswissens unberührt? Hätten dann Deutungen überhaupt noch eine mutative Wirkung (▶ Deutung, mutative). Oder hängt die Antwort auf diese Frage ganz entscheidend davon ab, wie stark das Ausmaß der gefühlsmäßigen Beteiligung bei einer Deutung ist (▶ Gegenwartsmoment, ▶ Nichtdeutende Mechanismen, ▶ Verändern lassen, sich)?

Unberücksichtigt bleibt bei einer allzu eindimensionalen Auffassung von Deutung auch, dass diese nur den Endpunkt einer langen Wegstrecke von gemeinsamer Beziehungsarbeit verkörpert, die eine Deutung überhaupt erst ermöglicht (vgl. Daser 2001, Ermann 1993).

## Deutung als Sprechhandlung

Deutungen – und auch Vorstufen von Deutungen, wie ▶ Konfrontieren und ▶ Klären – sind niemals nur neutrale Bewusstmachungen unbewusster Bedeutungszusammenhänge beim Patienten, sondern sie haben einen mehr oder weniger subtil konditionierenden Einfluss auf den Patienten, da der Inhalt, der Ton, ihr Kontext sowie die Fokussierung auf bestimmte Themen den Patienten in eine bestimmte Richtung lenken und natürlich auch eine Selbstmitteilung des Analytikers bezüglich seiner Ansichten, Wertvorstellungen, Vorlieben und Abneigungen beinhalten (▶ Selbstmitteilung, ▶ Sprechhandeln, ▶ Theorien verwenden). Wenn diese z. B. überwiegend nur die behandlungstechnischen Theorien, Wertvorstellungen und Vorlieben des Analytikers zum Ausdruck bringen, ohne ausreichend auf das Kräftespiel der verschiedenen Motivationen und Ich-Ideal-Vorstellungen des Patienten Rücksicht zu nehmen, ist es nicht verwunderlich, dass sie vom Patienten nicht akzeptiert werden, obwohl sie »objektiv« durchaus zutreffend sein können (▶ Einfühlung, ▶ Sicherheit ermöglichen).

## Deutung, analytikerzentriert, patientenzentriert

Aus der Beschäftigung mit Patienten, die sich exzessiv in »seelische Rückzüge« begeben und angesichts kleinster Erschütterungen ihres seelischen Gleichgewichts übermäßig irritiert und gekränkt reagieren (▶ Widerstand beachten), entstand für den britischen Post-Kleinianer John Steiner (1993) die Idee einer Unterscheidung von analytikerzentrierten und patientenzentrierten Deutungen. Die Worte und Mitteilungen des Analytikers werden von diesen Patienten häufig nicht auf ihren Inhalt hin betrachtet, sondern lediglich als Ausdruck eines vermeintlichen und projizierten Mangels an Wertschätzung oder einer vernichtenden Kritik. Patientenzentrierte Deutungen, wie z. B. »es fällt Ihnen schwer, Ihre Traurigkeit zu spüren« oder »kann es sein, dass Sie mich jetzt als sehr streng erleben?«, die bei höherstrukturierten Patienten einen Prozess des Nachdenkens über Abwehr- oder Übertragungsvorgänge anstoßen können, werden als Beweis für eine totale Ablehnung wahrgenommen. Denn diese Patienten sind mehr an dem interessiert, was in ihrem Analytiker vorgeht, nicht zuletzt auch deshalb, weil sie erfahren wollen, wie die von ihnen projizierten Selbstanteile von ihm aufgenommen und verarbeitet werden. Analytikerzentrierte Deutungen nehmen deshalb das Erleben des Analytikers zum Ausgangspunkt wie zum Beispiel:» Sie erleben mich jetzt als jemanden, der wenig Verständnis für Ihre Handlung aufbringt« oder »Sie befürchten, dass ich jetzt gekränkt sein könnte«.

Im Übermaß eingesetzt können allerdings auch analytikerzentrierte Deutungen bei einem Patienten den Eindruck entstehen lassen, dass sein Therapeut überwiegend mit seinem eigenen Erleben beschäftigt sei. Deshalb gilt es nach Steiner, eine ausgewogene Balance zwischen diesen beiden Deutungstypen vorzunehmen. Letztendliches Ziel ist dabei immer, den Patienten auf behutsamem Weg zu mehr Einsicht in seine unbewussten Beweggründe und Handlungen zu bewegen (▶ Einsicht fördern).

Schneider-Heine und Lohmer (2011) haben eine Erweiterung der analytikerzentrierten Intervention vorgeschlagen, die sie als »gegenübertragungsgeleitete Intervention« bezeichnen. Bei dieser beschreibt der Analytiker zunächst seinen inneren Zustand und daraufhin sein daraus resultierendes Verhalten dem Patienten gegenüber. In einem weiteren Schritt fügt er eine Frage an. Und schließlich lässt er seinen Patienten noch mittels lautem Denken an seinen Überlegungen darüber teilnehmen, wie sein eigenes Erleben und Verhalten mit dem Verhalten des Patienten zusammenhängen könnte: Angesichts eines Patienten, bei dem man den Eindruck hat, mit seinen Deutungen partout nicht landen zu können, würde eine solche Intervention z. B. folgendermaßen lauten: »Ich habe bemerkt, dass ich eben recht ärgerlich geworden bin und Sie gerade zurechtgewiesen habe. Ist ihnen das auch aufgefallen? Ich glaube, das hat damit zu tun, dass ich in wachsendem Maße das Gefühl bekommen habe, bei Ihnen nicht ›durchzukommen‹ oder ›landen zu können‹ und deswegen mich dazu bringen ließ, immer heftiger und eindringlicher zu werden. Wie haben Sie das erlebt?« (Lohmer 2011, S. 103).

## Deutung, genetische

»Genetische« Deutungen existieren hauptsächlich in zweierlei Form: einmal als genetische Übertragungsdeutung als Typus der klassischen Übertragungsdeutung (»Wenn Sie vor mir auf Ihre guten Leistungen stolz sind, haben Sie die Angst, dass ich Sie genau so beschämen könnte, wie Sie dies von Ihrer Mutter aus ihrer Kindheit her kennen«) und als genetische Deutung ohne Übertragungsbezug, die sich nur schwer von der

▶ Rekonstruktion abgrenzen lässt (»Ihre Mutter war in Ihrem zweiten Lebensjahr vermutlich mit dem neuen Baby sehr überfordert und hatte nicht mehr sehr viel Aufmerksamkeit für Sie übrig«).

Oftmals wird aufgrund von Vermutungen über die frühe Kindheit ein direkter Zusammenhang zu den jetzigen Beziehungsmustern hergestellt. Aus der Angabe einer Patientin, dass ihre Mutter bereits wieder früh arbeiten ging, wird ein genereller Mangel an mütterlicher Empathie geschlussfolgert. Dann liegt es nahe, diesen Mangel mit viel Empathie beheben zu wollen, so dass die bevorzugte Intervention die Bereitstellung eines spiegelnden Selbstobjekts nahelegt (▶ Entwicklungstheoretische Orientierung, ▶ Selbstpsychologische Orientierung).

Dabei wird aber oftmals außer Acht gelassen, dass diese Schlussfolgerung auf einen Mangel an mütterlicher Empathie und Interesse für ihr Kind auch mehr oder weniger daneben liegen kann, dass ferner Kinder Phantasien entwickeln, wie sie erfahrene Enttäuschungen kompensieren können (z. B. in Phantasien über einen Familienroman oder als Helden oder Prinzessinnen) und ihre Welt fortan im Lichte dieser Phantasien wahrnehmen, dass sie sich Ersatzpersonen suchen können und dass sie als Heranwachsende unablässig danach streben, Ersatzbildungen für die unerfüllbaren Wünsche und Sehnsüchte auszuarbeiten, Kompromisshandlungen zu finden, in denen wenigstens ein Teil des Wunsches ausgelebt werden kann. Aus den genannten Gründen hat der intersubjektive Psychoanalytiker Stephen Mitchell von einer »entwicklungsmäßigen Schieflage« gesprochen, wenn die zahlreichen Funktionswechsel, Veränderungen und Weiterentwicklungen, die zwischen der Kindheit und dem nunmehr erwachsenen Patienten geschehen sind, unberücksichtigt bleiben und beim erwachsenen Patienten auf das (Klein-)Kind in ihm übermäßig vereinfachend und reduktionistisch zurückgeschlossen wird. Diese Verarbeitungs- und Bewältigungsmodi, bei denen bestimmte persönlichkeitsstrukturelle Eigentümlichkeiten entwickelt werden, um mit den erlittenen Einschränkungen und Enttäuschungen zurande zu kommen (wie z. B. depressive, histrionische oder zwanghafte Persönlichkeitszüge), können auch kräftige Entwicklungsanreize für die Persönlichkeitsentwicklung sein. Dennoch können sich die Abkömmlinge der kindlichen Konflikte immer wieder in Symptomen, interpersonellen Verhaltensweisen und falscher Partner- und Berufswahl störend bemerkbar machen.

Genetische Deutungen und ▶ Rekonstruktionen sollten also v. a. im Anfangsstadium einer Therapie zurückhaltend eingesetzt werden, da sie sonst wie ein Schutzschild gegen weitere Veränderung vom Patienten aufgerichtet werden können und den Therapeuten ebenfalls in der trügerischen Gewissheit wiegen, mit seinen genetischen Annahmen und Deutungen den Patienten bereits von seinem Leiden befreit zu haben. Zu häufig erfolgende genetische Deutungen führen in der Regel von einem Verständnis des Hier und Jetzt weg; vor allem bei Patienten mit einer nur mäßig integrierten Persönlichkeitsorganisation kann die übermäßige Beschäftigung mit der Vergangenheit den Blick für den ▶ Handlungsdialog verstellen, in dem sich die wichtigsten gegenwärtigen interpersonellen Schwierigkeiten permanent abspielen (▶ Interpersonelle Orientierung, ▶ Kleinianische Orientierung). Genetische Deutungen haben ein geringes Veränderungspotenzial. Dennoch können sie dem Patienten dabei helfen, bestimmte Schwierigkeiten in der Gegenwart besser zu verstehen, denn sie nehmen manchem Patienten vor allem die Scham und die Angst, über seine gegenwärtigen Probleme nachzudenken. Nicht der Inhalt der genetischen Deutung ist somit in erster Linie wichtig, sondern deren Funktion, Scham- und Angstgefühle verringern zu helfen, wenn der Patient erkennen kann, wie seine Behinderungen durchaus eine versteh- und nachvollziehbare Herkunft aus seiner Vergangenheit haben (vgl. Sugarman 2006).

## Deutung, mutative

Eine Deutung, die unbewusste konflikthafte Handlungsgründe aufzeigt, soll selbstverständlich auch verändernd wirken. Wie aber kann dies erreicht werden? Seit Stracheys (1934) Behandlung dieses Themas gehen Analytiker davon aus, dass es der Kontrast zwischen den inneren strengen, verurteilenden elterlichen Objekten mitsamt den damit einhergehenden Erwartungen, auch in der Gegenwart für seine Handlungen bestraft und abgelehnt zu werden und dem tatsächlichen Verhalten des Analytikers ist, der zu einer Veränderung führt. Eine einfache lerntheoretische Annahme: Die befürchtete Verhaltenskonsequenz bleibt aus. Wird dies oft genug erfahren, nimmt der Einfluss der inneren Objekte (die selbstverständlich nicht deckungsgleich sind mit dem tatsächlichen Verhalten der Eltern) nach und nach ab. Voraussetzung hierfür ist natürlich, dass sich der Analytiker tatsächlich anders verhält als es die – zumindest bewusstseinsfähigen – Erwartungen nahelegen.

Für Strachey bestand das letztendliche Ergebnis einer analytischen Behandlung in der Wiederaufnahme eines in der Kindheit mehr oder weniger stehen gebliebenen Entwicklungsprozesses. Diese Arretierung ist weitgehend dem Einfluss eines sehr strengen Über-Ichs geschuldet, so dass der Betreffende aufgrund von Bestrafungsangst es nicht mehr gewagt hat, sich neugierig, selbstbewusst, sinnlich lustvoll und autonom gegenüber äußeren und inneren Verboten erleben und entsprechend handeln zu können. Gelingt es nun im therapeutischen Prozess mittels Deutungen, diese strengen Über-Ich-Normen zu modifizieren, resultieren daraus fast automatisch Veränderungen im gesamten Persönlichkeitsgefüge. Seit Strachey werden die mutativen Deutungen in der analytischen Behandlungspraxis eingesetzt, aber natürlich blieb es nicht aus, dass dieses Konzept auch heftig kritisiert wurde.

Unbewusst projiziert der Patient sein strenges Über-Ich auf seinen Analytiker und möchte von ihm verurteilt werden, um sich aus verschiedenen psychodynamischen Gründen nicht mit seinen eigenen grausamen Introjekten auseinandersetzen zu müssen; häufig würden diese nämlich traumatische Erinnerungen aus seiner Kindheit oder grausame Elternimagines heraufbeschwören, die er – gefangen im konkretistischen Denken – mit der vergangenen Realität gleichsetzen würde, was für ihn unerträglich wäre. Die Vorstellung von Strachey bestand nun darin, dass der Analytiker, sofern er mit einer benignen Über-Ich-Haltung reagiert, seinen Patienten dazu anregt, sich selber weniger streng zu betrachten und zu behandeln. Dies ist – so die Kritiker von Strachey – der Versuch, unter weitgehender

Umgehung einer Analyse der unbewussten inneren Welt und deren Durcharbeitung kraft Suggestion direkt auf den Patienten einzuwirken und die suggestive Wirkung sowie seine eigene Person damit auch kräftig zu überschätzen.

Insbesondere die Kleinianer haben dem Vorgehen Stracheys deshalb entgegengehalten, dass nicht nur ausgestanzte Konstrukte wie das Über-Ich in den bewusstseinsfähigen Anteilen übertragen werden, sondern auch die unbewussten bzw. nichtbewussten emotionalen Beziehungen sowie die Konflikt- und Bewältigungsmodi zwischen dem Selbst und den verinnerlichten Objekten und zwischen den verschiedenen Objekten mitsamt den dazugehörenden Emotionen, was seit Betty Joseph (1985) als die »▸ Übertragung der Gesamtsituation« bezeichnet wird (▸ Kleinianische Orientierung). Alle Beziehungserfahrungen enthalten einen nichtdeklarativ entstandenen und kodierten Anteil, der sich nur in einem für längere Zeit zunächst unbewusst bleibenden ▸ Enactment/Handlungsdialog manifestieren kann.

Caper (1995) plädierte dafür, dass sich der Psychoanalytiker nicht im Sinne Stracheys als ein milderes Über-Ich anbieten sollte, der für alles Verständnis aufweist und keiner von einem Patienten berichteten Handlung mit moralischer Verurteilung begegnet, weil dies eben auf eine Überschätzung der verändernden Wirkung, die ein Therapeut besitzt, hinausläuft, sondern dass er den Mut und die Aufrichtigkeit aufbringen sollte, Spaltung und Projektion des Patienten anzusprechen, damit dieser die für sein Selbstbild nicht erwünschten Anteile, die er evakuiert und auf seinen Analytiker projiziert hat, anerkennen und integrieren lernt. Ein Therapeut, der hingegen ausschließlich mit beschwichtigender Suggestion arbeitet, würde die gefährlichen und negativen Anteile unangesprochen lassen, seinem Patienten versichern, dass er sich keine Schuldgefühle zu machen brauche und dass er so, wie er sich verhalte, o. k. sei. Die gegenseitige Idealisierung und Wertschätzung blieben unangetastet, und entsprechend lückenhaft bliebe die realistische Selbst- und Fremdwahrnehmung des Patienten. Nur oberflächlich seien dann das vormals strenge Über-Ich durch ein gemäßigteres und realitätstüchtigeres ersetzt worden. Es fehlt dann die Perspektive des Dritten; das analytische dyadische Paar bleibt unter sich in einer imaginären, spiegelnden Bewusstseinsebene – was passiert aber, wenn der Patient sich in der äußeren Welt bewähren muss, in der ein Dritter in Form von Realitätsanforderungen, Erwartungen eines Ehepartners oder eines Chefs auftritt?

## Deutung, neurowissenschaftliche

»Neurowissenschaftliche« Deutungen erklären in der funktionalistischen Sprache einer Dritte-Person-Perspektive dem Patienten Zusammenhänge zwischen Symptomen und Erlebnisweisen und bestimmten Hirnvorgängen.

Regina Pally (2007), Psychoanalytikerin aus Los Angeles, bekannt geworden durch ihre Bemühungen, Schnittstellen zwischen den Neurowissenschaften und der Psychoanalyse herauszuarbeiten (z. B. 1997, 1998a, b), plädiert für den (gelegentlichen) Einsatz von neurowissenschaftlichen Deutungen im analytischen Dialog. Diese können manchen Patienten die Beschämung verringern helfen, die entsteht, wenn sie immer und immer wieder den Zwang verspüren, Handlungen ausführen oder Gefühlszustände erleben zu müssen, die sie längst ablehnen, aber verzweifelt und voller Scham erfahren, dass sie sich aufgrund eines inneren Dämons getrieben fühlen, diese immer wieder aufs Neue auszuführen und zu erleben. Pally erklärt ihren Patienten, dass »das Gehirn« aufgrund von früh im Leben erfolgten Konditionierungen nichtbewusste Vorhersagen trifft, die Wiederholungen bei entsprechenden Stimuli oder nicht eindeutig interpretierbaren Cues – wie z. B. einem sekundenlangen Schweigen des Analytikers – erzwingen. Damit eine Veränderung stattfinden kann, muss sich der Patient darüber bewusst werden, dass der Analytiker nicht auf die erwartete Weise reagieren wird. Pally ermuntert ihre Patienten auch dazu – wie einst Freud bei seinen phobischen Patienten – sich entsprechenden Situationen immer wieder auszusetzen.

Auch wenn das Aufzeigen von Diskrepanzen zwischen dem erwarteten und dem tatsächlichen Verhalten des Analytikers von jeher zur psychoanalytischen Übertragungsanalyse gehört (▶ Deutung, mutative), besteht das Innovative in der Erkenntnis, dass ein Patient in der Regel zu den zugrunde liegenden Gedächtnisprozessen, die sich manchmal ausschließlich im nichtdeklarativen Gedächtnis abspielen, keinen bewussten Zugang hat. Deshalb stößt sein Verständnis dieser Abläufe zumeist auf Grenzen des Erkennbaren und die Erfahrung, immer wieder derartigen Erwartungen ausgeliefert zu sein, kann zu intensiven Beschämungsgefühlen führen.

Eine Deutung, die die Seinsebene (von der Psychologie zur Neurobiologie) wechselt, wirkt auf den ersten Blick wie das Eingeständnis des Scheiterns, auf psychologischem Grund bleiben zu können. Nach Pally bringt es aber der »wissenschaftliche Zeitgeist« mit sich, dass von manchen Patienten naturwissenschaftliche Erklärungen eher akzeptiert werden als eine ausschließlich psychoanalytische Erklärung, die den Wiederholungszwang »nur« psychologisch erklärt. Gleichwohl sollten auch die problematischen Konstellationen im Auge behalten und reflektiert werden, die dieser Deutungstypus mit sich bringen kann:

- Neurowissenschaftliche Deutungen, die aus einer Dritte-Person-Perspektive erfolgen, können ebenso wie Erklärungen oder wie der objektivierende Gebrauch der Gegenübertragung vom intensiv Gefühlten wegführen und eine gemeinsame Abwehr zur Folge haben.
- Sie können die Hilflosigkeit des Therapeuten kaschieren und seine Angst vor dem Nichtwissen und vor der Ambiguität verschleiern.
- Sie können aufgrund des fachmännischen neurowissenschaftlichen Wissens zur Hierarchiebildung beitragen und ein möglicherweise angeschlagenes Selbstwertgefühl des Therapeuten vorübergehend wieder aufrichten helfen.

## Deutung, prozessbezogene (»Deutungen zweiter Ordnung«)

Speziell für den Umgang mit solch psychosomatischen Patienten, bei denen ein Sprach-, Symbolisierungs- und Distanzverlust stattgefunden hat, hat Reinhard Plassmann (1996) eine »prozessbezogene« Deutungstechnik vorgeschlagen. Hierunter versteht er eine Vorgehensweise, bei der eine semiotische Progression stattfinden soll, was durch das Fördern sekundärprozesshafter, dreidimensionaler Denkweisen geschieht. Sie beschäftigt sich vorrangig mit den ichstrukturell gestörten Denkprozessen und nicht mit den Inhalten des Denkens wie bei höher strukturierten neurotischen Patienten (▶ Ichpsychologische Orientierung, ▶ Implizite, explizite Deutungstechnik, ▶ Mentalisierung).

### Deutung, virtuelle

Ausdruck von Matthias Kettner (1995), um damit das deutungsrelevante Denken des Analytikers zu bezeichnen. Dieses macht sicherlich den größten Teil einer analytischen Sitzung aus und geht oftmals auch über diese hinaus. Virtuelle Deutungen »repräsentieren fallspezifisches Wissen über unbewusste Sachverhalte, das der Analytiker in den therapeutischen Deutungen, die er gibt oder geben könnte, verwendet oder verwenden würde […] Der Analytiker ›meint‹ in der Regel mehr, als er Deutungen gebend sagt, und er wird im Therapiekontext weder alles sagen, was er sagen könnte, noch so artikuliert und differenziert, wie er es sagen könnte. Therapeutische Deutungen stellen immer nur eine pragmatisch restringierte Version der virtuellen Deutungsarbeit dar. Deshalb muß die virtuelle Deutungsarbeit, nicht die gegebene therapeutische Deutung, als der eigentliche Gegenstand der Frage nach der Methodologie der Deutungsarbeit betrachtet werden« (S. 267).

Das deutungsrelevante Denken kann aus verschiedenen Gründen beim Analytiker eingeschränkt sein, so z. B. wenn ein Patient es kaum ertragen kann, dass sich sein Therapeut aus der dyadischen Beziehung löst, um nachdenken zu können, wenn Angriffe auf diese Denkprozesse erfolgen, wie bei destruktiv narzisstischen Patienten, die nahezu jede Intervention entwerten (▶ Kleinianische Orientierung), wenn Therapeuten aufgrund von Ängsten sich nicht aus einer einfühlsamen Rezeptivität herausbegeben können, um zu einem kreativ einfühlsamen Verstehen zu kommen (▶ Einfühlung), wenn Therapeuten zu wenige Erfahrungen im Kontext bezogenen Intervenieren machen können und ihre virtuellen Deutungen deshalb zu wenig geerdet werden (▶ Kontext bezogenes Intervenieren) u. a. m.

## Dialoghandeln

Ausdruck, den Michael Ermann (1993) in die psychoanalytische Behandlungspraxis eingeführt hat, um damit auszudrücken, dass (Übertragungs-)Deutungen in sich bereits Beziehungsarbeit sind.

## Durcharbeiten

Das »Durcharbeiten«, häufig auch synonym mit »Analysieren« gebraucht, umfasst die Widerstandsanalyse von Übertragung und Gegenübertragung (▶ Widerstand), die genetische ▶ Deutung und Rekonstruktion sowie Vorgänge der Einsichtsgewinnung (▶ Einsicht). Dazu müssen aber auch ausreichende Bedingungen von ▶ Sicherheit erfüllt sein, der Analytiker muss sich vorübergehend als Selbstobjekt zur Verfügung stellen (▶ Selbstobjekt-Übertragungen), als ▶ Container für die unerträglichen Selbstanteile seines Patienten fungieren u. a. m.

Mit anderen Worten: Eine zeitgenössische Auffassung dieses Konzepts berücksichtigt zwar viele intrapsychische Parameter, wie z. B. Lernfähigkeit und -tempo eines Patienten, seine Schamanfälligkeit, hartnäckige charakterstrukturelle Probleme – wie eine narzisstische Haltung, wegen des vergangenen Leids als Ausnahme behandelt werden zu wollen – den motivationalen Bereich, der zur Veränderung ansteht und die miteinander konfligierenden Wertigkeiten innerhalb der verschiedenen Motivationssysteme (vgl. Bleichmar 2004) u. a. m. Man darf aber nicht übersehen, dass die erfolgreiche Durcharbeitung der Übertragungswiderstände beim Patienten auch in unterschiedlichem Ausmaß von der spezifischen Interaktion mit dem Analytiker, dessen Gegenübertragung, persönlichkeitsstrukturellen Eigenarten und neurotischen Konflikten abhängig ist.

Deshalb sollte man statt von »Durcharbeiten« eher von gemeinsamem »Durch(er)leben« sprechen, um damit deutlich zu machen, dass das Sich-Konfrontieren mit Angst, Scham und Schuld auslösenden Beziehungsphantasien und -wünschen keineswegs nur einen kognitiven Akzent aufweist, etwa im Sinne von intellektuelle Zusammenhänge herstellen und entsprechende Einsichten gewinnen, sondern einen Prozess darstellt, an dem Analysand wie Analytiker mit starken Gefühlen beteiligt sind (▸ Beziehungsregulierung, ▸ Enactment).

Frühere Darstellungen des Durcharbeitens orientierten sich weitgehend an der Standardanalyse bzw. der analytischen Psychotherapie, die in der Regel drei- bis vierstündig über einen Zeitraum von mehreren Jahren mit einer überwiegenden Zentrierung auf Konflikt und Abwehr vonstatten geht. Bezieht man auf einem Kontinuum auch weitere Formen psychoanalytisch orientierter Therapieverfahren mit ein, wie z.B. die tiefenpsychologisch fundierte Psychotherapie, aber auch eine psychodynamisch orientierte Traumatherapie oder neue Formen der Borderline-Therapie, so ist das heutige Spektrum des Durcharbeitens doch um einiges breiter.

Für diese verschiedenen Formen der Therapie müssen sehr viel genauer die diversen Vorgehensweisen ausgeführt werden, die nur noch sehr global als »analysieren« und »durcharbeiten« beschrieben werden können (vgl. Damann 2004). Hierzu sei auf die diversen Werke, wie z.B. auf Wöllers und Kruses Tiefenpsychologie, Rudolfs strukturbezogene Psychotherapie oder Fischers und Barwinskis Traumatherapie verwiesen.

Dennoch bleibt als Gemeinsamkeit, dass das Durcharbeiten wohl nur dann optimal vonstatten gehen wird, wenn der Patient das Gefühl entwickeln kann, in seinem Analytiker etwas bewirken zu können. Das Sich-vom-Patienten-intensiv-Berührenlassen, das partielle Mitagieren bzw. ▸ Enactment (vgl. Carpy 1989), was über eine einfühlsame Teilnahme noch ein ganzes Stück hinausgeht, wird somit zu einem wichtigen, wenn nicht sogar entscheidenden Faktor im Prozess des Durcharbeitens (vgl. Eckardt 1995; ▸ Verändern lassen, sich).

# E

## Eigenübertragung

Von Gereon Heuft (1990) als sinnvoll erachtete Bezeichnung, um damit die genuine, auch neurotische Übertragung des Analytikers zu benennen, die nicht in erster Linie eine Reaktion auf die (neurotische) Übertragung des Patienten darstellt (▶ affektive Blindheit überwinden, ▶ Blinde Flecken).

Im Sinne eines intersubjektiven Paradigmas wird diese Aufteilung in normal und nichtnormal, vom Patienten kommend oder vom Therapeuten herstammend allerdings fragwürdig, da sich die Subjektivität des Analytikers zu einem Großteil stets auf die kommunikativen Inhalte und die dadurch ausgelösten Inhalte seines Patienten bezieht (▶ Intersubjektive Orientierung). Wenn der Analytiker immer in einem unbewussten ▶ Enactment mit seinem Patienten steht, dann deshalb, weil jeder der beiden sein Gegenüber im Lichte seiner bisherigen Erfahrungen wahrnimmt. Übertragung ist somit ein konstitutiver Vorgang jedweder Wahrnehmung; der Stimulus-Input kann dabei minimal sein, aber die sog. »Top-down-Verarbeitung« geschieht im Kontext von bereits vorhandenen Erwartungen und Vorannahmen. Die übertragungsneurotischen Beziehungserwartungen des Patienten, die sich missglückten nichtbewussten Emotionsregulierungen, psychodynamisch verdrängten Konfliktmustern sowie bewussten überzogenen Ansprüchen an die Beziehung verdanken, lösen ein entsprechendes Geflecht an Gefühlen und Handlungsbereitschaften beim Analytiker aus (▶ Übertragungsneurose herstellen können). Dieser sollte kraft seiner Ausbildung, Erfahrung und persönlicher Reifung/Weiterentwicklung in realistischer Weise einen kleinen Vorsprung im Erkennen der unbewussten Prozesse und im Umgehenkönnen damit entwickeln (▶ Container/Contained, ▶ Gegenübertragung, ▶ Handhabung der Übertragung).

Aus ichpsychologischer Betrachtung kann der Analytiker einen souveränen Abstand zu seiner Eigenübertragung/Gegenübertragung bekommen und seinem Patienten aufzeigen, was dieser auf ihn überträgt (▶ Ichpsychologische Orientierung);

in einer ▸ entwicklungstheoretischen Orientierung versucht er die tatsächlichen oder vermeintlichen Defizite durch entwicklungsfördernde Aktivitäten, wie z. B. einfühlsames Spiegeln, Autonomie gewähren, Realitätsprüfung stärken etc. zu verringern, wobei er sich ebenfalls in einem sicheren Abstand zu den übertragungsneurotisch inszenierten Dramen seines Patienten wähnen kann. Erst im intersubjektiven Paradigma ist es theoretisch wie praktisch ausgeschlossen, dass er ein außenstehender Beobachter bleibt, der zwar die Übertragungen erkennt und sich auch durchaus resonant einfühlt (▸ Einfühlung, ▸ Selbstpsychologische Orientierung), aber für geraume Zeit nicht zum unbewusst und nichtbewusst Mithandelnden wird (▸ Enactment, ▸ Intersubjektive Orientierung). Erst wenn der Analytiker schrittweise seine eigenen Erfahrungsmuster, in die selbstverständlich auch eigenneurotische Anteile eingehen können, verändern kann, die durch die Rollenerwartungen des Patienten in ihm entstanden sind, wird ihm ein veränderter Umgang mit den in ihm induzierten Handlungsmustern möglich werden. Dies wird nach und nach zu einer Umwandlung der übertragungsneurotischen Erwartungen, Haltungen und Fehleinschätzungen seines Patienten führen.

## Einfühlung

Die Fähigkeit, sich in einen anderen Menschen einfühlen zu können, erfordert, dass man sich seine Gefühle und Absichten vergegenwärtigen kann; dazu gehört neben der generellen Bereitschaft, diese Konzentrationsleistung aufzubringen und sie für mehrere Sekunden oder gar Minuten durchzuhalten, ebenfalls die Fähigkeit, in ausreichendem Umfang und entsprechender Differenziertheit für die Erzählungen und Gefühle des anderen einfühlsam empfänglich zu werden, die verschiedenen mentalen Zustände auch bei sich selbst zu erkennen und zugleich zu einem einfühlsamen Verstehensprozess zu kommen.

Von jeher haben Psychoanalytiker großen Wert darauf gelegt, sich in die innere Welt ihrer Patienten einzufühlen. Diese Verstehensleistung erleben sehr viele Patienten nicht nur als eine wohltuende Zuwendung, sondern sie werden dadurch auch angeregt, sich besser in sich selbst einfühlen zu lernen sowie anderen Menschen mit mehr Empathie zu begegnen. Denn Patienten mit Schwierigkeiten in ihrer Selbstwertregulierung und mit Defiziten in ihrer ▶ Mentalisierung gelingt es zumeist nur sehr fragmentarisch, sich mit der inneren Welt anderer Menschen zu befassen (▶ Selbstpsychologische Orientierung). Vor allem wenn sie sich in der Regulierung ihrer Sicherheit bedroht fühlen, tendiert ihr Einfühlungsvermögen gegen Null. Bei diesen Patienten kann es angezeigt sein, ihnen immer wieder dabei zu helfen, trotz der Gefühle ohnmächtigen Sichausgeliefertfühlens und starker Wut, den Kontakt zur inneren Welt ihres jeweiligen Gegenübers nicht abreißen lassen zu müssen und trotz allgegenwärtiger Spaltung und aus Enttäuschung resultierender Entwertung ein Minimum an Einfühlung aufrechterhalten zu können. Hierbei ist – wie so oft – eine Balanceleistung beim Therapeuten angezeigt: Denn jedes auch noch so spärlich angedeutete Verstehen für einen Dritten in der Hoffnung, damit auch die egozentrische Verweigerung und Unfähigkeit jedweder Perspektivenübernahme beim Patienten verringern zu helfen, kann bei diesem für längere Zeit heftige Wut und Verzweiflungsgefühle auslösen, aus Angst, den Therapeuten als Selbstobjekt an einen Dritten zu verlieren.

Aber auch wenn keine gravierende neurotische und strukturell beeinträchtigte Empathiefähigkeit gegeben ist, bleibt die Einfühlung in andere Menschen eine anstrengende Tätigkeit. Dies haben kluge Menschen auch schon lange vor der Entstehung der Psychoanalyse gewusst. So schrieb z. B. der Dichter Samuel T. Coleridge (1802 zit. nach Wasserman 1999, S. 449): »It is easy to clothe Imaginary Beings with our own Thoughts and Feelings; but to send ourselves out of ourselves, to think ourselves into the Thoughts and Feelings of Beings in circumstances wholly & strangely different from our own […] and who has achieved it? Perhaps only Shakespeare […]«

In ihrer reinen Form ist die Einfühlung deshalb ein eher seltenes Vorkommnis in alltäglichen und professionellen Beziehungen; vielleicht liegt darin im therapeutischen Bereich ihre starke kurative Wirkung (▶ Emotional korrigierende Erfahrung). Häufig lassen sich hingegen – auch beim Therapeuten – Vorstufen der eigentlichen Empathie antreffen, die Agosta (1984) als »analoge Erinnerung« und als »analoge »Wahrnehmung« bezeichnet hat. Hierbei erinnert der Therapeut sich an Erlebnisse, die denen, die der Patient erzählt, ähneln oder er nimmt den Patienten ähnlich wie sich selbst wahr.

Im Alltag unterbrechen wir dann meistens unser Gesprächsgegenüber mit der Bemerkung, dass wir dieses und jenes auch von uns kennen (»Ja, das kenne ich auch, ich bin auch einmal in eine solche Situation geraten.«). Manche Personen benützen diese Ähnlichkeitsfeststellung dazu, einen Sprecherwechsel durchzuführen, um dann ausgiebig von ihren eigenen Erfahrungen oder Kümmernissen zu erzählen, in der Annahme, dass dies einfühlsam sei, ohne zu bemerken, dass sie ihr Gegenüber damit enttäuschen.

Diese Darstellung der im Alltag mehr oder weniger missglückten Form der Einfühlung ermöglicht im Kontrast dazu eine Skizzierung der wichtigsten Voraussetzungen für den therapeutischen Umgang mit der Einfühlung:

- empfänglich sein für die in den Erzählungen des Patienten zum Ausdruck kommenden Gefühlsäußerungen
- von den Gefühlen nicht angesteckt oder überschwemmt werden, aber dennoch eine Resonanz empfinden können
- von den eigenen Gefühlsreaktionen dezentrieren können, um auf diese Weise die Erlebniswelt des Patienten zu empfinden und nicht nur die eigene auf diesen zu projizieren, i. S. von analogen Wahrnehmungen und Erinnerungen
- sich im Sinne einer Perspektivenübernahme kognitiv vorstellen, was und wie der andere erlebt, denkt und welche Absichten er verfolgt
- gleichzeitig eigene innere Beziehungserfahrungen und Bezugsrahmen aktivieren, um auf diese Weise sich mit einfühlsamer Empfänglichkeit die Perspektive des Gegenübers vergegenwärtigen zu können
- in einem weiteren Schritt wieder von den eigenen Erfahrungen dezentrieren, um die Welt des anderen möglichst mit seinen Augen zu sehen versuchen, wozu auch gehört, sich vom Patienten immer wieder darauf aufmerksam machen

zu lassen, dass die versuchten Konstruktionen noch nicht ganz stimmig sind
- sich erneut die Situation, die Umstände, die Lebenswelt, u. U. auch bestimmte biographische Ereignisse vorzustellen versuchen – Wechsel zwischen den eigenen Erfahrungen und den versuchsweise konstruierten Erfahrungen des Patienten – allmähliche Zurücknahme der projizierten Komponenten – Abgleich der eigenen kognitiven und gefühlsmäßigen Komponenten mit denjenigen des Patienten

Aus dieser wohl vertrauten, überwiegend ichpsychologischen Konzeptualisierung folgt:

- Empathie ist eine in der Ontogenese des Menschen entstehende Kompetenz, die von mehreren Unterfunktionen gebildet wird, der unmittelbaren affektiven Gefühlsansteckung und der selbstreflexiven kognitiven Perspektivenübernahme, die in mehreren Teilschritten gelernt wird.
- Entwicklungspsychologisch betrachtet geht die Affektansteckung zurück, und die Fähigkeit zur Perspektivenübernahme überlagert diese Bereitschaft, löscht sie aber nicht zur Gänze aus (vgl. Körner 1998).
- Kein Therapeut verfügt über eine vollkommene Empathie. Diese weist vielmehr verschiedene Einschränkungen bis hin zu unterschiedlichen Defiziten auf, wie z. B. eine eher generelle Schwierigkeit bei der Dekodierung bestimmter Gefühle des Patienten.
- Es existiert zwar die Fähigkeit, Gefühle des Patienten (kognitiv) zu erkennen und zu benennen, aber zugleich gibt es eine Schwierigkeit, Zugang zu bestimmten eigenen Gefühlen zu finden (mangelnde Gefühlsresonanz).
- Es kommt zu einem lediglich kognitiv-intellektuellen Verstehen ohne emotionale Resonanz (kognitive Rollenübernahme zu stark ausgeprägt, emotionale Resonanz zu schwach entwickelt oder unterdrückt).
- Aus bewusst erlebbarer Angst vor dem zu starken emotionalen Überschwemmtwerden wird eine emotionale Resonanz von vornherein abgeblockt, obgleich prinzipiell die Fähigkeit dazu vorhanden ist.

- Oder es herrscht andererseits ein zu starkes Miterleben und identifikatorisches Verhaftetbleiben bei manchen Gefühlen des Patienten vor.
- Es gibt Schwierigkeiten, in einigen Erfahrungsbereichen von der eigenen Denk- und Erlebniswelt absehen zu können, der Betreffende weist dann eine kognitive Unfähigkeit zum Perspektivenwechsel (Egozentrismus) auf.
- Bei Therapeuten, die in bestimmten Erfahrungsbereichen eine schwache Ich-Grenze und eine starke narzisstische Verletzbarkeit aufweisen, stört das empathische Zuhören die Selbstwertregulierung, u. U. auch das eigene Identitätsgefühl.
- Es gibt einen Mangel an Erfahrungen in bestimmten Bereichen, so dass emotionale Resonanz und Perspektivenübernahme erschwert sind (▶ Lebenskunst).

Die ichpsychologische Konzeptualisierung der Empathie wird seit einigen Jahren durch Überlegungen seitens intersubjektiver und relationaler Psychoanalytiker ergänzt, die von einem dynamisch systemtheoretischen Bezugsrahmen ausgehen (▶ Beziehungsregulierung, achten auf die, ▶ Handlungsdialog, ▶ Enactment, ▶ Selbst- und Beziehungsregulierung), wie z. B. Bergmann-Mausfeld 2000, Bolognini 2001, 2004, Fishman 1999, Heisterkamp 2002, 2008, Wassermann 1999, Wellendorf 1999).

Entsprechend dieser Sicht muss davon ausgegangen werden, dass (lange) vor den kognitiven Versuchen der Perspektivenübernahme bereits ein nichtbewusstes ▶ Enactment stattgefunden hat. Diese Konzeptualisierung unterscheidet sich von der früheren Annahme eines Moduls der Affektansteckung darin, dass es nicht nur um »ansteckende«, sondern um regulierende Vorgänge geht, dass diese nicht aufgrund ihrer Kindlichkeit zu überwinden sind, sondern auch in Interaktionen von Erwachsenen permanent geschehen und die Basis jeglicher Interaktion bilden, allerdings nur partiell bewusstseinsfähig werden.

Die dynamisch systemtheoretische Konzeptualisierung bewahrt uns vor der Illusion, dass wir mit unserer Einfühlung, die bislang überwiegend bewusstseinspsychologisch gefasst wurde, in Bezug auf unbewusste und nichtbewusste Prozesse in unseren Patienten allwissend sein können (Analoges gilt für die ▶ Gegenübertragung). Vielmehr sind wir mit den impliziten interaktiven Beziehungsschemata und -regulierungen von der ersten Sekunde an viel mehr verwoben, als uns dies bislang deutlich wurde (vgl. Fishman 1999). Wenn man das Konzept der Empathie jedoch von den Konnotationen einer Allwissenheit ermöglichenden und hundertprozentig gültigen Methode, aber auch von der Auffassung der ersten Generation der Selbstpsychologen befreit, Empathie stelle sich quasi von alleine ein, und in ihr den Versuch einer fallliblen Konstruktion über Anteile der inneren Welt eines Patienten erblickt, bleibt sie nach wie vor ein wertvolles, wenn nicht sogar das wichtigste analytische Instrument überhaupt (vgl. Bolognini 2001, 2004).

Allerdings gibt es auch Ausnahmen von dieser Regel. Denn Affektzustände, die noch zu wenig mentalisiert sind, die aufgrund von zu wenig Ambivalenztoleranz in übermäßig idealisierte oder in hasserfüllte Repräsentanzen aufgespalten sind, machen eine Einfühlung schwierig und lassen sie auch kontraindiziert erscheinen. Denn was sollte eine Perspektivenübernahme z. B. in eine Hasstirade gegen einen Freund oder Arbeitskollegen bewirken? (▶ Mentalisierung, PAM – Prototypische affektive Mikrosequenzen). Bei den Patienten, deren Affektrepräsentanzen unintegriert sind, ist es wichtiger, sie mit den der Spaltung zum Opfer gefallenen Affektanteilen zu konfrontieren oder die projektiven Vorgänge zu hinterfragen. Auch wenn manche Selbstpsychologen dies immer noch als zu verletzend für den Patienten erleben und davor zurückscheuen, so hatte doch bereits Kohut (1973) auf die Grenzen der Empathie bei bestimmten Patienten aufmerksam gemacht (vgl. Robbins 1996).

Übrigens besaß Freud bereits ein tiefgreifendes Verständnis für die unbewussten/vorbewussten emotionalen Austauschprozesse, die bei der Einfühlung zentral sind, als er schrieb, dass der Analytiker »dem gebenden Unbewußten des Kranken sein eigenes Unbewußtes als empfangendes Organ zuwenden (solle)« (1912e, S. 381). Ja, man könnte hierin sogar die Auffassung einer »zwischenleiblichen Resonanz« (Fuchs 2008) erblicken, in der eine intersubjektive Verbundenheit immer schon mitgedacht wird. Damit wird die cartesianische Vorstellung eines einsamen und in sich abgeschlossenen Ichs, das sich in einem kognitiven Akt aus seiner Innenwelt hinausbegeben muss, um sich in einen anderen Menschen hineinversetzen zu können, obsolet.

Allerdings muss vor einer vorschnellen populärpsychologischen Korrespondenz der Aktivität von Spiegelneuronen mit Einfühlung auch gewarnt werden. Für Vivona (2009) bedeutet dies – abgesehen von den Übersetzungsproblemen, der mit unterschiedlichen Methoden und Seinsbereichen operierenden Disziplinen – auch eine Geringschätzung der kognitiven und sprachlichen Komponenten, die bei empathischen Vorgängen ablaufen (siehe auch Zepf & Hartmann 2008, Eagle, Gallese & Migone 2009, Meissner 2010).

### Einsicht fördern

Die Einsicht des Patienten in sein Unbewusstes zu fördern ist ein Ziel, dem sich nahezu alle Richtungen und Formen der psychoanalytischen Therapie seit jeher verschrieben haben.

Diese sowohl als Prozess der Einsichtsentstehung beim Patienten, als auch als langfristiges Ziel bezeichnete Bestimmung lässt sich aber auch als Interventionsform charakterisieren i. S. v. Einsichten ermöglichen, Einsichten herstellen und förderliche Bedingungen bereitstellen, die zur Einsichtsgewinnung beim Patienten führen. Dazu sind bestimmte Mittel erforderlich, über die es in den verschiedenen heutigen Theorierichtungen nicht immer einen Konsens gibt. Einigkeit besteht aber weitgehend darin, dass Einsicht und entwicklungsfördernde, nichtdeutende Beziehung heutzutage nicht mehr als einander ausschließende Wirkzusammenhänge betrachtet werden. Denn der Deutungsprozess, der zur Einsicht führen soll, ist selbstverständlich in eine haltende Beziehung eingebettet, deren Berücksichtigung zum Alpha und Omega jedweder psychoanalytischen Therapierichtung gehört. Und ebenso ist ein Arbeiten in der Beziehung ohne Einsichtsförderung nicht vorstellbar, außer vielleicht in manchen Formen der Gruppendynamik, bei der das Feedback alleiniges Ziel darstellt.

Trotz dieses Konsenses ist die Einsichtsförderung im letzten Drittel des 20. Jahrhunderts aber als »paternistische Technik« im Rahmen einer »Ein-Personen-Psychologie« bezeichnet worden, im Unterschied zu der »mütterlichen haltenden (Beziehungs-)Technik«, wie sie bereits von Ferenczi, Balint, Winnicott und anderen inauguriert wurde (vgl. Zimmermann 2007). Die eher väterliche Technik der Einsichtsförderung wurde mit der Tradition des klassischen, der Aufklärung verpflichteten Menschenbildes in Zusammenhang gebracht; die »mütterliche Technik« hingegen mit dem romantischen Menschenbild. Entsprechend dieser Unterscheidung (vgl. Strenger 1989) betont das klassische Menschenbild in Anlehnung an die Aufklärung eher das verantwortungsvolle und tapfere Umgehen mit der eigenen Triebhaftigkeit, den nie zur Ruhe kommenden Wünschen, der Selbsttäuschung und dem allgegenwärtigen Verlangen, den eigenen Vorurteilen und Größenphantasien gegen die Stimme der Vernunft nachzugeben; das romantische Menschenbild zielt als Reaktion auf den einseitigen Verstandesprimat der Aufklärung eher auf die Entwicklung und die Einzigartigkeit des Individuums, auf dessen Spontaneität und die Reichhaltigkeit seiner Erfahrungen in der Beziehung zu anderen Menschen. Ethik geht entsprechend der romantischen Auffassung keineswegs nur auf rationale Wertentscheidungen zurück, sondern wurzelt in der Vernunft des Leibes bzw. in einem nichtbewussten moralischen Empfinden, das schon beim Kleinkind beobachtbar ist. Einfühlung in andere Menschen muss nicht einer letztlich a-sozialen Triebnatur abgerungen werden, sondern ist – bei einem neurotisch oder traumatisch nicht beeinträchtigten Menschen – so selbstverständlich wie Hunger und erotisches sowie sexuelles Verlangen. Allerdings wäre es zu einseitig, Freud ausschließlich einem klassischen Behandlungsverständnis zuzuordnen; denn wie Cremerius (1979) aufgezeigt hat, wies Freud in seinem behandlungspraktischen Vorgehen durchaus auch »mütterliche« Züge auf.

Erst die puristische nordamerikanische Psychoanalyse der 1950er und 1960er Jahre hat das kreative Experimentieren Freuds in ein sehr enges Korsett gezwängt, das heute fast schon zu einer Karikatur erstarrt ist. Herbert Will (2003) hat aufgezeigt, dass das Label »Klassische Psychoanalyse« oftmals mit der tendenziell rigiden Technik der nord-amerikanischen Ichpsychologie, wie sie sich in den 1940er, 1950er und 1960er Jahren überwiegend in New York entwickelt hatte, gleichgesetzt wird. Er erinnert daran, dass die Freud'sche Vorgehensweise demgegenüber viel flexibler, experimentierfreudiger und insgesamt humaner war. Somit ist es wichtig, die Behandlungstechnik der europäischen Emigranten, die sich in den USA innerhalb des medizinischen und wissenschaftlichen Establishments erfolgreich behaupten mussten, u. a. auch dadurch, dass sie die Psychoanalyse strikt von nichtanalytischen Verfahren der Psychotherapie abgrenzten, nicht mit Freuds behandlungstechnischen Empfehlungen, die als die genuine klassische Psychoanalyse einzuschätzen sind, zu verwechseln. Dies gilt übrigens nicht nur für die Praxis, sondern auch für die Theorie (vgl. Müller-Pozzi 2003, 2008).

Einsichtslernen und Veränderungen aufgrund der Beziehung werden deshalb heutzutage nicht mehr als Gegensätze betrachtet (vgl. Daser 2001). Aber auch in der gegenwärtigen Theorie der »Kognitiv Behavioralen Therapie« werden – in Analogie zur psychoanalytischen Betrachtungsweise – verschiedene Ebenen der Beziehung unterschieden (vgl. z. B. Laireiter 1995, Wendisch 2000, Zimmer 2000). Dies zu erwähnen ist deshalb aufschlussreich, weil in den Anfängen der Verhaltenstherapie die Wirksamkeit ausschließlich auf Techniken wie z. B. Desensibilisierung, Flooding u. a. zurückgeführt wurde, ohne die Berücksichtigung der Therapeut-Patient-Beziehung. Erst die Erkenntnis der Psychotherapieforschung, dass schulenspezifische Techniken allenfalls 4–8 %, Beziehungsfaktoren hingegen den Großteil der Gesamtvarianz erklären können (vgl. Wampold 2001), hat auch in dieser Therapieschule zu einer Einstellungsänderung geführt.

Bei Patienten, bei denen das Streben nach Erleichterung und Sicherheit im Mittelpunkt ihres therapeutischen Interesses steht, die nach Ulrich Moser (2001) weder Zeit noch Raum haben, zu »denken«, bei denen die Beobachtung eigener mentaler Prozesse zu großer Angst führt, deren Sprechen überwiegend Handlungscharakter hat (▶ Sprechhandeln), die Schwierigkeiten haben, sich vom konkretistischen Modus des Wahrnehmens und Denkens zum repräsentationalen Niveau zu begeben (vgl. Tuch 2007), die es nicht ertragen können, dass ihr Selbstobjekt einen »Eigensinn« entwickelt, über den sie nachdenken müssten (vgl. Kind 2005), kann Einsichtsgewinnung allerdings für längere Zeit nicht das primäre Anliegen einer psychoanalytischen Psychotherapie sein. Sondern hier müssen erst einmal im Rahmen einer das Symbolisierungs- und Mentalisierungsniveau fördernden therapeutischen Vorgehensweise die nötigen Voraussetzungen dafür erworben werden (▶ Anerkennung, ▶ Mentalisierung, ▶ Selbstobjekt-Übertragungen, ▶ Sicherheit, ▶ Strukturbezogenes Intervenieren).

Bei Patienten mit einer intakten Mentalisierung und mit nur geringfügig beeinträchtigten interpersonellen Beziehungsregulationen kann hingegen das Ziel des Einsichtslernens von Anfang an in der Bewusstmachung psychodynamisch verdrängter Handlungsgründe bestehen.

Soll die Einsicht immer vom Therapeuten formuliert werden oder wäre ein sokratisches Vorgehen angemessener, in dem Sinne, dass man als Analytiker seinen Patienten durch die Gestaltung von Beziehungsvariablen, aber auch durch entsprechende ▶ Klarifizierungen und ▶ Konfrontationen i. S. v. vorbereitenden Deutungsschritten soweit bringt, dass er selbst Einsichten über ihm bislang nicht bewusste Sinnzusammenhänge entwickeln kann? Tatsächlich verhält es sich so, dass wenn Analytiker und Patient sich in einem guten Zusammenspiel befinden, es zumeist gar nicht entscheidbar ist, wer den Anstoß zur Einsichtsgewinnung gegeben hat. Oftmals findet sich auch das Phänomen, dass der eine (Patient oder Analytiker) sagt, dass er »auch gerade« daran gedacht oder diese Idee über einen bestimmten Wirkzusammenhang bzw. über einen bislang nicht bewussten Handlungsgrund gehabt habe. Arnold Modell (1990) hat darauf aufmerksam gemacht, dass die Unmöglichkeit des Erkennens, ob eine spezielle Einsicht vom Analytiker oder vom Analysanden herrührt, das Kennzeichen einer optimal verlaufenden Behandlung sei, und John Gedo (2003) sieht die Quintessenz der »guten Stunde« (vgl. Kris 1956) darin, dass beide gemeinsam am Entstehen einer Einsicht beteiligt sind.

Dazu ist natürlich auch eine differenzierte ▶ Einfühlung in die innere Welt des Analysanden notwendig. Aber auch ohne das Erleben eines annähernd zur gleichen Zeit auftauchenden Bewusstwerdens von Bedeutungszusammenhängen ist es wichtig, dass die Interventionen des Analytikers nicht wie Äußerungen einer »intrusiven Mutter oder eines überwältigenden Vaters« von einem Patienten erlebt werden, die in seinen inneren Dialog und in seinen Prozess der Selbstreflexion eindringen und dann wie eine fremdkörperhafte Unterbrechung erlebt werden.

Alan Sugarman (2006) spricht von einem »Prozess der Einsichtsentstehung« (»insightfulness«), um damit zu verdeutlichen, dass bei diesem Vorgang ein allmählicher Zugang zu einer vorher noch nie vorhandenen oder zu einer bislang abgewehrten ▶ Mentalisierung entsteht. Hierbei sind die Beziehung und die Unterstützung des Analytikers bei den verschiedenen Mentalisierungsschritten von herausragender Bedeutung (▶ Supportive Intervention). Auch hier wird wiederum deutlich, dass sich die alte Kontroverse, ob Einsicht lediglich ein verbales, kognitives Phänomen sei, dem eine tiefenstrukturelle affektive und psychodynamische Dimension fehlt und deshalb keine strukturverändernde Potenz aufweist, nunmehr erübrigt. Das Ineinander von bewusstseinsverändernden und beziehungsförderlichen Komponenten im Prozess der Einsichtsgewinnung lässt sich nicht polarisierend auftrennen. Ebenso wenig ist es sinnvoll, bei der Einsichtsgewinnung zwischen strukturverändernden und konfliktaufdeckenden Schritten allzu stark zu unterscheiden, da sich die mentalen Beeinträchtigungen überlappen. Deswegen sollte auch über die allzu strikte Unterscheidung von supportiver Psychotherapie und analytischer Psychotherapie sowie Psychoanalyse (vgl. Kernberg 1999b) noch einmal nachgedacht werden. Im Prozess der Einsichtsgewinnung lernen Patienten zwischen ihrem Denken und Fühlen und demjenigen anderer Menschen zu unterscheiden, wenn sie sich dessen bewusst werden, dass ihre eigenen konflikthaften Erlebnisweisen mit ihnen selbst zu tun haben und nicht mit denen der anderen. Ihre Einfühlung verbessert sich in dem Maß, in dem sie erkennen, dass andere Menschen anders fühlen und denken. Dementsprechend verbessern sich auch ihre interpersonellen Beziehungen (▶ Interpersonelle Orientierung), ihre Realitätsprüfung, ihr reflexives Funktionieren (vgl. Fonagy & Target 1996) sowie ihre Affektregulierung (vgl. Sugarman 2006) – allerdings können letztere durch die Beachtung strukturbezogener Interventionsformen noch intensiver fokussiert werden.

## Emotionszentrierte Interventionen

Auch wenn gegenwärtig die emotionszentrierte Therapie als Novum ausgegeben wird (wie z. B. von Leslie Greenberg 2005), gehören doch die ständige Beachtung der Gefühle eines Patienten sowie die ▶ Einfühlung in diese zum täglichen Brot eines psychoanalytischen Psychotherapeuten. Psychoanalytiker sind davon ausgegangen, dass sich Triebwünsche immer in Affektrepräsentanzen äußern, dass Affekte mit Hilfe anderer Affekte abgewehrt werden können (wie z. B. Ärger durch Freundlichkeit, Neugierde durch Ekel, Traurigkeit durch Wut u. a. m.). Allerdings wurde es lange Zeit als ziemlich selbstverständlich angenommen, dass Emotionen als fertige Gebilde in der inneren Welt auftreten; dass sie aber eine komplizierte Entstehungsgeschichte haben, aus körperlichen Spannungszuständen heraus entstehen und eine ▶ Mentalisierung und Benennung benötigen (vgl. Jurist 2005, Lecours & Bouchard 1997) und dass dieser Prozess der Affektmentalisierung in der Kindheit mehr oder weniger glücken kann (vgl. Gergely & Watson 1996), gehörte nicht zum Wissensfundus. Erst die Arbeiten der französischen Alexithymieforscher Marty und de M'Uzan, der Ichpsychologen Gertrud Blanck und Rubin Blanck, des Affektforschers und Psychoanalytikers Rainer Krause, der kanadischen Psychoanalytiker Serge Lecours und Marc Bouchard, der Londoner Psychoanalytiker, Bindungsforscher und Entwicklungspsychologen Peter Fonagy, Györgi Gergely, Elliot Jurist und Mary Target sowie der strukturbezogenen Psychotherapie von Gerd Rudolf haben den Blick für die zentrale Rolle der Emotionen für maladaptive interpersonelle Regulierungsvorgänge geschärft. Affekt- oder Emotionsbenennung, Aufzeigen des fehlenden Affekts, Einüben von affektregulierenden Vorgängen gehören nunmehr zu äußerst wichtigen Interventionen vor allem bei Patienten, die im Erleben, beim Äußernkönnen oder beim Verstehen der Affekte anderer Schwierigkeiten haben (vgl. Wöller & Kruse 2001). Dies kann sich auf lediglich ein Affektschicksal beziehen, aber auch mehrere Affekte betreffen (was in der Vergangenheit dann die Diagnose der Gefühlsblindheit oder der Alexithymie zu rechtfertigen schien).

## Enactment, Erkennen des und Umgang mit dem

Enactments sind repetitive Beziehungsszenarios, die von Patient und Analytiker gestaltet werden und die unbewussten/nicht-bewussten Beiträge der spezifischen Beziehungsmodalitäten, die aus der Geschichte der beiden entstammen, zum Inhalt haben. Sie umfassen sowohl früh entstandene, im impliziten Gedächtnis kodierte Beziehungsmuster als auch später überarbeitete und teilweise verbal zugängliche Modi des Umgangs mit Nähe und Distanz, Unterwerfung und Selbstbehauptung, Zuwendung und Abwendung u.a.m. In der gegenwärtigen Psychoanalyse besteht die Auffassung, dass sich Enactments nicht nur nicht vermeiden lassen, sondern dass sie der Stoff sind oder sein sollten, aus dem eine psychoanalytische Psychotherapie größtenteils besteht (Mertens 2013).

Das Konzept des Enactment, das in der amerikanischen Psychoanalyse zum ersten Mal in einer Arbeit von Ted Jacobs (1986) erwähnt und von James T. McLaughlin (1987, 1991) ausgearbeitet wurde, ist eingebettet in interpersonelle, objektbeziehungstheoretische und intersubjektive Theorien (▶ Interpersonelle Orientierung, ▶ Intersubjektive Orientierung). Selbstverständlich sind Enactments nicht beschränkt auf ein analytisches Setting, sondern finden sich überall dort, wo Menschen in einen intensiveren Dialog miteinander treten.

In den zurückliegenden Jahren hat sich in der amerikanischen Psychoanalyse das Konzept des »Enactments« zu einer Art bevorzugtem Thema entwickelt, vor allem nachdem nordamerikanische Psychoanalytiker sich für postkleinianische Konzepte, wie der projektiven Identifizierung, geöffnet haben. So zahlreich die Aufsätze hierzu sind, so uneinheitlich waren bis vor kurzem allerdings auch noch die Definitionen (vgl. Streeck 2000, Ivey 2008, Ginot 2007, 2009). Wie lässt sich das Enactment vom »Agieren«, von der projektiven Identifizierung, von der gleichschwebenden Rollenbereitschaft i. S. v. Sandler abgrenzen?

Das Enactment und das ältere Konzept des ▶ Rollenhandelns von Joseph Sandler stellen eine fruchtbare Erweiterung des klassischen, aber nahezu ausschließlich als Widerstandsphänomen bezeichneten Begriffs des Agierens dar. Rolf Klüwer (1995a, b) hat hierzulande ebenfalls auf die Gemeinsamkeiten der verschiedenen Begriffe hingewiesen und auf die inhaltliche Nähe zu den Konzepten der Szene, des ▶ szenischen Verstehens (Argelander, Lorenzer) und des von ihm erstmals konzeptualisierten ▶ Handlungsdialogs aufmerksam gemacht, der in der amerikanischen Literatur bislang noch keine Erwähnung gefunden hat. Während Mainstream-Psychoanalytiker erst seit 15 oder 20 Jahren von der Auffassung ausgehen, dass sowohl Analysand als auch Analytiker überwiegend unbewusst – hauptsächlich über nonverbale Kanäle – kommunizieren, waren allerdings interpersonelle, aber vor allem intersubjektive Analytiker schon immer von diesem Umstand überzeugt. Auch wenn die zuerst genannten Analytiker Enactments nur als gelegentlich auftretende und nicht als kontinuierliche Phänomene ansehen, ergibt sich bezüglich dieses wichtigen Punktes eine Gemeinsamkeit zwischen den oft sich befehdenden Schulrichtungen, was die bewusste, vor allem aber die unbewusste Beziehung betrifft. Dennoch bleibt der bedeutsame Unterschied erhalten, dass die Person des Therapeuten nach Auffassung der Klassiker keinen ständigen Einfluss auf den Analysanden und den Verlauf einer Analyse nimmt, sondern nur bei spezifisch konflikthaften Interaktionen.

Erst das zögerlich erfolgte Zugeständnis des Mainstreams, dass man als Analytiker nicht umhin kommt, sich gelegentlich in Übertragungs-Gegenübertragungsinszenierungen zu verstricken, lenkte den Blick nach und nach darauf, wie sich ein Analytiker in der Interaktion und Kommunikation mit seinem Analysanden konkret verhält, wobei man sich bekanntlich nicht nicht verhalten kann und somit auch das Schweigen eine

Bedeutung stiftende Auswirkung bekommen kann. Aus diesem Grund geht es im analytischen Prozess nicht nur um die Interpretation alter Erlebnisdispositionen aus der scheinbar überlegenen Warte eines neutralen Dritten, sondern auch um die Generierung einer neuen, bis dahin noch nie erlebten Form der Beziehung, in der sehr viel Realität des Analytikers zum Tragen kommt. Sicherlich unterscheiden sich Patienten aber hinsichtlich ihrer Sensibilität für die Cues, die vom Analytiker ausgehen, beträchtlich. Dennoch bleibt die Tatsache der reziproken Beeinflussung überwiegend im nichtbewussten Kommunikationsbereich (▶ Nonverbale Kommunikation beachten).

Dass dabei die Wahrnehmung seitens des Analysanden nicht »objektiver« ist als die Eigenwahrnehmung des Analytikers, dass auch diese vielmehr immer nur perspektivisch sein kann, aber dabei doch auch etwas Reales erfasst, macht das Analysieren in diesem neuen Paradigma keineswegs einfacher als die fiktive Sichtweise von der überlegenen, objektiven Spiegelfunktion eines Therapeuten. Diese scheint mittlerweile eher eine stillschweigende Annahme von Psychotherapeuten nichtanalytischer Schulrichtungen zu sein, deren Anhänger auf die Analyse der unbewussten Beziehung verzichten zu können glauben, bzw. für die diese immer noch kein bedeutsames Thema ist.

Mehrere Fragen tauchten bei der Bestimmung des Konzepts Enactment auf: Ist das Enactment ein Vorgang, der nur gelegentlich an konflikthaften Stellen auftritt, oder begleitet er permanent als untergründiger Handlungsdialog den gesamten Verlauf einer Stunde? Ist das Sich-Verstrickenlassen eher unvermeidlich oder sollte der Analytiker so schnell er nur kann, per Selbstreflexion wieder Abstand dazu bekommen? Muss sich ein Enactment immer im verbalen und nonverbalen Bereich manifestieren oder kann es sich auch als latente nichtbewusste Beziehungserwartung darstellen, deren Cues allenfalls subliminal wahrgenommen werden?

Enactment muss zunächst unterschieden werden vom »Acting out«, das ursprünglich die Tendenz eines Patienten bezeichnete, etwas aus Abwehrgründen in motorischen Aktionen auszudrücken, was eigentlich verbalisiert gehört. Mehrere Erkenntnisse trugen dazu bei, das in der ersten Hälfte des 20. Jahrhunderts im Rahmen von psychotherapeutischen Prozessen ausschließlich als Abwehr eingeschätzte Agieren differenzierter zu sehen. So wurde Psychoanalytikern zunehmend deutlich, dass es nicht nur fließende Übergänge zwischen Handeln und Verbalisieren im sog. ▶ Sprechhandeln gibt, sondern dass vor allem früh traumatisierte Patienten aus strukturellen Gründen manche Erlebensbereiche nur überwiegend agierend zum Ausdruck bringen können. Dies vor allem deshalb, weil sie niemals gelernt haben, sich mangels ▶ Mentalisierung anders als mittels Agieren ausdrücken zu können. Gedächtnispsychologisch wurde erkannt, dass es mindestens zwei Gedächtnissysteme gibt, und dass das implizite oder nichtdeklarative Gedächtnis Erinnerungen v. a. der ersten zwei Lebensjahre aufbewahrt, die niemals sprachlich erinnert und mitgeteilt werden können. Bezeichnete dies ursprünglich eine Grenze therapeutischen Handelns, hat mittlerweile das weiterentwickelte Professionswissen von Analytikern für diese Symbolisierungs- und Mentalisierungsdefizite neue Behandlungsformen gefunden (wie z. B. interaktionelle Übertragungsanalyse, strukturbezogene Psychotherapie, mentalisierungsbasierte Psychotherapie, Traumatherapie). So hat das Acting out etwas von seinem Schrecken verloren, das es einst für Psychoanalytiker aufwies.

Inwieweit unterscheidet sich das Enactment von der ▶ Gegenübertragung? Letztere kann sowohl die vom Patienten unbewusst durch seine Übertragung nahegelegte Reaktion bezeichnen, z. B. wie ein strafender oder zurückweisender Elternteil zu reagieren (▶ komplementäre Identifizierung), aber auch die durch den Patienten ausgelösten unbewältigten oder wieder aktualisierten Konfliktanteile, die nun ihrerseits zu einer Übertragung des Analytikers führen (▶ Eigenübertragung). Allerdings verbleiben die ausgelösten Reaktionen nach landläufiger Auffassung jeweils überwiegend intrapsychisch in den Beteiligten und es kommt folglich auch zu keinem reziproken Austausch auf der Verhaltensebene, wie dies beim Enactment der Fall ist.

Auch die Unterscheidung vom Konzept der »projektiven Identifizierung« fällt auf den ersten Blick nicht leicht. Denn auch dieser Vorgang betrifft beide Personen, ja er kann sogar eine kollusive Komponente aufweisen und sich an charakterlichen Eigentümlichkeiten des Analytikers orientieren (vgl. Shapiro & Carr 1991, Weiß 2007). In der Regel wird aber der Vorgang als unilaterale asymmetrische Interaktion ausgehend vom Patienten konzeptualisiert. Der Vorgang der projektiven Identifizierung weist ein stark zwingendes Moment auf, das beim Enactment nicht notwendig gegeben sein muss.

Sandlers Ausweitung des Freud'schen epistemologischen Prinzips der ▸ gleichschwebenden Aufmerksamkeit in das Konzept der »freiflottierenden Rollenempfänglichkeit« machte deutlich, dass die ▸ Rollenempfänglichkeit an eigene konflikthafte Anteile des Analytikers andockt oder anders ausgedrückt, eigene konflikthafte Anteile die Empfänglichkeit für die Einnahme bestimmter Rollen bzw. das Erspüren bestimmter vom Patienten ausgehender Erwartungen erleichtern können. Von hier aus war der Schritt nicht mehr weit zum Verständnis der Vorgänge beim Enactment. Die Rollenempfänglichkeit (und das anschließende Handeln im Sinne der angetragenen Rolle) ist bei Sandler aber eher ein auf einzelne Episoden begrenztes Phänomen, während das Enactment einen mehr oder weniger permanenten Vorgang verkörpert.

Der Vorgang des Enactments beinhaltet überwiegend nichtbewusste interaktive Regulierungen aus dem impliziten Gedächtnis. Weit von dem (ohnehin immer nur tendenziell erreichbaren) Ideal einer technischen ▸ Neutralität entfernt, verstrickt sich der Analytiker zunächst mit seinem Patienten in unterschiedlicher Intensität in einen unbewussten Handlungsdialog. Dennoch stellt dies keine Katastrophe dar, sondern im Gegenteil: Das allmählich bewusstwerdende und dann immer stärker reflektierbare Enactment stellt nicht nur neue Erkenntnisse über den Patienten und die Interaktion mit ihm zur Verfügung, sondern die Transformierung des Enactments, die sich über viele Stunden hinziehen kann, ist neben der Durcharbeitung psychodynamischer Konfliktthemen im autobiographischen Gedächtnismodul mit die wichtigste Dimension des analytischen Prozesses. Nach intersubjektiver Auffassung beginnt diese Durcharbeitung und Transformierung im Therapeuten.

Unerkannt kann aber ein Enactment zum therapeutischen Stillstand oder bis hin zum narzisstischen und sexuellen Missbrauch führen.

Gerade diese, auch in Psychoanalysen nicht seltenen Vorkommnisse zeigen, wie sehr die klassische Sichtweise von einem überlegenen und objektiv vorgehenden sowie durchanalysierten psychoanalytischen Fachmann eine Illusion darstellt. Denn von dem nichtbewussten Zusammenspiel, das sich im Enactment vollzieht, können selbst einem geschulten Therapeuten anfänglich nur Bruchteile reflexiv zu Bewusstsein kommen, wie z. B. Videoaufnahmen über das non- und paraverbale Ausdrucksverhalten besonders deutlich machen können (vgl. Krause 1997, Streeck 2004).

Wird das Enactment vom Analytiker im Fortgang einer Behandlung nicht bemerkt und auch nicht reflektiert, so sind beide – Analysand wie Analytiker – in eine unbegriffene Handlung involviert. Das Agieren dieses unbewussten Dialogs birgt aber – wie ausgeführt – nicht nur Gefahren in sich; es verbindet vielmehr auf sehr unmittelbare Weise vergangene mit gegenwärtigen Erfahrungen, ohne von Abwehr wie Intellektualisierung und Rationalisierung verstellt zu sein. Wenn es dem Analytiker im nächsten Schritt gelingt, über sein unbewusstes Enactment zu reflektieren, kann er zusätzliche Informationen gewinnen. Denn um die intrapsychischen Vorgänge in sich und in seinem Patienten zu begreifen, muss man die interpersonellen Geschehnisse, die handelnd vorgenommen werden, erkennen können, v. a. diejenigen, die aus frühen Beziehungsregulierungen stammen (▶ Beziehungsregulierung, ▶ Selbst-/Fremdregulierung). Erst dann können Veränderungsschritte einsetzen (s. Carpy 1985, Ginot 2007, 2009, 2012, Storck 2013).

## Entwicklungstheoretische Orientierung

Die grundlegende Annahme der »entwicklungstheoretischen Orientierung«, wie sie von Objektbeziehungstheorikern, Selbstpsychologen, aber auch Ichpsychologen vertreten wird, besteht darin, dass der Analytiker dazu in der Lage sein muss, mangelhafte oder nie erlebte Beziehungserfahrungen, die der Patient in bestimmten Entwicklungsphasen seines Lebens dringend benötigt hätte, nachzuliefern, in der Hoffnung, dass diese neuen Beziehungserfahrungen die Entwicklungsdefizite kompensieren können. Eine gestörte Beziehungsregulierung wird auf diese Weise neu tariert, ein Mangel an erfahrener Spiegelung verringert, die Fähigkeit, ein »wahres Selbst« zu entwickeln und die narzisstischen Delegationen der Eltern hinter sich zu lassen, unterstützt, ödipales Wetteifern wohlwollend aufgenommen und gefördert, Selbstwertzweifel und Schüchternheit werden durch Erfahrungen von Wirkmächtigkeit ausgeglichen, eingeschränkte Realitätsprüfung und Empathiefähigkeit werden verbessert u. a. m. (▶ Ich-Funktionen, ▶ Strukturbezogenes Intervenieren).

Zwar sind dies alles durchaus unterstützenswerte Maßnahmen, doch besteht die Kritik an dieser Auffassung seitens des intersubjektiven Paradigmas, dass der Therapeut hierbei der Fiktion eines außenstehenden Betrachters aufsitzt und auf die vielfältigen Übertragungsprozesse, in denen die unterschiedlichsten konflikthaften Erwartungen zum Ausdruck kommen, nur eindimensional wie z. B. in einer Selbstobjekt-Übertragung (▶ Selbstpsychologische Orientierung) reagiert, ohne ausreichend zu erkennen, inwieweit er selbst als »haltende« oder »die Realitätsprüfung stärkende Mutter« Teil des Systems ist.

Eine weitere Kritk an der entwicklungstheoretischen Orientierung besteht darin, dass sie zu der irrtümlichen diagnostischen Auffassung verleitet, gegenwärtiges Erleben sei unmittelbar auf erfahrene defizitäre Entwicklungs- und Sozialisationsbedingungen in der Kindheit zurückzuführen und durch entsprechende komplementäre therapeutische Maßnahmen zu revidieren. Dabei kommt es nach Hartmann (1950) zum sog. genetischen Trugschluss, bei dem übersehen wird, dass es im Verlauf der Entwicklung zu einer vielschichtigen Übereinanderlagerung von neurobiologischen, entwicklungsmäßigen, sozialisationstheoretischen, interpersonellen und intrapsychischen Faktoren kommt, die miteinander interagieren und zu unendlich komplexen Konfigurationen führen. Auch wenn Therapeuten manchmal der Überzeugung sind, sie hätten angesichts ihres verzweifelten Patienten nun den leibhaftig weinenden Säugling in der Regression vor sich, so kann es sich bei dieser Annahme immer nur um eine Metaphorisierung handeln: Denn niemals können Menschen die erreichte Komplexität wieder rückgängig machen und in einen früheren Seinszustand zurückfallen. Aber natürlich können sie das Reflexionsniveau ihres Bewusstseinszustandes verringern (▶ Antiregression, ▶ Freie Assoziation, ▶ Gemeinsames Regredieren) und damit den Anschein erwecken, als würde das Kind von einst mit geringeren emotionalen und kognitiven Kompetenzen wieder auferstehen.

Trotz dieser kritischen Anmerkungen ist entwicklungstheoretisches Wissen für das therapeutische Handeln unverzichtbar und stellt wichtige Anregungen für Analogiebildungen bereit. Vor allem sensibilisiert es für die ungeheure Komplexität des Lebendigen in seiner Entwicklungsdimension (vgl. Geißler 2007; ▶ Nichtwissen ertragen können). Ausgehend von der Kritik an der früheren Überbetonung der Erlebnisverabeitung in der (frühen) Kindheit wird der entwicklungspsychologische Blick nunmehr stärker auf die Transformationen von Erfahrungen in den verschiedenen Lebensaltern gelenkt, ebenso auf die Chancen, die bestimmte Lebensereignisse und Entwicklungsanforderungen mit sich bringen können (s. Mertens 2011). Auch die Möglichkeit von adaptiven Ressourcen und psychischer Resilienz selbst bei schweren Traumatisierungen wird trotz der nach wie vor bestehenden Vorliebe für einfache und reduktionistische Erklärungen berücksichtigt (Walter 2010).

## Erklären, kausales und intentionales

Von Körner (1985) stammt die nach wie vor methodologisch fruchtbarste Darstellung, wie die Modalitäten des »kausalen« und »intentionalen Erklärens« sowie des psychoanalytisch hermeneutischen Verstehens im psychoanalytischen Erkenntnisprozess ablaufen (▶ Szenisches Verstehen). Dabei vollziehen sich diese methodischen Schritte nicht nur im Analytiker, sondern auch beim Patienten, auch wenn dieser zunächst einmal unterschiedlich lange bei kausalen Erklärungen, zunehmend dann auch bei intentionalen Erklärungen verweilt, während sein Analytiker diese überwiegend als Widerstände, natürlich aber auch als notwendige Erkenntnisetappen hinsichtlich eines reflexiven Umgangs mit sich selbst und anderen Menschen begreift (▶ Einsicht fördern, ▶ Mentalisierung, ▶ Interpersonelle Orientierung, ▶ Prozessmonitoring, ▶ Widerstand).

Idealiter lässt sich die Abfolge von kausalem Erklären, intentionalem Erklären und szenischem Verstehen folgendermaßen skizzieren:

Im »kausalen« Erkenntnismodus begreift der Patient sein Verhalten zunächst und u. U. für längere Zeit nur als von Ursachen determiniert, die ihm äußerlich bleiben (hierin gleicht er dem behavioristisch orientierten psychologischen Forscher vor der kognitiven Wende). Seine Schlafstörung z. B. ist allein durch gegenwärtigen beruflichen Stress verursacht, seine Lernhemmung durch einen erworbenen Konzentrationsmangel. Die Beziehung zwischen Patient und Analytiker ist in diesem Modus distanziert: Beide schauen auf das Symptom wie auf ein Drittes und der Patient hat die Erwartung, dass dieses z. B. anhand seiner Lerngeschichte erklärbar wird und damit auch verschwindet. In der objektivierenden Haltung, die der Patient hierbei zu sich einnimmt, scheint er selbst als handelnder Akteur nicht vorzukommen.

Wie gelingt der Übergang in den »intentionalen« Erkenntnismodus? An dieser Stelle greift das für den psychoanalytischen Diskurs spezifische Abstinenz- und Neutralitätsgebot (▶ Neutralität). Wenn ein Patient die Übertragungsbeziehung zulässt, in der er sich seit geraumer Zeit bereits befindet, erkennt er, dass er an seinen Therapeuten Wünsche hat, die ihm dieser jedoch nicht erfüllt. Damit erkennt er aber auch, dass er nicht nur auf seinen Therapeuten wie auf einen äußeren Stimulus reagiert (kausaler Modus), sondern dass er eigene Bedürfnisse und Absichten zur Geltung bringt. In der Beziehung entdeckt er sich auf diese Weise als »intentionalen Akteur« vor allem deshalb, weil sein Analytiker das Rollenangebot, das er ihm zuweist, nicht mitspielt, sondern es vielmehr beschreibend demonstriert. So zeigt z. B. der Analytiker seinem Patienten auf, dass dieser von ihm ein autoritäres Verhalten erwartet hatte und im Vorgriff darauf ein trotziges Verhalten äußerte. Der Patient lernt auf diese Weise, dass die bislang als gesetzmäßig angenommene Beziehungswelt überraschende Unregelmäßigkeiten aufweist. Er begreift auch, dass das Verhalten anderer Menschen wie auch sein eigenes von Absichten geleitet wird, um ein bestimmtes Ziel zu erreichen, und dass er dabei auch bestimmte Überzeugungen zur Geltung bringt. So könnte der Patient nunmehr die Erfahrung machen, dass er ein trotziges Verhalten zeigt, »um zu vermeiden«, sich einer Autorität unterordnen zu müssen, weil er die Überzeugung hat, dass dies der beste Weg sei, diese Unterordnung zu vermeiden (▶ Theory of mind).

Aber auch in diesem intentionalen Erklärungsmodus bleibt der Patient noch in einem verkürzten Verständnis von Subjektivität stecken. Zwar hat er mit der Entdeckung der Absichtlichkeit bestimmter Handlungen, die er vormals kausalistisch missverstanden hat, sich selbst als »absichtsvoll Handelnden« entdeckt. Aber es bleibt ihm nach wie vor verborgen, warum er bei vielen Gelegenheiten im zwischenmenschlichen Kontakt misstrauisch vermutet, dass sein Gegenüber sich autoritär verhalten wird, und warum sein Wunsch so stark ist, sich gegen das vermeintliche Verhalten anderer Menschen zu schützen. Es würde den analytischen Prozess auch nicht weiterbringen, wenn der Analytiker an dieser Stelle eine rückgreifende intentionale Erklärung äußern würde (wie dies in nichtpsychoanalytischen Therapieformen häufig der Fall ist): »Sie müssen sich mit ihrem Misstrauen schützen, um nicht zu erkennen, dass Sie eigentlich anerkannt werden wollen!« – Patient: »Und warum kann ich nicht zulassen, dass ich anerkannt werden möchte?« – Analytiker: »Weil sie dann spüren würden, wieviel Angst Sie vor dem Geliebtwerden haben.« Patient: »Und warum habe ich soviel Angst vor dem Geliebtwerden?« Analytiker: »Weil Sie dann erkennen müssten, dass Ihr Geliebtwerdenwollen unbeantwortet geblieben ist.«

Wiederum gelingt der Übergang vom intentionalen Erklären zum psychoanalytisch hermeneutischen oder zum szenischen Verstehen nur aufgrund der spezifisch psychoanalytischen Erkenntnissituation. Denn der Patient kann seine ihm unbewussten Intentionen entweder nicht erkennen oder sofern sie ihm als Erklärungen einfallen, z. B. weil er darüber gelesen oder gehört hat, kann er diese »mit keinem Evidenzgefühl« erleben; sie sagen ihm nichts. Erst wenn der Analytiker ihm aufzeigt, wie er auch in der Beziehung zu ihm Erzählungen vermeidet, in denen es um ein Anerkanntwerden geht, kann er ihm anschaulich verdeutlichen, wie dieser »in der Beziehung zu ihm«, aber auch zu anderen Menschen vergangene Interaktionsmuster wiederholt. Damit erkennt der Patient im unmittelbaren Kontakt, welche bislang verborgenen Wünsche und Absichten er an seinen Therapeuten hat. Eine ganz neue Welt von Erfahrungen tut sich damit für ihn auf. Konnte er im kausalen Modus nur distanziert über ihm äußerlich bleibende Ursachen sprechen, gelang es ihm, im intentionalen Modus sich selbst als absichtsvoll Handelnden zu entdecken, so erlebt er jetzt hautnah, welche Wünsche er tatsächlich hat, mit welchen Gefühlen er darauf reagiert und wie er sich davor schützt oder mit welchen Rationalisierungen er sich bislang über seine Wünsche und Intentionen getäuscht hat. Die Abstinenz- und Neutralitätsforderung an den Analytiker hat während dieser Erkenntnisphase neben dem Gebot, die angebotenen Rollen nicht mitzuagieren, vor allem die Bedeutung, die Interpretationen und Deutungsentwürfe immer wieder angesichts der Inszenierungen seines Patienten und der sich daraus ergebenden Änderungen im Dialog in der Schwebe zu halten und zu revidieren.

Natürlich ist mit dieser Abfolge ein idealtypischer Verlauf beschrieben worden. Die drei Modalitäten brauchen nicht nacheinander, sondern können sich auch in einer Mischung entfalten. Nach dem psycho-analytisch tiefenhermeneutischen Verstehensvorgang kann z. B. passager auch wieder ein kausaler Modus auftreten, solange bis sich der Patient wiederum als Akteur zu begreifen lernt und schließlich auch seine unbewussten Absichten im szenischen Verstehen zu erkennen vermag.

Wichtig an der Skizzierung der Körner'schen Auffassung ist vor allem, dass hierbei das alltagspsychologische Verständnis des Patienten zum Ausgangspunkt des psychoanalytischen Erkenntnisvorgangs gemacht wird, das sich in der Regel an diesen traditionellen Erklärungstypen der deduktiv-nomologischen bzw. probabilistischen Erklärung (vgl. Stegmüller 1969) und an der intentionalen Erklärung bzw. dem praktischen Syllogismus (vgl. Wright 1984, Anscombe 1957) orientiert (vgl. Lanz 1993, Lear 2005, Mischel 1981, Pohl 1991).

## »Etwas mehr« als Deutung

Die Bostoner Process of Change Study Group – bestehend aus Nadia Bruschweiler-Stern, Direktorin des Brazelton-Zentrums in der Schweiz, Karlen Lyons-Ruth, Associate Professor für Psychiatrie an der Harvard Medical School, Alexander C. Morgan, Assistant Clinical Professor an der Harvard Medical School, Jeremy P. Nahum, Dozent an der Harvard Medical School, Louis W. Sander, emer. Professor für Psychiatrie an der Boston University und Daniel Stern, emer. Professor für Psychologie an der Universität Genf, allesamt berühmte Psychoanalytiker, Kleinkind- und Bindungsforscher – entwickelte mit dem Konzept des »›Etwas mehr‹ als Deutung« einen komplementären, vielleicht sogar fundamentaleren Wirkfaktor als die herkömmliche ▸ Deutung psychodynamisch verdrängten Materials.

Das Etwas-Mehr als Deutungskonzept nimmt Bezug auf die Befunde der neueren kognitionspsychologischen Gedächtnisforschung und der Bindungsforschung, die die Entstehung von emotional prozeduralen Erfahrungen und Arbeitsmodellen beschreiben und entwicklungspsychologische Überlegungen auf den Veränderungsprozess in analytischen Therapien beziehen. Während die klassische, aber auch die zeitgenössische Psychoanalyse – trotz der Betonung der Bedeutung der »emotional« fundierten Übertragung – überwiegend, aber keineswegs ausschließlich (▸ Übertragung der Gesamtsituation) auf die sprachlich vermittelte Einsicht in unbewusste Phantasien und Prozesse setzt, betont die Bostoner Gruppe die Auswirkungen überraschender Neukalibrierungen von nichtdeklarativ kodierten Beziehungsprozessen (▸ Beziehungsregulierung, achten auf die, ▸ Gegenwartsmoment). Diese Vorgänge gehen über die sprachliche Intervention hinaus und sprechen vor allem frühe nichtbewusste Beziehungserfahrungen an. Obwohl spätestens seit Ferenczi die Beziehung in der Psychoanalyse thematisch wichtig wurde, werden unter diesen allumfassenden Begriff doch viele verschiedene Konzepte subsumiert, wie z. B. ▶ Arbeitsbündnis, ▶ Containment, ▶ emotional korrigierende Beziehung, milde positive Übertragung u. a. m. Aus diesem Grund versucht diese Gruppe begriffliche Klarheit unter Hinzuziehung der Konzepte der emotional prozeduralen Erfahrungen und Arbeitsmodelle zu erlangen. Vielleicht die wichtigste Klärung hierbei betrifft die Differenzierung der (Übertragungs-)Beziehung in sprachlich deklarative Anteile und in solche, die aus nichtbewusstem, da überwiegend im nichtdeklarativen Gedächtnissystem gespeicherten Beziehungswissen bestehen. In den ▶ Gegenwartsmomenten und Momenten der Begegnung finden vor allem Veränderungen in diesem Gedächtnissystem statt, die dem Patienten (und häufig auch dem Analytiker) nicht bewusst zu werden brauchen. Dennoch verändern sich beide.

Deutungen im klassischen Sinn sprechen hingegen das psychodynamisch Unbewusste, in Sandlers und Sandlers (1983) Terminologie das Gegenwarts-Unbewusste, an. Da aber die Art und Weise, in der ein Psychoanalytiker eine klassische Deutung gibt, immer auch nichtdeklaratives Beziehungswissen aktiviert, müsste von einem »Two Track-Modell« der Deutung (im Grunde genommen aber jeder Intervention) ausgegangen werden. Patienten, die im Bereich der frühen Beziehungserfahrungen beeinträchtigt sind, reagieren auf Deutungen sehr viel empfindsamer als Patienten, die eine stabile Basis an gelungenem impliziten Beziehungswissen aufweisen.

Im Jahre 2005 fand über dieses Konzept im »Journal of the American Psychoanalytic Association« eine Auseinandersetzung statt (Boston Change Process Study Group 2005a, b, House 2005, Litowitz 2005, Mayes 2005). Die Bostoner Gruppe (2005) bezog in ihrer Erwiderung v. a. auf Bonnie Litowitz (2005) erneut ganz eindeutig die Position, dass die Entstehung von Bedeutungen nicht erst mit dem Erwerb sprachlicher Symbole im deklarativen Gedächtnissystem beginnt, sondern dass den bereits beim Säugling vorhandenen affektiven Signalen eine biologisch dispositionelle Wertigkeit inhärent ist. Mit dem Spracherwerb wird diese dann mit Zeichen und Symbolen durchsetzt. Säuglinge erschaffen somit Bedeutungen lange vor dem Symbolerwerb, und diese werden zur Grundlage ihres impliziten

Beziehungswissens. Das später entstehende, auf Symbolen basierende Bedeutungssystem beruht auf diesen implizit codierten Bedeutungsmustern. Es transformiert diese aber nicht zu semiotischen Zeichen, sondern das implizite Beziehungswissen bleibt als eigenständiges und sich ständig weiter entwickelndes System erhalten. Als Analytiker habe man deshalb davon auszugehen, dass selbst in den hoch strukturierten psychodynamischen Bedeutungen immer auch nichtsymbolische Vorgänge enthalten sind, denn der interpersonale und intersubjektive Austausch beginnt mit dem Teilen von affektiven und intentionalen Orientierungen lange vor der semantisch bedeutungsvollen Kommunikation. Denn Säuglinge »denken« bereits vor dem Symbolerwerb, und diese Denkmuster können sehr stabil bleiben. Konflikt, Abwehrprozesse, unbewusste Phantasien beginnen ebenfalls lange vor dem Spracherwerb und nicht erst als Folge deklarativ codierten Wissens.

Jeanine Vivona (2006) kritisierte allerdings erneut die Dichotomisierung von sprachlichen und nichtsprachlichen Wirkprozessen im Modell der Boston Change Process Study Group.

# F

## Fokaltherapeutisch konzeptualisieren

Es mag verwundern, ein sog. angewandtes psychoanalytisches Verfahren, das auch als psychoanalytische Kurztherapie bekannt geworden ist (vgl. z. B. Klüwer 1995a, b, 2000), unter den hier aufgeführten Konzepten zu finden. Aber seitdem Helmut Thomä und Horst Kächele (1985, S. 359) das psychoanalytische Vorgehen als »eine fortgesetzte, zeitlich nicht befristete Fokaltherapie mit wechselndem Fokus« bezeichnet haben, ist es möglich geworden, das Erarbeiten eines Fokus generell als eine Hilfe für die Strukturierung des komplexen Materials zu betrachten, das in psychoanalytischen Therapieverfahren nicht zuletzt durch die Ermöglichung eines autonomieförderlichen Erzählenlassens ohne strukturierende Eingriffe entsteht (▶ Autonomie fördern). Dabei gilt es allerdings, die epistemische Dialektik zwischen dem Sich-immer-wieder-Überraschenlassen und dem fokussierenden Strukturieren im Auge zu behalten, weil ansonsten die Gefahr besteht, immer im Voraus schon alles zu wissen und mit dem Ideal einer gleichschwebenden Aufmerksamkeit und Rollenempfänglichkeit in Konflikt zu geraten (▶ Nichtwissen ertragen können, ▶ Prozess beachten). Andererseits kann die konzept- und fokuslose Aufmerksamkeit auf das jeweilige Stundenmaterial Willkürlichkeit und ausschließliche Augenblicksbezogenheit zur Folge haben.

Lacanianisch orientierte Psychoanalytiker rümpfen verächtlich die Nase, wenn gefordert wird, dass die Psychoanalyse den Patienten auch von Symptomen befreien soll; für Owen Renik hingegen, einem Vertreter amerikanischer pragmatischer Intersubjektivitätstheorien, steht die Symptomreduzierung an erster Stelle; alles andere wäre französischer Intellektualismus. Deshalb wäre auch hier wieder eine dialektische Haltung, in diesem Fall von Fokalität und Afokalität (vgl. Schneider 2003), angebracht. Fokalität und damit auch das Eingehen auf Heilungs- und Veränderungswünsche des Patienten gerät in Gefahr, zur bloßen Symptombeseitigung ohne ausreichende Erkenntnis der individuellen Psychodynamik zu werden, wenn sie nicht gleichzeitig von dem Bestreben nach Offenheit und Afokalität in Balance gehalten wird. Ein afokales Vorgehen ohne Berücksichtigung von fokalisierbaren Veränderungswünschen läuft hingegen Gefahr, zu einer allzu absichtslosen und unendlichen Analyse zu werden. Lachauer (2005, S. 27) hat an Schneiders Konzeptualisierung von Fokalität und Afokalität allerdings zu bedenken gegeben, dass er den Begriff Fokus in einem statischen Sinne benütze, wobei er »den ganz konkreten dynamischen Prozess der Erarbeitung eines Fokus, nämlich das Fokussieren selbst«, vernachlässige bzw. überspringe.

### Fragen stellen

Lange Zeit galt es in der Psychoanalyse und analytischen Psychotherapie als verpönt, Fragen zu stellen, außer zum Zweck der Anamneseerhebung, die in der Regel nach dem Erstinterview im zweiten oder dritten Vorgespräch erfolgt. Fragen stellen wurde sogar in die Nähe eines Parameters gerückt, den es nach der bekannten Definition von Eissler (1953) wieder durch eine alsbald zu erfolgende Deutung aufzuheben galt. Denn Fragen stellen wurde als eine Unterbrechung der ▸ freien Assoziation des Patienten betrachtet, als ein störendes Eindringen in einen Erzählfluss, der durch unbewusste Schemata und Phantasien des Patienten gesteuert und der dann jäh durch den Analytiker unterbrochen wird. Fragen impliziert in der Regel auch eine Neugierde des Analytikers, der sich überwiegend abstinent verhalten soll; Fragen stellen erinnert an ein Frage-und-Antwort-Spiel, das eher zum Alltagsgespräch als zum analytischen Diskurs mit seinen ihm eigentümlichen Gesprächsregeln gehört (vgl. Flader et al. 1982; ▸ Rahmen, Umgang mit dem). Fragen stellen lenkt die Aufmerksamkeit auf die bewusstseinsmäßig verfügbare Oberfläche und unterbricht die Konzentration auf die unbewusste Wirkabsicht der Mitteilungen, deren Zurkenntnisnahme den roten Faden für das ▸ szenische Verstehen darstellt. Kurzum, es gab vor allem in der ichpsychologischen Tradition durchaus gewichtige Gründe, Fragen als Interventionsform nicht un-überlegt, sondern nur sehr sparsam zu verwenden.

In schriftlichen Darstellungen nichtpsychoanalytischer Therapien wird man hingegen viele Fragen des Therapeuten entdecken; dementsprechend fällt es auch schwer, die Entfaltung unbewusster Inszenierungen seitens des Patienten wahrzunehmen. Eher wird man an ein ▸ Enactment denken müssen, in dem mittels Fragen und Antworten von unbewussten konflikthaften Themen abgelenkt werden soll. Es verwundert deshalb nicht, dass Psychoanalytiker, die sich mit dieser Thematik auseinandergesetzt haben, zu einer strikten Ablehnung von Fragen gekommen sind (so z. B. Dorpat 1984).

Dennoch lässt sich aus zeitgenössischer psychoanalytischer Sicht eine Lanze für das Fragen brechen. Boesky (1989) hat diese Interventionsform sogar als eine übermäßig vernachlässigte Thematik im psychoanalytischen Schrifttum ausfindig gemacht und sie als eine wichtige vorbereitende Arbeit, die zusammen mit dem ▸ Konfrontieren und ▸ Klarifizieren dem eigentlichen ▸ Deuten vorausgeht, eingeschätzt. Wohlüberlegte und deshalb auch nicht zu häufig eingesetzte Fragen können bestehende und für selbstverständlich gehaltene Kompromissbildungen eines Patienten destabilisieren (▶ Prozessmonitoring), seine Selbstbeobachtung anregen, die Einsichtsentstehung fördern (▶ Einsicht) und damit auch zu strukturellen Veränderungen beitragen (▶ Strukturbezogenes Intervenieren).

## Freie Assoziation, zulassen und fördern

Zusammen mit der Haltung der gleichschwebenden Aufmerksamkeit ist die »freie Assoziation« als grundlegende Methode der Psychoanalyse beschrieben worden. Nach vielen Jahren wurde sie offensichtlich so selbstverständlich, dass ihr angesichts der interpersonellen und intersubjektiven Ergänzungen und Revisionen der psychoanalytischen Theorie nicht mehr allzu viel Aufmerksamkeit zuteil wurde. Anton O. Kris' (1996) Monographie, ein Themenheft der Zeitschrift »Psychoanalytische Theorie und Praxis« (1992) mit Beiträgen von Ludwig Haesler, Anton Kris, Thomas Stark und Hartmut Raguse, die Arbeiten von Christopher Bollas (2002, 2006), der vom »Freud'schen Paar« spricht sowie die kritische Arbeit von Hoffman (2006) stellen die letzten großen Auseinandersetzungen mit der freien Assoziation dar. Ihre differenzierte Betrachtung zeigt, dass die genaue Beachtung der Voraussetzungen und Möglichkeitsbedingungen der freien Assoziation eine wichtige, wenn nicht sogar zentrale methodische Vorgehensweise und Intervention darstellt.

Diese wohlwollende, respektvolle und speziell für die psychoanalytische Herangehensweise grundlegende Haltung, die mit der impliziten Aufforderung einhergeht, nach Möglichkeit alles ohne innere Zensur zu erzählen, stößt bekanntlich auf bewusste und unbewusste Über-Ich-Ängste und Schamgefühle beim Patienten. Herkömmlich wurde dies als ein Ausdruck eines höher strukturierten Widerstands betrachtet.

Zieht man aber das heutige Wissen über die in den ersten Lebensjahren erfolgenden Kodierungen des nichtbewussten Emotionswissens hinzu (▶ Implizites Beziehungswissen beachten), dann müsste man diese Auffassung ergänzen. Denn in die Bereitschaft, sich ungehemmt mitzuteilen, fließen auch all die Erfahrungen mit ein, die ein kleines Kind bereits während seines Spracherwerbs machte: War sein Brabbeln seiner Mutter, seinen Eltern willkommen oder fiel es ihnen damit auf die Nerven? Unterstützte seine Mutter sein Sprechenlernen mit freudiger Erregung oder nahm sie davon kaum oder nur gelegentlich Notiz? Wurden ausgiebige Mutter-Kind-Dialoge veranstaltet oder wurde es überwiegend sich selbst überlassen? Patienten benötigen deshalb in unterschiedlichem Ausmaß vor allem anfänglich das Gefühl, dass ihr unaufgefordertes Reden willkommen ist, dass ihr Analytiker daran interessiert ist, mit ihnen auf diese Weise in einen emotionalen Kontakt zu treten.

Patienten beginnen manchmal die Stunde damit, dass sie die Schwierigkeit benennen, gar nicht zu wissen, womit sie eigentlich beginnen wollen. Dies kann natürlich viele Gründe haben, aber einer davon könnte auch der sein, sich immer wieder vergewissern zu müssen, ob das spontane In-Kontakt-treten überhaupt erwünscht ist oder ob der Betreffende nicht eher zur Last fällt (▶ Sicherheit).

Wie Raguse (1992) ausführt, war Freud mit der Grundregel daran gelegen, den roten Faden, den sonst ein Gespräch auszeichnet, beim freien Assoziieren vernachlässigen zu können. Während beim alltäglichen Kommunizieren Erzählungen oftmals sogar eine Erzählstruktur aufweisen, zumindest aber kohärent dargestellt werden, weil sonst das Gesprächsgegenüber rasch verunsichert ist und nachfragt, um sich des Erzählzusammenhangs zu versichern, soll genau auf diese Kohärenz – so gut es geht – verzichtet werden. Dadurch tauchen auf der semantischen Ebene Bedeutungen auf, die hinsichtlich ihrer Variationsbreite und ihrer tieferen, auch schambesetzten Inhalte kreativer und umfassender sind, weil sie nicht so stark durch das Nadelöhr von sozialer Schicklichkeit, Bedeutsamkeit, Verstehbarkeit für das Gegenüber hindurch müssen. Das freie Assoziieren bzw. Erzählen, sofern es in einem weniger wachen Bewusstseinszustand stattfindet, ermöglicht deshalb auch eine Auflösung alter klischeehafter Bedeutungsinhalte und führt zu neuen Verknüpfungen bis hin zu aussagekräftigen ▶ Metaphern. Da der Patient weniger auf Regeln sozialer Konvention

Rücksicht zu nehmen braucht, tauchen in seinen Erzählungen auch eher Übertragungsanspielungen auf, die normalerweise im Alltagsgespräch unterdrückt und vom Gegenüber selten, wenn überhaupt wahrgenommen werden. Zwar bewirkt die freie Assoziation nicht die Übertragung, wie Raguse (1992) anmerkt, aber das Achten auf die ▶ Übertragung kann auf einer unbewusst pragmatischen Ebene dem scheinbar unzusammenhängenden Text eine neue Kohärenz verleihen. Es ist deshalb auch immer wieder erstaunlich zu beobachten, wie die scheinbar inkohärenten Erzähl-Inhalte – wenn man ihnen eine unbewusste Textpragmatik unterstellt – mit einem Mal wie bei einem Vexierbild eine neue Bedeutung bekommen. Gleichwohl behalten die erzählten Sätze natürlich ihre bewusste manifeste Sinnhaftigkeit (▶ Oberfläche, ▶ Prozess-Monitoring, ▶ szenisches Verstehen).

Es ist bei Patienten mit einer Borderline-Persönlichkeitsorganisation allerdings oftmals schwierig, eine unbewusste Textpragmatik ausfindig zu machen, weil für sie Sprechen häufig ein ▶ Sprechhandeln darstellt, das überwiegend der unmittelbaren Beziehungsregulation dient. Insofern entsteht bei ihnen erst gar nicht oder nur in minimalen Ansätzen eine »simulative Mikrowelt« (vgl. Moser 2001), in der die Wirklichkeit suspendiert und Phantasieräume spielerisch eröffnet werden können. Dies ist aber Voraussetzung für eine psychodynamisch unbewusste pragmatische Dimension des Sprechens. Dennoch lassen sich angesichts des häufig zunächst unbewusst bleibenden ▶ Enactments doch Handlungsaufforderungen wahrnehmen, die für die ▶ Beziehungsregulierung notwendig sind.

Die freie Assoziation, in der Gegenwart oftmals – aber zu Unrecht – als Überbleibsel der »Ein-Personen-Psychologie« bezeichnet, ermöglicht tendenziell das Knüpfen neuer, bislang ungewohnter Verbindungen. Festgefahrene Denk- und Assoziationswege werden damit verlassen, oberflächliche Betrachtungsweisen dezentriert und eingeschliffene Erzählmuster dekonstruiert. Auch wenn die Eroberung neuer Räume zunächst Angst bereiten kann und sich z. B. depressive und zwanghafte Patienten an den vertrauten Einfällen, die die Wiederkehr des ewig Gleichen zum Inhalt haben, lange Zeit festhalten, kann doch der erste Schritt jenseits der gewohnten Verbindungen ein Eroberungs- und Kompetenzgefühl vermitteln. Sicherlich ist hierzu manchmal vor allem anfänglich ein An-die-Hand-nehmen erforderlich sowie zwischendurch immer wieder die Versicherung, dass die eingeschlagenen Pfade nicht im Niemandsland enden, sondern zum Ausgangsort zurückführen, falls die Exkursionen die Orientierung vermissen lassen. Und gewiss sind die Aufbrüche ins Unbekannte auch geleitet und beeinflusst von den Wünschen und Ängsten des zuhörenden Analytikers.

Die freie Assoziation ermöglicht aber nicht nur ein Aufbrechen bislang bekannter Denkmuster, sondern vor allem auch das Hin-und-Herwandern zwischen verschiedenen Bewusstseinszuständen, die eher interpersonell oder intrapsychisch organisiert sind (▶ Gemeinsames Regredieren, ▶ Interpersonelle Orientierung) sowie ein Gleiten zwischen den verschiedenen Modi des bewussten und vorbewussten Denkens und Phantasierens (vgl. Soldt 2006a, b).

Somit ist die freie Assoziation nicht nur eine Grundregel, die man einem Patienten zu Beginn der analytischen Behandlung als Bestandteil des Settings mitteilt, sondern die Beachtung der Voraussetzungen und Möglichkeitsbedingungen der freien Assoziation wird zu einer wichtigen methodischen Vorgehensweise und Intervention. Die Tatsache, dass das freie Assoziieren im Beisein eines anderen Menschen stattfindet, und dass dem Patienten dabei deutlich wird, in welchem Ausmaß er körperliche Empfindungen, Gefühle, Phantasien und Gedanken unterdrückt, die er weder vor sich selbst, geschweige denn vor seinem Analytiker auszusprechen bereit ist, zeigt, welches Potenzial an befreiendem Ausdruck bereits das freie Assoziierenkönnen aufweist; dass man ihm eigentlich nie wirklich entsprechen kann, obwohl die Sehnsucht danach, alles aussprechen zu können, was einem in den Sinn kommt, sehr stark sein kann. Wenn das – vielleicht wichtigste – Ziel einer Analyse darin besteht, dass die Wahrheit einen frei machen wird, so erleben Analysanden zumeist sehr bald die wohltuende Wirkung, sich selbst und ihre Beziehung im Beisein ihres Analytikers immer differenzierter erleben und erforschen zu können.

Trotz der anfänglich und auch zwischendurch immer wieder auftreten könnenden Belastungen aufgrund dieses ungewöhnlichen »Diskurstypus« ist das spontane Erzählen per se schon einmal ein mächtiger therapeutischer Wirkfaktor. Zu erleben, dass man sich mitteilen kann und dabei gehört wird, ohne dass einen das Gegenüber wichtigtuerisch, Aufmerksamkeit erheischend und voller Ungeduld unterbricht, dass man dabei auch beschämende und Schuldgefühle erzeugende Themen anspricht, die man auch vor sich selbst bislang zu verbergen suchte, und der Analytiker darauf nicht mit moralischer Entrüstung, aber auch nicht mit Beschwichtigenwollen reagiert, ist bereits eine wichtige Konflikt entlastende Erfahrung.

Insofern wäre es auch ziemlich verfehlt, in der freien Assoziation die Methode einer Ein-Personen-Psychologie erblicken zu wollen. Denn die kommunikative und interpersonelle Betrachtungsweise ist diesem Verfahren inhärent. Es gleicht dem sich Anvertrauen und den spontanen Mitteilungen eines Kindes vis-à-vis seiner Mutter und insofern enthält es auch all die Versuchungen sowie die Abwehr dagegen. Aber erwachsene Patienten sind keine vertrauensvollen Kinder und ihre Traumatisierungen und Konflikte haben zudem in unterschiedlichem Ausmaß ihre ursprüngliche Sicherheit untergraben, haben Angst, Scham und Schuldgefühle hinsichtlich ihrer Wünsche im Kontakt mit Eltern und Geschwistern entstehen lassen. Die Unterbrechungen des Erzählflusses sind deshalb zumeist ein Hinweis auf einen derartigen Abwehrkonflikt, der sich als ▶ Widerstand, spontan erzählen zu können, äußert (▶ Sicherheit).

Es gibt selbstverständlich viele Möglichkeiten, an denen sich der Einfluss des Analytikers auf das freie Erzählenkönnen seines Patienten aufzeigen lässt. Diese betreffen nicht nur uneinfühlsame und unpassende Kommentare, die in ihrer Unangemessenheit unmittelbar auffallen, sondern auch subtilere Modi des Umgangs mit dem freien Assoziieren, die sich noch besser verstehen lassen, wenn die folgenden beiden Bewusstseinszustände verdeutlicht werden: John Rosegrant (2005) hat in Anlehnung an Sheldon Bach (1994) zwei Bewusstseinszustände unterschieden. Diese werden wiederum in Anlehnung an Georg Herbert Meads Unterscheidung eines »I« und eines »Me« sowie an die der Sozialpsychologen S. Duval und R. A. Wicklund (1972) »subjektive« und »objektive Selbstaufmerksamkeit« genannt. Im Zustand der subjektiven Selbstaufmerksamkeit fühlen wir uns mit uns selbst eins, befinden uns gleichsam in einem Zustand der primärnarzisstischen Einheit, in der uns nichts beschämt oder Schuldgefühle bereitet; im Zustand der objektiven Selbstaufmerksamkeit sehen wir uns hingegen mit den Augen der anderen, erleben eine Befangenheit, die sich bis zur sozialen Phobie steigern kann, fühlen uns eingeschätzt, bewertet, kritisiert, bloßgestellt bis hin zu einem Gefühl der völligen Verachtung und Wertlosigkeit. Normalerweise gibt es ein ausgewogenes Oszillieren zwischen diesen beiden Bewusstseinszuständen; kommt die eine in den Vordergrund, tritt die andere in den Hintergrund und vice versa. Patienten wechseln deshalb in ihren Bewusstseinszuständen zwischen der subjektiven und der objektiven Selbstaufmerksamkeit ab, wobei entsprechend den Implikationen der Grundregel, alles mitzuteilen, auch wenn es für das Gegenüber unpassend oder unsinnig klingen mag, die objektive Selbstaufmerksamkeit von vornherein eine Abschwächung erfahren soll.

Patienten, die sich sehr an den Reaktionen ihres Therapeuten orientieren (»Hätte ich das jetzt nicht sagen sollen?« oder »Langweile ich Sie jetzt damit?« oder »Ich weiß nicht, worüber ich heute sprechen soll!«), befinden sich aus diversen psychodynamischen Gründen eher in einem erhöhten Zustand der objektiven Selbstaufmerksamkeit; Patienten hingegen, die ohne Punkt und Komma, ohne eine Idee darüber, warum sie bestimmte Geschichten erzählen und ohne Rücksicht auf ihr Gesprächsgegenüber ihren Assoziationen freien Lauf lassen können, sind ausschließlich in einem subjektiven Selbstaufmerksamkeitszustand (▶ Selbstobjekt-Übertragung). Sie kämen deshalb auch nie auf die Idee, ihren Analytiker zu fragen: »Ich weiß nicht, ob ich Sie mit diesem Thema jetzt schon wieder nerve.« Diese Konzentration auf einen Zustand der subjektiven Selbstaufmerksamkeit ist methodisch gewollt, aber natürlich ergeben sich hierbei subtile Unterschiede. Als Analytiker merkt man recht bald, ob der Patient dennoch im Kontakt bleibt oder ob er sich mit seinem Bewusstseinszustand gegen eine mögliche Bewertung von außen völlig abgrenzt und den subjektiven Selbstaufmerksamkeitszustand dazu benützt, als eindringend befürchtete Interpretationen präventiv abzuwehren.

Die Feinfühligkeit besteht auch hierbei wieder in der Einschätzung, inwieweit ein bestimmter Patient z. B. zu sehr dem Modus der objektiven Selbstaufmerksamkeit verhaftet bleibt, der dann noch zusätzlich verstärkt werden würde, wenn der Analytiker mit einer Beziehungsdeutung die Aufmerksamkeit von dem Hören auf die Einfälle des Patienten auf seine Person ablenkt (▶ Übertragungsdeutung im Hier und Jetzt). In anderen Fällen hingegen kann es selbstverständlich durchaus sinnvoll und notwendig sein, den impliziten Anspielungen eines Patienten nicht mittels des Verbleibens auf der Inhaltsanalyse lediglich zuhörend und bestätigend auszuweichen.

Vor allem Christopher Bollas (2002, 2006) hat darauf aufmerksam gemacht, wie das ungestörte, freie Assoziieren zu narrativen Netzwerken führt, zu einer »narrativen Verbreitung« und zu einem metaphorischen Gleiten zwischen verschiedenen gegenwärtigen und vergangenen Bedeutungsräumen (▶ Metaphernbildung anregen und fördern). Jegliche klarifizierende, konfrontierende oder deutende Intervention unterbricht diesen Prozess, und deswegen wendet sich Bollas vor allem gegen (zu häufig erfolgende) Deutungen der ▶ Übertragung im Hier und Jetzt, welche die Aufmerksamkeit von der vorbewussten Gedanken- und Gefühlstätigkeit ablenken, weil sie den Analysanden von seiner subjektiven Selbstaufmerksamkeit zu stark auf eine interpersonelle Bezogenheit wegführen (▶ Interpersonelle Orientiertung). Letztlich entscheidet der Patient darüber, ob er sich der Beziehung zu seinem Analytiker zuwendet oder eher bei sich und der Erforschung seiner inneren Welt bleiben möchte. Der Analytiker nimmt hierbei eher eine passiv rezeptive Haltung ein (▶ Respekt). Dabei lässt Bollas keinen Zweifel daran, dass der Analytiker auf den Prozess der freien Assoziation einen kräftigen Einfluss ausübt; aber dieser Einfluss bleibt im Sinne der Winnicott'schen »Umweltmutter« im Hintergrund. Wird dieser Einfluss durch Übertragungsdeutungen in den interpersonellen Vordergrund befördert, wird die unbewusste Kommunikation, auf die auch Freud schon so großen Wert legte, für unterschiedlich lange Zeit erst einmal unterbrochen (vgl. Bollas 2001). Das kreative freie Erzählenkönnen entlang der inneren Sinnzusammenhänge kann dann durch das ängstliche Beobachten, was wohl der Analytiker als nächstes Thema auf sich beziehen wird, empfindlich beeinträchtigt werden.

Es lässt sich sicherlich nur von Patient zu Patient entscheiden, ob der Betreffende kraft seines Assoziierens eigenständig den Mut aufbringt, sich über Widerstände hinwegzusetzen oder ob er hierzu einen Anstoß von seinem Analytiker benötigt, beispielsweise in Form einer Übertragungs-(Beziehungs-)Deutung, aber manchmal auch nur anhand eines ermunternden »Mhms«. So erleben z. B. Patienten mit einem hohen Bedürfnis nach Autonomie und Sich-selbst-regulieren-Wollen Unterbrechungen ihres Erzählflusses eher aversiv, obwohl sie von ihren ichstrukturellen Voraussetzungen durchaus eine dritte Position in Form einer Deutung als Denkanstoß erleben und zulassen könnten. Andere Patienten wiederum zeigen sich an interpersonellen Deutungen überwiegend aus dem Grund sehr interessiert, weil ihnen die durch das freie Assoziieren geförderte Ausbreitung ihrer Narrative Angst bereitet, und ihnen das Eingehen auf die Beziehungsdeutung als eine willkommene Ablenkung erscheint.

Insbesondere die klassischen Kleinianer haben manchmal hemmungslos die Übertragung angesprochen, ohne ihren eigenen Beitrag hinsichtlich ihrer intrusiven, bemächtigenden, überfahrenden und die Nähe-Distanz-Regulierung von Patienten missachtenden Vorgehensweise ausreichend zu berücksichtigen und zu reflektieren (▶ Kleinianische Orientierung). Diese Kritik gilt jedoch nicht dem Vorgehen von Merton Max Gill, das auch Eingang in dasjenige der zeitgenössischen Freudianer (z. B. Sandler und Sandler) gefunden hat, weil Gill ausdrücklich diese Reflexion gefordert und sich deshalb auch von den klassischen Kleinianern abgesetzt hat. Dennoch sollten auch bei dieser Form der Übertragungsanalyse die Einwände von Bollas und anderen Analytikern bedacht werden, dass die ▶ interpersonelle Orientierung von dem kontinuierlichen Vorgang der subjektiven Selbstaufmerksamkeit in unterschiedlichem Ausmaß wegführen kann. Selbstverständlich heißt dies aber nicht, dass Psychoanalytiker, die ihren Patienten ungestört frei assoziieren lassen, die interpersonelle Beziehung und die Übertragungsanteile nicht beachten. Im Gegenteil: Dieses Monitoring läuft – ohne explizit angesprochen zu werden – in den Wahrnehmungen und Überlegungen des Analytikers gleichsam im Hintergrund ständig ab (▶ Innerer Analytiker), vielleicht sogar ungestörter und besser, weil dieser nicht überlegen muss, wie die Deutung der Beziehung von seinem Analysanden aufgenommen wird. Denn diese Überlegungen lenken auch den Analytiker selbst von seinem gleichschwebenden ▶ (Zu-)Hören auf die narrativen Verflechtungen in der Rede seines Patienten ab. Erst recht geschieht dies, wenn der Patient Anzeichen der Irritation wegen der Intervention zeigt, und beide dann erst einmal für einige Zeit mit der Selbstregulation ihrer Gefühlszustände in der unmittelbaren Beziehungsregulierung beschäftigt sind (▶ Selbstregulierung-/Fremdregulierung).

Das methodische Ideal der Förderung der subjektiven Selbstaufmerksamkeit gegenüber dem mitunter entfremdeten Ausgerichtetsein auf die verinnerlichten Zwänge und Aufforderungen, die von den Erwartungen anderer Menschen ausgehen, das Entdecken des vielschichtigen Bedeutungsgeflechts der sinnhaltigen Einfälle und Geschichten im Zuge des freien Erzählens (vgl. Bollas 2002, 2006) stößt bei Menschen mit einer geringen ▶ Mentalisierung, wie oben angedeutet, allerdings auf deutliche Grenzen. Ebenso wie das Liegen auf der Couch mit dem fehlenden Blickkontakt, der für die Affektabstimmung und die Regulierung der gemeinsamen Aufmerksamkeitskoordinierung so wesentlich ist, kann auch das freie Assoziieren eine desorganisierende Wirkung zur Folge haben. Statt eines roten Fadens und durch einen unbewussten Sinn verbundener Bedeutungen zerfallen die Sätze in Bedeutungslosigkeiten und ergeben keinen Zusammenhang. Es besteht dann die Gefahr, dass der Analytiker seinen eigenen Sinn in die fragmentierenden Erzählkonglomerate hineinträgt, sodass hierbei keineswegs von einem Zugang zu den unbewussten psychodynamischen Sinnschichten des Patienten gesprochen werden kann.

Statt also diese Patienten frei assoziieren zu lassen, auf den vermeintlichen Sinn ihrer Einfälle zu lauschen und sich darüber irritiert zu zeigen, wenn sie dies verweigern, ist es angezeigt, sich auf ihren Handlungsdialog einzustellen und die darin zum Ausdruck kommenden Beziehungsbedürfnisse zu verstehen (▶ Enactment, ▶ Sprechhandeln, ▶ Strukturniveau beachten, ▶ Übertragung der Gesamtsituation).

Der freien Assoziation mehr Aufmerksamkeit zu widmen bedeutet nicht, die Übertragungsanspielungen aus den Augen zu verlieren, denn Übertragungen begleiten in vielfältigen Ausprägungsformen und Intensitätsstufen kontinuierlich das Wahrnehmen und Erleben sowohl des Patienten als auch des Analytikers. Aber es ist sicherlich Bollas (2006, S. 941) darin beizupflichten, dass »jede Analyse voll unbewußter Gedankenlinien und Bewegungen ist«, da die Mitteilungen in hohem Maße überdeterminiert sind. Deswegen ist eine ▶ Übertragungsdeutung im Hier und Jetzt eine Option von mehreren in einem vielschichtigen Bedeutungsgeflecht und als Analytiker sollte man sich deshalb gut überlegen, ob man zugunsten einer Übertragungsdeutung den Prozess des freien Assoziierens zum vorübergehenden Erliegen bringt (vgl. Klemann 2008).

# G

## Gegenübertragung erkennen

Wenn die durch bestimmte Erzählungen und Verhaltensweisen eines Patienten hervorgerufenen Gefühle im Unbewussten des Analytikers einen spürbaren Einfluss ausüben, wurden sie von Freud (1910d) als Gegenübertragung bezeichnet und auf seine nicht genügend gelösten neurotischen Konflikte zurückgeführt. Entsprechend müsse diese Gegenübertragung erkannt und bald möglich überwunden werden.

Galt die Subjektivität des Analytikers in der ersten Hälfte des 20. Jahrhunderts noch überwiegend als Störvariable, die den Erkenntnisprozess ausschließlich beeinträchtigt, so erblickten Psychoanalytiker wie Margret Little, Paula Heimann und Heinrich Racker ab den 1950er Jahren im subjektiven Erleben des Analytikers nicht nur eine unvermeidliche Begleiterscheinung, sondern auch diagnostische Möglichkeiten, unbewusste Selbstentwürfe, Szenen, Phantasien und Konflikte des Patienten besser oder überhaupt erst einmal zu verstehen. Neben dieses instrumentelle, die Erkenntnisfunktion betonende Verständnis von »Gegenübertragung« traten schließlich noch die interaktionellen, interpersonellen und intersubjektiven Dimensionen, die noch stärker als die reine Erkenntnisfunktion auf eine verarbeitende Komponente hinweisen (vgl. Körner & Rosin 1991; ▶ Container/Contained). Bei dieser letzten Etappe des Gegenübertragungsverständnisses richtet sich das Augenmerk totalistisch auf alle Gefühle und Handlungsimpulse. Damit wird der Erkenntnis Rechnung getragen, dass das Einbezogensein des Analytikers in die therapeutische Beziehung ein differenziertes emotional fundiertes Verstehen überhaupt erst ermöglicht, während das Sich-Wehren gegen ein gefühlsmäßiges Ergriffensein mit dem Hinweis auf die unbedingt erforderliche Objektivität des Diagnostikers und Therapeuten aus heutiger Sicht eher einer schizoid rationalen Einstellung, die vor nicht allzu langer Zeit auch noch als »wissenschaftlich objektiv« rationalisiert wurde, entspringt.

Wenn aber alle entstehenden Gefühle im Analytiker als Gegenübertragung gelten und diese vielleicht sogar noch wie ein ganz unmittelbares Erkenntnisinstrument für unbewusste Vorgänge im Patienten aufgefasst werden, gehen wichtige Unterscheidungsmöglichkeiten, wie z. B. die Identifizierung einer neurotischen ▶ Eigenübertragung verloren. Die intersubjektive Sichtweise der modernen Psychoanalyse legitimiert zwar einerseits gänzlich die totalistische Konzeption der Gegenübertragung, vor allem auch in ihren unbewussten und nichtbewussten Dimensionen (▶ Übertragung der Gesamtsituation), legt aber gleichzeitig nahe, dass die Notwendigkeit, eigene, reflexhaft erfolgende, zumeist neurotische Übertragungen auf den Patienten sowie den Einfluss von Persönlichkeitshaltungen und andere spontan entstehende Affekte und Verhaltensreaktionen zu reflektieren, um vieles dringlicher wird (z. B. Betan & Westen 2009, Carsky & Yeomans 2012). Es verwundert deshalb nicht, dass viele Psychoanalytiker, aber mittlerweile auch Psychotherapeuten anderer Psychotherapieverfahren in der Handhabung der Gegenübertragung, d. h. im Umgang mit der Fähigkeit des Analytikers, seine Subjektivität hinsichtlich Entstehung und Auswirkung und damit seinen Beitrag zum Gelingen der Analyse ausreichend zu reflektieren und zu regulieren, die zentrale Kompetenz erblicken, die in der Ausbildung zum Psychotherapeuten intensiv geschult werden sollte (vgl. Ensink 2013). Aus diesem Grund bleibt die »klassische« Auffassung Freuds, die Gegenübertragung überwiegend als Beeinträchtigung einzuschätzen, insofern bedeutsam, als dies für die nicht erkannte, nicht reflektierte und deswegen permanent als ▶ Enactment ausgeübte Form durchaus weiterhin gilt.

Auch die »totalistische« Auffassung von Gegenübertragung (vgl. z. B. Kernberg 1965), nämlich hierunter alle Empfindungen, Handlungsimpulse, Gefühle, Phantasien zu subsumieren, die aufgrund der Mikrowelt der Übertragung und der unmittelbaren ▶ Beziehungsregulierung im Analytiker entstehen, wurde des Öfteren dahingehend kritisiert, dass mit dieser Definition nur noch sehr vage präzisere Merkmale der Gegenübertragung bestimmt werden können und der Erkenntnisprozess weder in der Selbstwahrnehmung, geschweige denn in der Explikation für den Patienten – oder auch für interessierte Kollegen – hinsichtlich der Abfolge verschiedener Erkenntnisakte differenziert beschrieben werden kann, sondern nur noch als »Intuition« ausgegeben wird. Damit werde aber, so hat es Matthias Kettner (1995, S. 266) ausgedrückt, eine »intuitionistische Immunisierung«, aufgebaut, »die aus der Deutungsarbeit ein genialisches Orakel macht«. Ebenso bemerkt Helmut Thomä (1999) kritisch, dass man in gegenwärtigen Falldarstellungen »oft mehr über das Fühlen und Denken des Analytikers als über die freien Assoziationen des Patienten« erfahre, wodurch sich eine »allgemeine Konfusion eingestellt (hat), die durch eindrucksvolle Metaphern verdeckt wird« (S. 855). Aber wenn sich auch die Überlegungen zu den Gegenübertragungseindrücken weder deduktiv noch induktiv darstellen lassen, so lässt sich doch eine für Außenstehende nachvollziehbare abduktive Logik vornehmen (vgl. Hinz 1991, Kettner 1998, Raguse 1998).

Die Explikation der verschiedenen Gegenübertragungseindrücke in ihrem Entstehungs- bzw. Entdeckungszusammenhang mitsamt der bewusstseins- und reflexionsfähigen Widerstände, bestimmte Überlegungen zuzulassen, wird somit zu einer wichtigen Forderung für die Gegenübertragungsanalyse. Dabei sind Gegenübertragungseindrücke aufgrund ihrer häufig zunächst weitgehend unbewussten Natur zumeist nur bruchstückhaft und schwer wahrzunehmen, sodass es oftmals schwierig sein kann, mit ihnen unmittelbar zu arbeiten, geschweige denn, sie sofort zu validieren. Dies hängt auch damit zusammen, dass Gegenübertragungen oftmals nur in Form wiederholter und zunächst unbewusst bleibender ▸Enactments ablaufen, die sich nicht unbedingt dem Bewusstsein des Analytikers von selbst aufdrängen (vgl. Rosenbloom 1998 mit klinischen Illustrationen der Schwierigkeit, der Gegenübertragung habhaft zu werden).

Verdeutlichen wir uns noch einmal den Ablauf: Ein Patient kann durch die Inhalte seiner Erzählungen, durch das, was er unbewusst im Analytiker damit erreichen will, durch sein ▸Sprechhandeln und durch den nichtbewussten Wunsch, die Beziehung unmittelbar zu regulieren, verschiedene Gefühle und Handlungsimpulse in ihm auslösen (▸Beziehungsregulierung). Der analytische Jargon: »In meiner Gegenübertragung habe ich gespürt« komprimiert verschiedene methodische Schritte, die wie alle Methoden von theoretischen Vorannahmen abhängig sind. Zudem werden auch unterschiedliche Beziehungsdimensionen angesprochen.

Was aber läuft hierbei genau ab? Zunächst geht es darum, die durch den Patienten ausgelösten, Gefühle, Stimmungen, Bilder und Vorstellungen überhaupt in sich wahrzunehmen. Diese Bereitschaft ist nichts Selbstverständliches, denn selbst als Analytiker kann man sich dagegen in unterschiedlichem Ausmaß immunisieren. Wenn jedoch kein bewusstes Sich-Verschließen oder ein unbewusster Gegenübertragungswiderstand vorliegt, gibt es zwei Möglichkeiten, mit den angesonnenen Gefühlen und Rollen (▸Role-responsiveness) umzugehen. Im ersten Fall denkt und fühlt sich der Analytiker in die Schilderungen seines Patienten ein und versucht auf logische Weise eine Perspektivenübernahme zu vollziehen. Dies stellt eher eine kognitiv rationale Weise dar, in die auch explizite Theorien (▶ Theorien verwenden) einfließen, da diese eine Strukturierungshilfe für die als schwierig empfundene Aufgabe darstellen.

Im zweiten Fall (und selbstverständlich gibt es hierbei fließende Übergänge) wird eine viel stärkere Empfänglichkeit für Abkömmlinge vorbewusster und unbewusster Erlebniszusammenhänge zugelassen; hierzu muss die angestrengte Suche nach bewussten, logisch nachvollziehbaren Zusammenhängen suspendiert werden; vorbewusstes gefühlshaftes Erleben wird gegenüber rationalem Schlussfolgern die Oberhand gewinnen. Während der Analytiker zuhört und dabei introspektiv auf seine eigenen Abkömmlinge von vorbewussten Phantasien, auftauchenden Bildern und körperlichen Empfindungen achtet, wird er gleichzeitig der Abkömmlinge seines Patienten gewahr, die eine Spur zu den vom Patienten aus Abwehrgründen nicht wahrgenommenen unbewussten Phantasien und Konflikten legen (vgl. Götzmann & Ruettner 2007, Parsons 2006).

Für diesen Vorgang gilt immer noch die bekannte Formulierung Freuds, dass der Analytiker »dem gebenden Unbewußten des Kranken sein eigenes Unbewußtes als empfangendes Organ zuwenden, sich auf den Analysierten einstellen [soll] wie der Receiver des Telephons zum Teller eingestellt ist« (1912e, S. 381). In der Terminologie von Buccis multipler Kodierungstheorie (1997, 2001, 2012) nimmt der Analytiker hierbei anhand der in ihm angestoßenen und Resonanz erzeugenden, noch überwiegend körperlichen Empfindungen die Verbindung von eigenen subsymbolischen Eindrücken mit symbolisch erfahrenen Bildern und schließlich auch mit gefühlshaften Verbalisierungen stellvertretend für seinen Patienten vor, bei dem diese Verbindung unterbrochen ist – natürlich immer vorausgesetzt, dass diese Verbindungen vom Analytiker erfahren werden können, was keinesfalls immer der Fall ist. Ebenso lassen sich diese Vorgänge mit dem Wirksamwerden der Spiegelneurone – allerdings aus einer neurobiologischen Dritte-Person-Perspektive und unter Nichtberücksichtigung all der komplizierten psychischen Vermittlungsschritte – beschreiben (vgl. z. B. Bauer 2005, Gallese et al. 2007, Götzmann & Hochapfel 2003).

Auch wenn diese Vorgänge des introspektiven Gewahrwerdens und des empathischen Sich-in-Beziehung-Setzens auf den ersten Blick den Eindruck erwecken, als käme in ihnen das »Unbewusste« des Patienten direkt zum Ausdruck, so ist dieser Eindruck trügerisch. Denn weder erfährt man durch die »stellvertretende Introspektion« die genuinen unbewussten Konfliktkonstellationen des Patienten, sondern zunächst nur seine eigenen, noch ist der Gegenübertragungseindruck das »pure« untrügliche Gefühl, bar jeglicher Beimengung eines vermittelnden oder störenden theoretischen Konzepts. Denn zum einen ist bekanntlich die Wahrnehmung der inneren Welt nicht weniger als die Wahrnehmung der äußeren Welt mittels der Sinnesorgane durch sprachliche Kategorien vermittelt; man kann introspektiv nur das wahrnehmen, wofür man Begriffe hat. Zum zweiten kommen auch hierbei Theorien zum Tragen. Ein selbstpsychologischer Psychoanalytiker »spürt« oder nimmt andere psychische Phänomene bei sich und anderen wahr als z. B. ein zeitgenössischer Freudianer oder Postkleinianer; und selbst eine pluralistische Einstellung kommt nicht darum herum, nach zumeist vorbewussten Entscheidungskriterien mal das eine Konzept seiner Introspektion und Empathie zugrundezulegen und mal ein anderes. Und immer können hierbei auch eigene Wünsche und Konflikte in unterschiedlichem Ausmaß miteinfließen. Zudem ist vermutlich der Einfluss sog. impliziter oder subjektiver Theorien bei der Wahrnehmung der Gegenübertragung noch um einiges größer (▶ Theorien verwenden).

Freuds (1915e, S. 293) methodologische Einschätzung, dass das Unbewusste eines anderen Menschen zwar nicht direkt wahrgenommen werden könne, aber auf uns wirke, und »deshalb unter bestimmten methodischen Voraussetzungen, aus dieser Wirkung auch erschlossen werden« könne, hat diesen Vorgang bereits äußerst zutreffend beschrieben. Von der ersten körperlich gespürten Resonanz, über die Verbildlichung und Verwörterung, bei gleichzeitiger Differenzierung zwischen dem eigenen und dem fremden Erleben, dem partiellen ▶ Handlungsdialog bzw. ▶ Enactment und dem anschließenden Reflektieren, welche eigenen Anteile in diesen Dialog geflossen sind bis hin zu einer auf den Patienten abgestimmten Formulierung, wird methodisch betrachtet allerdings ein ziemlich weiter Erkenntnisweg zurückgelegt. Eine ähnlich kritische Einstellung vertritt Eagle (2000), der die Gleichsetzung von Gegen-übertragung mit Intuition, wie sie häufig in der Literatur anzutreffen ist, kritisiert (vgl. ebenso Daser 1999 mit eindrucksvollen Vignetten).

Dennoch sind die Phänomene, die in der ▶nonverbalen Kommunikation ablaufen, noch nicht ausreichend erforscht, und es ist durchaus vorstellbar, dass es eine unmittelbarere nichtbewusste Kommunikation gibt, die unserem reflexiven Bewusstsein (noch) nicht zugänglich ist (vgl. Mertens 2013).

Für die per ▶Introspektion vorzunehmende, selbstanalytische Explikation der eigenen bewusstseinsfähigen Gegenübertragungseindrücke, aber auch für die nachträgliche off-line-Beforschung sind verschiedene Instrumente entwickelt worden (Gelso & Hayes 2007). So ist z. B. die Gegenübertragungs-Einschätzskala (CRS) von Normandin und Bouchard (1993) hilfreich. Diese Autoren gehen davon aus, dass die Beteiligung des Analytikers ein weites Spektrum affektiver Intensität umfassen kann: So kann die Wahrnehmung der Gegenübertragung aus der sicheren Distanz eines sich eher als außenstehenden Beobachters begreifenden Analytikers erfolgen, der sozusagen alle Gefühle »im Griff« hat; er kann aber auch in einer unbewussten ▶Eigenübertragung auf seinen Patienten verbleiben, ohne diese blinden Flecken überhaupt zu erkennen – viele nichtanalytische Therapien dürften auf diese Weise verlaufen (▶Blinde Flecken). Und schließlich kann er sich seiner eigenen Teilnahme und Verstrickung am Geschehen bewusst werden, wobei dieser Bewusstwerdungsprozess verschiedene vorbewusste/bewusste Stadien durchlaufen kann: Bewusstwerden einer auftauchenden Spannung z. B. in Form affektiver Signale oder sog. Gegenübertragungsträume, das Eintauchen oder die probeweise Identifizierung, die symbolische Ausarbeitung und schließlich die Formulierung einer Intervention. Die Untersuchung geschlechtstypischer Unterschiede ergab zum Beispiel, dass männliche Therapeuten mehr zur rationalen Analyse von Gegenübertragungseindrücken neigten (Lecours et al. 1995).

Im Jahr 2012 nahmen Normandin und Mitarbeiter eine Überarbeitung der CRS, um sie mit der von Fonagy et al. (1998) entwickelten Reflexionsfunktions-Skala (RF) abzustimmen. Mit der Therapist Mental Activity Scale (TMAS) ist es möglich, drei verschiedene Modi der mentalen Aktivität von Therapeuten einzuschätzen: Ein reflexiver, reaktiver und rationaler Modus, der sich jeweils auf einer 5-Punkte-Skala bestimmen lässt. Im reflexiven Modus taucht der Therapeut in die Emotionen seines Patienten ein, erlebt sie intensiv und versucht, sich dann im nächsten Schritt reflexiv davon zu distanzieren, indem er sich dessen bewusste und unbewusste Motive und Absichten vergegenwärtigt; im reaktiven Modus verliert der Therapeut seine emotionale Distanz, wird von seinen eigenen Affekten überwältigt und/oder identifiziert sich zu stark mit den Gefühlen seines Patienten; im rationalen Modus herrschen theoretische Erklärungen und distanzierte diagnostische Beobachtungen vor. Ensink et al (2013) untersuchten den Einfluss eines Mentalisierungstrainings, bei dem die angehenden Therapeuten, die Patienten mit einer Borderline-Persönlichkeitsstörung behandelten, aufgefordert wurden, ihre subjektiven gefühlsmäßigen Reaktionen wahrzunehmen und entsprechend den obigen drei Modi einordnen zu lernen. Die Kontrollgruppe erhielt die übliche klinische Unterrichtung, bei der auf diagnostische Einschätzung und psychodynamische Theorien Wert gelegt wurde. Es zeigte sich ein eindeutiger Erfolg des Mentalisierungstrainings, weshalb die Autoren empfehlen, zukünftig stärker auf die Ausbildung von praktischen Kompetenzen zu achten.

Ein einfacher Gegenübertragungsfragebogen wurde von Zittel & Westen (2004) entwickelt, dessen Faktorenstruktur acht Dimensionen aufweist, die sich wiederum bekannten klinischen Krankheitsbildern zuordnen lassen (z. B. typische Gegenübertragungsgefühle bei schizoiden Patienten).

### Gegenwartsmoment

Die bereits unter ▶»Etwas mehr« als Deutung vorgestellte Bostoner Gruppe von Psychoanalytikern, Kleinkind- und Bindungsforschern hat eine Auffassung über einen grundlegenden Veränderungsprozess in der Psychotherapie ausgearbeitet, die die Rolle der Verbalisierung von ▶ Einsicht drastisch verändert. In einer systemtheoretischen Sicht gehen diese Forscher davon aus, dass Therapeut und Patient im Rahmen der freien Assoziation und der gleichschwebenden Aufmerksamkeit zunächst und oftmals über längere Wegstrecken »business as usual« betreiben. Beide Partner stellen ein sich selbst regulierendes und gut eingespieltes System dar, dergestalt, dass jeder sich selbst reguliert und auf die interaktive Regulierung des anderen angemessen eingehen kann – durchaus vergleichbar mit einer Mutter und ihrem Kind, die sich selbst und wechselseitig regulieren (▶ Selbst-/Fremdregulierung). Dies geschieht solange, bis irgendetwas das Kind auf unvorgesehene Weise beschäftigt, zu stark erregt und seine Selbstregulierungskompetenz übersteigt. Oder die mütterliche Aufmerksamkeit hat sich für einen Augenblick von ihrem Kind wegbewegt, und die eben noch im Lot befindliche Affektabstimmung ist unterbrochen. Das zuvor noch vorhandene Gleichgewicht des Systems bricht auseinander, wütender Protest auf der einen Seite, Erschrockensein, vielleicht auch kurzzeitiger Ärger und erneutes Bemühen auf der mütterlichen Seite sind die Folge. Diese Vorgänge der Unterbrechung und Wiederherstellung stellen Momente des Ungleichgewichts dar, die das Mutter-Kind-System in einem nichtlinearen Sprung auf ein höheres Niveau ihrer Regulierungskompetenz einstellen. Für einen Augenblick aber scheint zunächst die gesamte Beziehung auf dem Spiel zu stehen. Dieses dramatische Geschehen bezeichnen die Autoren in Analogie als den »Gegenwartsmoment« in der therapeutischen Beziehung. Das soeben noch vorhandene Gleichgewicht ist auseinander gebrochen, beide sind empört, erschrocken und verunsichert. Der Rückgriff auf die vertrauten Routinen scheint dem Analytiker unmöglich, zumal er den Eindruck hat, dass all sein Können ihn vorübergehend verlassen zu haben scheint. Dann aber gelingt eine »Neukalibrierung« des Systems: Beide stellen ihre Beziehungsregulierung auf einem neuen, nunmehr höheren Niveau ein. Das, was durch geduldige ▶ Einfühlung, durch aufmerksames Zuwarten und ▶ (Zu-) Hören auf die verbalen Assoziationen des Patienten, aber auch durch ▶ Übertragungsdeutungen im Hier und Jetzt niemals erreicht worden wäre, hier – im Gegenwartsmoment – gelingt ein neuer Umgang mit dem anderen, geschieht ein Aufbrechen der bislang unveränderlich erscheinenden, nichtbewussten emotionalen Beziehungsregeln.

Die Botschaft der Bostoner Gruppe lautet demzufolge: Verbleibt man in der Ebene der überwiegend verbalen »psychoanalytischen Mikrowelt«, sind diese Erfahrungen eines veränderten Umgangs mit dem anderen nicht möglich (▶ »Etwas mehr« als Deutung).

Kritisch ist zur Konzeption des Gegenwartsmoments anzumerken, dass abgesehen davon, dass die Unterscheidung von nichtsprachlicher Beziehungswelt und sprachlicher Mikrowelt eine künstliche Trennungslinie bezüglich der sprachlichen Vermitteltheit von Interaktionserfahrungen zieht (auch die mütterlichen Gesten in ihrer Kommunikation mit dem Säugling sind bereits in Sprachliches eingebettet), es nicht einzusehen ist, warum durch die permanente Reflexion der Gegenübertragung seitens des Analytikers nicht auch eine veränderte emotionale Beziehung zum Patienten einsetzen kann, die nachhaltiger sein kann, als die Auswirkung eines oder einiger weniger Nowmoments (▶ Freie Assoziation zulassen und fördern, ▶ Gleichschwebende Aufmerksamkeit, ▶ Nonverbale Kommunikation beachten).

### Gemeinsames Regredieren

Die klassische ichpsychologische Auffassung postulierte, dass das psychoanalytische Setting, die Liegeposition ohne unmittelbaren Blickkontakt und die psychoanalytische Methode der Bitte und Aufforderung an den Patienten, frei zu assoziieren, regressive Prozesse beim Patienten in Gang setzen (vgl. z. B. Greenson 1967). Die Herstellung einer regressiven ▶ Übertragungsneurose galt lange Zeit als das A und O einer Psychoanalyse (vgl. Gill 1954; ▶ Regression ermöglichen). Dem widersprachen aber z. B. kleinianische und interpersonelle Autoren, die von der Ansicht ausgingen, dass der Analytiker weder eine Regression induzieren noch aktiv dazu ermutigen solle, v. a.

auch aus dem Grund, weil Patienten bereits in einem regredierten Zustand in die Therapie kommen, was für Patienten mit einem gering integrierten Strukturniveau (sog. »Frühstörungen«) unmittelbar einleuchtet.

Dennoch ist es nach Lewis Aron und Annabella Bushra (1998) notwendig, verschiedene Bewusstseinszustände zu unterscheiden und deshalb auch das Konzept der Regression nicht aufzugeben, sondern es vielmehr neu zu bestimmen. Denn der Prozess innerhalb einer therapeutischen Sitzung zielt nicht pauschal auf die Herstellung eines regressiven Bewusstseinszustandes ab, vor allem deshalb nicht, weil ein Patient zwischendurch immer wieder verschiedenen mentalen Operationen nachgeht und nachgehen soll, wie z. B. sich erinnern, sich in einen reflexiven Zustand versetzen, metareflexiv über eigene Äußerungen und deren interpersonelle Wirkungen nachdenken, kreativ eine neue Einsicht zustande kommen lassen, aber z. B. auch intensiv in eine Traumszene eintauchen oder sich einem stark gefühlsmäßigen Erleben überlassen. Innerhalb einer einzigen Sitzung können also ganz unterschiedliche Bewusstseinszustände aktiviert werden (▶ Freie Assoziation, zulassen und fördern). Die Aufgabe des Analytikers besteht darin, diese Bewusstseinszustände zu erkennen sowie dem Patienten dabei zu helfen, den Übergang von einem Zustand zum anderen, der für die anstehenden Aufgaben nötig ist, zu vollziehen. Damit wird seine Fähigkeit verbessert, diese Zustände intrapsychisch und interpersonell zu regulieren und sich flexibel zwischen diesen Zuständen bewegen zu können.

Am Beispiel einer Traumbearbeitung soll dieses gemeinsame Regredieren und interaktive Regulieren verschiedener Bewusstseinszustände noch einmal verdeutlicht werden. Schon bei der Traumerinnerung ist es für den Patienten wichtig, sie nicht wie einen Tatsachenbericht zu erzählen, sondern bereits währenddessen seinen Geist schweifen zu lassen, die Aufmerksamkeit von äußeren Tagesereignissen abzuziehen und sich von den Bildern und aufsteigenden Gefühlen, die durch die Erinnerung ausgelöst werden, einstimmen zu lassen. Erst danach kann wieder eine wache Konzentration auf Ereignisse der vergangenen Tage, auf vielleicht nur am Rande Wahrgenommenes stattfinden oder auch eine interaktive Wahrnehmungsorientierung eingenommen werden, indem der Patient erzählt, dass ihm z. b. die Mitteilung einer Traumszene zunächst große Schamgefühle bereitet habe. Einige Bewusstseinzustände sind hierbei mehr nach innen gerichtet, andere mehr nach außen, einige fokussieren scharf, andere schweifen mehr umher; einige gehen mit starken Affekten einher, andere wirken eher intellektualisiert, einige scheinen mehr zu geschehen, andere sind mit einer stärkeren Selbstaufmerksamkeit verbunden. Mit diesen verschiedenen Bewusstseinszuständen des Patienten gehen konkordante oder komplementäre Zustände beim Analytiker einher: Während er dem Traumbericht zuhört, kann er seine Aufmerksamkeit sehr konzentriert auf die einzelnen Details lenken, um sich später noch an sie erinnern zu können. Er kann sich aber auch in einen relativ träumerischen Zustand begeben, um die Erlebnisse des Träumers besser nachempfinden zu können, er kann zu persönlichen Erlebnissen abschweifen, es kann ihm ein eigener Traum einfallen, der auf den ersten Blick keinen Bezug zu dem seines Patienten zu haben scheint, er kann schläfrig werden sowie sich uninteressiert erleben oder überlegen, wie er die Übertragung, die im Traumbericht zum Ausdruck kommt, ansprechen kann oder ob er damit die ▶ Selbstregulierung seines Patienten, der sich gerade mit den Traumfiguren zu identifizieren versucht, unterbricht. Er kann den verschiedenen Bewusstseinszuständen seines Patienten einfühlsam folgen oder von sich aus einen Wechsel initiieren, um z. B. einen Bewusstseinszustand mit stärkerer Gefühlsbeteiligung zu bewirken oder um dissoziierte Trauminhalte im Erleben des Patienten zu verknüpfen (Aron & Bushra 1998, S. 403 f.).

Diese Autoren weisen darauf hin, welche Funktion hierbei nichtverbalen Ausdruckselementen für den Wechsel von einem Bewusstseinszustand in einen anderen zukommt, wie z. B. Verlangsamung des Sprechtempos, beruhigende Intonation, Schweigenkönnen (▶ Prosodie). Es ist der Einzigartigkeit der psychoanalytischen Situation zu verdanken, dass sie in einem »potenziellen Raum« (i. S. v. Winnicott) die Möglichkeit bereitstellt, verschiedene Bewusstseinszustände progressiver und regressiver Art zu erproben – geschützt vom analytischen Rahmen und von der einfühlsamen und wohlwollenden Präsenz des Analytikers, der in diesen Erprobungen kein infantiles Regredieren erblickt, sondern die Möglichkeit, auf kreative Weise sehr verschiedene Bewusstseinszustände in Selbst- und gegenseitiger Regulierung zu erfahren (▶ Selbst-/Fremdregulierung).

## Gleichschwebende Aufmerksamkeit für die Inhalte des freien Assoziierens

Die »gleichschwebende Aufmerksamkeit« stellt eine grundlegende erkenntnistheoretische Haltung des zuhörenden Psychoanalytikers dar und wird landläufig als Gegenstück zur freien Assoziation betrachtet. Sie ist allerdings eine bestimmte Form des ▶ (Zu-)Hörens und der parallel dazu ablaufenden ▶ Introspektion, die im Alltag zwar auch zum Einsatz kommen, aber nicht in dieser systematischen Form. Die gleichschwebende Aufmerksamkeit verzichtet nämlich absichtlich auf eine Konzentration auf bewusste mentale Inhalte, ist also gerade keine fokussierte Aufmerksamkeit. Denn je stärker man sich auf ein Detail in den Erzählungen seines Patienten konzentriert, desto enttäuschender fallen die Ergebnisse aus. Man kann dann zwar exakt wiedergeben oder zusammenfassen, was der Patient gesagt hat, aber man findet in seinen Zusammenfassungen sozusagen nur die Ostereier, die man aufgrund seiner bevorzugten impliziten wie expliziten Theorien zuvor versteckt hat. Unbewusste Vorgänge in sich zu entdecken, die durch die Rede des Patienten in einem selbst ausgelöst worden sind, gelingt damit nicht. Stattdessen versucht der Betreffende forciert logisch zu deduzieren oder induktiv zu schlussfolgern und suggeriert sich bestimmte Antworten. Dies gilt nicht nur für die Wahrnehmung, sondern in gleichem Maße auch für das Aufsteigenlassen von Erinnerungen. Klemann (2008, S. 398 f.) spricht deshalb auch davon, dass das analytische ▶ (Zu-)Hören gelernt sein will, vor allem, wenn man »Unerhörtes« finden will. Deshalb unterscheidet sich das Hören vom Zuhören.

Die Haltung der gleichschwebenden Aufmerksamkeit macht also darauf aufmerksam, dass sich die Aufmerksamkeit des Analytikers nicht auf einzelne Redeinhalte des Patienten konzentrieren oder gar fokussieren sollte. Sie ist gegen eine Subsumptionslogik gerichtet, die in Form eines deduktiven Schlusses ein einzelnes Merkmal aus seinem Erzählkontext herauslöst, um damit eine Schlussfolgerung zu belegen (wie dies z. B. in Auswertungsverfahren halbstrukturierter Interviews vorgenommen wird, bei denen man nach Belegstellen für die aufgestellten Operationalisierungen konzentriert sucht). Vielmehr verlangt diese Haltung vom Analytiker, seine Eindrücke immer wieder in der Schwebe zu halten und seine sich ihm aufdrängenden Schlussfolgerungen (dieser Erzählbestandteil weist darauf hin, wie schwer es dem Patienten fällt, einen Dritten zuzulassen) als vorläufig und jederzeit falsifizierbar zu betrachten, wenn im Zuge weiterer Erzählungen andere Eindrücke gegen die zunächst plausibel erscheinende Schlussbildung sprechen. Diese Haltung entspricht deshalb auch einem ehrwürdigen hermeneutischen Prinzip, das Einzelne immer wieder im Gesamtkontext zu betrachten, und vorläufige Eindrücke und Hypothesen stets zu revidieren oder in den Hintergrund treten zu lassen, wenn sich neue Erkenntnisgestalten herausbilden. Psychoanalytischerseits hat diese Erkenntnishaltung allerdings zahlreiche Ergänzungen erfahren (vgl. z. B. Raguse 1998).

Man könnte die bionsche Trias, »without memory«, »without desire« und »without understanding« übersetzen in den Ausspruch: »Lass Dich immer wieder überraschen! – Nimm nicht eine borniete Haltung ein, bei der Du über deinen Patienten bereits alles zu wissen scheinst oder gar viele seiner Handlungen voraussagen zu können glaubst. Denke auch daran, dass es immer wieder mehr und neue Phänomene geben kann, die nicht in deinen Lehrbüchern und schulenspezifischen Weisheiten enthalten sind.«

Die Haltung der gleichschwebenden Aufmerksamkeit besteht aus einem Zustand verringerter Motilität und Gestik, mit voller Konzentration auf die verbalen und paraverbalen Mitteilungen des Patienten als Äußerungen seiner Vorstellungen, Phantasien, Stimmungen und verschiedenen Bewusstseinszustände (▶ Einfühlung, ▶ gemeinsames Regredieren).

Der Analytiker lenkt die Energie, die im normalen Alltagsgespräch in die Erwiderung, in das Antwortverhalten fließt, auf seine Ichfunktionen des ▶ szenischen Verstehens, d. h. auf das Verstehenwollen, welche bewusste, vorbewusste und unbewusste Rolle ihm von seinem Patienten angesonnen wird, wie er auf dieses Rollenanliegen innerlich antwortet und wie seine partielle oder vollständige Nichtantwort wiederum auf seinen Patienten wirkt und auch, falls er geantwortet hat, was diese Antwort in dem vermuteten Rollenszenario bewirkt (▶ Enactment, ▶ Rollenempfänglichkeit).

Er achtet aber auch auf den Bewusstseinsstrom seines Patienten, wie dieser, ohne es bewusst zu steuern, Gegenwärtiges mit Vergangenem verbindet, Begriffe mit Bildern und Metaphern anreichert, zwischen verschiedenen Bewusstseinszuständen hin- und herwandert und weit auseinander liegende Inhalte miteinander verknüpft (▶ Metaphernbildung anregen und fördern).

Es handelt sich bei diesem Erlebenszustand der gleichschwebenden Aufmerksamkeit um eine Balance zwischen angespannter Wachheit und Schläfrigkeit (vgl. McLaughlin 1975, Zwiebel 1992), die zugleich einen Zustand erhöhter Sensibilität und Verletzlichkeit bedeutet, allein schon deshalb, weil der Analytiker auf die aus dem Alltagsverhalten gewohnte Haltung der Abreaktion von Spannungen im sprachlichen Diskurs anhand von Sich-Darstellen, Überzeugen- und Überredenwollen, Anzweifeln und Bestätigen und vieles andere mehr verzichten muss. Das Umschalten von dem einen Bewusstseinszustand in den anderen, vom bewussten Wahrnehmen und Denken zum vorbewussten, regressiveren Denken kann mitunter schwer fallen, wenn z. B. ein Analytiker mehrmals am Tag zwischen verschiedenen beruflichen Rollen hin und herwechseln muss.

Die außergewöhnliche Sensibilität, über die viele Psychoanalytiker für das Aufspüren unbewusster und manifester Sinnzusammenhänge aufgrund ihrer jahrelangen Übung verfügen, lässt sie in anderen Zusammenhängen gelegentlich als übermäßig zurückhaltend oder nachdenklich erscheinen. Dies kann manchmal als Teil einer »déformation professionelle«

eingeschätzt werden, kann aber andererseits auch den Vorteil einer großen analytischen Begabung und eines kreativen Umgangs mit sich selbst bedeuten (▶ Lebenskunst).

Aber kann es überhaupt eine gleichschwebende Erkenntnishaltung geben, selbst wenn diese immer nur tendenziell realisiert wird, wenn wir aufgrund gegenwärtiger gedächtnispsychologischer Konzepte und Befunde erkennen müssen, dass wir nicht-bewusst in einem dichten kommunikativen Erlebniszusammenhang mit unserem jeweiligen Gegenüber bzw. Patienten stehen und unser nicht-bewusstes Erleben längst Einfluss auf unsere deklarativen Wissens- und Erlebniszusammenhänge genommen hat?

# H

## Handhabung der Übertragung

Hierunter versteht man die Vorgänge, die im Zusammenhang mit der Deutung der Übertragung, insbesondere der Übertragungswiderstände, wichtig sind. Hierzu gehören – sehr viel deutlicher akzentuiert als noch in Freuds Überlegungen – die Berücksichtigung, inwiefern die Person und das Verhalten des Analytikers das Material für bestimmte Übertragungen liefern, die fortlaufende Reflexion darüber, inwieweit dieses auch durch die unbewussten Rollenerwartungen des Patienten induziert wird, aber auch durch Eigenübertragungen auf den Patienten entsteht und natürlich auch das Ansprechen der Übertragungswiderstände und das Umgehen mit den anschließenden Reaktionen des Patienten (▶ Eigenübertragung, ▶ Kontext bezogenes Intervenieren, ▶ Widerstand).

Während Freud noch unter der Handhabung der Übertragung spezifische Vorgehensweisen (wie z.B. Terminsetzung, Druckmachen) verstand, die in der nordamerikanischen Psychoanalyse wegen ihres manipulativen Charakters und ihrer Direktivität eine Einschätzung als Parameter erfuhren, somit als psychotherapeutische Maßnahmen, die es so bald wie möglich zu unterlassen und nachträglich zu analysieren galt, verstehen wir heute darunter den Umgang mit der Übertragung im Allgemeinen (vgl. Will 2001).

Die unterschiedliche Handhabung der Übertragung hat nach Freuds Tod wohl am meisten zur Diversifizierung der Psychoanalyse in verschiedene Richtungen beigetragen: Sieht man in der Übertragung lediglich eine Wiederholung kindlicher Wünsche oder erhält sie ihre Inhalte auch durch die Person des Analytikers? Sind die unbefriedigt gebliebenen Wünsche der Kindheit das hauptsächlich Leiden erzeugende Agens oder sind es die derzeitigen interpersonellen und gesellschaftlichen Verhältnisse? Liegt das neurotische Leiden nicht so sehr in den generationsübergreifenden elterlichen Konflikten und Traumatisierungen begründet, die übertragen werden, sondern liegt es eher an der strukturellen Nichterfüllbarkeit menschlicher Wünsche überhaupt? Soll man die Übertragung bereits recht bald ansprechen oder erst nachdem sich eine sichere Bindung etabliert hat? Bestehen die Übertragungswünsche aus dem Herstellen von Anerkennung, Spiegelung und Sicherheit vermittelnden Funktionen oder aus der Annahme libidinöser und aggressiver Phantasien? Soll man bei einer Übertragungsdeutung auch die Psychogenese erwähnen oder lediglich die Beziehung im Hier und Jetzt? Gilt die Wahrnehmung der Person des Analytikers und seiner Handlungen seitens des Patienten als wirklichkeitsgemäß oder hat sie keine höhere Veridikalität als die Wahrnehmung des Analytikers? Lässt man die Beziehungseindrücke des Patienten einfach so stehen oder rückt man sie zurecht? Lässt man die Übertragung anwachsen oder löst man sie rasch wieder auf? Verstärkt man sie, indem man den Als-ob-Modus noch zusätzlich intensiviert oder schwächt man sie eher ab? Begreift man sich als Analytiker als unvermeidbaren Mitspieler oder lässt sich trotz Teilnahme ein triangulierender Referenzpunkt beziehen? Sieht man in dem Ansprechen der Übertragungsbeziehung im Hier und Jetzt den hauptsächlichen Wirkfaktor oder sind andere Interventionen nicht genauso wirksam? Lenkt das Ansprechen der Übertragungsbeziehung im Hier und Jetzt von der eigentlichen Beschäftigung mit den unbewussten Phantasien nicht eher ab und sollte deshalb recht sparsam erfolgen? Stellt es gar einen

»Kategorienfehler« dar? Inwieweit braucht es für das Umgehenkönnen mit Übertragungsdeutungen seitens des Patienten bestimmte Voraussetzungen, wie z. B. auf eine unmittelbare Wunscherfüllung verzichten zu können und reflexive Funktionen zu aktivieren (▶ Enactment, ▶ Übertragung der Gesamtsituation, ▶ Übertragung im Hier und Jetzt, ▶ Übertragung klassische).

Dem Anliegen dieser Arbeit entsprechend kann es bei all diesen polar formulierten Themen nicht um ein einfaches Entweder-Oder gehen, sondern nur um eine patientengerechte Vorgehensweise. Diese darf deshalb nicht ausschließlich theoretischen Positionen folgen (z. B. Kohut versus Freud; Klein, Gill, Sandler versus Bollas; intersubjektive Position versus klassische Psychoanalyse, analytische Psychotherapie versus tiefenpsychologisch fundierte Psychotherapie), sondern sollte vor allem den Erfordernissen des Patienten bzw. des jeweiligen Analytiker-Patienten-Paares entsprechen – zukünftig vielleicht gestützt durch empirische Erkenntnisse der psychodynamischen Psychotherapieforschung.

## Handlungsdialog

Ausdruck von Rolf Klüwer (1983, 1995a, b), um damit die überwiegend nichtverbalen Austauschprozesse zwischen Patient und Analytiker zu bezeichnen. Dieser soll den älteren Ausdruck »Agieren« ersetzen, dem ein negativer Beigeschmack anhaftete (der Patient will sich einfach nicht erinnern, sondern agiert stattdessen) und sich einseitig auf ein nicht bewusst reflektiertes Tun des Patienten bezog, der unbewusste und vorbewusste Beziehungsthemen, statt diese zu erinnern und in der Beziehung zu seinem Analytiker ansprechbar zu machen, auf einer wenig bewusstseinsfähigen Ebene einfach auslebte. Auch dem »Mitagieren« des Analytikers haftete diese Konnotation an. Es war der Verdienst von Klüwer, Agieren und Mitagieren auch als eine basale Mitteilungsform aufzufassen, die sich zwar durch ihre anfängliche Nichtreflexivität charakterisieren lässt, gleichwohl den meisten Interaktionen vor allem in einer nonverbalen Dimension zugrundeliegt (▶ Nonverbale Kommunikation). Für die Gewinnung von ▶ Einsicht und die Reflexion der ▶ Gegenübertragung ist die Bewusstmachung des Mitagierens unverzichtbar. Inwieweit auch das Agieren des Patienten, das seinen unbewussten Mitteilungen zugrundeliegt, einer unmittelbaren ▶ Deutung bedarf, ist Gegenstand der Diskussion (vgl. Daser 1995, Varga 2006). Um den Begriff des Agierens (und Mitagierens) von teilweise veralteten metapsychologischen Überlegungen zu befreien, schlug Klüwer den Ausdruck »Handlungsdialog« vor.

In der vorliegenden Arbeit wird der Handlungsdialog überwiegend unter dem Stichwort ▶ Enactment abgehandelt. Denn nach einer bewährten sozialpsychologischen Terminologie stellt das Handeln im psychoanalytisch definierten Handlungsdialog entsprechend dem Bewusstseinsgrad genau genommen ein »Tun« dar. Tun ist eine Verhaltenskategorie, die weitgehend Stimulus gesteuert, ohne reflexives Bewusstsein abläuft. Handeln bezieht sich hingegen immer auf reflektiertes Verhalten, bei dem Gründe für die jeweilige Tat angegeben werden können, die zumeist auch mehr oder weniger zutreffen. Dies meint aber der psychoanalytische Begriff Handlungsdialog gerade nicht. Denn nicht nur das Agieren, sondern auch das Mitagieren des Analytikers geschieht zunächst unwillkürlich und kann erst kraft seiner Bewusstmachung als eine Reaktion erkannt werden, die in Zusammenhang mit den übertragungsneurotischen Inszenierungen steht. Das Sichbewusstmachen von eigenen Reaktionsstendenzen und psychodynamischen Konstellationen ist für den Psychoanalytiker eine Möglichkeit, einen verstehenden Zugang zu unbewussten Vorgängen in sich und in seinem Patienten zu finden, die ansonsten unbemerkt und unsymbolisiert blieben. Der Begriff »Enactment« vermeidet diese begrifflichen Schwierigkeiten. Alternativ ließe sich wieder von »Agieren und Mitagieren« sprechen, sofern man sich dabei bewusst macht, dass dieses auch die Mitteilung von Beziehungsmustern enthält, die im nichtdeklarativen Gedächtnis als »implizite Beziehungsregeln« kodiert sind und deshalb zunächst nicht die Möglichkeit haben, sprachlich und reflexiv repräsentiert werden zu können (▶ Implizites Beziehungswissen).

# I, J

## Ich-Funktionen ansprechen und fördern

Eine analytische Psychotherapie kann heute nicht mehr ohne die gründliche Berücksichtigung des Organisationsniveaus des Ichs vonstatten gehen. Dies hatte bereits der amerikanische Ichpsychologe David Rapaport in den 1940er Jahren zu bedenken gegeben. Defizite bezüglich der Integration des Ichs (z. B. Denkfunktionen sind hypertrophiert, gefühlshaftes Erleben ist eingeschränkt oder schnell entflammbare und wenig steuerbare Affekte bei geringer Kontrolle durch Aufschieben und Abwägen herrschen vor) entstehen aufgrund von kumulativen Traumatisierungen bzw. durch gestörte ▶ Selbst- und Fremdregulierung häufig schon in den ersten Lebensjahren eines Menschen. Eine Theorie des Durcharbeitens muss also die Auswirkungen von Konflikten und Entwicklungsdefiziten, die durch Traumatisierungen entstanden sind, berücksichtigen.

Amerikanische Ichpsychologen haben großen Wert darauf gelegt, die Autonomie des Ichs zu stärken, indem sie Trieb-Abwehr-Konflikte und Charakterwiderstände ansprechen und damit eine größere Entscheidungsfähigkeit ermöglichen, da die ursprünglichen Triebimpulse nicht mehr verdrängt sind und sich in charakterlichen Ersatzhandlungen (wie z. B. übertriebener Formalismus als verdrängte Aggressivität) zu manifestieren brauchen, sondern in konstruktiver Form gelebt werden können (▶ Autonomie fördern).

Bereits der Post-Ichpsychologe Paul Gray (1982) hatte auf einen »developmental lag« aufmerksam gemacht, der darin besteht, dass die Entwicklung der psychoanalytischen Technik nicht mit den Erkenntnissen der Ichpsychologie über die Bedeutsamkeit des Ichs und seiner Funktionen, wie Selbstbeobachtung, Entscheidungsfähigkeit, Reflexion, soziale Wahrnehmung, Perspektiven-Übernahme, Meta-Kommunikation u. a. m. im therapeutischen Prozess Schritt gehalten habe. Zwar ist die klassische topographische Auffassung, dass ein Analytiker in allererster Linie an unterdrückten Inhalten interessiert ist, überholt, und es gilt spätestens seit den Lehrbüchern von

Fenichel und Greenson als allgemein akzeptiert, dass die Analyse der Abwehr vor der Analyse der verdrängten Inhalte vorgenommen werden soll, doch scheinen viele Psychoanalytiker immer noch davon auszugehen, dass es für den analytischen Prozess bereits ausreichend sei, lediglich den Widerstand anzusprechen. Mit dem Ansprechen der Abwehrtätigkeit des Ichs (soweit diese dem Vorbewussten zugänglich wird oder anhand von vorbewussten Abkömmlingen des Gegenwarts-Unbewussten rekonstruiert werden kann) sei dem ichpsychologischen Anspruch Genüge geleistet worden. Aber die Aktivitäten des Ichs erschöpfen sich nicht in der Abwehrtätigkeit, sondern bestehen in der Selbstbeobachtung und in der Reflexion, die in den freien Assoziationen und Erzählungen auf einer Meta-Ebene auftauchen (▶ Freie Assoziation, ▶ Mentalisierung, ▶ Prozessmonitoring).

Busch (1993, 1994, 1996, 1997) verdeutlicht mit vielen Beispielen, wie Ich-Funktionen eines Patienten angesprochen werden können, statt ihn in eine passive Rolle zu versetzen und ihn dazu zu bringen, der Ich-Aktivität seines Analytikers zuzuhören.

Übergeordnetes Ziel ist die Befähigung zur Selbstanalyse während und vor allem auch nach Beendigung einer analytischen Psychotherapie (vgl. Mertens, 1990a). Die empirisch zu überprüfende Hypothese bestünde darin, inwieweit der katamnestisch feststellbare therapeutische und analytische Gewinn einer psychoanalytischen Therapie mit dem Ansprechen und der Entwicklung dieser Ich-Funktionen korreliert. Mit anderen Worten: Erhöhen sich die selbstanalytischen Fähigkeiten eines ehemaligen Patienten, wenn der Psychoanalytiker in seiner behandlungstechnischen Vorgehensweise auf diese Funktionen fokussiert hat? Und was geschieht im Unterschied dazu, wenn er stattdessen z. B. bevorzugt die ▶ Übertragungsbeziehung im Hier und Jetzt angesprochen und im Patienten den Eindruck hinterlassen hat, dass diesen die analytische Beziehung gefühlsmäßig zwar sehr stark gefordert, in der Summe auch viele Ängste im zwischenmenschlichen Bereich reduziert hat, aber im Rückblick nicht immer nachvollziehbar gewesen ist, wie die oftmals überraschenden Beziehungsdeutungen seines Analytikers entstanden sind und manchmal ein Rätselraten beim Patienten in Gang gesetzt haben, wie dessen Einfälle zustandegekommen sind. Dann täte sich der Patient nach der Beendigung seiner Analyse damit schwer, selbstanalytisch mit sich umzugehen.

## Ich-Funktionen stärken (auf niedrigem Strukturniveau)

Die Berücksichtigung des Organisationsniveaus in Form von Defiziten bezüglich des Ausmaßes der Integration des Ichs (vgl. Arbeitskreis OPD 2006) ist in der tiefenpsychologisch fundierten Psychotherapie, vor allem aber in der Strukturbezogenen Psychotherapie ein intensives Thema. Aber auch in der analytischen Psychotherapie wird bei der Behandlung von Patienten mit einem niedrigen strukturellen Organisationsniveau darauf geachtet, ihn nicht mit Deutungen zu belasten, für dessen Verständnis er – sobald zentrale Konfliktbereiche in ihm berührt sind – höher entwickelte Ich-Funktionen (wie z. B. eine ausgeprägtere Selbstreflexion, eine stärker entwickelte Affektmentalisierung) benötigen würde (▶ Kontext bezogenes Intervenieren, ▶ Mentalisierung).

Eine Gefahr der ichpsychologischen Technik, Ich-Funktionen zu stärken, besteht immer dann, wenn ein eher distanziertes, objektivierendes Rubrifizieren und Klassifizieren von beeinträchtigten Ich-Funktionen überhand nehmen und die Berücksichtigung der Übertragungs- und Gegenübertragungsbeziehung zu kurz kommt (▶ Strukturniveau beachten, ▶ Tiefenpsychologisches Vorgehen).

## Ichpsychologische Orientierung

Jede menschliche Handlung wird in der »ichpsychologischen Orientierung« als Kompromiss zwischen Triebimpulsen und Wünschen, den Wertvorstellungen (Über-Ich, Ich-Ideal) und den Anforderungen der (jeweiligen) Realität betrachtet. Damit wird auch die zentrale Rolle der Anpassungsbemühungen des Ichs während der Entwicklung und während des therapeutischen Prozesses betont (▶ Adaptives Handeln fördern). Der Entwicklungsstand und das Integrationsniveau der Ich-Funktionen entscheiden maßgeblich darüber, wie eine Person mit andrängenden Wünschen und Affekten umgehen kann, ob eine flexible Wunscherfüllung möglich ist oder ob Triebimpulse eher auf rigide Weise unterdrückt werden müssen, weil sie sehr viel Angst, Schuld- oder Schamgefühle auslösen. Bei einem hohen Integrationsniveau werden keine übermäßige oder inadäquate Angst, Schuld, Scham oder Depression erlebt, sondern stattdessen herrschen Gefühle des lustvollen Wohlbehagens, der Sicherheit und des Bewirkenkönnens vor (▶ Ich-Funktionen ansprechen und fördern).

Bei der ichpsychologischen Diagnostik wird versucht, Aussagen über diejenigen Wünsche zu treffen, die von dem Betreffenden bereits in der Kindheit abgewehrt werden mussten und deshalb bis zum heutigen Tag verdrängt sind, über die vorherrschenden Ängste (Angst vor Liebesentzug, Angst vor dem Über-Ich, Angst vor der eigenen Triebstärke), die charakteristischen Abwehrmechanismen und die daraus resultierenden Symptome, Handlungs- und Erlebenseinschränkungen sowie über charakterliche Eigenarten. Es werden ferner Aussagen darüber zu machen versucht, in welchen Entwicklungsphasen diese Konstellationen entstanden sind und ob es aufgrund von Funktionswechsel und Entwicklungschancen zu Veränderungen konflikthafter Muster und Beeinträchtigungen gekommen ist. Ein Schwerpunkt dieser Betrachtungsweise liegt auf ödipaltriangulären Konflikten im Zusammenhang mit sinnlich-sexuellen und aggressiv-rivalisierenden Strebungen unter einem überwiegend intrapsychischen Gesichtspunkt. Ferner betont sie die Möglichkeit sog. intrasystemischer Konflikte, d.h. innerhalb eines Bereichs, wie dem Insgesamt der überich-haften und ichidealhaften Orientierungen, in dem miteinander konfligierende Strebungen z.B. zwischen verschiedenen Wertorientierungen oder Idealbildungen auftreten können (vgl. Hartkamp 2014).

Ziel der ichpsychologisch orientierten analytischen Behandlung ist die Bewusstmachung und Linderung der unbewussten Ängste, was eine Symptomminderung zur Folge hat. Der Veränderung der zumeist in der Kindheit entstandenen Ängste werden allerdings Abwehrmechanismen und Widerstände des

Gegenwarts-Unbewussten entgegengesetzt, so dass dieser Prozess in der Regel zeitaufwändig ist (▶ Durcharbeiten, ▶ Widerstand). Die Erzählungen des Patienten spiegeln genau genommen ein Abbild seiner familiendynamischen Erfahrungen mit den Empfindsamkeiten, Verboten, Konflikten, Delegationen seiner Eltern wider, an die er sich als Kind und Heranwachsender mit der Entwicklung von Abwehrmaßnahmen, Ersatz- und Kompromissbildungen anpassen musste, um eine Balance zwischen Angstvermeidung, Selbstständigkeit und Sicherheit zu finden (▶ Freie Assoziation, ▶ Prozessmonitoring).

Interpersonelle Einflüsse spielen deshalb zweifelsohne eine Rolle, aber der Schwerpunkt der Betrachtung liegt – nicht zuletzt auch wegen der Schwierigkeit, diese vergangenen interpersonellen Einflüsse genauer bestimmen zu können – in der gegenwärtig beobachtbaren Eigendynamik der intrapsychischen Aushandelungsprozesse und Kompromissbildungen zwischen Wünschen, Abwehrvorgängen, Über-Ich-Impulsen und Realitätsgesichtspunkten. Die genaue Betrachtung der entwicklungspsychologischen Vorgänge in den beiden ersten Lebensjahren ist für die ichpsychologische Diagnostik weniger bedeutsam. Damit bleibt aber auch der Bereich der frühen Beziehungsregulierungen im nichtdeklarativen Gedächtnis unthematisiert (▶ implizites Beziehungswissen beachten).

Eine ichpsychologische Konzeptualisierung geht v. a. von der Ubiquität menschlicher Konflikthaftigkeit und der Zentralität der Kompromissbildung für das psychische Funktionieren aus (vgl. Brenner 1982, 1994, 1998, Marcus 1999). Selbstsüchtige Interessen geraten in Konflikt mit altruistischen Wünschen, der Wunsch, einem Gegenüber mitzuteilen, wie man es tatsächlich erlebt, konfligiert mit Regeln der Höflichkeit und der Rücksichtnahme, sexuelle Begierden geraten in Konflikt mit gesellschaftlich Erlaubtem, aggressive und narzisstische Wünsche müssen zugunsten von Einfühlung unterdrückt werden usf. Die ebenso allgegenwärtige Fähigkeit zur Kompromissbildung sorgt aber dafür, dass wir so viel Lust wie nur möglich aus der Befriedigung sexueller, aggressiver, geltungsbedürftiger Wünsche und deren Abkömmlingen und Ersatzbildungen ziehen und zugleich so viel Unlust und Unsicherheit wie nur möglich vermeiden wollen, die mit diesen Wünschen assoziiert sind. Dies gilt für pathologische und normale psychische Prozesse in gleichem Maße. Als pathologisch lässt sich eine Kompromissbildung immer dann bezeichnen, wenn sie durch eine Kombination folgender Merkmale gekennzeichnet ist: eine zu große Einschränkung der Befriedigung von Triebabkömmlingen, ein Übermaß an Angst oder depressiven Affekten, eine zu starke Hemmung der Funktionsfähigkeit von Ich-Kompetenzen, eine zu starke Tendenz zur Selbstverletzung oder -zerstörung sowie zu starke Konflikte mit der Umwelt.

Das ichpsychologische Modell wurde nicht nur von Selbstpsychologen wegen der Betonung der triebhaften Vorgänge im Seelenleben, sondern besonders heftig auch von den interpersonellen und relationalen Psychoanalytikern wegen der »one-body-psychology«-Ausrichtung kritisiert, da letztere ein intersubjektives Paradigma für einzig und allein angemessen halten (▶ Interpersonelle Orientierung, ▶ Intersubjektive Orientierung).

Alan Sugarman (1995) hat aber die Vorurteile der relationalen Psychoanalytiker wie Mitchell, Greenberg u. a. gegenüber dem strukturellen Modell der Post-Ichpsychologie benannt und aufgezeigt, wie wenig zutreffend diese sind, da sie sich zumeist auf den Strohmann des topographischen Modells des frühen Freud beziehen. Der strukturelle Ansatz mit seiner Betonung auf inter- und intrastrukturellen Konflikten nimmt durchaus eine teilweise Verursachung dieser Konflikte durch interpersonelle Probleme in der Kindheit an. Ferner werden Symptome und Persönlichkeitszüge als Kompromissbildungen aufgefasst, die unbewusst entwickelt worden sind, um sich gegen die Angst des Ichs zu wappnen, wenn verdrängte Wünsche angesichts interpersonell ausgelöster Versuchungs- und Versagungssituationen in der Gegenwart wieder auftreten könnten. Das Ziel der Analyse besteht folglich darin, sich dieser Konflikte und der entsprechenden Kompromissbildungen bewusst zu werden. Relationale Psychoanalytiker verstehen hingegen unter einem Konflikt – wenn sie überhaupt noch von Konflikt sprechen – lediglich vergangene oder gegenwärtige interpersonelle Konflikte. Die Hervorhebung der Diskrepanz zwischen Kindheitswünschen und einem Mangel an elterlichem Verständnis führt zur alleinigen Betonung eines traumatischen Erlebens als grundsätzlichem Element für das Verstehen der Psychogenese. Die innere Verarbeitung der interpersonellen Schwierigkeit, die zu mannigfachen Abwehrformationen, Identifizierungen, Ersatzbildungen und Persönlichkeitshaltungen führt, wie dies im Rahmen eines strukturellen Ansatzes betrachtet wird, bleibt unthematisiert. Dies führt zu einer Art von Umwelttheorie, bei der die innere Verarbeitung des Wahrgenommenen und Erlebten keine Rolle mehr zu spielen scheint. Auch Eagle (1988) hat ausgeführt, dass die Gegenüberstellung von Konflikt und defizitären Entwicklungsangeboten zu dem irrigen Glauben verführen könnte, dass »intrapsychische Konflikte bei Entwicklungsstillständen und strukturellen Defekten […] ohne Belang seien« (S. 175).

## Implizites Beziehungswissen beachten

Die Kenntnis des »impliziten Beziehungswissens« kann Psychoanalytiker davor bewahren, angesichts der Ergebnislosigkeit von wiederholten Deutungen unbewusster Übertragungsmuster oder genetischer Deutungen zu resignieren und in der Folge ihren Patienten als mit einem besonderen Widerstand oder mit »destruktivem Narzissmus« ausgestattet zu erleben. Denn es gibt Beziehungserfahrungen, die in einem anderen Gedächtnissystem enkodiert werden, die nicht der bewussten Verfügung und willentlichen Erinnerung unterliegen (▶ Enactment, ▶ Handlungsdialog, ▶ Widerstand beachten).

Säuglingsforscher haben in den zurückliegenden 30 Jahren erforscht, wie bereits Säuglinge Erwartungen darüber erlernen, wie unzählige Beziehungsmuster mit ihren Eltern ablaufen. In diesem impliziten Beziehungswissen wird aufbewahrt, welche Formen emotionaler Annäherung die Eltern begrüßen oder ablehnen (»ways of being with another«; vgl. Dornes 1997a, Geißler 2007).

Hierbei steuern Lernprozesse einfacher klassischer Konditionierung die nichtdeklarativen Erwartungen in Bezug auf die elterlichen Responsen, die emotionalen Antworttendenzen auf die Interaktionen mit den Eltern und die Erwartungen bezüglich des wahrscheinlichen Einflusses der eigenen Verhaltensweisen auf die Eltern. Mittels konditionierter Assoziationen werden kausale und prädiktive Beziehungen im impliziten Gedächtnis kodiert. Dieses Repertoire potenzieller Möglichkeiten von »being with« wird mit fortschreitender Entwicklung immer größer.

Nach Auffassung von Beatrice Beebe, Karlen Lyons-Ruth, Daniel Stern und anderen steuern diese Erwartungen über die Abfolge von Beziehungsmodi auch das »implizit kodierte Beziehungswissen« von Erwachsenen, da dieses – anders als das deklarativ kodierte autobiographische Gedächtnis – nicht permanent von neuen Erfahrungen überformt und entsprechend neu konstruiert wird. Bei jeder späteren Begegnung zweier Menschen geht es deshalb um die Aktivierung der »shared implicit relationship«, um das Matching oder Mismatching von affektiven Zuständen, die aktualisiert werden, wenn zwei Menschen sich begegnen. Folglich sind aber die Möglichkeiten der zwischenmenschlichen Begegnung durch das Potenzial jedes Individuums hinsichtlich seiner »ways of being with« begrenzt; im Falle missglückter Matching-Prozesse wirkt sich diese Begrenzung als sehr stark beeinträchtigend in den interpersonellen Beziehungen der betreffenden Person aus (▶ Beziehungsregulierung, ▶ Interpersonelle Orientierung).

Natürlich ist in jedem Menschen auch deklaratives Beziehungswissen in Form sprachlich verfügbarer Beziehungsregeln gespeichert, die mit den nichtdeklarativen Erinnerungen harmonieren, aber auch interferieren können. Über die im impliziten Gedächtnis enkodierten Beziehungsregeln lagern sich die sprachlich symbolisierten Beziehungserfahrungen an, die sich den teilweise neurotisierenden Zuschreibungen und Definitionen der Eltern verdanken, und die nur selektiv mit der Wirklichkeit im Kind übereingestimmt haben. Diese Schichtung an Beziehungserfahrungen macht die verwirrende innere Welt im Patienten, aber nahezu in jedem Menschen aus, und es bleibt die Frage, ob sich diese in einer Analyse vollkommen entwirren lässt, selbst wenn man sich neben dem Hören auf die »simulative Mikrowelt« (vgl. Moser 2001) auch von der impliziten

Beziehungsregulierung seines Patienten leiten lässt (▶ Arbeit am Unbewussten, ▶ Enactment, ▶ Projektive Identifizierung, ▶ Übertragung der Gesamtsituation).

## Innerer Analytiker

Hierunter versteht Ralf Zwiebel (2003, 2007, 2013) die basale Fähigkeit eines Menschen, auf eigene unbewusste Vorgänge und psychische Inhalte rückschließen, diese Schlüsse mit Gefühlen erleben, sich denkend mit ihnen auseinandersetzen, die möglichen Folgen für das Handeln berücksichtigen und sie unter Umständen handelnd-kommunikativ realisieren zu können. Diese Fähigkeiten können auf verschiedene Weise beeinträchtigt sein. Dabei ist der Innere Analytiker nicht nur in dem analytischen Therapieziel des Erwerbs selbstanalytischer Fähigkeiten enthalten, sondern auch beim Alltagshandelnden gegeben bzw. in unterschiedlichem Ausmaß realisierbar. In der Beschreibung der Feinstruktur führt Zwiebel (2001) aus, dass sich das optimale Funktionieren des Inneren Analytikers als ein Hin- und Herbewegen zwischen drei Polen begreifen lässt: Der erste Pol wird von der introspektiven Funktion gebildet. Die punktuell und momentan ablaufenden Wahrnehmungen von Gefühlseindrücken, Vorstellungen, Gedankenfetzen, Erinnerungen u. a. müssen anschließend gedanklich und begrifflich verarbeitet werden, was dem kognitiven Pol entspricht. Auf diese Weise entstehen z. B. Vorstellungen über sich selbst und andere Menschen. Der dritte Pol stellt das Mitteilen in einem handelnd-kommunikativen Bezug dar.

In der analytischen Situation lässt sich die innere Arbeitsweise als ein ständiges Oszillieren zwischen dialektischen Positionen begreifen. So z. B. zwischen dem introspektiven Pol die Binnenwahrnehmung der eigenen Gefühle und Vorstellungen aufgrund des ▶ (Zu-)Hörens der Erzählungen des Analysanden und dem kognitiven Pol der äußeren Wahrnehmung sowie der Einbeziehung von Theorien und Konzepten; zwischen gleichschwebender Aufmerksamkeit und Fokussieren, zwischen Nicht-Wissen und Wissen u. a. m. Die Aufrechterhaltung des inneren Analytikers in der analytischen Situation ist die Gewähr dafür, dass diese dialektische Balance in der Schwebe gehalten werden kann. »Die Angst, ein Analytiker zu sein«, macht sich bemerkbar, wenn diese oszillierende Balance nicht aufrechterhalten werden kann. Dies ist z. B. dann gegeben, wenn ausschließlich eine konkordante Identifizierung (▶ Einfühlung) ausgeübt wird oder wenn theoretische Überlegungen und Deduktionen überwiegen, die ein ▶ szenisches Verstehen im Hier und Jetzt verunmöglichen.

## Inszenierende Interaktion

Ausdruck von Jörg M. Scharff (1995b, S. 445 f.), der hierunter eine körperpsychotherapeutisch orientierte Interaktion versteht, die in bestimmten Behandlungssituationen eingesetzt wird, um einen therapeutisch fruchtbaren Prozess in Gang zu bringen. Sie besteht in einem Vorschlag für eine konkrete handlungsmäßige Gestaltung einer Szene, die einen direkten Körperkontakt mit dem Analytiker beinhaltet, wobei dieser in Anlehnung an Pessos Konzept der »idealen Elternfigur« »die aktuelle Funktion des ›Objekts, das er gebraucht hätte‹ in Worte (fasst).« So sagt er z. B. zu einem Patienten, der als kleiner Junge bei einem Bombenangriff allein in einem Keller bleiben musste, während seine Mutter in suizidaler Absicht im Parterre des Hauses zurückblieb, »daß ›ich damals‹ gewußt hätte, wie sehr er mich brauchte«, während der auf der Couch liegende Patient seinen Bauch an den Rücken seines bei ihm sitzenden Analytikers anschmiegt und von diesem zusätzlich an Schulter und Nacken umfasst wird. Während dieser Patient zuvor lange Zeit gegenüber seinem Analytiker in einer intellektualisierenden und derealisierenden Distanz blieb, gelang es durch diese inszenierende Interaktion die Dissoziation von emotionslosem Sprechen und tiefer körperlich gespürter Verzweiflung zu verändern (▶ Mentalisierung).

Wie bei allen Interventionen muss auch eine körperpsychotherapeutische hinsichtlich ihrer Indikation und ihres Timings sorgfältig überlegt sein. Gegenüber dem denkbaren Vorwurf, beim Einsatz körperpsychotherapeutischer Interventionen werde nur blindlings agiert und unbewusste Spannungen in körperlichen Aktionen evakuiert, wendet Scharff (S. 456) ein, dass die konkrete körperliche Aktion gerade als ein »bewusstseinsschaffender und neugestaltender Schritt« zu verstehen ist. Und der in der psychoanalytischen Gemeinschaft schnell aufkommende Verdacht, bei jeder Form des körperlichen Kontaktes handele es sich um eine kaschierte Sexualisierung, muss sich mit dem Argument auseinandersetzen, dass es viele Berührungsformen gibt, die überwiegend »Schutz, Trost, Halt oder Grenzsetzung ausdrücken« (S. 455). Eine allzu sehr auf körperliche Abstinenz des Analytikers bedachte Einstellung kann ebenso gut seine eigene gestörte Näheregulierung kaschieren helfen (▸ Beziehungsregulierung, ▸ implizites Beziehungswissen beachten, ▸ Körperpsychotherapeutische Interventionen).

### Interaktionelles Prinzip

Man könnte versucht sein, die Betonung der interaktionellen Orientierung als überflüssig zu bezeichnen. Ist der psychoanalytische Dialog nicht immer neben der Beachtung des Intrapsychischen interaktionell? Wenn wir aber das herkömmliche psychoanalytische Setting mit seiner Dialogeinschränkung auf Seiten des Analytikers betrachten, dann wird deutlich, dass dieser ja nicht – wie im Alltagsdialog – sofort kommentiert, wie die Äußerungen seines Analysanden auf ihn wirken, sondern eher im Gegenteil genau diese Auskunft tendenziell verweigert. So erfährt ein Patient über die pragmatische Funktion, die »Wirkabsicht« seiner Mitteilungen zunächst nichts (vgl. Körner 2014); diese Zurückhaltung des Analytikers – herkömmlich als ein Aspekt seiner Abstinenz eingeschätzt – soll es dem Patienten zumindest der Tendenz nach ermöglichen, Abkömmlinge seines Vor- und Unbewussten mit weniger Befangenheit entstehen zu lassen und ausdrücken zu können (▸ Freie Assoziation). Die bei höher strukturierten Patienten in der Regel gut entwickelten Ich-Funktionen der Rücksichtnahme auf das Gesprächsgegenüber, der Fähigkeit, antizipieren zu können, wie eine Mitteilung wirken kann bis hin zu der Besorgtheit, dass eine Äußerung für den Analytiker vielleicht zu belastend sein könnte, lassen eine derartige Zurückhaltung, den analytischen »Dialogvorbehalt« durchaus als sinnvoll und notwendig erscheinen. Denn dieser wirkt nicht nur Überich-entlastend, sondern lässt neben dieser normativen und konventionellen Auflockerung auch stärker abgewehrte Inhalte und tiefere Übertragungsphantasien leichter entstehen, als wenn der Dialog wie bei einem höflichen Alltagsdiskurs eher an der Oberfläche verbleibt (▶ Neutralität).

Anders hingegen die explizite interaktionelle Orientierung: Bei dieser teilt ein Psychoanalytiker wohlüberlegt und expressis verbis mit, wie er eine Äußerung seines Patienten erlebt. Er tut dies immer dann, wenn er den Eindruck gewonnen hat, dass sein Patient angesichts einer Schilderung seines interpersonellen Verhaltens sich nicht oder nur verzerrt vorstellen kann, wie seine Äußerungen auf andere Menschen wirken (vgl. Heigl-Evers & Heigl 1983, Streeck 2004; ▶ Deutungen, analytikerzentrierte, patientenzentrierte, ▶ Ich-Funktionen stärken, ▶ Mitteilung der Gegenübertragung ▶ Prinzip Antwort, ▶ Selbstmitteilung).

## Interaktionelle Mikroanalyse der Beziehung

Diese bezieht sich im Unterschied und oftmals auch zur Ergänzung der interaktionellen Orientierung auf die Feinstruktur der nonverbalen interaktiven Signale, die vom Patienten ausgehen und – sofern möglich – auch auf die eigenen des Analytikers. Da die interaktiven Handlungserwartungen und -aufforderungen gerade bei Patienten mit einer Borderline-Persönlichkeitsorganisation mit oftmals überraschenden emotionalen Veränderungen einhergehen – eine z. B. eben noch anscheinend freundliche Gesichtsmimik (»Komm her zu mir«) kippt unversehens in einen verächtlichen und wütenden Ausdruck (»Hau bloß ab und sieh Dich vor«), um dann in eine erstarrte Mimik (»Lass mich in Ruhe«) zu wechseln – ist es für den Analytiker in der Regel schwierig, mit diesen interaktionellen Botschaften mitzukommen und dies führt in seinem Erleben oftmals zu einem »Gegenübertragungssalat« (Moser 2005, S. 84). Im Unterschied zu den »behäbigen langen Wellen« (ebd.) bei höher strukturierten Patienten, deren Übertragungen in immer wieder neuen Variationen über Wochen und Monate stabil bleiben können, gehen bei niedrig strukturierten Patienten die interaktionellen nonverbalen Mimik- und Affektäußerungen in einem sehr schnellen Tempo vor sich. Es scheint, als ließe sich dafür am besten durch das im Nachhinein erfolgende (und immer wieder erneute) Betrachten videographierter Mikroanalysen der Gesichtsmimik und interaktiven Bezogenheit, des Vergleichs von Sprachinhalt und nichtsprachlicher Kommunikation, wie sie von verschiedenen psychoanalytischen Arbeitsgruppen seit geraumer Zeit erforscht werden (vgl. z. B. Bänninger-Huber 2005, Benecke 2002, Krause 2002b, Merten 2001, Streeck 2000, 2004), Klarheit verschaffen bzw. eine Sensibilität erwerben (▶ Nonverbale Kommunikation, ▶ Prosodie).

Zwischen herkömmlicher Übertragungs- und Gegenübertragungsanalyse und der interaktionellen Mikroanalyse ist der Umgang mit den sog. »Traps« (»chicken traps«, »legitimation traps«, »self-accusation traps«) angesiedelt (vgl. Bänninger-Huber 2005). Unter einem »chicken trap« versteht die Innsbrucker Psychotherapieforscherin ein Interventionsverhalten von Psychotherapeuten, gemeinsam mit dem Patienten ausschließlich über Außenstehende zu sprechen, ohne zu erkennen, dass sich nicht nur das Geschehen unbewusst gerade im Hier und Jetzt der therapeutischen Interaktion und Kommunikation abspielt und dass sich beide verbünden, um sich unter Ausklammerung der Beziehungsthematisierung über das »Hühnchen in der Falle« (den Partner, den Vorgesetzten, ein Kind) herzumachen, aber auch, dass das Eingehen auf das Rollenangebot des Patienten diesem erspart, sich mit seinen eigenen Motiven und Verhaltensweisen gründlicher auseinanderzusetzen (▶ PAMs – Prototypische affektive Mikrosequenzen).

In der tiefenpsychologischen, aber auch selbstpsychologischen Vorgehensweise wird oft so vorgegangen, um dem Patienten (häufig aber ebenso dem Therapeuten) zunächst die affektiv belastendere Beziehungsanalyse zu ersparen, aber auch um dem Patienten die in seinem Leben nur unzureichend erfahrene Resonanz eines mitfühlenden Gegenübers (▶ Selbstobjekt-Übertragung) zu ermöglichen.

Bänninger-Huber spricht deshalb auch von einer Balance-Hypothese und versteht hierunter das Erfordernis eines ständigen Abwägens, inwieweit ein Patient (und hierzu gehören nicht ausschließlich nur in ihrem Selbstwertgefühl beeinträchtigte Personen) ein Gefühl von ▸ Sicherheit und Vertrauen benötigt oder ob ihm bereits schon eine gewisse Konfliktspannung zugemutet werden kann. Dies wäre der Fall, wenn der Analytiker interaktive Rollenangebote des Patienten nicht wiederholt übernimmt. »Die Aufrechterhaltung dieser Spannung wiederum ist eine Voraussetzung dafür, dass die intrapsychischen Konflikte des Klienten erkannt und bearbeitet werden können. Wir sprechen deshalb von einer ›Balance-Hypothese‹: Sicherheit zu vermitteln und gleichzeitig Konfliktspannung auszuhalten« (Bänninger-Huber 2005, S. 57).

Wie daraus auch ersichtlich wird, macht eine neutrale Haltung, sofern sie nicht rigide eingesetzt, sondern prozessadaptiert auf einen spezifischen Patienten in seiner emotionalen Verfassung zugeschnitten wird, nach wie vor durchaus Sinn und sollte nicht vorschnell im Rahmen eines intersubjektiven Psychoanalyseverständnisses verabschiedet werden (▸ Neutralität).

## Interkulturelle Sensibilität entwickeln

Obwohl es seit Beginn der Psychoanalyse auch viele ethnopsychoanalytische Untersuchungen gibt (vgl. z. B. Reichmayr et al. 2003), hat doch die nicht zu übersehende Tatsache, dass hierzulande immer mehr Menschen aus anderen Kulturen, die in der Regel mit einer anderen Muttersprache aufgewachsen sind, um analytische Psychotherapie nachsuchen, die therapierelevanten Überlegungen zur ethnischen und kulturellen Identität, Migration, Zweisprachigkeit, kulturellen Disparität zu neuen und sehr wichtigen Themen werden lassen. Dabei geht es u. a. um die folgenden Fragen: Inwieweit besteht eine Sensibilität für das Migrationserleben von Menschen aus anderen Kulturkreisen, wie groß ist die Bereitschaft von Therapeuten, sich mit kulturell geprägten Übertragungsdispositionen und interkulturellen Beziehungsdynamiken zu befassen, wie wirkt sich die Tatsache der Zweisprachigkeit auf die Übertragungsdichte, auf Abwehrvorgänge und den analytischen Prozess aus, welche Modifikationen des analytischen Vorgehens sind notwendig, welche besonderen Sensibilitäten sind für das Erkennen von und dem Umgang mit transgenerationellen, traumatisierenden Migrationserfahrungen erforderlich? (siehe hierzu z. B. Akthar 1999, Amati-Mehler et al. 1993, Bohleber 1997, Bründl & Kogan 2005, Erim-Frodermann 1999, Erim 2001, Erim & Senf 2002, Etchegoyen & Amati-Mehler 2004, von der Stein 2006, Utari-Witt 2005, Zielke 2006).

Da die ursprünglichen Beziehungen von Patienten in ihrer Kindheit, und damit auch ihre verinnerlichten und angeeigneten Erfahrungen in Form von Introjekten, immer auch in ihre Familien- und Kollektivgeschichte eingelassen sind, ist es wichtig, dass Psychoanalytiker – vor allem im Fall transgenerationeller Traumatisierungen – die elterlichen Erfahrungen und die möglichen Auswirkungen auf die Kinder, d. h. auf die Patienten, ansprechen und allgegenwärtige Tabuisierungen aufgrund von Schuld- und Schamgefühlen nicht in kollusiver Abwehr mitmachen (vgl. Bohleber 1997). Symptome von Patienten sind oftmals auf verborgene Traumatisierungen der Eltern – vor allem wenn diese Migranten sind – zurückzuführen und können folglich nur im Rahmen der transgenerationellen Traumaweitergabe verstanden werden (vgl. von der Stein 2006).

Ein wirkliches Sich-Einlassenkönnen auf die Traumatisierungen von Emigranten setzt für deutsche Psychoanalytiker der zweiten und dritten Generation von nationalsozialistischen Tätern, Mitläufern und Opfern voraus, dass sie sich mit ihren eigenen Schamerlebnissen, Ich-Ideal-Beschädigungen und Traumatisierungen im transgenerationellen Kontext ausreichend auseinandergesetzt haben. Lange Zeit, noch bis in die 1980er Jahre hinein, durften diese nicht erlebt werden, und auch die Leiden der Kriegskindergeneration blieben zumeist unthematisiert.

### Interpersonelle Orientierung

Eine »interpersonelle Orientierung« einzunehmen heißt, sich als Analytiker zu fragen, inwieweit die neurotischen Beziehungserwartungen, die ein Patient an ihn stellt, und die Wahrnehmungen seiner Person nicht nur von der Vergangenheit des Patienten stark beeinflusst sind und aus diesem Grund inadäquate Wahrnehmungen darstellen, sondern vor allem mit seinem realen Verhalten zu tun haben. Denn eine Grundannahme der interpersonellen Theorie lautet, dass die gegenwärtigen Schwierigkeiten eines Patienten überwiegend durch negative Beziehungserfahrungen mit anderen Menschen zustande gekommen sind und dass der Patient diese Beziehungserfahrungen in der Gegenwart wiederholt und deshalb ein Gegenüber benötigt, um mit dieser Person seine problematischen Seiten konstellieren und damit aufrechterhalten zu können. Ohne ein Entgegenkommen des Gegenübers kann kein maladaptiver Interaktionszirkel entstehen. Deswegen ist es entscheidend wichtig, dass man als Analytiker herausfindet, wie es der Patient schafft, andere Menschen und einen selbst zu problematischen Verhaltensweisen zu bewegen, die dann bestimmte Interaktionszirkel in Gang setzen (▶ Adaptives Handeln, ▶ Enactment, ▶ Handlungsdialog, ▶ Rollenempfänglichkeit). Selbsterkenntnis hat entsprechend dieser Auffassung nicht nur mit dem ichpsychologisch orientierten Erkennen von intrapsychischen Wünschen und deren Abwehr zu tun (▶ Ichpsychologische Orientierung, ▶ Prozess-Monitoring), sondern vor allem mit der Beschaffenheit von interpersonellen Situationen.

Generell kann man sich jedes Verhalten als eine Resultante von gegenwärtigen und vergangenen Einflüssen vorstellen. Im Fall eines neurotischen Wiederholungszwangs liegt es nahe, in dem neurotischen Verhalten überwiegend die Auswirkungen der Vergangenheit zu betrachten, was Freud als psychischen Determinismus thematisierte.

Bei der interpersonellen Orientierung findet aber eine deutlich höhere Gewichtung der gegenwärtigen Einflüsse statt. Gegenwärtiges Erleben und Handeln eines Patienten sind nach interpersoneller Auffassung deshalb auch zum überwiegenden Teil dadurch bestimmt, wie dieser seinen Analytiker im Hier und Jetzt erlebt, und vielleicht nur zu einem geringen Teil der Übertragung früherer Beziehungserfahrungen aus seiner Kindheit geschuldet. Der Analytiker, der interpersonell orientiert ist, muss demzufolge darauf achten, worin der Einfluss der gegenwärtigen sozialen Realität besteht, da er unweigerlich zum Teilnehmer an einer Interaktion wird, der allein aufgrund seiner Existenz seinen Patienten beeinflusst, nicht zu reden von den vielen Signalen, die er unbemerkt und ihm nichtbewusst aussendet (▸ Enactment, ▸ Handlungsdialog, ▸ Übertragung im Hier und Jetzt).

Im intrapsychischen Trauma- und Entwicklungsstörungs-Modell wird davon ausgegangen, dass der Patient zu bestimmten Zeiten seines Lebens eine nur unzureichende Befriedigung für die Entwicklung seiner notwendigen Bedürfnisse wie z. B. eine gute Individuationserfahrung (Mahler), einfühlsame Spiegelung und Gelegenheiten zur Idealisierung (Kohut), ausreichend gute Affektabstimmung (Stern, Lichtenberg), Möglichkeiten der Triangulierung mit Hilfe eines aufmerksamen und zugewandten Vaters (vgl. z. B. Grieser 1998) u. a. m. erfahren hat und dass nun der Analytiker als gute Mutter oder als guter Vater ihm diese Erfahrungen nachliefern muss: für den Säugling die Affektabstimmung und die ungestörte symbiotische Verschmelzung, für das übende Kleinkind Spiegelungserlebnisse, für das zweijährige Kind Möglichkeiten der Idealisierung, für das Kind jedweden Alters überhaupt Einfühlung, Respekt, Interesse usf. Nun muss der Analytiker die Stellen in der Entwicklung seines Analysanden ausfindig machen, an dem die Entwicklungsstörung anfing – wobei manche kleinianischen Analytiker diese entwicklungsmäßige Auffassung zusätzlich auch noch durch eine ihrer Meinung nach passende Wortwahl unterstreichen, indem sie von der »Analytiker-Mama« und dem »Analytiker-Papa« sprechen. Stephen Mitchell (1988) hat allerdings dieses Denken als Ausdruck für eine »entwicklungsmäßige Schieflage« bezeichnet. Übersehen wird von den nicht-relationalen Analytikern nach Mitchell, dass der Psychoanalytiker, indem er neue Beziehungserfahrungen mit seinem Analysanden ermöglicht, erwachsenere Formen der Intimität und Bezogenheit für diesen bereitstellt, als dieser aufgrund seiner psychischen Einschränkungen bislang erleben konnte. Der Analysand erfährt dies alles aber in der Gegenwart. Die durch die entwicklungsmäßige Schieflage bedingte Konzeptualisierung erzeugt hingegen den illusionären Glauben, der Psychoanalytiker könne die damaligen Versäumnisse in der Kindheit des Patienten korrigieren und die seit dieser Zeit bestehenden Erfahrungslücken in der Gegenwart auffüllen.

Folgerichtig wird die Psychopathologie in Begriffen fehlender kindlicher Erfahrungen beschrieben und nicht als reduzierter Umfang von Beziehungsmöglichkeiten in der Gegenwart (▶ Entwicklungstheoretische Orientierung, ▶ Relationale Orientierung). Und was am wichtigsten ist: Die fehlenden Befriedigungen der Entwicklungsbedürfnisse werden in den Patienten hinein verlagert, anstatt die fehlenden Ausdrucksmöglichkeiten als Funktion des Beziehungsfeldes zu sehen, in dem der Analysand sich bewegt, das er z. T. sich selbst ausgesucht und entsprechend konstelliert hat.

Die interpersonelle Orientierung, die mit Harry Stack Sullivan (1953) ihren Anfang nahm, aber bereits schon in Sandor Ferenczi einen Fürsprecher fand, wendet sich mit der methodischen Bestimmung des Analytikers als eines teilnehmenden Beobachters auch gegen die Auffassung, der Analytiker könne aufgrund seiner Abstinenz, Anonymität und ▶ Neutralität die Äußerungen seines Patienten überwiegend als intrapsychisches Produkt, zustande gekommen aufgrund der zeitlichen Regression, betrachten; vielmehr gilt es, den gegenwärtigen Einfluss ungleich stärker zu gewichten (vgl. Levenson 1991, Lionells et al. 1995). Damit geht eine starke Aufwertung der manifesten Elemente einer Beziehung einher: die beobachtbaren Redeinhalte, aber auch die stimmlichen und mimischen Eigentümlichkeiten des Analytikers wie des Patienten; ihre gegenseitigen Angleichungen in Gestik und Körperhaltung (vgl. Streeck 1994, 2004) und ihre wechselseitigen Affektansteckungen (vgl. Krause 2002a, b; ▶ Nonverbale Kommunikation). Der Vergangenheitsbezug, d. h. die Frage, mit welchen Rollenerwartungen aus seiner Kindheit ein Patient bestimmte Verhaltensweisen bei seinem Analytiker konstelliert und induziert, verliert demgegenüber stark an Bedeutung.

Aber auch schon der Ichpsychologe David Rapaport (1944, 1954) kritisierte, dass Psychoanalytiker seiner Zeit jegliches Verhalten ihrer Patienten immer nur dynamisch interpretiert und damit die äußere Realität außen vor gelassen hätten. Gegenüber der Einseitigkeit der umwelttheoretischen Auffassung von Adler und Horney forderte er aber eine umfassendere Betrachtungsweise: Der adaptive und der psychosoziale Gesichtspunkt ersetzen nicht eine dynamische und strukturelle Betrachtungsweise, sondern ergänzen sie. Dieses Plädoyer für komplementäre Sichtweisen scheint in den Schriften einiger zeitgenössischer Interpersonalisten aber verlorengegangen zu sein, bei denen eher eine Entweder-oder-Einstellung eingenommen wird, wie z. B. an manchen Stellen bei Greenberg und Mitchell (1983): Entweder ist jegliches pathogene Erleben nur den inneren Konflikten geschuldet, die aufgrund von Triebimpulsen und deren Abwehr entstanden sind (das ist bei Greenberg und Mitchell die Freud'sche Sichtweise, die als falsch zurückgewiesen wird) oder es geht ausschließlich auf die jetzt erlebten zwischenmenschlichen Beziehungen zurück, die neurotogen sind.

Für M. O. Slavin und D. Kriegman (1992) können von einer interdisziplinären Warte aus betrachtet diese zwei Sichtweisen, die sich auf den ersten Blick auszuschließen scheinen, aber durchaus miteinander verbunden werden. Aus evolutionsbiologischer Sicht weisen sowohl eine Impuls getriebene, selbstzentrierte, individualistische Handlung als auch eine die Gruppeninteressen berücksichtigende Handlung bedeutsame evolutionäre Vorteile auf.

Ein interpersoneller Psychoanalytiker fragt seinen Patienten direkt danach, wie dieser ihn erlebt. Er spricht aber auch mögliche Beziehungsanspielungen an, beispielsweise, ob die Umgangsweise mit seinem Vorgesetzten nicht auch auf ihn zutreffen könnte.

> »Ich habe den Eindruck, dass Sie nicht nur in der Beziehung zu Ihrem Vorgesetzten, sondern auch in der Beziehung zu mir mit spontanen Äußerungen extrem vorsichtig sind, aus der Angst heraus, Sie könnten einen Fehler machen, für den ich Sie dann bestrafen würde. Könnte es sein, dass ich einen strengen oder ungeduldigen Eindruck auf Sie gemacht habe, weshalb Sie meinen, so vorsichtig sein zu müssen?«

> *Unterschied zu der klassischen Auffassung:*
> »Kann es sein, dass Sie mich wie Ihren Vorgesetzten erleben und deswegen so extrem vorsichtig sind?«
>
> Ein interpersoneller Analytiker gibt seinem Patienten durchaus auch Rückmeldungen darüber, wie er die Beziehung mit ihm erlebt (▶ Prinzip Antwort):
> »Ich merke, wie ich manchmal etwas ungeduldig werde, wenn Sie sich so zögerlich verhalten, nur weil Sie alles perfekt machen wollen. Ich kann mir vorstellen, dass Sie bei Ihrem Vorgesetzten mit dieser Haltung auch Verärgerung auslösen können.«
>
> *Das ist ein ziemlicher Unterschied z. B. zu einer selbstpsychologischen Auffassung und Intervention:*
> »Sie ärgern sich wieder einmal über Ihren unempathischen Vorgesetzten, der offensichtlich nicht erkennen kann, wie sehr Sie sich für Ihre Tätigkeit einsetzen – so wie Ihr Vater Sie ja auch nie anerkennen konnte.«

Die Ähnlichkeit zu einem systemischen Denken ist nicht zu übersehen und wenn herkömmliche Psychoanalytiker der interpersonellen Orientierung, die heutzutage von postsullivanschen Analytikern (wie z. B. Ehrenberg, Hirsch, Levenson, Mitchell) realisiert wird, nur zum Teil zugestimmt haben, dann liegt dies auch daran, dass der Verzicht auf das Latente und die biographische Dimension ihrer Meinung nach zu einer Halbierung der Bewusstseinsaufklärung führt.

Wöller und Kruse (2001) sehen in der interpersonellen Theorie eine Ergänzung zu der ichpsychologischen Auffassung über die Bedeutung von intrapsychischen Konflikten, Abwehrformen und Defiziten. Intrapsychische und interpersonelle Aspekte sind entwicklungspsychologisch betrachtet ohnehin nicht voneinander zu trennen. Aus ursprünglich interpersonellen Prozessen werden intrapsychische Vorgänge. »Alles, was sich in den interpersonellen Beziehungen abspielt, hat im inneren psychischen Geschehen des Patienten eine Entsprechung und alles, was intrapsychisch abläuft, wirkt sich in der äußeren Realität aus« (S. 16). Insofern gehört es zum psychoanalytischen Einmaleins, diese Verschränkung fortwährend zu berücksichtigen. Allerdings ist es in der Regel nicht möglich, wovon schon der Ichpsychologe Rudolf Loewenstein (1966) überzeugt war, in der Wahrnehmung zwischen dem, was von den Introjekten des Patienten stammt, und den Einflüssen, die der Person des Analytikers geschuldet sind, eine eindeutige Trennungslinie zu ziehen.

## Intersubjektive Orientierung

Wie verschränken sich die Mitteilungen und das Erleben des Patienten mit dem Erleben und den Interventionen des Analytikers? Welche neue Realität bildet sich im Zusammenspiel der Erwartungen und des Aufeinander-Bezugnehmens aus? Intersubjektive Psychoanalytiker (vgl. z. B. Hoffman 1991, Mitchell 1993, Orange 1995, Orange et al. 1997, Stolorow & Atwood 1992, 1997, Ferro 2003, Baranger & Baranger 2008) erblicken den Fokus des Analysierens in dieser intersubjektiven Konstituierung, die sich nicht länger voneinander getrennten Subjekten zuordnen lässt. Ist diese Perspektive die Manifestation einer unbewussten Verschmelzungsphantasie oder begründet sie tatsächlich ein neues, postcartesianisches Paradigma?

Eine intersubjektive Erkenntnishaltung einzunehmen unterscheidet sich in den Augen der Intersubjektivitätstheoretiker erheblich von der klassischen Vorgehensweise, die überwiegend das intrapsychische Erleben des Patienten betrachtet hat und deshalb seit Rickmann und Balint als »one-body-psychology« bezeichnet wird. Intersubjektive Psychoanalytiker gehen deshalb auch davon aus, dass sie gegenüber den bisherigen psychoanalytischen Theorierichtungen, die teilweise immer noch dem herkömmlichen cartesianischen und in der Folge einem positivistisch mechanischen Paradigma verpflichtet bleiben, ein neues, das intersubjektivistische Paradigma, begründet haben (vgl. Altmeyer & Thomä 2006). Sie kritisieren deshalb an der Mainstream-Psychoanalyse, dass sie immer noch wie die klassische Metapsychologie eine mechanistische Metaphorik verwende: Intrapsychisch entstandene Triebimpulse streben nach Entladung, Repräsentanzen werden besetzt und Schwellen errichtet. Abwehrmechanismen operieren ebenfalls ausschließlich innerhalb einer Person. Der handelnde, auf andere Menschen bezogene, sich in dessen Erwartungen einfühlende Mensch käme in dieser der Helmholtz'schen Physik des 19. Jahrhunderts nachempfundenen Terminologie nicht vor. Menschen betrachten aber andere Menschen nicht lediglich als Objekte ihrer Triebbefriedigung – es sei denn, sie haben eine schizoide oder narzisstische Persönlichkeitsstörung –, sondern sie streben nach einer beziehungsmäßigen Verbundenheit mit diesen und leben von klein auf in einer Beziehungsmatrix mit Eltern, Geschwistern Großeltern und Tieren, die einen kontinuierlich formenden Einfluss auf das Kind ausüben.

Diese entwicklungs- und persönlichkeitstheoretischen Auffassungen prägen vor allem das klinische Verständnis: Die Intersubjektivisten wähnen sich näher an den Beziehungsbedürfnissen ihrer Patienten, als sie es bei den klassischen Psychoanalytikern vermuten. Diese seien in ihrer Diagnostik darauf aus wahrzunehmen, welche triebhaften Besetzungen der Analysand an ihrer Person vornehmen möchte, die er aber zunächst noch in der Verdrängung halten muss und vorerst nur als Symptom präsentieren kann. Eine optimale Versagung dieser verstümmelten und nur noch in neurotischen Kompromissbildungen partiell erlebbaren Triebwünsche führt deshalb zu einer Intensivierung der Triebimpulse in der Übertragung, was die Gelegenheit für den Analytiker darstellt, ihrer anhand der weniger abgewehrten Abkömmlinge habhaft zu werden, wobei zunächst aber nur der ▶ Widerstand angesprochen werden kann. Intersubjektivisten behaupten demgegenüber, dass diese Ein-Personen-Psychologie, bei der nur die Psyche des Patienten wie im herkömmlichen Arzt-Patienten-Modell zum Thema wird, die Wirklichkeit der tatsächlichen analytischen Behandlungssituation weit verfehlt.

Sie gehen vielmehr davon aus, dass der wesentliche Stoff, aus dem der analytische Prozess besteht, nicht das intrapsychische Material des Analysanden ist, das sich abgetrennt von der intrapsychischen Welt des Analytikers rekonstruieren lässt, sondern dasjenige Erleben, das zwischen den beiden – intersubjektiv –

entsteht. Dass der Analysand angehalten ist, von sich selbst zu erzählen, während der Analytiker überwiegend zuhört, sollte nicht darüber hinwegtäuschen, dass der Analysand bewusst, zum größten Teil aber unbewusst seine Erzählung auf seinen Analytiker abstimmt. Ist damit gemeint, dass er dem Analytiker zuliebe bestimmte Themen bevorzugt auswählt, andere unterlässt oder nur am Rande streift? Das wäre mit der klassischen Widerstandsauffassung zu erklären. Nein, die Intersubjektivisten gehen einen wesentlichen Schritt weiter: Ihrer Auffassung nach ist die Erzählung des Analysanden immer ko-konstruiert, d. h. ko-narrativ mitgestaltet durch die Subjektivität des Analytikers, ohne dass es diesem bewusst wird, es sei denn, er führt sich aufgrund seiner intersubjektiven Orientierung diesen Umstand ständig vor Augen. Das Wissen über die innere Welt des Patienten – sofern dieser Ausdruck überhaupt noch zutreffend ist, weil er die Abgeschlossenheit einer inneren Theaterbühne impliziert – ist also immer interaktions- und kontextabhängig. Nicht nur die Art und Weise, wie der Analytiker auf verbal inhaltliche Weise seine Interventionen gestaltet, welche Wertvorstellungen und Überzeugungen er expressis verbis oder auch zwischen den Zeilen dabei vertritt (▶ Lebenskunst, ▶ Theorien verwenden), an welchen Stellen er zurückhaltend ist oder schweigt, ist für diese ko-narrative Mitgestaltung bedeutsam, sondern die gesamte, zumeist unbewusste nonverbale Kommunikation gestaltet diesen intersubjektiven Rahmen (▶ Nonverbale Kommunikation). Die bewusste Wahrnehmung des reflexionsfähigen Handlungs- und Erlebnisdialogs ist somit nur ein kleiner Teil dieser permanent ablaufenden unbewussten Interaktion, die reziprok vonstatten geht – auch wenn es auf der Ebene des verbalen Diskursgeschehens einen Dialogvorbehalt gibt, was zu einer gewissen Asymmetrie führt (▶ Beziehungsregulierung).

Die Suche nach einer latenten intrapsychischen Realität, die hinter der analytischen Interaktion angesiedelt ist, ist klinisch und erkenntnistheoretisch irreführend. Dies wird noch deutlicher, wenn wir uns philosophischen Konzeptionen zuwenden.

Der Philosoph Daniel Dennett (1991) hat die intrapsychischen Metaphern der Psychoanalyse, aber auch unserer alltäglichen Vorstellungen über das Psychische, als »Cartesianisches Theater« bezeichnet. Auf Descartes geht die Idee zurück, dass es einen inneren Raum oder Ort in uns gibt, in dem unsere Vorstellungen, Ideen, Phantasien und Gefühle versammelt sind. Durch einen Blick auf diese innere Leinwand erfahren wir unsere jeweiligen Vorstellungen, die Abbilder der wirklichen Welt sind. Sie sind jederzeit abrufbereit, sofern unser Selbst sich per Willensbeschluss vornimmt, einen Blick in diese Innenwelt zu werfen. Auch die Erinnerungen an längst Vergangenes sind in den Archiven dieses Theaters aufbewahrt. Das Selbst muss nur in die richtigen Schubladen schauen, um die chronologisch gespeicherten Gedächtnisinhalte verfügbar zu machen. Manche von diesen sind, vor allem wenn sie seit längerer Zeit nicht mehr gebraucht wurden, zwar schon etwas verstaubt, aber im Grunde gut erhaltene Kopien der damals erlebten Wirklichkeit. Unser Selbst ist sich jederzeit der Existenz dieser, seiner, inneren Gedanken und Vorstellungen bewusst. Zu diesem inneren Theater hat kein Außenstehender einen unmittelbaren Zugang, ebenso wie man selbst auch keinen unmittelbaren Zugang zu der Innenwelt eines anderen Menschen hat, sondern sich dieser nur durch komplizierte gedankliche Analogieschlüsse versichern kann.

Dennett (1991) bezieht vehement Stellung gegen die Descartes'sche Vorstellung eines denkenden Selbst, das die äußeren Geschehnisse dieser Welt aus der Abgeschlossenheit seines inneren Wahrnehmungs- und Denkraumes heraus, seines »Cartesianischen Theaters«, beobachtet. Um sich von dieser Zuschauerperspektive des Selbst zu befreien, schlägt Dennet vor, nicht länger vom Selbst als einem Wesen auszugehen, das Überzeugungen und Sehnsüchte *hat*, sondern stattdessen von der Vorstellung, dass das Selbst aus einer quirlenden Menge von Überzeugungen und Sehnsüchten *besteht*, die immer nur in sozialer Interaktion entstehend gedacht werden können.

In der intersubjektiven Psychoanalyse ist viel davon die Rede, dass wir nunmehr ein cartesianisches Verständnis endgültig überwunden haben und unsere Konzepte und Theorien hegelianisch begründen sollten. Nicht nur in der Entwicklung des Kindes, seiner Subjektgenese, z. B. hinsichtlich seiner Symbolisierungsfähigkeit und Identitätsbildung, sondern auch im therapeutischen Prozess wird Intersubjektivität bei nicht wenigen Psychoanalytikern der Gegenwart zum alles bestimmenden Merkmal: Die Äußerungen eines Patienten gelten nicht länger als dessen intrapsychische Produktion, sondern sie werden verstanden als Ko-Konstruktionen, als ein gemeinsames Produkt von Patient und Analytiker, dessen Interaktionsangebote, unbewusste psychodynamische Konflikte, Weltwissen sowie bevorzugte psychoanalytische Theorien einen kontinuierlichen Einfluss auf die Wahrnehmung seines Patienten ausüben und den Umgang mit ihm bestimmen.

Nicht immer ist jedoch in den Schriften der Intersubjektivitätstheoretiker eindeutig, ob sich Intersubjektivität auf der Ebene des verbalen Handelns abspielt oder ob dieser Austausch im nonverbalen Kommunikationsmodus vonstatten geht, bei dem alle Sinnesmodalitäten zum Einsatz kommen, motorisch, mimisch, gestisch, prosodisch, olfaktorisch u. a. m.

Wenn die ▶ nonverbale, nichtbewusste Kommunikation, die auf emotional prozeduralen Mustern unserer Gedächtnisorganisation basiert, Priorität gegenüber der verbalen Kommunikation gewinnt, die von unserem deklarativen Gedächtnis ausgeht, dann wird die analytische Begegnung auf jeden Fall um einiges vielschichtiger als es z. B. Transkripte deutlich machen können und sie spielt sich auch jenseits der Deutung ab (▶ »Etwas mehr« als Deutung, ▶ Gegenwartsmoment, ▶ Lokale Ebene, ▶ Nichtdeutende Mechanismen). Dann wird auch die Subjektivität des Analytikers »irreduzierbar«, wie dies der intersubjektivistisch argumentierende Owen Renik (1993) postuliert.

Es sprechen viele Argumente für eine intersubjektive Sichtweise: Die im 20. Jahrhundert erfolgte Kritik an einer solipsistischen Auffassung vom erkennenden Subjekt und die daraus resultierende Unmöglichkeit einer völligen Trennung von Erkenntnissubjekt und -objekt; das Gewahrwerden der Erkenntnisgrenzen einer Dritte-Person-Perspektive wie auch einer Erste-Person-Perspektive; die eindrucksvollen Befunde der Kleinkindforschung über intersubjektive Austauschprozesse zwischen Mutter und Kind; die permanente Ich-Du-Bezogenheit in allen zwischenmenschlichen Beziehungen, interpersonell wie intrapsychisch, und die eindrucksvolle Postulierung eines »analytisch Dritten« im intersubjektiven Austausch von Analysand und Analytiker (vgl. Ogden 2001, Zwiebel 2007).

Das detektivische Rekonstruieren (vgl. Haubl & Mertens 1996) und das archäologische Suchen (vgl. Mertens & Haubl 1996) treten zurück oder verlieren gänzlich an Bedeutung zugunsten einer neuen emotionalen Erfahrung, die in der Begegnung zwischen Analytiker und Analysand geschieht: »Erfahrungen dieser Art bringen eine fröhliche Stimmung mit sich, Kameradschaft, Spielerisches, gesunden Flirt, Charme« (Ogden 2005, S. 766).

Dennoch hat es in den letzten Jahren auch kritische Einschätzungen über eine mögliche Überdehnung des intersubjektiven Ansatzes gegeben. Wenn z. B. nur noch die Betrachtung der ko-konstruierten Interaktions- und Kommunikationspänomene einer ganz bestimmten Analytiker-Patient-Dyade Inhalt der Therapie ist, wie könnte dann eine Einsicht über das Erleben in anderen Interaktionen erreicht werden? (vgl. z. B. Frank 1998). Und wie kann eine Einsicht in die aus der Lebensgeschichte stammenden Einflüsse erarbeitet werden, wenn sich der Fokus der analytischen Arbeit zu sehr auf die intersubjektive Interaktion im »Hier und Jetzt« verlagert? Insofern erscheint Otto Kernbergs Kritik durchaus plausibel, wenn er die Auffassung vertritt, dass mit einer ausschließlich intersubjektiven Sichtweise dem Bedürfnis eines Patienten Vorschub geleistet werden kann, »einer Vertiefung seines Verständnisses für die unbewussten Determinanten seines gegenwärtigen Erlebens auszuweichen: Die realitätsorientierte Intersubjektivitätsanalyse wirkt, wie André Green (persönliche Mitteilung) betont, einer Erforschung der tiefen Schichten der Psyche entgegen« (Kernberg 1999, S. 882).

Gleichwohl kann es keinen Zweifel daran geben, dass sich das intersubjektive Paradigma auch mit einer neuen wissenschaftstheoretischen Betrachtungsweise in Beziehung setzen lässt, der nichtlinearen, dynamischen Systemtheorie. Ursprünglich aus der Physik, Chemie und Mathematik kommend wurde die Analyse dynamischer, nichtlinearer, sich selbstorganisierender und sog. chaotischer Systeme auf das Studium komplexer biologischer Systeme übertragen (vgl. von Bertalanffy 1968, Prigogine 1980, Prigogine & Stengers 1981). Dynamische Systemtheoretiker wie z. B. Thelen und Smith (1994) beschäftigen sich vor allem mit dem Prozess entwicklungsmäßiger Veränderungen: Wie entstehen Ordnung und Komplexität aus dem Zusammenspiel unendlich vieler Komponenten? Als dynamische Systemtheoretiker herausgefunden hatten, dass geringfügige Vorgänge zu gewaltigen Auswirkungen führen können, war endgültig das Interesse an nicht vorausberechenbaren, sog. »chaotischen« Vorgängen entstanden. Mit ihrer Betonung des permanent im Prozess befindlichen und vor allem vom Kontext abhängigen und beeinflussbaren Geschehens eignet sich diese Betrachtungsweise besonders gut für die Konzeptualisierung psychoanalytischer Phänomene. Psychoanalytiker haben seit jeher ihr besonderes Augenmerk auf den unbemerkten Austausch wechselseitiger, intersubjektiver, synchron ablaufender, bewusster, subliminaler und unbewusster Austauschvorgänge gelegt (z. B. Poetzl, Jung, Ferenczi) und diese spielen in der modernen psychoanalytischen Entwicklungspsychologie eine nicht mehr wegzudenkende Rolle (vgl. insbesondere die Pionierarbeiten des amerikanischen psychoanalytischen Entwicklungstheoretikers Louis Sander ab den 1960er Jahren, z. B. 1962, 1964, 1975, 1977, 1985).

So hat z. B. Stolorow (1997) eine »intersubjektive« Konzeptualisierung innerhalb einer nonlinearen dynamischen Systemtheorie skizziert, die den zentralen Fokus in einer psychoanalytischen Behandlung darstellen sollte: Wie verschränken sich die subjektiven Gefühlswelten der beiden Beteiligten in einem intersubjektiven Prozess? Im Unterschied zu der von der herkömmlichen cartesianischen Denkhaltung eingenommenen Dichotomisierung von intrapsychisch versus interpersonell, one-body- versus two-body-psychology, individual- versus sozialpsychologisch (wie z. B. bei Greenberg & Mitchell 1983, die von einer grundsätzlichen Unvereinbarkeit der klassischen individualistisch atomistischen Tradition der angelsächsischen Philosophie und der sozialen, kontextbezogenen und pragmatischen Tradition ausgehen), wird in dem intersubjektiven Ansatz der dynamischen Systemtheorie von der Unmöglichkeit einer derartigen Aufteilung ausgegangen: Die intrapsychischen Erlebniswelten sind immer schon Subsysteme des übergreifenden und umfassenderen intersubjektiven Systems. Was ein Analysand denkt und fühlt, ist abhängig von dem, wie und was sein Analytiker denkt und fühlt und vice versa.

Aus dieser Sichtweise folgt auch, dass Entwicklung ungleich stärker interaktions- und kontextabhängig ist als jemals zuvor gedacht. So wenig wie es in diesem Paradigma vorprogrammierte Entwicklungsziele gibt, die sich unabhängig vom äußeren Kontext entfalten, so wenig gibt es auch Konflikte und Traumatisierungen, die unabhängig vom intersubjektiven Kontext entstehen (▶ Kontext bezogenes Intervenieren). Das psychodynamisch Unbewusste, vor allem aber das nichtbewusste Emotionswissen wird von Affektzuständen gebildet, die vom Kind nicht zur Mentalisierung zugelassen werden konnten, weil sie ein traumatisierendes Fehl- oder »Miss«-Attunement erfahren haben. Auf einen gezeigten traurigen Affekt folgte z. B. eine ärgerliche Zurückweisung, auf den Ausdruck von Ärger eine empörte Reaktion und auf Neugierde eine mürrische Ablehnung.

Die Pathologie eines Patienten kann andauern, nicht, weil intrapsychische Mechanismen innerhalb des Patienten wie statische, unbeeinflussbare Entitäten wirken, sondern weil pathogene Interaktionsmuster des Patienten ebensolche Antworten des Analytikers zunächst nahelegen, bis dieser die Retraumatisierung für seinen Patienten anhand seiner Reaktionen erkennt und sein Verhalten ändert (▶ Enactment, ▶ Interpersonelle Orientierung, ▶ Projektive Identifizierung, ▶ Rollenempfänglichkeit, ▶ Übertragung der Gesamtsituation). Erst dann kann es zu einer »Destabilisierung« derartiger »Attraktoren« kommen, die als spezifische Eltern-Kind-Interaktionen bereits von Geburt an entstanden sein können. In der Destabilisierungsphase treten in der Regel massive Ängste auf, weil sich gewohnte Interaktionsmuster auflösen und Patienten zunächst in eine strukturlose Leere abzustürzen meinen, bis sich eine neue Beziehungserfahrung etabliert und stabilisiert hat (▶ Gegenwartsmoment).

Auch die herkömmliche Dichotomie von Veränderung durch ▶ Einsicht und Veränderung aufgrund der erfahrenen Beziehung kann im intersubjektiven Paradigma nicht aufrechterhalten werden. Übertragungs- oder genetische Deutungen wirken sich nur dann positiv aus, wenn ein Patient spürt, dass sein Analytiker sich genügend eingefühlt hat, um Retraumatisierungen und allzu große Erschütterungen des Selbstwertsystems zu vermeiden. Ohne ausreichend gutes Attunement sind Deutungen nicht nur zwecklos, sondern sogar schädlich (▶ Dialoghandeln, ▶ nonverbale Kommunikation beachten, ▶ Sicherheit ermöglichen).

Stanley R. Palombo (1999) hat den psychoanalytischen Veränderungsprozess folgerichtig als eine emergente Koevolution der beiden Beteiligten beschrieben. Tobias Brocher und Claudia Sies (1986) waren die ersten deutschsprachigen Forscher, die die nichtlineare dynamische Systemtheorie als neues interdisziplinäres Forschungsparadigma in die Psychoanalyse eingeführt haben.

Mit dem zunehmenden Verständnis für interpersonelle und intersubjektive Vorgänge besteht die Analyseeinheit nicht mehr nur aus dem Intrapsychischen eines Patienten, seinen Übertragungen und den dadurch ausgelösten Gegenübertragungen im Therapeuten, sondern in dem Zusammenspiel der beiden Akteure, von dem selbst einem geschulten und reflektierten Therapeuten nur Bruchteile reflexiv zu Bewusstsein kommen können, wie z. B. Videoaufnahmen über das non- und paraverbale Ausdrucksverhalten besonders deutlich machen können (vgl. Krause 1997, Streeck 2004). Nach Beebe und Mitarbeitern (2003a, b, Beebe 2004) kann nur die Kenntnis des Zusammenspiels des impliziten und des expliziten Gedächtnissystems zu einem tieferen Verständnis von Interaktion und Kommunikation – natürlich nicht nur in einem therapeutischen Setting – führen. Denn in jeder Beziehung werden nicht nur sprachlich symbolische Kommunikationselemente ausgetauscht, sondern auch präverbale, affektive und protokognitive Elemente, die nichtbewusst im Sinne des impliziten Gedächtnisses bleiben (▶ Implizites Beziehungswissen beachten).

Es ist eine fehlerhafte Annahme, dass eine gelungene Entwicklung von einer emotional prozeduralen Kodierung zu einer symbolischen Kodierung voranschreiten müsse. Ebenso wie Karlen Lyons-Ruth (1999) gehen Beebe et al. davon aus, dass sich nicht nur das explizit deklarativ vermittelte Wissen weiter entwickelt, sondern auch die impliziten Gefühlsregeln zunehmend differenzierter und in verschiedene emotionale Kontexte immer besser integriert werden, wobei diese extrem sensitiv für die Qualität der Reaktionen des Gegenübers bleiben. Innerhalb einer Dyade finden permanente bidirektionale Regulierungen statt, wobei jeder Partner interaktive Regulationen und Selbstregulationen vornimmt und gleichzeitig auf die Regulation seines Gegenübers reagiert. Eine Person existiert somit niemals unabhängig von dem Gesamt ihrer interpersonalen und intersubjektiven Beziehungen. Ein Großteil der nonverbalen Beziehungen z. B. werden überhaupt nicht bewusst, wie z. B. zentrale Aspekte der face-to-face-Kommunikation, die in einem impliziten, nichtsymbolischen Modus ablaufen. Auch für die Psychoanalytikerin Wilma Bucci (1997, 2001), die aus einer kognitionspsychologischen Sicht in ihrer multiplen Kodierungstheorie neben einer propositionalen, sprachlich und bildlich symbolischen Kodierung eine subsymbolische Informationsverarbeitung konzeptualisiert hat, die wir alltagspsychologisch als »Intuition«, »aus dem Bauch heraus«, »instinktiv« u. a. m. charakterisieren, findet die nichtbewusste Kommunikation im ▶ Enactment überwiegend als implizite emotionale Kommunikation statt (Mertens 2013).

Aber trotz dieser intensiven intersubjektiven Verbundenheit von zwei miteinander interagierenden Subjekten gibt es dennoch deren anteilig intrapsychisch bleibende Subjektivität; so teilt sich keineswegs alles, was ein Analytiker innerlich fühlt und denkt, intersubjektiv seinem Patienten mit, und ebenso bleibt auch der Patient mit einem Teil seiner Subjektivität in seiner intrapsychischen Welt. Insofern müssen wir von einer Dialektik von Subjektivität und Intersubjektivität, von intrapsychisch und intersubjektiv ausgehen, auch wenn das Intrapsychische sich nurmehr als ein Subsystem des Intersubjektiven begreifen lässt. Diese Auffassung macht die differenzierende Bestimmung von Ko-Konstruktion und Ko-Narration nicht einfach und stellt eine große Herausforderung für eine zukünftige einzelfallorientierte und multiperspektivische Psychotherapieforschung dar.

## Introspektion

Neben der Fremdbeobachtung gibt es die Selbstbeobachtung. Und zwar nicht nur des eigenen Verhaltens, sondern auch unserer Gedanken, Gefühle, Wünsche und Phantasien, soweit uns diese bewusst sind. Zwar kann unsere innere Welt nicht gerochen oder ertastet werden, sie kann auch nicht im buchstäblichen Sinn gesehen und gehört werden, obwohl wir unsere Vorstellungen und Phantasien als Bilder vor unserem inneren geistigen Auge wahrnehmen und unsere kritischen Vorstellungen als innere Stimmen zu vernehmen meinen und doch sprechen wir von Selbstbeobachtung und verstehen darunter, dass wir unsere innerseelischen Phänomene wahrnehmen. Introspektion geht fließend in eine reflexive Denktätigkeit über, wobei aber die Unterschiede zwischen den beiden mentalen Aktivitäten zu beachten sind: Nur bei der reflektierenden Selbstbeobachtung können wir uns Rechenschaft darüber ablegen, warum wir eine Handlung begangen oder unterlassen haben, wie wir uns in einer bestimmten Situation erleben, welche Gefühle ein anderer Mensch in uns auslöst, welche Handlungsgründe wir im voraus oder im nachhinein unseren Handlungen zuordnen, wie wir uns selbst aufgrund unserer Handlungen in der äußeren Welt nach Maßgabe gelernter Bewertungen und Idealvorstellungen einschätzen, uns Charaktermerkmale zuordnen usw. (▶ Einsicht, ▶ Erklären und Verstehen, ▶ Mentalisierung, ▶ Theory of mind).

Der introspektive Modus der Beobachtung eröffnet einen ganz neuen Bereich psychologischer Erkenntnis. Solange unsere Beobachtung nur auf das äußere Verhalten anderer Menschen gerichtet ist, können wir auch nur Verhaltensweisen im Sinne von körperlichen Bewegungen studieren. Und wenn unser Interesse darauf gerichtet ist, Hautwiderstand, Blutdruck, Gehirnströme oder Ankreuzungen in einem Fragebogen zu messen, beschäftigen wir uns mit körperlichen oder psychologischen Befunden aus einer Dritte-Person-Perspektive. Im Unterschied zu diesen Vorgehensweisen einer sich methodisch als naturwissenschaftlich begreifenden Psychologie, Neurophysiologie oder Sozialwissenschaft rekurriert die Psychoanalyse mit ihrer

Betonung der unerlässlichen Bedeutung von Introspektion auf alltägliche Erkenntnisprozesse. Der Alltagshandelnde mit seinen Erwartungen, Wünschen und Lebensplänen wird zum Ausgangspunkt der Analyseeinheit und nicht das Verhalten des menschlichen Organismus auf einer motorischen, subpersonalen oder psychologisch funktionalistischen Ebene. Als Alltagshandelnde versuchen wir uns im Strom unseres bewussten Erlebens fortwährend zu orientieren und unser Erleben auf das Erleben und die Absichten anderer uns wichtiger Menschen zu beziehen. Diesen Bezug können wir aber nur dann ausreichend herstellen, wenn wir uns vorzustellen versuchen, was der andere angesichts unserer Handlungen empfinden wird. Dazu müssen wir uns in das hineinversetzen, was unserem Gegenüber in seiner Selbstwahrnehmung zugänglich ist (▶ Einfühlung). Wenn wir z. B. davon ausgehen, dass unser Gegenüber ein Täuschungsmanöver nicht erkennen wird, machen wir uns ein Bild darüber, was ihm in seinem introspektiven Erfassen und Erleben möglich ist und was nicht. Wenn wir z. B. vermuten, dass der Betreffende in bestimmten Beziehungssituationen relativ naiv und vertrauensselig ist – was wir aber nur unterstellen können, wenn wir uns in die vermuteten Denkweisen, Idealbilder und Schlussfolgerungen, also in den introspektiven Modus unseres Gegen-übers hineinversetzen –, werden wir anders handeln, als wenn wir bei ihm ein starkes Misstrauen vermuten (▶ Theory of mind).

Im alltäglichen Erkennen sind unser Handeln, seine Beweggründe und antizipierten Auswirkungen in den meisten Fällen auf ein Gegenüber bezogen. Introspektion in die eigenen Gefühle und Handlungsgründe und das Sich-Einfühlen in die Introspektion der Gefühle und Handlungsgründe eines Interaktionspartners sind deshalb in aller Regel eng miteinander verschränkt. Dies schließt selbstverständlich nicht aus, dass sowohl die Introspektion in die eigenen Beweggründe als auch die Empathie in die Introspektion der Beweggründe unseres Gegenübers nur unvollkommen, partiell oder verzerrt sein können (▶ Einfühlung).

Für Wilhelm Wundt begann »alle Psychologie mit der Introspektion« (Boring, 1950, S. 320). Diese introspektive Psychologie, die ihre Blütezeit in den letzten Jahren des vorvorigen Jahrhunderts und in den ersten des 20. Jahrhunderts erlebte, grenzte ihre Erforschungen allerdings nahezu ausschließlich auf elementare Sinnesempfindungen und Wahrnehmungen ein. Die Beschränkung auf Bewusstseinsdaten und die Täuschungsmöglichkeiten der Innenschau waren unter anderem die Gründe dafür, dass die behavioristische Psychologie die introspektive Methode total ablehnte und sich ausschließlich auf die Beobachtung des äußeren, intersubjektiv wahrnehmbaren und messbaren Verhaltens verließ. Aber die Psychoanalyse modifizierte die Methode der Introspektion erheblich, vor allem durch die Einbeziehung der Grundregel der ▶ freien Assoziation und der Haltung der ▶ gleichschwebenden Aufmerksamkeit in einem Modus der gemeinsamen Regression (▶ Gemeinsames Regredieren).

Sowohl Analysand als auch Analytiker machen von der Introspektion Gebrauch, allerdings auf unterschiedliche Weise. Der Gegenstand des psychoanalytischen ▶ (Zu-)Hörens und der ▶ Einfühlung ist zunächst das vom Analysanden via Introspektion in der freien Assoziation berichtete Material. Die Introspektion des Analytikers besteht nicht nur in der Wahrnehmung dessen, was der Analysand in ihm wachruft (im weitesten Sinn seine ▶ Gegenübertragung), sondern in seiner stellvertretenden Introspektion, in seiner ▶ Einfühlung. Der Analytiker versetzt sich in die Rolle seines Analysanden, versucht die Welt mit dessen Augen zu sehen (z. B. auch die Einflüsse, die von seiner Person ausgehen) und baut sich ein Arbeitsmodell von seinem Analysanden in sich auf (▶ Komplementäre, Konkordante Identifizierung). Introspektion und Empathie ergänzen sich auf diese Weise.

Wie innovativ die psychoanalytisch modifizierte Methode der Introspektion ist, zeigt ein kurzer Vergleich mit der behavioristischen und kognitionspsychologischen Methodenlehre, in der die »Angst vor der Introspektion« (vgl. Kohut 1971) einen institutionalisierten Ausdruck fand.

Die sich am großen naturwissenschaftlichen Vorbild der Physik orientierende und inhaltlich an den theoretischen Konzepten der Informationswissenschaft geprägte Kognitive

Psychologie verzichtet wie zuvor schon der Behaviorismus aufgrund eines sehr engen Verständnisses von empirischer Objektivität auf alle introspektive Verfahrensweisen, die über das Ankreuzen von Schätzskalen hinausgehen.

»Die Kognitionswissenschaft verhieß einen Bruch mit der Tradition des Behaviorismus in der Psychologie, denn sie wollte – so wurde behauptet – in die Blackbox des Geistes hineingelangen und dessen innere Funktionsweisen untersuchen. Doch unglücklicherweise wiederholen die meisten Standard-Kognitionswissenschaftler einfach den schlimmsten Fehler der Behavioristen: Sie bestanden darauf, nur objektiv beobachtbare Phänomene zu untersuchen, und ließen somit die wesentlichen Merkmale des Geistes außer Acht. Als sie die große schwarze Schachtel öffneten, fanden sie deshalb nur lauter kleine schwarze Schachteln darin« (Searle 1993, S. 10).

Heinz Kohut (1971, S. 838) hat die Vermutung geäußert, dass die Widerstände gegen die Introspektion in dem Umstand zu finden seien, dass wir uns durch den mit der Introspektion einhergehenden Spannungszuwachs hilflos erleben. »Wir sind an eine kontinuierliche Spannungsabfuhr durch Aktivität gewöhnt und möchten das Denken nur als ein Zwischenglied zur Handlung – als Handlungsaufschub oder als Probehandeln und Planen – anerkennen. Introspektion scheint der Strömung, mittels deren wir Spannungsabfuhr erreichen, entgegenzustehen, und so scheint die Furcht vor der Introspektion – als generelle Furcht vor Passivität und Spannungszuwachs – zu den spezifischeren Befürchtungen hinzuzutreten, die immer vorhanden sind, wenn es sich um die Aufdeckung verdrängter psychischer Inhalte handelt.«

# K

## Klarifizieren

Das »Klarifizieren« oder »Klären« stellt in herkömmlicher Sicht einen Zwischenschritt im Deutungsprozess dar. Während das letztendliche Ziel einer Deutung darin besteht, die unbewussten Bedeutungszusammenhänge eines psychischen Phänomens bewusst werden zu lassen, haben ▶ Konfrontieren und Klären die Funktion, dass sich der Patient mit einem Erleben oder einer Beobachtung beschäftigt, die ihm bewusst ist, aber von ihm schnell übergangen wird oder die bislang außerhalb seiner bewussten Aufmerksamkeitsfokussierung lag. Dies kann sich auf einen einzelnen Vorgang beziehen, der vom Patienten nur ganz kurz angesprochen wird, obwohl er wichtig zu sein scheint, oder auf das Aufmerksammachen von Zusammenhängen zwischen verschiedenen Mitteilungen, auf einen plötzlichen Gedankenabbruch, einen Themenwechsel u. a. m. (▶ Prozessmonitoring). Die Aufgabe des Analytikers besteht darin, das beobachtende Ich des Patienten anzusprechen, d. h. sich das eben Gesagte noch einmal zu vergegenwärtigen (vgl. Bibring 1954, Greenson 1973), und in seinem dem Vorbewussten zugänglichen Langzeitgedächtnis nach weiteren Bedeutungen zu suchen (▶ Einsicht ermöglichen, ▶ Ichpsychologische Orientierung). Inwieweit das daran sich anschließende Deuten – das nicht selten von höher strukturierten Patienten auch selbst vorgenommen wird – Anteile des Gegenwarts-Unbewussten (vgl. Sandler & Sandler 1983) anspricht, ist individuell zu entscheiden. Auf jeden Fall zeigt sich hierbei das Können eines Analytikers, ob er die Grenzen, innerhalb derer emotionales Verstehen möglich ist, für seinen Patienten angemessen einschätzen kann. Denn natürlich kommt es vor, dass die vorgeschlagene Deutung zwar für den Analytiker einleuchtend und ihm für das Selbstwertgefühl und die Angsttoleranz des Patienten erträglich erscheint, es aber für diesen keineswegs so ist (Antiregression, ▶ Übertragungsdeutung, klassische).

Manche Selbstpsychologen vermeiden deshalb so gut es geht Deutungen und manchmal sogar die Vorstufen, wie das Konfrontieren und Klarifizieren, weil sie Bedenken haben, das Selbstwertgefühl ihres Patienten zu verletzen oder als zu eindringend und übergriffig zu wirken (▶ Selbstpsychologische Orientierung). Bei sehr empfindsamen, labilen und zur Fragmentierung ihres Selbst neigenden Patienten mag dies als angemessenes Vorgehen erscheinen, aber diese sehr schonende Vorgehensweise findet sich auch in solchen Analytiker-

Patient-Beziehungen, wo es darum geht, sich vor unliebsamen Erkenntnissen und gefühlsmäßig beunruhigenden Einsichten in der Beziehung zu schützen. Deshalb wird von Post-Selbstpsychologen das Vermeiden von Klarifizieren, Konfrontieren und Deuten auch zunehmend kritisch betrachtet (vgl. Milch & Hartmann 1999).

## Kleinianische Orientierung

Hatte schon Freud in seiner letzten triebtheoretischen Dualität von Eros und Thanatos dem Menschen neben dem Eros einen natürlichen Trieb zur Zerstörung zugeschrieben, so bezog sich vor allem Melanie Klein auf den menschlichen Destruktionstrieb, den sie wie Freud als ein biologisches Erbe betrachtete. Mit dieser Annahme wandte sie sich gegen jede Verharmlosung menschlicher Aggressivität, wie sie z. B. in der Einstellung zum Ausdruck kommt, dass zerstörerische Impulse immer nur Reaktionen auf frustrane Sozialisationsverhältnisse, ökonomische Ausbeutung, strukturelle Gewalt u. a. seien, oder auch in der etymologischen und entwicklungspsychologischen Zurückführung von Aggression auf das »adgredi«, das ein spielerisches In-Angriff-Nehmen und Bemächtigen bezeichnet und erst bei erzwungener Unterdrückung zu bösartigen Formen mutiert. Bereits der Säugling, so Klein, werde von Phantasien geplagt, die sich aus angeborener Destruktivität speisen. Kleine Kinder projizieren ihre unerträglichen Hassgefühle, die sie selbst nicht regulieren können, in ihre Mutter und erleben sie dann als gefährlich verfolgendes Wesen. Aus dieser genetischen Prädisponiertheit destruktiver Tendenzen ergab sich die von Klein sog. paranoid-schizoide Position als ein Wesenszug des Menschlichen, die deshalb keine kindliche Entwicklungsphase darstellt, sondern ein immer wiederkehrendes Erleben in der inneren Objektbeziehungswelt bezeichnet. Zwar werden Erwachsene nicht mehr von dem körperlichen und bildhaften Erleben »böser«, sich verweigernder und grausam verfolgender Brüste geplagt, aber auch Erwachsene müssen sich in ihrer inneren Welt, so lange das paranoid-schizoide Erleben anhält, mit projizierten Gefahren ihrer eigenen Aggressivität beschäftigen: Wollen die anderen Menschen sie mit ihrer Kritik vernichten? Trachten sie danach, ihren Ruf zu ruinieren? Haben sie es nur auf ihr Geld abgesehen? Schmeicheln sie ihnen nur, weil sie sie letztlich betrügen wollen?

Da kein Kind diese schrecklichen Phantasien permanent ertragen kann, ist es nach Klein gezwungen, sein Bild von der Mutter spalten zu müssen. Dem ausschließlich bösen mütterlichen (Teil-)Objekt wird das innere Bild einer nur guten, im Übermaß idealen Mutter gegenübergestellt. Hass und Verfolgungsangst bleiben solange im Hintergrund, wie die Idealisierung erlebt werden kann. Die zunehmende kognitive Entwicklung führt jedoch dazu, dass die Spaltung immer schwerer aufrechterhalten werden kann. Dann muss das Kind, und nicht anders der Erwachsene, erkennen, dass sein vernichtender Hass einer Person gilt, die auch liebenswerte Züge trägt und – wie im Beispiel des Erwachsenen – keineswegs die Vernichtung oder den Rufmord intendiert. Nun empfindet das Kind große Angst, dass es mit seinem Hass die über alles geliebte Mutter zerstört haben kann – oder im Fall des Erwachsenen, dass er anderen Menschen Unrecht getan, sie im Übermaß beschuldigt und herabgesetzt haben könnte. Die einsetzenden schmerzhaften Gefühle der Angst, der Reue und der Schuld veranlassten Klein, von einer »depressiven Position« zu sprechen. Da aber die Ebene der kognitiv höher entwickelten Funktionen einer ganzheitlichen Wahrnehmung des Gegenübers stets nur vorübergehend erreicht werden kann, wechseln diese Positionen auch beim gesunden Menschen immer wieder ab (▶ Antiregression).

Mit den Konzepten der paranoid-schizoiden und depressiven Position, der Spaltung und der projektiven Identifizierung sind die wichtigsten Thematiken benannt, die Kleinianer damals wie heute beschäftigen. Während von Melanie Klein der Hass aber noch als angeboren und als ein Abkömmling des Todestriebs angenommen wurde, gehen moderne Kleinianer, wie z. B. Ogden (1990), davon aus, dass Hass frustran entsteht. Dies macht es mittlerweile auch Analytikern anderer Richtungen leichter, sich mit dem kleinianischen Gedankengut anzufreunden und darin sogar eine wertvolle, behandlungstechnische Vorgehensweise zu erblicken (vgl. z. B. Schafer 1997). Denn das kleinianische Denken stellt in mancherlei Hinsicht eine Weiterentwicklung der Freud'schen Metapsychologie dar. So nehmen z. B. Phantasien in der inneren Welt einen eminent wichtigen Stellenwert ein, während sie bei Freud nur kompensatorische Erscheinungen eines enttäuschten Kindes sind, die es folgerichtig zu überwinden gilt. Träume haben nicht nur die biologische Funkion, den Schlaf zu hüten, sondern im Traumleben kommt der Reichtum unserer inneren Welt permanent zum Ausdruck. In diesem wie auch in den Phantasien tagsüber werden die Dramen unserer Existenz aufgeführt, in denen Vergangenes und Gegenwärtiges ununterscheidbar verbunden sind. Mittels projektiver Identifizierungen und Spaltungen versuchen Menschen unerträgliche Beziehungsmuster in anderen Personen unterzubringen; sie leben somit auch in verschiedenen Welten und ihre innere Welt enthält ganz unterschiedliche Bühnen (vgl. Meltzer 1981).

Behandlungstechnisch ergibt sich hieraus, dass Übertragungen als allgegenwärtig gelten, die als Ausdruck der gegenwärtigen inneren Welt im Hier und Jetzt bearbeitet werden – Erzählungen über Tagesereignisse werden deshalb auch konsequent auf die innere Welt bezogen und Außer-Übertragungsdeutungen dementsprechend vermieden (▶ Außer-Übertragungsdeutung, ▶ Übertragung im Hier und Jetzt). Es findet kein Rückgriff auf irgendwelche realen, unzuverlässigen Mütter oder zu wenig triangulierende Väter in der Vergangenheit statt, weil genetische Deutungen und Rekonstruktionen zum einen von den tiefen emotionalen Erfahrungen wegführen würden und zum anderen Aussagen über biographische Konstellationen immer nur Spekulationen darstellen können (▶ Deutung, genetische, ▶ Entwicklungspsychologische Orientierung). Zudem gewichten sie – zumindest nach Auffassung der klassischen Kleinianer – den Einfluss der Umwelt viel zu stark.

Wichtig für die Postkleinianer oder die »kleinianischen Freudianer« (vgl. Schafer 1997) sind des Weiteren die induzierte Gegenübertragung (vgl. Weiß 2007; ▶ Container/Contained, ▶ Projektive Identifizierung), die Beachtung der Gesamtsituation (▶ Übertragung der Gesamtsituation), das Zurücktreten der interpersonellen und adaptiven Realität zugunsten der fluktuierenden unbewussten Phantasie oder der psychischen Realität, die keineswegs ein Spiegelbild der tatsächlich erlebten Beziehungserfahrungen in der Vergangenheit zu sein braucht (▶ Adaptives Handeln, ▶ Interpersonelle Orientierung) und die Zweitrangigkeit der interpersonellen und intersubjektiven Einflüsse aus der Beziehung mit dem Analytiker gegenüber den Projektionen aus der inneren Welt.

Kritisch ist zum kleinianischen Ansatz anzumerken, dass Kleinianer wie Postkleinianer zu wenig die intersubjektive Produktion von Daten berücksichtigen (▶ Intersubjektive Orientierung), dass sie so gut wie kein Konzept für die unterschiedlichen strukturellen Kompetenzen des Ichs aufweisen (▶ Strukturniveau beachten, ▶ Ich-Funktionen stärken), dass sie zu wenig zwischen der Erste-Person-Perspektive (z. B. die Phantasie, zerstückelt zu werden) und der Dritte-Person-Perspektive, bei der ein an andere Theorien anschlussfähiges Konstrukt benannt werden müsste, unterscheiden, dass sie Rekonstruktionen vernachlässigen (▶ Deutung, genetische), entsprechend Fallgeschichten lediglich als Prozessausschnitte präsentieren, nicht jedoch als Lebensgeschichten und dass sie oftmals überwiegend frühe Erfahrungsbildungen gegenüber späteren Transformationen bevorzugen (▶ Implizites Beziehungswissen), was allerdings auf den ersten Blick ihrer Skepsis gegenüber der Rekonstruierbarkeit lebensgeschichtlicher Erfahrungen zu widersprechen scheint (vgl. Hinshelwood 1997, 2007, Schafer 1997a, b).

### Körperinszenierungen erkennen

Joachim Küchenhoff (2007) hat sich ausgiebig mit der Erkennbarkeit von Körperinszenierungen beschäftigt. Im Theater werden Texte aufgeführt und jeweils erneut in Szene gesetzt, was als Performativität bezeichnet wird. Ein Film wird im Kino im Unterschied dazu lediglich abgespult, also reproduktiv wiederholt. Das der Theatersprache entlehnte Konzept der Performativität hat in den letzten Jahren auch Eingang in die Psychoanalyse gefunden (z. B. Pflichthofer 2008, Danckwardt 2013).

Für die Betrachtung von Körperinszenierungen bietet es sich nach Küchenhoff an, von einem performativen Prozess zu sprechen, weil hierbei – neben den Sprechhandlungen – Szenisches interaktiv neu gestaltet wird. Dabei darf der Begriff der Inszenierung nicht den fehlerhaften Schluss zulassen, dass diese immer bewusst intendiert wird; vielmehr gilt es das Ausmaß der jeweiligen Freiheitsgrade zu beachten: Sie schwankt zwischen Neugestaltung, wie z. B. in der konversionsneurotischen Inszenierung, und Mimesis, wie z. B. in der reproduktiven Wiederholung selbstdestruktiver Körperverletzungen. Hinzu kommt, dass die Inszenierung im psychoanalytischen Kontext interaktiv-dialektisch zu betrachten ist. Der Analytiker ist nicht nur Zuschauer, sondern er ist auch Interpret, Mitspieler und Kritiker gleichzeitig. In Anlehnung an die Strukturachse der OPD hat Küchenhoff (2003, 2007) ein komplexes diagnostisches Schema der Differenzierbarkeit von Körperinszenierungen entwickelt. Therapeutisches Ziel ist es, bislang unmentalisierte und unreflektierte Körperinszenierungen in eine Beziehungsinszenierung zu transformieren. Dies kann bei Patienten mit einem höheren Strukturniveau durchaus in einer ausschließlich verbalen Psychotherapie gelingen; bei einem geringeren Strukturniveau könnte sich allerdings bei manchen Patienten eine analytische Körperpsychotherapie anbieten.

## Körperpsychotherapeutische Interventionen

Nach Freud'scher Auffassung besteht der psychoanalytische Prozess aus einem Austausch von Worten. Bereits 1890 hatte der damals Vierunddreißigjährige die Wirkmächtigkeit der Worte erkannt und sie zusammen mit der aus der Kindheit stammenden Gläubigkeit und Erwartungshaltung als wirksame Ingredienz jedweder Seelenbehandlung, insbesondere der hypnotischen Suggestion, bezeichnet. Worte, denen man von altersher bereits eine Zauberkraft zugesprochen hatte, sind »die wichtigsten Vermittler für den Einfluß, den ein Mensch auf den anderen ausüben will; Worte sind gute Mittel, um seelische Veränderungen bei dem hervorzurufen, an den sie gerichtet werden, und darum klingt es nicht länger rätselhaft, wenn behauptet wird, daß der Zauber des Wortes Krankheitserscheinungen beseitigen kann, zumal solche, die selbst in seelischen Zuständen begründet sind« (S. 301 f.). Und trotz seines Bemühens, die psychoanalytische Methode von der Hypnose abzugrenzen und an die Stelle der suggestiven Überzeugung die psychoanalytische Durcharbeitung der Widerstände zu setzen, kam Freud auch noch 36 Jahre später wieder auf das unentbehrliche Handwerkszeug der Worte zu sprechen: »Der Analytiker bestellt den Patienten zu einer bestimmten Stunde des Tages, läßt ihn reden, hört ihn an, spricht dann zu ihm und läßt ihn zuhören« (1926e, S. 214). Und er lässt dann einen fiktiven Zuhörer mit dem Ausdruck einer gewissen Geringschätzung fragen: »Weiter nichts als das? Worte, Worte und wiederum Worte, wie Prinz Hamlet sagt?« (ebd., S. 214). Auch wenn durch die Länge der analytischen Behandlung die Worte ihre anfängliche Zauberkraft verlieren, so bleibt das Wort doch ein mächtiges Instrument: »Es ist das Mittel, durch das wir einander unsere Gefühle kundgeben, der Weg, auf den anderen Einfluß zu nehmen. Worte können unsagbar wohltun und fürchterliche Verletzungen zufügen. Gewiß, zu allem Anfang war die Tat, das Wort kam später, es war unter manchen Verhältnissen ein kultureller Fortschritt, wenn sich die Tat zum Wort ermäßigte. Aber das Wort war doch ursprünglich ein Zauber, ein magischer Akt, und es hat noch viel von seiner alten Kraft bewahrt« (ebd., S. 214).

Es wirkte von daher wie die Verletzung eines psychoanalytischen Sakrilegs als der analytische Körperpsychotherapeut Tilmann Moser (1987) in einer Streitschrift Analytiker als »sprechende Attrappen« bezeichnete, die mit ihren Patienten lediglich »Sprechblasen« austauschen würden. Was in den 1980er Jahren noch eine heftige Ablehnung in der psychoanalytischen Gemeinschaft hervorrief und Impulse zur sofortigen Exkommunikation desjenigen auslöste, der es wagte, die »Sprechkur« mit vermeintlich aufdringlichen, die Abstinenz zerstörenden körperlichen Handlungen zu »verunreinigen«, ist zwanzig Jahre später bei vielen Psychoanalytikern doch einer eher gelasseneren und nachdenklichen Haltung gewichen. Man macht es sich offensichtlich zu einfach, wenn man in analytisch orientierter

Körperpsychotherapie nur eine übergriffige, den psychischen Raum des Patienten zerstörende oder gar sexualisierende Form therapeutischer Beziehung erblickt, bei der bestenfalls eine Abreaktion von Affekten anhand des Körpereinsatzes zustandekommt. Denn mittlerweile existiert ein zunehmender Erfahrungsschatz analytischer Körperpsychotherapeuten (z. B. Peter Geißler, Günter Heisterkamp, Siegbert Kratzsch, Peter Kutter, Tilmann Moser, Hans Müller-Braunschweig, Gabriele Poettgen-Havekost, Jörg Scharff, Gisela Worm u. a.) und neuerdings stellen auch interdisziplinäre Befunde aus der modernen Kleinkindforschung sowie der Gedächtnis-, Emotions- und Interaktionsforschung kundige Lotsen für diese anspruchsvolle Fahrt bereit.

Aus diesem Grund wird die verbalorientierte Psychoanalyse nicht darum herumkommen, sich mit dem körperlichen Geschehen im analytischen Setting noch differenzierter auseinanderzusetzen als es in der Vergangenheit geschehen ist. Denn Sprechen macht nur einen Teil menschlicher Kommunikation aus, und mit zunehmender Kenntnis nonverbaler Austauschprozesse in Therapien wird dieser in seiner Bedeutung immer kleiner (▶ Beobachten der Körpersprache, ▶ Beziehungsregulierung, ▶ Lokale Ebene, ▶ Nonverbale Kommunikation).

So muss man denn auch bei der Erörterung körperanalytischer Vorgehensweisen oder direkter Körperarbeit nicht nur körperlich orientierte Interventionen im Blick haben, sondern inbesondere die körperlichen Wirkzusammenhänge zwischen Patient und Therapeut. Diese spielen sich vor allem im Bereich des nichtdeklarativen Unbewussten ab. Das körperliche Geschehen umfasst in der analytischen Psychotherapie deshalb ein weites Spektrum von Phänomenen: körperliche Ausdrucksbewegungen mimischer, gestischer, haltungsmäßiger und motorischer Art beim Patienten, die Beachtung körperlich vermittelten, propriozeptiven und kinästhetischen Spürens in der Gegenübertragung, das Wahrnehmen überwiegend implizit prozeduraler Selbst- und interaktiver Regulierungen, Achtsamkeit für körperlich fundierte Passungsprozesse, verbales und/oder körperliches Eingehen auf Körperempfindungen, Affekte und Vorstellungen, Zurverfügungstellung eines körperlichen Resonanzraums, Erkennen von unbewussten ▶ Körperinszenierungen, Zulassen- und Reflektierenkönnen von ▶ Enactments und ▶ Gegenwartsmomenten in inszenierenden Interaktionen und leiblichen Verkörperungen über das klassische Couchsetting hinaus, Transformierung sensomotorischer Empfindungen in symbolisierte Repräsentanzen beim Patienten u. a. m. (vgl. Geißler & Heisterkamp 2007, Geißler 2006, 2008). Sicherlich trifft auch zu, dass herkömmliche Psychoanalytiker im Umgang mit körperlichen Phänomenen im analytischen Setting zu unerfahren und ungeübt sind und dass das Erlernen einer »körperlichen Gegenübertragungskompetenz« am besten im Rahmen einer Körperselbsterfahrung gelernt werden kann (vgl. Worm 2008).

## Komplementäre Identifizierung

Entsprechend der 1968 von Heinrich Racker vorgenommenen Definition versteht man darunter, dass sich der Analytiker mit den inneren Introjekten seines Patienten identifiziert und die emotionale Erfahrung auf sich wirken lässt. Wie wird er vom Patienten nach Maßgabe seiner Introjekte, die in keiner Eins-zu-Eins-Relation zu den Eltern stehen müssen, wahrgenommen? In welches innere Drama des Patienten wird er hineingezogen und zum Mitspielen aufgefordert?

Bewusst und vorbewusst können z. B. Forderungen des Über-Ichs bzw. Beziehungserfahrungen mit überichhaften Affekten sein, bestimmte Leistungen erbringen zu müssen; unbewusst und nichtbewusst sind Erwartungsmuster, die bereits in den ersten beiden Lebensjahren im nichtdeklarativen Gedächtnis kodiert wurden und als implizite Beziehungsregeln gegenwärtige Beziehungen strukturieren. Diese werden via ▶ Gegenübertragung und ▶ Rollenbereitschaft vom Analytiker als Handlungsaufforderung gespürt, im Sinne der Erwartungen zu reagieren, z. B. wie eine intrusive Mutter in den Patienten einzudringen, sich seiner zu bemächtigen usw.

Evelyne Schwaber (1992b) vertritt die Auffassung, dass das zu intensive Beschäftigtsein mit den komplementären Gegenübertragungseindrücken Analytiker davon abhalten könne, sich in die Perspektive ihrer Patienten zu versetzen, und das egozentrische Eingenommensein von den eigenen Gefühlen verhindere eine Dezentrierung und mache die Vergegenwärtigung der inneren Welt des Gegenübers unvollständig und lückenhaft (▶ (Zu-)Hören).

### Konfrontieren

Wie auch das ▶ Klarifizieren oder Klären stellt das »Konfrontieren« in herkömmlicher Sicht eine Komponente des Analysierens dar, bei dem die ▶ Einsicht des Patienten in unbewusste Zusammenhänge über verschiedene Zwischenschritte gefördert werden soll. Am häufigsten wird das Konzept des Konfrontierens im Zusammenhang mit dem Aufzeigen eines Widerstands gegen das Zulassen oder Erkennen einer Übertragung benutzt («Es scheint Ihnen schwerzufallen, ein Gefühl darüber zuzulassen, dass Ihnen unsere bevorstehende Trennung etwas bedeutet«). Feinfühlige Therapeuten erblicken im Konfrontieren bereits einen tendenziell feindseligen oder respektlosen Vorgang, der das Selbstwertgefühl des Patienten, v. a. wenn dieser sehr auf seine Autonomie bedacht ist, verletzen könnte und verzichten deshalb darauf, nicht selten in der Hoffnung, dass ihr Patient eines Tages diesen Vorgang sich selbst bewusstmachen kann (▶ Selbstpsychologische Orientierung). Wie bereits unter dem Klarifizieren ausgeführt, wird von Post-Selbstpsychologen der Verzicht auf das Analysieren aber zunehmend kritisch betrachtet (vgl. Milch & Hartmann 1999). Auch die Arbeit mit und in der Übertragungsbeziehung beinhaltet ▶ Anerkennung und fördert ▶ Autonomie und ▶ Einsicht beim Patienten.

### Konkordante Identifizierung

Heinrich Racker (1968) verstand unter der »konkordanten Identifizierung«, dass sich der Analytiker mit dem Ich und dem Es seines Patienten identifiziert. Übersetzt in eine weniger abstrakte Sprache, bedeutet dies, dass man sich als Analytiker in die dem Patienten zumeist bewusstseinszugänglichen Überlegungen, Wünsche und Ängste einfühlt. Wie erlebt sich der Patient in der Beziehung zu seinem Analytiker (▶ Einfühlung)?

Erst das gleichzeitige Wahrnehmen von konkordanter und komplementärer Identifizierung, d. h. das einfühlsame Resonantwerdenlassen von »In welche Rolle versucht mich der Patient zu drängen?« und »Wie erlebt sich der Patient in der Beziehung zu mir?« – zusammen mit der Frage »Wie erlebe ich den Patienten in der Beziehung zu mir?« – ermöglichen einen umfassenden Blick auf die bewussten und unbewussten Vorgänge im Patienten und erleichtern dem Analytiker die Bewältigung des Talion-Prinzips, worunter Racker die allgegenwärtige Tendenz verstand, sich von den mit den Rolleninduktionen einhergehenden Affekten anstecken zu lassen und Gleiches mit Gleichem auf mehr oder weniger subtile Weise zu vergelten (▸ affektive Blindheit überwinden, ▸ Container/Contained, ▸ Szenisches Verstehen).

Es wird deutlich, dass die vor allem in der komplementären Identifizierung gelegentlich sehr heftigen Affekte keine distanzierte Verstehensleistung darstellen, was eher einem sog. Gegenübertragungswiderstand gleichkäme, sondern geradezu zu einem Mithandeln, einem ▸ Enactment auffordern, mit dem der Analytiker sich auseinandersetzen muss. Die zeitgenössische Konzeptualisierung des Umgangs mit der Gegenübertragung lässt sich als eine Elaborierung der Gedanken von Racker auffassen.

### Kontext bezogenes Intervenieren

»Kontext bezogenes Intervenieren« geht von dem intersubjektiven Grundsatz aus, dass die Einfälle und Erzählungen eines Patienten nicht nur eine Produktion verkörpern, die aus ihm selbst, bzw. aus seinem Unbewussten heraus, sondern auch als Reaktion auf die Interventionen des Analytikers – die dessen Unbewusstes miteinschließt – entstanden sind. Dies meint auch der Terminus des Ko-Konstruierten. Berns (2001, 2014) hat vor dem Hintergrund des intersubjektiven Paradigmas eine Kontext bezogene, psychoanalytische Interventionstechnik abgeleitet, wobei er eine modifizierte Form der Validierungsauffassung von Freud (1937c) anwendet.

Da die Gegenübertragungseindrücke, das empathische Ergriffensein und das empathische Verstehen (▸ Einfühlung) in erster Linie das bewusste, vorbewusste, unbewusste und nichtbewusste Erleben des Analytikers enthalten, was manchmal vergessen wird, wenn jemand allzu enthusiastisch seine (Gegenübertragungs-)Gefühle für einen Passepartout zum Unbewussten seines Patienten auffasst, muss es eine Möglichkeit geben, diese Eindrücke als vorläufige Hypothesen zu betrachten und sie Korrekturen zu unterziehen, damit sie als einigermaßen valide gelten können. Diese Validierungsmöglichkeit besteht darin, auf die Äußerungen und Einfälle des Patienten zu achten, wobei bekanntlich nach Freud eine Zustimmung des Patienten auch aus Gefälligkeit, oder um von weiteren Deutungen zu diesem Thema verschont zu bleiben, gegeben werden kann. Freud empfahl daher das Achten auf indirekte Belege für die Übereinstimmung (Mertens 1990b, S. 119 f.).

Denn der Patient reagiert auch mit Abkömmlingen (»Derivaten«) innerhalb der Netzwerke seiner neurotischen Konflikte, die für ihn aufgrund der Verschiebungen und anderer primärprozesshafter Verkleidungen nicht direkt mit seinen verdrängten Triebimpulsen in Zusammenhang stehen und sich auf diese Weise auf der Beziehungsbühne der psychoanalytischen Mikrowelt einen Ausdruck verschaffen können. Dabei gilt: Je weiter diese Abkömmlinge vom ursprünglichen Konflikt entfernt sind, desto unbefangener kann der Patient sie in seine Erzählungen über alles Mögliche einbauen. Es macht die Geschultheit des Analytikers aus, diese Abkömmlinge auch in scheinbar nichtssagenden Erzählungen zu entdecken (was jedoch nicht heißt, dass er sie triumphierend dem Patienten demonstriert).

Therapeutische Äußerungen beinhalten selbstverständlich nicht nur explizite Deutungen, sondern ein weites Spektrum von Interventionen (wie in dieser Arbeit dargestellt), die viele bewusste und unbewusste Botschaften über den Patienten und über die Beziehung zu ihm transportieren. Da nun ein Patient nicht erkennen kann, welche Interventionen seines Therapeuten Deutungen im eigentlichen mutativen Sinn sind, reagiert er unbewusst auf alle seine Interventionen teils mit direkten Kommentierungen, aber auch »derivativ«, sofern sie für ihn von unbewusster Bedeutung sind (Berns, S. 317).

Mit anderen Worten bedeutet dies, dass sehr viele Erzählbestandteile des Patienten wie ein kontextualisierender Kommentar zu den Äußerungen (und Nichtäußerungen) des Therapeuten zu verstehen sind. Mehrere Methoden nehmen auf diese Erkenntnis mittlerweile Bezug: So z. B. das PERT-Verfahren (Patient's Experience of the Relationship with the Therapist) von Gill und Hoffman (1982), die interaktiv erweiterte ZBKT-Methode von Deserno (1998) oder die Plan-Analyse von Weiss und Sampson (1986).

Während das PERT-Verfahren auf das Deuten der Übertragungsbeziehung beschränkt ist und die Plananalyse auf das Testen des Therapeuten, ob er dem Patienten bei der Bewältigung traumatischer Erlebnisse hilft, ist das von Berns (1994, 2001) bevorzugte Verfahren dasjenige von Langs (1978, 1982).

Inhalte der abkömmlingshaften Validierungsreaktionen sind z. B. interpersonelle Validierung wie die Erzählung über ein positives Introjekt (z. B. erzählt der Patient, dass ihm von einem Kollegen auf liebevolle Weise geholfen worden ist), kognitive Validierung (z. B. erzählt der Patient, dass er endlich eine Gebrauchsanweisung gelesen und verstanden hat) oder eine reminiszive Validierung (z. B. erzählt der Patient Material, das er bislang noch nie erzählt hatte, was darauf schließen lässt, dass sein Sicherheitsgefühl aufgrund der Interventionen seines Therapeuten zugenommen hat; ▶ Sicherheit ermöglichen). Voraussetzung für die Akzeptanz einer Erzählung als Validierungsreaktion ist der Zeitpunkt der Patientenantwort, die unmittelbar im Anschluss an die Intervention erfolgen sollte (Träume werden allerdings in einer der darauffolgenden Stunden mitgeteilt). Um die Patientenantworten studieren zu können, ist es wichtig, dass Patienten nach jeder Intervention vom Analytiker unbeeinflusst assoziieren bzw. erzählen können (▶ Freie Assoziation).

Mehreres macht dieses Achten auf Kontext bezogenes Intervenieren deutlich: Die Psychoanalyse verfügt seit Freud über subtile Methoden, die bewussten und unbewussten Wirkungen der Äußerungen des Analytikers zu studieren; Analytiker erhalten – sofern sie darauf achten und entsprechend geschult sind – permanent Rückmeldungen über die förderlichen oder weniger förderlichen Auswirkungen ihres Tuns. Die angeblich schrankenlose »Deutungsmacht« des Psychoanalytikers wird durch die Erzählung des Patienten korrigiert, die validierend wie invalidierend sein kann. Nicht der Analytiker entscheidet darüber, ob eine Intervention stimmig ist oder nicht, sondern es bedarf immer zweier Personen, um zu einer Validierung zu gelangen; die Überprüfung einer Deutung erfolgt somit nicht unabhängig vom Interaktionspartner, wovon auch schon Freud ausging.

## Korrigierende emotionale Erfahrung

Die Ermöglichung einer »korrigierenden emotionalen Erfahrung« galt lange Zeit in der Psychoanalyse als verpönt, weil die Auffassung vorherrschte, dass Alexander und French (1946) darunter eine manipulierende Einflussnahme auf die Übertragung eines Patienten verstanden hatten. Erst als die Wichtigkeit einer gefühlshaft tragenden Beziehung – und dementsprechend das Zurücktreten von Techniken wie die alleinige Deutung von Widerstand und Übertragung, bzw. deren kontinuierliches Eingebundensein in eine wohlwollende und Sicherheit gewährleistende Beziehung zum Analytiker – erkannt wurde, setzte sich der ichpsychologische Mainstream auch wieder mit dieser Interventionsmöglichkeit auseinander (vgl. Wallerstein 1990).

Erschwert wurde die Akzeptanz dieser Vorgehensweise zunächst deswegen, weil der Eindruck bestand, als hätten die Autoren hiermit für die bewusste Einnahme von Rollen plädiert. Wenn z. B. aus Erstgespräch und Anamnese bekannt ist, dass der Vater des Patienten sich ihm gegenüber einschüchternd verhalten habe, dann bestünde die Aufgabe des Analytikers darin, korrigierende emotionale Erfahrungen von Mut machenden und die Selbstbehauptungsbestrebungen des Patienten fördernden Antworten bereitzustellen. Auf diese Weise könnten die Angst einflößenden und unterdrückenden väterlichen Verhaltensweisen korrigiert, bzw. umgelernt werden. Zusammen mit einer liebevollen, zugewandten und ermutigenden Haltung entstünde dann genau das Gegenteil der ursprünglichen elterlichen Verhaltensweisen. Sei die Mutter extrem entwertend und spöttisch gegenüber ihrer Tochter gewesen, sei es die Aufgabe des Psychoanalytikers, sich nunmehr anerkennend und bewundernd seiner Patientin gegenüber zu verhalten (▶ Kreditierung, ▶ Selbstpsychologische Orientierung).

Auch wenn der herausragende Stellenwert einer gefühlsmäßig positiven Beziehung als Matrix aller Interventionen heutzutage von fast allen Richtungen ausnahmslos geteilt wird, so müssen doch folgende Überlegungen berücksichtigt werden. Aussagen über das Verhalten der Eltern sind ebenso wie Angaben in Selbsteinschätzungsfragebögen fehleranfällig, weil sie Erinnerungstäuschungen, Entwertungstendenzen, projektiven Konstruktionen, Selbstbeschönigungen und anderen Urteilsfehlern unterliegen können (▶ Entwicklungstheoretische Orientierung). Wichtiger als diese sind deshalb die real in der Hier und Jetzt-Beziehung ablaufenden diagnostischen und szenischen Eindrücke des Analytikers (▶ Szenisches Verstehen). Aber selbst wenn Angaben über die Eltern als einigermaßen valide betrachtet werden könnten, sind unbewusste Identifizierungsprozesse zu berücksichtigen. Diese haben zur Folge, dass sich ein Patient nicht nur vor einer Wiederkehr ähnlicher Verhaltensweisen bei anderen Menschen fürchtet, sondern dass er sich selbst mit diesem Verhalten identifiziert sowie nicht nur andere Menschen, sondern auch sich selbst, z. B. mit einer perfektionistischen Selbstkritik, quält. Unerkannt bleiben ebenso vielfältige Verhaltensweisen in Beziehungen, die sich frühen Erfahrungen verdanken (▶ Beziehungsregulierung, ▶ Implizites Beziehungswissen), und sich im ▶ Sprechhandeln und/oder in der ▶ nonverbalen Kommunikation ereignen. Ferner ist es im Kontrast zu der interaktionellen und interpersonellen Vorgehensweise wichtig zu erkennen, dass viele Erfahrungen vorerst nicht benannt und, auch nicht sofort vom Analytiker in der Gegenübertragung gespürt, sondern vielmehr nur im ▶ Enactment erfahren werden können. Deswegen scheint die analytische Einstellung der ▶ Neutralität, die darin besteht, auf die angesonnenen Rollen so wenig wie möglich komplementär, z. B. im Sinne eines lex talionis zu reagieren, diejenige Haltung zu sein, die am meisten zu einer emotionalen Korrektur des

Erlebens eines Patienten beiträgt. Die Haltung einer bewussten Gegensteuerung erscheint hingegen in mancherlei Hinsicht zu stark bewusstseinspsychologisch orientiert zu sein. Denn die Herausforderung, die durch einen Patienten entsteht, der sich von seinem Vater als Kind entwertet gefühlt hat, besteht darin, mit ihm einen neuen Umgangsmodus zu finden, d. h. nicht nur eine anerkennende und belobigende Haltung einzunehmen, sondern auch mit den impliziten Entwertungen des Patienten umzugehen, und darauf anders zu reagieren, als dieser selbst es im Umgang mit sich selbst und anderen Menschen bislang gewohnt war. Erst dann kann es zu einer wirklichen Umwandlung der vormals automatischen emotional prozeduralen Regeln (d. h. der Gefühlsgewohnheiten) aufgrund korrektiv emotionaler Erfahrungen kommen. Hierbei erfolgt eine direkte Modifizierung emotionaler Heuristiken, ohne dass intermediäre, deklarative Verarbeitungsschritte zu erfolgen brauchen. Mit anderen Worten: Weil die Beziehung in grundlegenden Zügen anders ist als die vertraute, lernt der Patient implizit neue Beziehungs- und Gefühlsregeln aufgrund des ▶ (Zu-)Hörens, der Anteilnahme, der ▶ Einfühlung, der ▶ Mentalisierung vormals unaussprechlicher Empfindungen und Gedanken, des Verzichts auf das Talions-Prinzip, des Ansprechens von Konflikten, der metakommunikativen Klärung, des Achtens auf nonverbale Cues, der unmittelbaren Klärung von Diskrepanzen zwischen verbalem und nonverbalem Ausdruck u. a. m. Das Ausprobieren neuer Gefühlsgewohnheiten geschieht in einer Atmosphäre von ▶ Sicherheit ohne verunsichernde Reaktionen seitens des Analytikers; nonverbale Äußerungen sind hierbei mindestens genauso wichtig wie verbale Kommentare.

## Kreditierung

Ausdruck von Brigitte Boothe und Anneliese Heigl-Evers um damit einen Vorgang zu bezeichnen, bei dem Eltern ihrem Kind, seinen Handlungen und Begabungen eine Entwicklungsperspektive zuschreiben. Es liegt nahe, diese vertrauensvolle Beziehungsgestaltung auch auf die Therapeut-Patient-

Beziehung zu übertragen. Bernhard Grimmer (2006) hat dieses Konzept übernommen und ausgehend vom englischen »to give credit« auf drei Bedeutungsfelder hingewiesen: Jemandem etwas zutrauen, jemanden als glaubwürdig ansehen oder ihm Glauben schenken und schließlich jemanden anerkennen.

Übertragen auf die therapeutische Interaktion bedeutet dies, dass ein Therapeut seinem Patienten »Kredit« für sein Anliegen gibt. Kreditierungshandeln beinhaltet keine regressive Verwöhnung oder eine ausschließlich empathische, konkordante Identifizierung, sondern lässt auch Raum für Zumutung, Konfrontation und Differenz (▶ Anerkennung).

# L

## Lebenskunst

Psychoanalytisches Intervenieren beruht neben dem methodischen Handwerkszeug nicht nur auf expliziten Theorien und Konzepten, sondern auch auf impliziten oder privaten Theorien (vgl. Sandler 1983; ▶ Theorien verwenden). Zu diesen zählen z. B. die Menschenbildannahmen (vgl. z. B. Frommer & Tress 1998, Mertens 2008), das Weltwissen sowie das, was v. a. französische Autoren, wie Hadot oder Foucault, die »Lebenskunst« genannt haben. Dazu gehören nicht nur die Lebenserfahrungen des jeweiligen Therapeuten, sondern auch seine Auffassungen darüber, was ein gelungenes Leben ausmacht. Dieses konkretisiert sich darin, wie der Betreffende mit seinen Mitmenschen und mit sich selbst, mit Freundschaften und mit Liebesbeziehungen umgeht, welche Werte er vertritt, wie er sich mit Krankheiten, Enttäuschungen und dem Tod auseinandersetzt, was ihm die sinnlichen Freuden des Lebens bedeuten, ob er sich politisch engagiert oder sich künstlerisch ausdrückt (vgl. Stein, Buchholz & Gödde 2003, Gödde & Zirfas 2006). Vielleicht spielt die Lebenskunst des jeweiligen Therapeuten eine mindestens genau so große, wenn nicht sogar wichtigere Rolle im Umgang mit seinem Patienten als alles Wissen um die richtige Therapieform oder die »rite« Psychoanalyse.

## Lokale Ebene

Als Mikroprozess der Veränderung konzeptualisiert die sog. »Bostoner Gruppe«, bestehend aus den psychoanalytischen Kleinkindforschern, Bindungsforschern, Entwicklungspsychologen und Psychoanalytikern Daniel Stern, Louis Sander, Karlen Lyons-Ruth und Edward Tronick eine an der Kleinkindforschung orientierte Methode zur Untersuchung von Mikro-Ereignissen im psychoanalytischen Prozess. Auf einer sog. »lokalen Ebene«, d. h. von einem Moment zum nächsten, werden Ereignisse beschrieben, die in einer Splitsekundenwelt der impliziten, prozeduralen Interaktionsprozesse zwischen Patient und Analytiker ablaufen (▶ Beziehungsregulierung, ▶ Gegenwartsmoment).

Der Interaktionsprozess zwischen Mutter und Kind verläuft über weite Strecken ungeordnet, d. h. weder optimal aufeinander eingestimmt noch synchron. Es gibt Fehleinstimmungen und Unterbrechungen, die in einer guten Beziehung jedoch rasch repariert werden (vgl. Tronick 2003, 2004), wobei das Erleben erfolgreicher Wiederherstellung der Interaktion mit einem positiven Gefühl einhergeht, das Scheitern der Wiederherstellung jedoch mit einem verringerten Gefühl von Wirkmächtigkeit bis hin zur depressiven Verstimmung.

Entsprechend der Auffassung der Bostoner Gruppe besitzt diese lokale Ebene der interaktiven Mikroprozesse nicht nur eine enorme Wichtigkeit in der Mutter-Kind-Interaktion, sondern diese Prozesse laufen auch als weitgehend nicht reflektierte interaktive Austauschprozesse kontinuierlich zwischen Analytiker und Patient ab. Auch hier verfehlen sich Analytiker und Patient und beide versuchen trotzdem immer wieder eine bestmögliche Übereinstimmung zu erzielen. Gelingt dies, intensiviert sich ein gemeinsames Wohlgefühl. Gleichzeitig bewegt sich der dyadische Austausch zu einer höheren Stufe der gemeinsamen Erfahrung. Über die vorübergehende Destabilisierung aufgrund der vorausgegangenen Fehlabstimmung, der Neuverhandlung und der (momentan) gelungenen Übereinstimmung kommt somit Veränderung in winzigen Schritten zustande (▶ Beziehungsregulierung).

# M

## Mentalisierung fördern

»From living in the body to living in the mind« – Dieser Ausspruch von Gertrud und Rubin Blanck (1978, 1998) fasst gut die Erkenntnisse zusammen, die Psychoanalytiker seit jeher beschäftigt haben, und die in unterschiedlicher Terminologie das psychoanalytische Nachdenken über den Entwicklungsgradienten einer zunehmend stärker werdenden mentalen Organisation von psychischen Kompetenzen bezeichnet: Vom primärprozesshaften zum sekundärprozesshaften Denken, vom konkretistischen Erleben zum Abstrahierenkönnen, vom Abreagieren körperlich erlebter Affektspannungen zur verbal gekonnten Darstellung verschiedener Gefühlsregungen, vom Kopfabwenden zum differenzierten Einsatz von Abwehrvorgängen zur Täuschung von sich selbst und anderen, von diffusen psychosomatischen Empfindungen zum Ausdruck mannigfaltiger Emotionen, von einem den ganzen Körper umfassenden Erleben des Unwertseins hin zur optimalen Selbstwertregulierung, von der Beobachtung des Verhaltens zu einer reichhaltigen Theorie des Seelenlebens des anderen (»Theory of mind«), von einer Gleichsetzung des Erlebens mit der Realität zu einem reflektierten Umgang mit Handlungsgründen, Absichten und Gefühlen u. a. m. Egal, wie die verschiedenen Konzepte auch immer gelautet haben oder lauten, ob Körperich, Primärprozess, Sensomotorik, prozedurales Gedächtnissystem, psychische Gleichung oder Äquivalenzmodus, es herrscht Einigkeit darüber, dass psychische Kompetenzen hinsichtlich der Selbst- und Fremdregulation besser funktionieren, wenn sie auch auf einem symbolischen Niveau ablaufen (vgl. z. B. Dornes 2004, Köhler 2004, Mitrani 1995). Da das frühere Nichtsymbolische zwar niemals verloren geht, aber vom späteren Symbolischen mehr oder weniger überdeckt wird – was das sprachliche und reflexive Bewusstsein anbelangt – umfasst jeglicher Symbolisierungsprozess allerdings auch immer ein Abschiednehmen. In regressiven Bewusstseinszuständen, beispielsweise beim Auftauchen eines Konflikts, kann aber bei jedem Menschen ein weniger elaborierter Symbolisierungsmodus wieder auftreten. Im Traumleben treten wir in jeder Nacht in eine weniger symbolisierte Welt ein und manchmal bedauern wir es, in das Wachbewusstsein zurückkehren zu müssen. Trotz der Betonung, wie wichtig sprachliche und reflexive Mentalisierungsmöglichkeiten sind, darf nicht außer Acht gelassen werden, dass nichtbewusste körperliche Kommunikationsmodi die Basis für alle höheren Mentalisierungsakte darstellen (▶ Beziehungsregulierung, ▶ Nonverbale Kommikation).

Seit den 1960er Jahren hat sich der Begriff der Mentalisierung für diese Vorgänge des Herauswachsens aus dem körperlichen, subsymbolischen Urgrund in der psychoanalytischen Literatur eingebürgert und es blieb nicht aus, dass unterschiedliche Psychoanalytiker einen jeweils anderen Begriffsumfang dabei verwendeten. So verstanden Fain und David (1963, 1964), Fain und Marty (1964), die das Konzept der Mentalisierung einführten, darunter einen binären Vorgang: Entweder verbleibt ein psychischer Vorgang in einem nichtmentalisierten Zustand oder er ist mentalisiert. Serge Lecours und Marc-André Bouchard (1997, S. 857 f.) halten dies für eine unnötige Restriktion, da sich jeder psychische Vorgang als Kontinuum begreifen lässt. Sie verdeutlichen dies am Beispiel von Angst. Angst kann z. B. als eine somatische Krankheit aktualisiert und erfahren werden, als eine körperliche Aktivierung (z. B. ein schnellerer Herzschlag), als eine motorische Aktivität (z. B. ein aufgeregtes Hin- und Hergehen), als ein Traumbild (z. B. ein ausgefallener Zahn), sie kann angeeignet und als eine gefühlte Emotion ausgedrückt werden (das Gefühl der Angst), sie kann in der Folge verdrängt werden und als eine Angst vor Rivalität mit einer Mutterfigur wieder auftauchen. Die Konzeption eines Kontinuums lässt Mentalisierung als eine nie endende Transformierung psychischer Bedeutungsinhalte anhand der Vervielfachung und Organisation ihrer Repräsentanzen erscheinen mit immer höheren Niveaus ihrer Symbolisierung und Abstraktion. Mentalisierung kann als das »Immunsystem der Psyche« (vgl. Lecours & Bouchard 1997) begriffen werden, denn sie absorbiert innere wie äußere, stressreiche und traumatisierende Belastungen, indem es ihre Auswirkungen auf Leib und Seele auf verschiedenen Niveaus mental zu verarbeiten versteht.

Im Unterschied zu Fonagy (1991), der Mentalisierung auf die Entstehung einer »Theory of mind« eingrenzt (▶ Theory of mind), gebrauchen Lecours und Bouchard (1997) den Begriff in entwicklungspsychologischer und klinischer Hinsicht als ein übergeordnetes Konzept, das die Prozesse der Repräsentation, der Symbolisierung und der Abstraktion umfasst. Sie definieren Mentalisierung als eine zunächst vorbewusste Ichfunktion, die anfänglich grundlegende körperliche Empfindungen und motorische Muster miteinander verbindet und im Sinne der Organisierung einer höheren Komplexität hin zu einer Symbolisierung und Abstraktion fortschreitet. Angeregt von französischen Psychoanalytikern, wie Marty und Luquet, aber auch von Bion, schlagen die Autoren ein zweidimensionales Modell vor, in dem verschiedene Ebenen mentaler Elaborierung unterschieden werden. Die erste Dimension beinhaltet das Kontinuum von somatischer und motorischer Akivität über die Vorstellung bis hin zur Verbalisierung. Die zweite Dimension unterscheidet fünf Ebenen der Affekttoleranz und Abstraktion: »Störender Impuls (Agieren), modulierter Impuls (Katharsis), Externalisierung, Aneignung und reflexive Bedeutungs-Anreicherung«. Beide Dimensionen beeinflussen das ▶ (Zu-)Hören und ▶ Deuten.

Wenn z. B. schmerzliche, Angst machende und unlustvolle mentale Inhalte symbolisiert werden können, brauchen sie nicht unmittelbar in ein Tun umgesetzt zu werden und sie verlieren ihren Druck, sich ihrer entledigen zu wollen, indem man sie z. B. anderen Menschen zufügt oder sie imperativ dazu zwingt, Angst und Unlust zu teilen (▶ Projektive Identifizierung, ▶ Sprechhandlung). Mit symbolischen, mentalen Inhalten lässt sich ein Hiatus errichten, der metaphorisch gesprochen, einen inneren Betrachtungs- und Denkraum eröffnet und einen reflexiven und sogar spielerischen Umgang ermöglicht.

Lecours' Theorie, die er auch mit einem differenzierten Instrument, dem GEVA, dem Grille de l'Elaboration verbale de l'Affect (Gitter der verbalen Ausarbeitungen eines Affekts) operationalisiert hat, weist Ähnlichkeiten mit Fonagys Mentalisierungstheorie und -therapie sowie mit Rudolfs strukturbezogener Psychotherapie auf, was den Umgang mit nichtsymbolischen Affektmanifestationen anbelangt.

## Metaphern verwenden

Metaphern zu verwenden ist eine wichtige Möglichkeit des Therapeuten, z. B. mittels Paraphrasierung der vom Patienten mitgeteilten Redeinhalte, Bilder beim Patienten zu aktivieren, die entweder bis dahin überhaupt noch nicht Symbolisierbares in verständliche und nachvollziehbare Anschaulichkeit übertragen oder allzu abstrakt geratene und vom subsymbolisch emotionalen Bereich getrennte, affektisolierte Verbalisierungen sinnlicher werden lassen. Hierfür gilt es, auf den einzelnen Patienten zugeschnittene Metaphern zu finden, die ihn in ihrer bildlichen und affektiven Dynamik nicht überfordern, ihn aber andererseits auch unmittelbar ansprechen.

Ausgesprochene Metaphern sind natürlich noch keine Garantie dafür, dass ein Patient sie verstanden hat, etwas damit anfangen kann, und sie tatsächlich die intendierten Wirkungen entfalten. Deshalb ist es seitens des Therapeuten wichtig, dass er sein Augenmerk darauf legt, ob sich in den nachfolgenden Assoziationen und Redebeiträgen die gewünschten Effekte tatsächlich auffinden lassen, aber auch, welche Metaphern ein Patient selbst verwendet und wie in seinem Metaphern-Gebrauch Aussagen über sein Selbstbild, Phantasien über die Wirkungsweise einer Therapie u. a. m. zum Ausdruck kommen (▶ Kontext bezogenes Intervenieren).

Metaphern sind also keineswegs nur Ausschmückungen der Rede, als die sie von alters her gelten, und die wir beim Sprechen verwenden, wenn wir etwas wirkungsvoll hervorheben wollen. Nicht umsonst erregte die Metapher ja den Verdacht, zur politischen Rhetorik missbraucht werden zu können und geriet deshalb im Altertum in Verruf. Diese Bestimmung als aristotelische Trope gilt allerdings heute nur noch als eine sehr eingeschränkte Definition der Metapher. Denn spätestens seit Lakoffs und Johnsons (1980) Analyse der Metaphern weiß man, dass sie unser gesamtes Denken gewollt und ungewollt durchziehen. Selbst die Naturwissenschaft kommt nicht umhin, Metaphern zu verwenden. Freuds Sprache wurde wegen seiner häufigen Verwendung von Metaphern kritisiert, dabei wurde aber nicht bemerkt, dass auch seine Kritiker es nicht vermeiden können (und es auch gar nicht müssen), Metaphern zu verwenden. Im Gegenteil: Metaphern machen uns in der Regel darauf aufmerksam, wie sehr unser gesamtes Denken im Körperlichen wurzelt, »embodied« ist. Unser Denken ist nur dem Anschein nach ausschließlich rational kognitiv, in Wirklichkeit ist unser ganzer Körper daran beteiligt. Damit ergibt sich erkenntnistheoretisch auch eine Verlagerung von objektiven Kategorien der Erkenntnis auf erlebnismäßige, körperlich und emotional fundierte Erkenntnisstrukturen. Dementsprechend wurde in den letzten Jahren aus der Kognitionspsychologie und Cognitive Science eine »embodied cognitive science«.

Wenn aber Metaphern unser alltägliches wie wissenschaftliches Konzeptsystem durchziehen und unser Denken und Handeln damit grundsätzlich metaphorisch sind (vgl. Lakoff & Johnson 1980), dann kann die gezielte Verwendung von Metaphern, aber auch das Aufgreifen der Metaphern eines Patienten Fühlen, Denken und Handeln verändern. Es verwundert deshalb auch nicht, dass Fred Levine (1990) zu dem Schluss kam, dass man als Analytiker vor allem durch die Verwendung von Metaphern einen affektiven Zugang zum frühen prozedural kodierten Beziehungswissen erhalten kann – von ▶ körperpsychotherapeutischen Interventionen einmal abgesehen. Metaphern schaffen hierbei einen Übergang von sensorischen Empfindungen visueller, auditorischer oder taktiler Qualität und primären ikonischen Modalitäten zu sekundärer Ikonizität und schließlich zu verbalen Symbolisierungen (vgl. Fabregat & Krause 2008).

Der bekannteste Versuch, im deutschsprachigen Raum transkribierte therapeutische Dialoge mit einer als Metaphernanalyse gekennzeichneten Methode qualitativer Psychotherapieforschung zu analysieren, stammt von Michael Buchholz (1993a, 1994, 1998), der das Werk von Lakoff und Johnson im deutschen Sprachraum bekannt gemacht hat. Empirisch lassen sich neben der Identifizierung von Metaphern anhand der

Metaphernanalyse (vgl. z. B. Hülzer 1999, Kronberger 1999) auch die Metapherndichte, die gemeinsame Benutzung, Ausarbeitung und Kontextualisierung (»interaktive Metaphern«) bestimmen (vgl. Fabregat & Krause 2008). Lachauer (2005) hat gegen den mancherorts antreffbaren Trend zur Kognitivierung auf die Macht der Bilder aufmerksam gemacht und für eine Schulung der Wahrnehmung plädiert, um aktualisierte Szenen und Handlungsdialoge mittels innerer Bilder (dazu gehören auch akustische, kinästhetische und aus den übrigen Sinneserfahrungen stammende Bilder) zu vergegenwärtigen und daraus einen Fokus zu gewinnen (▶ fokaltherapeutisch konzeptualisieren).

## Metaphernbildung beim Analysanden anregen und fördern

Die Anregung der »Metaphernbildung« geschieht neben der expliziten Verwendung von Metaphern überwiegend durch ▶ Übertragungsdeutungen, in denen eine Verbindung von dem gegenwärtigen Erleben in der ▶ Übertragungsneurose und dem Dort und Damals der Kindheitsneurose vorgenommen wird.

Antal F. Borbely (1998) hat bekannte psychoanalytische Phänomene im Lichte eines psychodynamisch orientierten Metaphernkonzepts neu definiert. Insbesondere die Fähigkeit, Vergangenheit und Gegenwart metaphorisch aufeinander beziehen zu können, ist für den psychoanalytischen Prozess zentral. Denn die Mehrdeutigkeit, welche die meisten Phänomene für uns haben, geht aufgrund von Konflikten und Traumatisierungen verloren: Eine Frau bekommt unbewusst dann nur noch die Bedeutung von etwas Vereinnahmendem und ein Mann nur noch die Bedeutung eines bestrafenden oder vergewaltigenden Vaters. Das Verhaftetsein an diese Klischees (i. S. v. Lorenzer) bewirkt einen kognitiven Stillstand im Wahrnehmen und Denken und ein von Wiederholungszwängen bestimmtes Leben: Die Gegenwart kann unbewusst nur analog zur Vergangenheit erlebt werden.

Eine schrittweise Entwicklung heraus aus dem Wiederholungszwang des immer Gleichen kann aber nur auf metaphorischem, nicht auf logischem Weg vonstatten gehen, durch kreative Akkomodation an neue Erfahrungen. Durch (Übertragungs-)Deutungen wird dem Analysanden dabei geholfen, die Mehrdeutigkeit von Erfahrungen wieder herzustellen, die in ihrem metaphorischen Fluss zwischen Vergangenheit und Gegenwart, Gegenwart und Vergangenheit unterbrochen worden ist. Metaphern lösen generell die konzeptuellen Grenzen zwischen Netzwerken von Bedeutungen auf, weshalb sich auch die besondere Hyperkonnektivität im Traumdenken ergibt. Deutungen ermöglichen dem Analysanden, getrennt gehaltene Bedeutungen erstmals in eine Verbindung zu bringen: das Netzwerk einer furchteinflößenden Mutter in der Vergangenheit mit der als grenzüberschreitend erlebten Analytikerin in der Gegenwart, den gewaltsamen Vater mit dem an einer Stelle wenig einfühlsamen Analytiker (▶ Übertragung im Hier und Jetzt). Metaphern stehen zwischen dem primärprozesshaften Gebrauch der Sprache mit ihrer Verwendung von Verdichtung und Verschiebung und dem sekundärprozesshaften Gebrauch mit ihrer Orientierung am Realitätsprinzip; sie schaffen einen »imaginativ realen« Denkraum.

Auch für Modell (2003) besteht metaphorisches Wahrnehmen, Erleben und Denken nicht nur aus dem Hinübertragen von Bedeutungen zwischen unterschiedlichen Domänen, sondern mittels völlig neuer Kombinationen schafft es auch eine Umwandlung von Bedeutung und die Erzeugung neuer Wahrnehmungen. Es interpretiert ohne Unterlass unser unbewusstes autobiographisches Langzeitgedächtnis, ist im Wachzustand wie im Träumen tätig, operiert gestisch wie sprachlich, unbewusst wie bewusst und ist somit eine fundamentale und ausschließlich menschliche Fähigkeit von herausragender Bedeutung.

## Mitteilen der Gegenübertragung

Ferenczi war einer der ersten Analytiker, der von der Möglichkeit, eigene Gegenübertragungsgefühle, d. h. bewusstseinsfähige Gedanken und Gefühle seinem Patienten mitzuteilen, Gebrauch machte. Aber auch Paula Heimann hat bereits auf diese Interventionsform hingewiesen. Diese wurde in der behandlungstechnischen Literatur zumeist dann empfohlen, wenn die Analyse zu einem Stillstand gekommen ist. Arnold Cooper (1998a) hat die Möglichkeit der Gegenübertragungsmitteilung aber auch in Erwägung gezogen, wenn Analysand und Analytiker unterschiedliche Auffassungen über Erlebnisse innerhalb der analytischen Sitzung haben. Das Kommunizieren darüber soll das gemeinsame Verstehen der Beziehung vertiefen. Was bedeuten diese Mitteilungen für die Beziehungsasymmetrie, die analytische Anonymität die ▶ Sicherheit des Patienten und das Offenhalten des analytischen Raumes?

Auch der eine Zeitlang modische und manchmal etwas übertriebene Umgang mit der ▶ projektiven Identifizierung hat nahezu selbstverständlich zur Folge gehabt, dass Eindrücke des Analytikers mitgeteilt wurden: »Vielleicht soll ich mich jetzt so verzweifelt fühlen, wie Sie sich oft als Kind gefühlt haben, wenn Ihr Vater …?«, ohne dass vielleicht immer ausreichend darüber nachgedacht wurde, ob diese Mitteilungen nicht auch aus einem Unvermögen des Analytikers stammen können, die schwierigen Gefühle in sich zu bearbeiten (vgl. Carpy 1989).

Aus herkömmlicher Sicht (wie z. B. der von Horacio Etchegoyen) bedrohen Mitteilungen über das eigene Erleben die Asymmetrie des analytischen Geschehens, was aber die immer schon existierende Gegenseitigkeit des analytischen Dialogs übersehen lässt, auch wenn beide Dialogpartner unterschiedliche Aufgaben darin haben. Dabei ist der Gebrauch der Gegenübertragung bzw. die Einnahme einer komplementären oder konkordanten Gegenübertragungsposition ohnehin eines der Unterscheidungsmerkmale gegenwärtiger psychoanalytischer Technik (▶ komplementäre, ▶ konkordante Identifizierung). So vertritt z. B. Evelyne Schwaber (1992b) aus post-selbstpsychologischer Sicht die Auffassung, dass das Beschäftigtsein mit den komplementären Gegenübertragungseindrücken den Analytiker davon abhalten kann, sich in die Perspektive ihres Patienten ausreichend intensiv zu versetzen; das egozentrische Eingenommensein von den eigenen (Gegenübertragungs-)Gefühlen verhindere eine Dezentrierung und mache die Vergegenwärtigung der inneren Welt des Gegenübers unvollständig und lückenhaft (▶ (Zu-)Hören).

Für Cooper (1989b) hat das Verstehen des Analysanden selbstverständlich ebenfalls Priorität; bei diesem Vorgang haben die geschärfte Wahrnehmung der Gegenübertragung und die Mitteilung einiger Aspekte davon immer nur dann eine Berechtigung, wenn sie das Verstehen intensivieren; selbstverständlich dienen sie aber nicht der Entlastung des Analytikers, seiner Katharsis, einem geschwätzigen Mitteilungsdrang u. ä. Unüberlegte Spontaneität hat deshalb auch nichts mit reflektierter Gegenübertragungsmitteilung zu tun (▶ Prinzip Antwort, ▶ Selbstmitteilung).

Jonathan H. Slavin, Miki Rahmani und Linda Pollock (1998) haben sich mit der Frage beschäftigt, ob es analytisch sinnvoll sein kann, die Gegenübertragung, vor allem die erotische Gegenübertragung, dem Patienten mitzuteilen. Manifestieren sich in dieser Intervention nicht viel zu viel Realität und Verführung und wird deshalb der Möglichkeitsraum für Übertragungen damit nicht zerstört? Diese Thematik wurde z. B. zwischen Jody M. Davies als einer Vertreterin der interpersonellen Schulrichtung und Glen O. Gabbard, der viele Jahre die Stimme des amerikanischen Mainstreams verkörperte, 1998 in der Zeitschrift »Psychoanalytic Dialogues« kontrovers diskutiert. Nach Auffassung der obigen Autoren ist in dieser Auseinandersetzung jedoch noch die viel entscheidendere Frage enthalten, ob für einen Veränderungsprozess etwas »Reales« in der Beziehung zwischen Analytiker und Analysand tatsächlich stattfinden sollte oder ob dieses reale Element nicht gefährlich und potenziell zerstörerisch für den analytischen Prozess sein kann.

Die Autoren erinnern mit Thomas Szasz daran, wie es Freud mit Hilfe des Konzepts der Übertragung gelang, alle intensiveren realen Beziehungsfaktoren aus der Wahrnehmung nahezu auszuschließen. Verliebte sich eine Patientin in Freud, so war dies selbstverständlich Ausdruck ihrer ödipalen Übertragungsliebe, die es zunächst anzuerkennen, dann aber aufzugeben galt. Die Betonung der psychischen Realität nach der Revision der Verführungstheorie führte bekanntlich auch zu einer relativen Geringschätzung der tatsächlich stattgefundenen Traumatisierungen eines Patienten in seiner Kindheit, was den Ausschluss Ferenczis aus der psychoanalytischen Gemeinschaft zur Folge hatte. Ebenso wurde das Alexander'sche Konzept einer ▶ korrigierenden emotionalen Erfahrung als unanalytisch zurückgewiesen und genoss in der Form einer Ausübung mütterlich spiegelnder und Entwicklung nachholender therapeutischer Funktionen lange Zeit kein allzu gutes Ansehen in konservativen psychoanalytischen Kreisen, weil hierbei der Analytiker als zu reale und übertragungsgratifizierende Person in Erscheinung treten würde. Erst das Zugeständnis des Mainstreams, dass man als Analytiker nicht umhin kommt, sich in Übertragungs-Gegenübertragungsinszenierungen zu verstricken, lenkte den Blick nach und nach auf das, wie sich ein Analytiker oder eine Analytikerin in der Interaktion und Kommunikation mit ihrem Analysanden konkret verhält, wobei man sich bekanntlich nicht nicht verhalten kann, und somit z. B. auch das Schweigen eine Bedeutung stiftende Auswirkung hat (▶ Enactment, ▶ Handlungsdialog). Aus diesem Grund geht es im analytischen Prozess nicht nur um die Interpretation alter Erlebnisdispositionen, sondern um die Generierung einer neuen, bis dahin noch nie erlebten Form der Beziehung, in der sehr viel Realität des Analytikers zum Tragen kommt und Beziehungsmomente, die für beide eine existentielle Bedeutung haben können, nicht länger ausgeschlossen zu werden brauchen (▶ Gegenwartsmoment).

# N

## Neutralität, eine neutrale Erkenntnishaltung einnehmen

»Neutralität« wird in zeitgenössischen Arbeiten intersubjektiver und interpersoneller Analytiker oftmals als passive, zurückgezogene, nichtresponsive Haltung des klassischen Analytikers karikiert. Ihr wird eine aktive, bezogene und emotional reagierende Vorgehensweise mit einem »authentisch« auftretenden Therapeuten entgegengehalten. Neutralität bedeutet aber alles andere als Passivität und Nichtresponsivität; sie ist vielmehr eine komplexe Erkenntnishaltung, mit der ein Analytiker auf die Erzählungen seines Patienten reagiert. Dabei kann er sich durchaus aktiv, engagiert und warmherzig verhalten.

Die Einnahme einer neutralen Erkenntnishaltung bildet zusammen mit der Einstellung einer gleichschwebenden Aufmerksamkeit den haltenden Rahmen für die tastenden Versuche des Patienten, sich in seinem »introspektiven Sehen mit einem inneren Auge« von den Einengungen sozialer Konventionen sowie von den verinnerlichten Normen zumindest tendenziell frei machen zu können; ein zu rasches Reagieren seitens des Analytikers würde diesen Strom von Erfahrungen zu stark einschränken oder, um im Bild zu bleiben, in einen eintönigen Flusslauf zwängen, der aus Rede und Gegenrede, Frage und Antwort an der Oberfläche des Bewusstseins verbliebe (► Freie Assoziation). Werden hingegen keine Themen vom Analytiker vorgegeben, kreisen alsbald die Abkömmlinge der unbewussten Sehnsüchte, Erwartungen und Enttäuschungen eines Patienten in mehr oder weniger verdeckten Anspielungen um den Analytiker, der aufgrund der Häufigkeit und Dichte des Kontakts, aufgrund seiner Rezeptivität und Einfühlung, seiner Struktur gebenden und haltenden Funktionen die Hoffnung weckt, konflikthafte, traumatische und in der Entwicklung stecken gebliebene seelische Anteile zu neuem Leben erwecken zu können. Aber natürlich kann es nicht ausbleiben, dass diese Möglichkeit zu noch nie erfahrener Lebendigkeit auch starke Angst heraufbeschwört, so dass sich der Patient gegen das Davongetragenwerden zu neuen, unbekannten Ufern zu schützen versucht (► Antiregression berücksichtigen). Insofern wird die freie Assoziation ein Spiel von Loslassen und Dagegenrudern, von Sich-Ergreifenlassen und einem verzweifelten Festhalten an konventionellen Gesprächsthemen, die den Patienten davor schützen, mit abgewehrten, Angst, Scham oder Schuldgefühle auslösenden Themen, die mehr oder weniger alle einen Bezug zu seinem Analytiker haben, konfrontiert zu werden.

Eine neutrale Erkenntnishaltung einzunehmen heißt, den Patienten erfahren zu lassen, dass die verschiedenen Einfälle in einer Stunde, auch wenn sie dem Anschein nach nur wenig miteinander zu tun haben, durchaus ein sinnvolles Ganzes bilden; dass sie um ein gemeinsames, unbewusstes Thema kreisen, das sich in vorbewussten Abkömmlingen durchaus ins Bewusstsein wagt, dass scheinbar sinnlose Fragmente sich zu einer Kohärenz fügen, und dass sich dies alles ereignet, ohne dass eine Autorität sagt, wo es lang zu gehen habe. Diese Achtung vor der Autonomie eines Patienten, das Vertrauen, dass sich die unbewussten Blockaden verringern lassen, wenn ein wohlwollend zuhörender, an bestimmten Stellen nachfragender oder klarifizierender Analytiker, der hin und wieder die Beziehung zwischen den beiden anspricht, ist vielleicht der wichtigste Aspekt einer neutralen Erkenntnishaltung (▶ Autonomie fördern).

Neutralität heißt aber auch, wie klassischerweise Anna Freud in ihrem Postulat der Äquidistanz zu Es, Ich und Über-Ich ausgeführt hat, dass sich der Analytiker nicht in die Lösung eines Konflikts einmischt. »Glauben Sie, dass es für mich gut wäre, wenn ich mich von meinem Partner trennen würde?«, fragt z. B. ein Patient seinen Analytiker, nachdem er in mehreren Stunden immer wieder erzählt hat, wie sehr er sich übergangen und gedemütigt gefühlt hat. »Ich denke schon, dass Sie sich möglichst bald trennen sollten.«, wäre eine Antwort, bei der der Analytiker sich offensichtlich herausgefordert gefühlt hat, Partei (in der Anna Freud'schen Diktion mit dem Es und dem Überich) zu ergreifen, Angst und Schuldgefühle seines Patienten vermeintlich lindern zu helfen, indem er ihm als Antwort einen Ratschlag gibt und dies mit der Autorität des Wissenden verknüpft. Oder: Eine Patientin berichtet, wie abschätzig sie sich von ihrem Vorgesetzten behandelt fühlt. Die Analytikerin, die sich als beschützende Mutter herausgefordert erlebt, rät ihrer Patientin, ihm doch klipp und klar die Meinung zu sagen. Als die Patientin daraufhin von ihrer Angst spricht, dies zu tun, schlägt ihr die Analytikerin vor, dem Vorgesetzten dann wenigstens einen Brief zu schreiben (▶ interaktionelle Orientierung, ▶ PAM – Prototypische affektive Mikrosequenzen).

Neutralität würde in diesen beiden Beispielen bedeuten, dass der Analytiker in der Rolle eines neutralen Kommentators verbleibt. »Sie würden gerne von mir erfahren, was gut wäre, aber dann würden wir die zweifelnden Stimmen in Ihnen zum Verstummen bringen.« Oder: »Wenn ich Ihnen dazu oder dagegen raten würde, erführen wir nicht, welche Gefühle Ihnen eine Entscheidung so schwer machen.«

Dabei ist nicht ausgeschlossen, dass die Fragen auf einer tieferen Ebene auch mit der Übertragungsbeziehung zu tun haben können. Hat sich der Patient in den zurückliegenden Stunden von seinem Analytiker schlecht behandelt gefühlt? Ist irgendeine Bemerkung bei ihm abschätzig angekommen (▶ Übertragungsdeutung im Hier und Jetzt)? Der vorschnelle Rekurs auf die außeranalytische Realität würde dann ein unreflektiertes Ausagieren per Verschiebung eines psychischen Themenkomplexes bedeuten, dessen unbewusste Vielgestaltigkeit von Analytiker und Patient überhaupt noch nicht begriffen worden ist und die analytische Aufgabe, möglichst viele ungenügend mentalisierte psychische Erlebniszusammenhänge bewusst zu machen, zu einem abrupten Ende bringen (▶ Mentalisierung).

Zu Beginn einer Analyse kann die neutrale Erkenntnishaltung beim Patienten wie ein Desinteresse ankommen und es kann dann manchmal notwendig werden, dem Patienten zu erläutern, warum es sinnvoll ist, neutral zu bleiben.

Schien es für Freud und für viele seiner ichpsychologischen Schüler in Anlehnung an die naturwissenschaftlich geprägte Methodologie noch vorstellbar und erreichbar, sich als Spiegel für die Übertragung seines Analysanden in der Haltung eines unparteiischen Beobachters zur Verfügung stellen zu können, so sind heutige Psychoanalytiker überzeugt, dass dies nicht möglich ist. Sowohl der Fortschritt erkenntnistheoretischen Reflektierens als auch empirische Untersuchungen haben diesem klassischen Axiom die Grundlagen entzogen: Auf subtile Weise agiert ein Analytiker vor und unabhängig von der Übertragung und natürlich reagiert er auch als unverwechselbare Person auf die Gesprächsangebote seines Gegenübers; Übertragung und Gegenübertragung sind miteinander verschränkt und die Reflexion des Einflusses, die ein Therapeut auf seinen Patienten ausübt, wird somit von zentraler Bedeutung (▶ Enactment, ▶ Handlungsdialog). Auch bezüglich des Handelns von Therapeuten sollte man also bezüglich der Unterstellung von reflektierter Rationalität als permanenter Disposition Vorsicht walten lassen und besser davon ausgehen, dass rationales Handeln nur teilweise und vielleicht immer nur vorübergehend zu erreichen ist.

Vor allem Owen Renik hat in den 1990er Jahren in einer Anzahl von Artikeln und Streitgesprächen von der Unmöglichkeit, ja sogar Schädlichkeit einer neutralen Haltung gesprochen (1993, 1995, 1996, 1998a, b, c). Unter dem Deckmantel von Neutralität und Objektivität würde ein Analytiker kaschieren, dass er in seinen Interventionen permanent seine eigenen Weltanschauungen, Werturteile und Gesundheitsziele transportiere. Statt davon auszugehen, dass er die Wahrheit im Patienten auffinde, sei es deshalb ehrlicher, sich selbst und auch dem Patienten klar zu machen, dass er trotz aller empathischen Bemühungen immer nur seine eigene psychische Realität dem Patienten nahebringen könne. Seine Subjektivität sei irreduzierbar.

Kritiker (wie z. B. Meissner 2000, Eagle 2003b) haben Renik und anderen Psychoanalytikern, wie z. B. Mitchell, die wie er von »intersubjektivem Austausch«, »Ko-Konstruktionen«, »Unmöglichkeit von Neutralität« ausgehen, einerseits zugestanden, dass sie mit der klassischen positivistischen Erkenntnishaltung nun endgültig aufgeräumt und dass sie der mitunter arroganten Haltung mancher Analytiker, einen privilegierten Zugang zum Unbewussten eines Patienten zu besitzen und dogmatisch auf der Richtigkeit ihrer Deutungen und Rekonstruktionen zu bestehen, eine berechtigte Abfuhr erteilt hätten (▶ Autorität funktionale). Sie kritisieren aber andererseits auch, dass die »jungen Wilden« das Kind mit dem Bad ausschütten würden: Eine eigene subjektive Wertüberzeugung zu haben, muss nicht bedeuten, sie seinem Analysanden zu oktroyieren, und von der eigenen psychischen Realität auszugehen, muss noch lange nicht heißen, sie deshalb unbesehen mit der Realität seines Patienten gleichzusetzen. Selbst wenn es unbestritten ist, dass die Person des Analytikers einen Einfluss auf seinen Patienten ausübt, so ist diese Einflussnahme nicht dergestalt, dass ein Patient davon völlig geformt wird. Viel realistischer ist es, dass ein Patient z. B. in seinen pathogenen Überzeugungen ziemlich unbeirrt bleibt, weil diese auch Strukturen mit geringerer Änderungsrate darstellen, die sich nicht wie ein Bäumchen im Wind von jeder intersubjektiven Stimmung und unbewussten Einflussnahme des Analytikers an- oder gar umwehen lassen (▶ Kleinianische Orientierung).

Vor allem die intersubjektive Behauptung, dass die Leidenszustände eines Patienten, die sich in seinen Übertragungen widerspiegeln, vom Analytiker ko-konstruiert werden, schießt nach Auffassung einiger Kritiker, wie z. B. Kernberg 1999, Eagle 2003 und Thomä 1999, weit über das tatsächliche Geschehen, dass natürlich die Übertragung des Patienten auch immer einen Aufhänger im Verhalten des Analytikers findet, hinaus (▶ Interpersonelle Orientierung). Die Auffassung, dass es unabhängig vom Betrachter keine Wirklichkeit gebe, sondern diese immer konstruiert sei, würde in Bezug auf die Gegenübertragung bedeuten, dass sie die unbewussten, pathogenen Erwartungen und Phantasien eines Patienten erfindet bzw. in ihm entstehen lässt, die aber kein Fundament in diesem (in seinen nichtbewussten prozeduralen Schemata und/oder in seinen unbewussten psychodynamischen Phantasien) aufweisen. Je nach behandelndem Analytiker würden sich deshalb auch die Leidenszustände eines Patienten verändern, ganz zu schweigen von den Diagnosen, die gestellt werden, die sich ohnehin sprachlicher Willkür verdanken würden. Diese Einschätzung verfällt aber nun mit der Zuspitzung einer extrem relativistischen und übermäßig sozialkonstruktivistischen Position unversehens in das andere Extrem des früheren positivistischen Objektivismus.

Sinnvoller ist es deshalb, statt diesen undialektischen Dualismus zu verfechten, von einem gemäßigten Konstruktivismus auszugehen, der die Unabhängigkeit der Realität durchaus anerkennt, auch wenn diese in einigen Anteilen perspektivisch konstruiert wird. Diese Konstruktionen unterliegen allerdings im Analytiker-Patient-Verhältnis der Möglichkeit und Notwendigkeit eines Perspektivenabgleichs.

In einem epistemologischen Sinn kann ein Analytiker natürlich niemals neutral sein. Daran ändert sich auch nichts, wenn man als Analytiker glaubt, durch Zurückhaltung und Schweigen den Anschein zu erwecken, als würde man nicht werten oder eine Stellung beziehen. Denn bekanntlich wird jedes Schweigen, jedes nicht erfolgende »Mhm« auf der verbalen Ebene vom Patienten interpretiert. Auf der nonverbalen Beziehungsebene findet weiterhin ein reger Austausch statt, selbst wenn der Patient liegt und der Analytiker so sitzt, dass seine Mimik und Körperhaltung nicht gesehen werden können. Deshalb ist es auch wichtig, sich per Perspektivenübernahme vorzustellen, wie das Schweigen des Analytikers, in dem seine vermeintliche Neutralität zum Ausdruck kommen soll, auf den Patienten wirken kann (▶ Einfühlung, ▶ Kontext bezogenes Intervenieren).

Greenberg (1986), Kris (1990) und Schechter (2007) haben darauf hingewiesen, dass es notwendig ist, Neutralität aus der Sicht des Patienten neu zu konzeptualisieren. Wie wirken sich Zurückhaltung und Schweigen auf die unbewusste bestrafende Selbstkritik des Patienten aus? Die Selbstwerteinschränkung, die aus dieser unbewussten Haltung resultiert, und die bei vielen Patienten ohnehin nahezu ständig mitschwingt, wird umso größer, je mehr der Patient im Ungewissen hinsichtlich dessen, was er sagt, gelassen wird. Statt des erhofften Auftriebs des Unbewussten, auf den der klassische Psychoanalytiker in diesem Fall geduldig wartete, gibt es stattdessen z. B. nur bohrende Selbstzweifel und Verunsicherung beim Patienten. Diese kann der Analytiker entweder anhand von Externalisierungen zu spüren bekommen (der Patient zweifelt am Sinn der Therapie) oder anhand einer Zunahme depressiver Symptome.

Das (übermäßig lange) Schweigen des Analytikers kann somit aus zweierlei Gründen keine Neutralität verbürgen: Erstens ist der Austausch von kommunikativen Signalen nicht auf die Sprache beschränkt und zweitens wird dem Schweigen vom Patienten eine Bedeutung zugeschrieben.

Whitebook (2006, S. 1029) kommt zu dem Schluss, dass die Kritik am Objektivismus zwar gezeigt habe, dass »das Konzept von Neutralität in seiner reinen Form unerreichbar ist, aber das mache das Konzept als solches nicht wertlos. Im Gegenteil: Liegt absolute Neutralität auch außerhalb des Erreichbaren, so bleibt das ›Streben‹ (Lear 2003, S. 104) doch nicht nur möglich, sondern ist für das gesamte analytische Unternehmen konstitutiv.«

## Nichtdeutende Mechanismen

Nach der Auffassung der Boston Change Process Study Group sind »nichtdeutende Mechanismen« am meisten dazu geeignet, die Grundlagen für ein neues implizites Beziehungslernen zu ermöglichen. Betonte diese Gruppe zunächst die affektiv hoch besetzten »Now-moments« und die »Momente der Begegnung«, in denen ein unverstelltes Zusammenkommen von emotionalen Beziehungsregeln beider beteiligter Akteure geschieht (▶ Gegenwartsmoment), so geht sie in letzter Zeit dazu über, auch die scheinbar unbedeutenden, emotional weniger stark besetzten Augenblicke als Momente der Veränderung des prozeduralen Wissens anzuerkennen (vgl. 2002; ▶ Lokale Ebene).

Damit erfolgt eine eindeutige Absage an die klassische psychoanalytische Auffassung, dass nur die (verbale) Deutung unbewusster Vorgänge und die daraus entstehende Einsicht des Analysanden einen kausal verändernden Effekt haben. Das Plädoyer für ein starkes emotionales Engagement lässt zudem die in der amerikanischen Ichpsychologie mitunter auf die Spitze getriebene Forderung nach gefühlsmäßiger Zurückhaltung, lediglich zurückwerfendem Spielen und Pokergesichtigkeit endgültig alt aussehen, auch wenn diese Kritik mittlerweile selbst schon etwas in die Jahre gekommen ist.

Da die Boston Change Process Study Group das deklarative und das nichtdeklarative Gedächtnis als zwei getrennte Systeme betrachtet – eine Annahme, die aber durchaus umstritten ist (vgl. Rovee-Collier, Hayne & Colombo 2000) – postuliert sie, dass das deklarative Wissen für die Veränderung impliziter emotionaler Beziehungserfahrungen relativ ineffektiv ist.

Bucci (1997) nimmt hingegen in ihrem Multiple-Code-Modell mit dem Konzept einer möglichen und auch notwendigen Verbindung von subsymbolischen und bildlich sowie verbal symbolischen Kodierungen keine prinzipielle Getrenntheit der beiden Gedächtnissysteme an. Denn zusammen mit den (subsymbolisch kodierten) emotionalen Beziehungsregeln werden ihrer Auffassung nach auch immer bildlich symbolische und akustische Stimuli gespeichert. Aus der Sichtweise neuerer Metaphern-Konzepte gelten Metaphern als Detektoren von Mustern, die um emotionale Knotenpunkte herum organisiert sind (vgl. Modell 2005). Auch die Fähigkeit, Metaphern bilden zu können, sowie im Tages- wie im Traumbewusstsein Erinnerungen aus unterschiedlichen Gedächtnisspeichern miteinander in Beziehung zu setzen, würde für die Möglichkeit einer Verbindung sprechen (▶ Metaphernbildung anregen und fördern).

Fosshage (2005) schlägt eine Lösung für die unterschiedlichen Sichtweisen der Bostoner Gruppe und dem Modell von Bucci vor. Immer dann, wenn keine Chance besteht, an das nichtdeklarative Wissen eines Patienten heranzukommen, ist die Auffassung der stärkeren Gewichtung der nichtdeutenden Mechanismen sinnvoll (▶ Implizites Beziehungswissen); wenn jedoch emotional prozedurales Wissen dem Bewusstsein zugänglich werden kann, ist durchaus die deklarative Erinnerungsarbeit, die Einsichten und bewusste Kontrolle über die implizit ablaufenden emotionalen Regeln und Auslösebedingungen ermöglicht, angezeigt (▶ Einsicht fördern).

## Nichtwissen ertragen können

Manchmal sehnen sich auch Psychoanalytiker nach Wissen, v. a. nach akademischem Wissen, das man getrost nach Hause tragen kann, das als empirisch überprüft gilt, egal welcher Illusion man dabei aufsitzt, das sich scheinbar vermehren lässt und seinem Besitzer ein Gefühl von Potenz verleiht, auch wenn dieses im Zeitalter einer popperianischen Wissenschaftstheorie, das die Empiriker als Glaubensbekenntnis vor sich her tragen, immer nur zu kurzfristigen Hochgefühlen Anlass geben darf. Aber methodisch geschult, wie Psychoanalytiker nun einmal sind, wissen sie, dass das angehäufte Wissen niemals dem Einzelnen und dessen Unbewusstem gerecht werden kann, sondern eher wie eine Barriere zwischen dem Analytiker und seinem Patienten erlebt und dann Abwehr- und Widerstandscharakter aufweisen würde. Deshalb gilt es nach Möglichkeit, bewusste Wissensbestände, die sich manchmal zur deduktiven Ableitung schier aufzudrängen scheinen, hintanzustellen. Andererseits kann das Erleben manchmal kaum auszuhalten sein, über die unbewussten Prozesse seines Patienten nichts zu wissen, v. a. wenn dieser wie in einem Nebel herumstochert und unzufrieden ist, dass er sich nicht verändern kann oder dass seine Leidenszustände immer noch andauern. Dann ist es sehr schwer, dieses Nichtwissen ertragen zu können, und dem natürlichen Drang, seinem Patienten mittels Wissen helfen und ihn heilen zu wollen, nicht nachkommen zu können. Dennoch gibt es immer wieder das Vertrauen, dass einem zur rechten Zeit auch theoretische Konzepte einfallen, die dann aber nicht kontext- und beziehungslos sind, sondern genau das Wissen verkörpern, was zu der im Hier und Jetzt gegebenen Beziehung passt. In Bions Terminologie nennen postkleinianische Psychoanalytiker dies die »K-Verbindung«.

Aber natürlich verfügen Psychoanalytiker auch über Theorien (▶ Theorien verwenden), selbst wenn sie meinen, ausschließlich ihre Methoden anzuwenden, und es ist auch wichtig, sich das konzeptuelle Wissen der verschiedenen Theorien immer wieder zu vergegenwärtigen (vgl. Purcell 2004).

Hinz (2001) hat darauf aufmerksam gemacht, dass es auch eine »Angst vor Wissen« geben kann; zum einen, weil es möglich sein könnte, einem Irrtum zu verfallen; des Weiteren, weil wir damit rechnen müssen, dass sich ein Patient aus einer anderen Perspektive vielleicht besser verstehen ließe, so dass sich die vermeintlichen Fakten vielleicht nur als vorübergehend stimmige Narrationen erweisen und wir uns deshalb lieber in einen unendlichen Suchprozess begeben und gut daran tun, uns wissensmäßig nicht festlegen zu wollen, und schließlich, weil wir Angst davor haben, wegen eines bestimmten Wissens zurückgewiesen zu werden, vom Patienten, aber auch von Kollegen.

So lässt sich die Bion'sche Ermahnung auch dialektisch auffassen: Nicht-Wissen ertragen, kann man nur, wenn man zugleich auch über ausreichendes Wissen (damit ist natürlich nicht nur akademisches Wissen gemeint) verfügt und sich immer wieder vergegenwärtigt, wie reichhaltig explizite und implizite Theorien sind, die Psychoanalytiker heranziehen (▶ Respekt, ▶ Theorien verwenden).

## Nonverbale Kommunikation beachten

In der Psychoanalyse besteht seit Freud ein Primat der Sprache – körperliche Erregungszustände, nichtbewusste Affektspannungen sollen nicht im Verhalten abgeführt oder abreagiert werden, sondern als Bild erlebt, als Stimmung beschreibbar, als Vorstellung verwörtert werden. Diese prinzipielle Kontrollierbarkeit nichtbewusster körperlicher Antriebe kraft verbaler Ausdrucksfähigkeit ist sicherlich ein den Menschen auszeichnendes Vermögen und es verwundert deshalb nicht, dass auch Freud die »Magie der Worte« in der psychoanalytischen Sprechkur beschwor. Aber diese Gewichtung hat in der weiteren Entwicklung der Psychoanalyse doch zu einer tendenziellen Geringschätzung von nonverbalen Kommunikationsmodi geführt (▸ Körperinszenierungen erkennen, ▸ Körperpsychotherapeutische Interventionen, ▸ Mentalisierung).

Denn bei nicht wenigen Gelegenheiten können nichtbewusste nonverbale Systeme Bedeutungen zwischen Menschen besser als Worte transportieren. So können z. B. innere Zustände nur sehr schwer mit Worten mitgeteilt werden, wie Stern (1985, 1991) betont hat. Die zunehmende Verbalisierungsfähigkeit, die Kinder im zweiten Lebensjahr erfahren, wird deshalb nicht nur als ein Zuwachs an Bewirken- und Begreifenkönnen erlebt, sondern auch als ein schmerzlicher Abschied von dem unendlich größeren Kosmos und Paradies des subsymbolisch Gefühlten. Diesen schmerzhaften Bruch zwischen den nichtverwörterbaren Stimmungen und Gefühlen und den Worten, mit denen man letztlich allein ist, haben viele Dichter beschrieben. Versmaß, Rhythmik und Metaphern können jedoch nur zum Teil das Erleben jenseits der Sprache zum Ausdruck bringen. Sprache ermöglicht zwar die verbale Konstruktion von Erinnerungen, die planende Vorausschau, Abstraktion von konkreten Ereignissen, Unterscheidung, Urteilskraft und Reflexion, aber sie lässt das erlebende Selbst in einem nicht geringen Umfang hinter sich zurück.

Deshalb sollten Psychoanalytiker noch mehr als bisher auf diese »Körper-zu-Körper«-Prozesse, die neben den »mind-to-mind-Prozessen« ablaufen, achten (vgl. Pally 2001), denn es wäre schade, wenn sie mit ihrer Privilegierung verbaler Kommunikation diesen Bruch verfestigen und auf das Erfahrenkönnen nichtverbaler Stimmungszustände und Gefühlsabläufe verzichten würden. Allerdings stimmt diese Einschätzung überwiegend wohl nur für die Mainstream-Analyse, denn beginnend mit Ferenczi hat es nicht wenige Analytiker gegeben, die den »mütterlichen« Interventionsformen und unbewussten Kommunikationsmodi vermehrt Aufmerksamkeit gewidmet haben.

Dennoch gehören die Beachtung und Beobachtung des körperlichen Ausdruckverhaltens zum Repertoire der Psychoanalyse seit Freud. Denn obgleich dieser die »talking cure« über alles schätzte, vernachlässigte er als subtiler Beobachter keineswegs die Ausdrucksphänomene seiner Patienten. Doras Handtäschchen ist deshalb auch ein häufig zitiertes Beispiel in diesem Zusammenhang. Aber immer ging es dabei um die Konzeptualisierung, welche intrapsychischen, unbewussten Phantasien zu dieser Art von Ausdrucksverhalten bei einem Patienten führten. Freud z. B. fragte sich nicht, ob seine sexualisierende Art, Dora Fragen zu stellen, möglicherweise zum Öffnen und Schließen ihrer Handtasche führte, was er allein als verdrängte Onaniewünsche Doras deutete. Er thematisierte auch nicht die weiterführende Frage, ob vielleicht seine eigenen unbewussten oder vorbewussten sexuellen Phantasien und die mit ihnen korrelierten nichtbewussten körperlichen Ausdruckserscheinungen zum beschriebenen Verhalten von Dora geführt haben. Dies tat erst 60 Jahre später der amerikanische Psychoanalytiker und der interpersonellen Richtung nahestehende Harold Searles und diese Betrachtungsweise ist seitdem Programm des intersubjektiven Paradigmas (▶ Intersubjektive Orientierung).

Seit den Konzepten und Befunden der Säuglings-, Emotions- und Gedächtnisforscher hat das Wissen um körperliche Phänomene, die als emotionale Kommunikationen aufgefasst werden, enorm zugenommen. Verschiedene Psychoanalytiker haben deshalb auch dafür plädiert, den mittlerweile immensen Erfahrungsschatz über Interaktions- und Kommunikationsphänomene aus der Mutter-Kind-Beziehung für das Begreifen maladaptiver Beziehungsmodi bei erwachsenen Patienten heranzuziehen (vgl. z. B. Lachmann & Beebe 1996, Beebe & Lachmann 2004, Pally 2005, Geißler 2006).

Ohne Frage überwog in der bisherigen Psychoanalyse die Auffassung, dass eine Bewusstmachung der bis dahin psychodynamisch unbewussten Phantasien stattfinden muss, damit eine Veränderung stattfinden kann. Ohne reflexive Einsicht, die freilich gefühlshaft ablaufen sollte, bleibt die erzielte Veränderung, sofern sie überhaupt zustande kommt, blind und kann deshalb auch nicht auf andere Beziehungskontexte übertragen werden. Nur durch Deutungen, die Einsichten bewirken, kann der Wiederholungszwang unterbrochen werden und qualvolle Beziehungsmuster, die sich bislang imperativ durchsetzten, können sich dann endlich verändern (▶ Einsicht fördern, ▶ Mentalisierung).

An dieser Stelle ist es wichtig, auf eine definitorische Unterscheidung aufmerksam zu machen: Es gibt nonverbale Kommunikationsmodi, die relativ gut dem reflektierenden Bewusstsein zugänglich gemacht werden können, wie z. B. das Öffnen und Schließen einer Handtasche, weil diese als aus psychodynamischen Gründen verdrängte und zunächst unbewusst bleibende Inhalte im Bereich des autobiographischen Gedächtnisses angesiedelt sind. Die nichtverbale Kommunikation unbewusster Botschaften per prosodischer und rhythmischer Modi der Vokalisierung, Körperbewegungen und -haltungen sowie des Affektausdrucks in der Mimik ist hingegen größtenteils im nichtdeklarativen Gedächtnis kodiert. Sich dieser nichtbewussten Anteile am ständigen Kommunikationsfluss zwischen zwei Menschen bzw. dem Patienten und seinem Analytiker, bewusst zu machen, gelingt wohl überwiegend nur partiell.

Mit der derzeitigen Verlagerung des Interesses auf das implizite, nichtbewusste Beziehungswissen und auf grundlegende Dimensionen der nonverbalen Kommunikation werden deshalb manche bisherige Gewissheiten mit einem Fragezeichen versehen: Ist möglicherweise für eine Veränderung des Patienten bewusste Einsicht gar nicht erforderlich, zumindest nicht in dem Ausmaß, wie Psychoanalytiker dies bislang angenommen haben? (Pally 2005, S. 221). Können Veränderungen in den nichtbewussten Interaktionsmustern und interpersonellen Erwartungen stattfinden, ohne dass hierüber ein verbaler Austausch erfolgt? Erzielen diejenigen Analytiker, die eine erhöhte Feinfühligkeit für die nichtbewusste und unbewusste nonverbale Kommunikation aufweisen, grundlegendere Veränderungen als wenn dies auf einem sprachlichen, sekundärprozesshaft organisierten Symbolisierungsniveau abliefe?

Für manche Veränderungen mag dies bestimmt zutreffen, für andere aber scheint die Mithilfe des reflexiven Bewusstseins unumgänglich zu sein, wobei hier sicherlich noch ein großer zukünftiger Forschungsbedarf besteht.

Freedman und Lavender (1997), die den Zusammenhang von Gegenübertragung und nonverbalen Verhaltensweisen bei Psychoanalytikern per Video untersuchten, stellten fest, dass sich immer dann die nonverbalen Verhaltensweisen eines Analytikers synchron dem Rhythmus des Patienten anpassten, wenn er empathisch zuhörte. Wenn hingegen die nonverbalen Verhaltensweisen, wie z. B. die in Mimik, Gestik, Körperhaltung und Stimmintonation zum Ausdruck kommende Bereitschaft zum Zuhörer-/Sprecherwechsel nicht mit den Sprechrhythmen seines Patienten synchronisiert war, schützte sich der Analytiker vor dessen Übertragung und war mehr mit seiner eigenen Selbstregulation beschäftigt, d. h. mit der durch die Übertragung des Patienten ausgelösten Eigenübertragung und den darin enthaltenen Gefühlen (▶ Implizites Beziehungswissen, ▶ Selbstregulierung, interaktive Regulierung).

Pally (2001, S. 91) hat wegen der Wichtigkeit der nonverbalen Kommunikation vorgeschlagen, Psychoanalyse zukünftig vor allem auch als »nontalking cure« und nicht nur als »talking cure« zu thematisieren und noch intensiver zu beforschen.

# O

### Oberfläche, von der Oberfläche ausgehen

Schon seit jeher gehörte es zum psychoanalytischen Selbstverständnis, »von der Oberfläche auszugehen« (vgl. z. B. Freud

1911e, Fenichel 1941, Greenson 1973). So schrieb z. B. Freud im Zusammenhang mit der Traumdeutung, dass »es für die Behandlung von größter Bedeutung ist, die jeweilige psychische Oberfläche des Kranken zu kennen, darüber orientiert zu sein, welche Komplexe und welche Widerstände derzeit bei ihm rege gemacht sind, und welche bewußte Reaktion dagegen sein Benehmen leiten wird« (1911e, S. 351). Von Fenichel wurde die Oberfläche als der Punkt der größten emotionalen Wichtigkeit in den Assoziationen des Patienten bestimmt. »›Oberfläche‹ heißt demnach nicht notwendigerweise das, worum sich Wort und Rede der Stunde drehen, sondern worüber er sprechen möchte, aber sich fürchtet, es zu tun« (Wurmser 1987, S. 33). Hier ist die Suchhaltung wie bei Freud eindeutig auf den unbewussten Konflikt des Patienten und seine Widerstände, diesen Konflikt bewusst werden zu lassen, gerichtet. Die assoziativen Einfälle des Patienten umkreisen in Gestalt von Abkömmlingen, die unterschiedlich weit vom Fokus des Konflikts entfernt sein können, das konflikthafte Thema und es ist die Aufgabe des Analytikers, wie bei der Freud'schen Bildhauer-Metapher, so viel von der Oberfläche wegzunehmen, bis aus dem unbehauenen Stein allmählich eine Skulptur – der nunmehr den Widerständen abgerungene und bewusst gemachte Konflikt, der unbewusste Sinnzusammenhang – entstehen kann (▶ Widerstand).

Seit dem Zusammenbruch der positivistischen Illusion, dass es eine theoriefreie Beobachtung von Daten der äußeren, aber auch der inneren Welt geben könne, wird die Beschäftigung mit dem Einfluss von Theorien auf die verwendeten Methoden immer stärker (▶ Theorien verwenden). Zwar herrscht auch unter manchen Psychoanalytikern hier und da noch der Glaube vor, man könne mit klinischen Vignetten psychoanalytische Theorien belegen, weil die klinischen Daten unkontaminiert von Theorien seien, doch wurde nach und nach erkannt, dass dies keineswegs der Fall ist und diese lediglich einen veranschaulichenden Wert haben können. Theoriekontaminiertheit gilt natürlich auch für alle empirisch objektivierenden Methoden qualitativer wie quantitativer Art.

Diese postpositivistische Erkenntnis macht es im klinischen Alltag erforderlich, so nahe wie möglich an den Daten zu bleiben, und sich den allgegenwärtigen Einfluss von theoretischen Orientierungen (z. B. ▶ ichpsychologische, ▶ entwicklungstheoretische, ▶ interpersonelle, ▶ intersubjektive, ▶ kleinianische, ▶ selbstpsychologische) immer wieder bewusst zu machen. Diese sind zwar wertvolle Perspektivierungen und Strukturierungen der komplexen Datenfülle, die allein in einer einzigen analytischen Sitzung produziert wird, aber dennoch sollte man sich der jeweiligen Theoriegeleitetheit bewusst sein, weil ansonsten die Gefahr besteht, bei einer zu ausschließlichen Fixiertheit auf eine einzige psychoanalytische Orientierung dem jeweiligen Patienten nicht ausreichend gerecht werden zu können (s. Kap. 1).

Die konzeptuelle Metapher »von der Oberfläche zur Tiefe«, die vor allem den frühen kleinianischen Tiefendeutungen entgegengehalten wurde, legte es den Analytikern zwar nahe, zuerst auf die Widerstände zu achten und erst dann die unbewussten Konfliktzusammenhänge anzusprechen (▶ Klarifizieren, ▶ Konfrontieren, ▶ Deuten), aber die genauere Beschäftigung mit der Oberfläche, z. B. die Art und Weise, wie die einzelnen Geschichten, aber auch einzelne Sätze und Themenabschnitte darin miteinander verküpft werden, enthielt noch keine genauere Handlungsanweisung (▶ Prozess-Monitoring, ▶ (Zu-)Hören).

# P

## PAM – Prototypische affektive Mikrosequenzen

»Prototypische affektive Mikrosequenzen« sind kurzfristige Abläufe der affektiven Beziehungsregulierung (im Bereich von 5 bis 30 Sekunden). Diese Regulierung entsteht durch das Zusammenspiel der individuellen Regulierungen von zwei miteinander interagierenden Personen (vgl. Moser & v. Zeppelin 1991, Bänninger-Huber 1992). Jeder Mensch entwickelt im Lauf seines Lebens verschiedene (Objekt-)Beziehungsstrukturen, die im impliziten Gedächtnis ihren Anfang nehmen. Zu diesen gehören auch spezifische Affektregulierungsrepertoires auf der Mikroebene des interaktiven Verhaltens (▶ Selbst-, interaktive Regulierung).

Patienten äußern typische Formen der Affektregulierung, die als Beziehungsangebot in sämtliche Beziehungen eingehen (▶ Enactment, ▶ Handlungsdialog, ▶ Nonverbale Kommunikation beachten). Das heißt, das Subjekt evoziert durch seine interaktiven Strategien beim Interaktionspartner spezifische Emotionen, Phantasien und Aktionstendenzen, die psychoanalytisch betrachtet als Übertragungsangebot verstanden werden können. Dieses Beziehungsangebot wird zumindest teilweise vom Analytiker aufgenommen und dies ermöglicht es dem Patienten, seine typische Form der Affektregulierungen aufrechtzuerhalten (▶ Beziehungsregulierung, ▶ Interpersonelle Orientierung, ▶ Role-responsiveness). Vor allem in Momenten der Aktivierung eines intrapsychischen Konflikts kommt es zum Auftreten prototypischer affektiver Mikrosequenzen und es ist dann die Aufgabe des Therapeuten, solche Störungen auszubalancieren.

»Chicken traps« sind bestimmte Formen interaktiver Beziehungsmuster, die zur Regulierung von Schuldgefühlen eingesetzt werden. Statt sich mit den eigenen Schuldgefühlen zu beschäftigen, schicken die Patienten ein »Hühnchen« vor. Der Therapeut soll dazu verführt werden, sich gemeinsam mit dem Patienten über das Verhalten des Dritten zu empören. Ein Spezialfall ist die »feminist trap«: Therapeutin und Patientin erbosen sich gemeinsam über den männlichen Partner, der (angeblich) sexistisch ist, Versorgungsansprüche hat oder die Autonomie der Patientin einschränken möchte. Für Bänninger-Huber (1995) stellen derartige »traps« Formen der affektiven Distanzregulierung dar. Die gemeinsame Beschäftigung mit dem »chicken« sichert die affektive Unterstützung (▶ Selbstobjekt-Übertragungen, ▶ Selbstpsychologische Orientierung) und hilft die Verunsicherung im Selbstwertbereich zu verringern. Patienten mit strukturellen Selbstwertdefiziten erleben deshalb eine mangelnde Verführbarkeit ihres Therapeuten zu einem »chicken trap« als Mangel an Empathie (▶ Konkordante Identifizierung) und sind entsprechend gekränkt oder wütend. Permanent ausgeführte »chicken traps«, die als ▶ Enactment, d. h. als beidseitig unbewusste Form des Agierens geschehen, können jedoch eine Auseinandersetzung mit dem eigenen »Täter«-Verhalten verhindern und zu Externalisierungen von Schuldgefühlen führen, statt sich mit dem eigenen Erleben in der depressiven Position auseinanderzusetzen (▶ Widerstand). Aus der Befürchtung heraus, dem Patienten zu viel zuzumuten, ihn in seinem Selbstwertgefühl zu verunsichern, unterlassen es manche Therapeuten, die aktiv konstellierende Rolle in den interpersonellen Beziehungen ihrer Patienten anzusprechen (▶ Selbstpsychologische Orientierung).

## Prinzip Antwort

Ausdruck von Anneliese Heigl-Evers und Franz Heigl (1988), um hiermit im Rahmen ihrer interaktionellen Psychotherapiekonzeption eine die Selbstreflexion, die Affektdifferenzierung und die Einfühlung in andere Menschen fördernde Interventionsform des Analytikers zu bezeichnen (▶ Interpersonelle Orientierung, ▶ Selbstmitteilung). Gegenüber dem klassischen Dialogvorbehalt wird hierbei dem Patienten antwortend begegnet (z. B.: »Ich erlebe Sie …«). Dabei stellt sich der Analytiker »emotional-authentisch«, als ein »Therapeut zum Anfassen« zur Verfügung. Deutungen treten erst einmal für längere Zeit in den Hintergrund, stattdessen werden defizitäre Ich-Funktionen vor allem auch in ihrer Ich-Syntonizität für den Patienten klarifiziert, was bei ihm durchaus Betroffenheit auslösen kann (▶ Ich-Funktionen). Der Therapeut tritt hierbei eher in einer Hilfs-Ich-Funktion auf, die auf der direkten interaktionellen und interpersonellen Ebene Verhaltens- und Einstellungsänderungen bewirken soll. Intrapsychische Strukturveränderungen können zwar die Folge sein, werden aber nicht unmittelbar angestrebt.

## Projektive Identifizierung, Umgang mit der

Seit Kleins, Bions und Ogdens Formulierungen über die Vorgänge bei der »projektiven Identifizierung« hat die therapeutische Sensibilität für die Empfänglichkeit von zumeist unbewusst und nichtbewusst mitgeteilten affektiv fundierten

Selbst- und Beziehungsrepräsentanzen eines Patienten zugenommen. Sandlers (1976) Konzeptualisierung der frei flottierenden Rollensensibilität stellte im Anschluss daran eine Brücke zu nichtkleinianischen Auffassungen und auch zu einer »two-body-psychology« dar (▶ Kleinianische Orientierung, ▶ Rollenempfänglichkeit). Ichpsychologische Revisionen sprechen von einer Identifizierung mit dem Aggressor oder einer Wendung vom Aktiven ins Passive (z. B. Porder 1987) bzw. von Rollenumkehr (vgl. Reich 2014). Affektpsychologische Betrachtungen stellen die sparsamste Erklärung in Form einer schlichten, nonverbalen Affektansteckung des Therapeuten für den in seiner ursprünglichen Fassung mysteriösen Vorgang der projektiven Identifizierung dar. Autoren, die sich an der linguistischen Performanztheorie orientieren, sprechen davon, dass jede Übertragungsinszenierung des Patienten generell eine Bühne in Form eines Resonanzraumes mit einem aufnahmebereiten und sich »von der Wahrnehmung ergreifen lassenden« Zuhörer und Zuschauer benötigt (vgl. Hübner 2006, Pflichthofer 2008; ▶ Verändern lassen, sich).

Obwohl das Konzept der projektiven Identifizierung in der postkleinianischen Literatur, wie z. B. von Ogden (1979), um den interpersonellen Vorgang erweitert worden ist, und obwohl ebenfalls Postkleinianer wie z. B. Betty Joseph (1985) darauf hingewiesen haben, dass die »Gesamtsituation« zu betrachten sei, was soviel bedeutet, wie auch vor allem auf das »Jenseits der Worte« zu achten (▶ Übertragung der Gesamtsituation), blieb doch unerklärlich, wie es gelingt, mittels der projektiven Identifizierung einen solch starken Druck auf den Analytiker auszuüben, dass dieser oftmals den Eindruck bekommt, zu einem Erleben und/oder einem Tun massiv gezwungen zu werden. Einen Schritt weiter führt bereits die Überlegung von Bion, dass es sich hierbei um den Tieren vergleichbare archaische Vorgänge der Affektansteckung handeln könne; und wieder einen Schritt weiter kommen wir, wenn wir die Erklärungen der Kleinkindforscher heranziehen, die im Anschluss an moderne gedächtnispsychologische Konzepte über die Wirkungsweise zweier Gedächtnissysteme, dem impliziten und dem expliziten Gedächtnis, von impliziten Beziehungsregeln und -erfahrungen sprechen, die bereits im ersten Lebensjahr in der Interaktion mit Mutter und Vater entstehen und eingespielte affektive Kommunikationsmuster darstellen. Diese drängen – vor allem wenn sie ursprünglich als traumatisierend erlebt wurden – imperativ auf Vollzug und das Gegenüber kann sich diesem affektiven Muster in der Regel nur mit Mühe entziehen (▶ Beziehungsregulierung, ▶ Enactment, ▶ Implizites Beziehungswissen).

Der Handlungsdruck ist beim Erwachsenen umso stärker, je geringer die Symbolisierungs- und Mentalisierungsfähigkeit entwickelt werden konnte und je geringer damit auch die affektive Steuerungs- und Regulierungsfähigkeit ausfällt (▶ Ich-Funktionen, ▶ Mentalisierung). Was nicht verwörtert werden kann, verbleibt im subsymbolischen Körpergedächtnis, wirkt sich aber nichtsdestotrotz auf Schritt und Tritt aus, weil es die Spuren der allerersten affektiven Kommunikation enthält (▶ Körperpsychotherapeutische Interventionen). Wenn neuerdings von psychoanalytischen Autoren Sprechen als ▶ »Sprechhandeln« bezeichnet wird, dann ist der Handlungsanteil am Sprechen umso stärker ausgeprägt, je mehr die Sprache nicht nur eine symbolisierbare Mitteilungsfunktion aufweist, sondern auch von den unmentalisierten affektiven Kommunikationsmustern im impliziten Gedächtnis gesteuert wird. Nonverbale Aspekte werden hierbei sehr viel wichtiger als der semantische Inhalt der Mitteilungen (▶ Nonverbale Kommunikation).

Hübner (2006, S. 342) führt aus, dass Patienten in ihrer Übertragungsinszenierung sich nicht nur des Inhalts der Worte bedienen, sondern auch der Art und Weise, in der sie »sich in ihrer Sprache leibhaftig präsent machen und etwas zu verstehen geben, was sie nicht sagen (können)«. Wenn der Analytiker im Anschluss an die Wahrnehmung der sprachlich-leiblichen Präsenz eine Veränderungserfahrung macht, dann stellt dies eine »ästhetische Erfahrung« dar (▶ Rollenempfänglichkeit, ▶ Enactment).

**Prosodie, auf die Prosodie achten**

In der herkömmlichen Ausbildung zum Psychoanalytiker wurde überwiegend der behandlungstechnische Umgang mit sprachlichen Inhalten gelehrt. Zwar lernten Psychoanalytiker auch, dass neben den semantischen Gesprächsinhalten vor allem auf die Wirkabsicht der sprachlichen Mitteilungen zu achten ist, also auf die Pragmatik der Sprechhandlungen (vgl. Raguse 1992, 1998), aber die differenziertere Betrachtung von körperlichen Ausdrucksphänomenen nichtsprachlicher Art und der gekonnte Umgang damit blieb zumeist außen vor (▶ Nonverbale Kommunikation, ▶ Projektive Identifizierung, ▶ Sprechhandeln). Davon legt auch immer noch die Gepflogenheit ein Zeugnis ab, allein schriftliche und zumeist sehr selektive Stundenprotokolle zur Grundlage von kasuistischen Seminaren zu machen, was aus heutiger Sicht einer ungeheuren Datenreduktion entspricht. Die Überschätzung der wirklichkeitsgetreuen Wahrnehmung und der sprachlich und bewusst produzierten Daten war zu Freuds Zeiten, in denen immer noch cartesianisches Denken vorherrschte, durchaus angemessen. Heute hingegen könnte die Beibehaltung dieses Denkrahmens die Weiterentwicklung der psychoanalytischen Theorie und Behandlungspraxis besonders beim Umgang mit Patienten mit beeinträchtigten frühen Beziehungserfahrungen hemmen. Dementsprechend eingeschränkt und ungeübt erschien lange Zeit auch der Umgang mit Phänomenen nichtsprachlicher Art (vgl. z. B. Krause 1992, Merten 2001, Streeck 1999, 2004). Dies beginnt sich in den zurückliegenden Jahren allerdings zu verändern: Das gewachsene Verständnis der analytischen Beziehung, bei dem auch der Analytiker zu einem Handelnden, einem »handelnd-teilnehmenden Beobachter« wird, dessen Mimik, Gestik und Intonationen beim Sprechen von seinem Analysanden ständig wahrgenommen werden – wenngleich auch zu einem nicht geringen Anteil nichtbewusst – führt dazu, non- und paraverbalen Elementen in der Interaktion generell mehr Aufmerksamkeit zu widmen.

Kommen Emotionen nur im mimischen Ausdruck zur Geltung oder drücken sie sich auch im Sprechen aus? Es ist unmittelbar einsichtig, dass sich so gut wie alle Emotionen auch im Sprechen der beiden Beteiligten manifestieren, und dass es vermutlich noch schwieriger ist, Emotionen während des Sprechaktes zu unterdrücken oder zu maskieren als dies im mimischen Ausdruck der Fall ist. Eine affektisolierte Sprache löst nicht nur bei einem analytisch geschulten Gegenüber sehr schnell ein Frösteln aus, und eine gewollt einfühlsame Stimme oder ein Betroffenheitspathos erwecken leicht den Eindruck von Unechtheit. Übertragungsaufhänger bieten sich gehäuft in den emotiven Aspekten des Sprechens der beiden Beteiligten (▶ Nonverbale Kommunikation beachten, ▶ Übertragung der Gesamtsituation).

»Psychoanalyse darf nie mit einer explication du texte verwechselt werden; sie kann eher mit dem Erleben einer Opernvorstellung verglichen werden: Dort werden die Inhalte vor allem durch die Musik übermittelt, und die Worte des Librettos können dazu passen oder auch nicht.« Diese Worte von John E. Gedo (1993, S. 132) charakterisieren sehr gut die Bedeutung der Prosodie bei jeder sprachlichen Intervention. Mögen manche früheren Analytiker Freuds Chirurgenmetapher dahingehend missverstanden haben, sodass sie auch mit einer emotionslosen, objektiv klingenden Stimme zu ihrem Patienten sprachen, dabei vergessend, dass sich Freud mit diesem Ratschlag hierbei primär auf den Umgang mit einer erotischen oder feindseligen Übertragung bezog, so gibt es heute die Auffassung, dass es in sehr vielen Fällen vorteilhaft ist, sich in der Intonation der affektiven Situation und Stimmung des Patienten nicht nur anzupassen, sondern eine noch genauere Erkennbarkeit der angesprochenen Gefühle und Stimmungen mit Hilfe der para- und nonverbalen Kommunikation vorzunehmen. Mit entsprechendem Klangvolumen, mit Melodie und Betonung – und selbstverständlich auch mit der Wahl der Worte selbst – bleibt die sprachliche Intervention des Analytikers nicht außerhalb des inneren Dialogs eines Patienten und wirkt damit wie ein möglicher Fremdkörper, sondern schmiegt sich diesem an und führt ihn auch ein Stück weiter. Eine prosodisch wenig ausdrucksstarke Stimme mit einer reduzierten Verkörperung könnte den Analysanden nicht nur an die frühen Interaktionen mit z. B. einer depressiven Mutter erinnern, sondern auch die Gegenwart einer fremden Person zu stark heraufbeschwören, was dann in unterschiedlichem Ausmaß den verzweifelten oder auch wütenden Versuch erforderlich macht, die Unterbrechung des inneren Dialogs und auch das Zerreißen des empathischen Bandes zu reparieren (▶ Selbst-/Fremdregulierung).

Mutter und Kind treten lange vor dem eigentlichen Sprechenkönnen des Säuglings sprachlich kommunizierend miteinander in Kontakt. Ja, schon beim noch ungeborenen Kind bildet die Kontinuität des mütterlichen Herzschlags und Atmens einen beruhigenden akustischen Hintergrund (vgl. Maiello 2003). Die Alpha- bzw. die Containerfunktion der Mutter und die neuerdings erforschte stimmlich-mimisch erfolgende Affektmarkierung nach dem sozialen Biofeedbackmodell von Gergely und Watson (1996) sind Beispiele dafür, wie bedeutsam die gefühlshaft ausdrucksvolle Stimme der Mutter und des Vaters für den Eltern-Kind-Dialog und vor allem für die kindliche Affektregulierung und somit für den Aufbau struktureller Kompetenzen sind (▶ Beziehungsregulierung, ▶ Container/Contained, ▶ Entwicklungstheoretische Orientierung).

Gergelys und Watsons (1996) Modell, in dem die übertreibende und damit markierende Qualität des mütterlichen Affektausdrucks zu einer ersten Mentalisierungsmöglichkeit für das Kind wird, aber auch frühe Synchronisierungsphänomene z. B. zwischen Körperbewegungen des Babys und Stimmqualitäten der Mutter, die transmodale Affektabstimmung als interaktives Zusammenspiel in der frühen Mutter-Kind-Interaktion sowie die Bedeutung des Vitalisierungsaffekts (vgl. Stern 1985) zeigen vor allem die Herkunft stimmlicher Qualitäten, die im nichtdeklarativen Gedächtnis gespeichert sind, an (▶ Implizites Beziehungswissen, ▶ Mentalisierung).

Vorgänge, wie auf die eigene Stimme und auf die des Patienten zu achten und aus ihr Prozesse der gewünschten Selbstregulierung oder der dringend herbeigesehnten interaktiven Regulierung zu erfassen, dem Patienten Sicherheit, Entspannung, Schutz aber auch Empörung, Missmut und Traurigsein zu vermitteln, in Übereinstimmung mit dem gesprochenen Wort ihn mittels der Stimme zu vitalisieren oder seine aufgebrachten Affekte zu regulieren, gehören deshalb in der verbal orientierten psychoanalytischen Therapie, in dem andere Modi der Regulierung, wie z. B. das In-den-Arm-Nehmen oder der beruhigende Körperkontakt eher spärlich eingesetzt werden, zu einem zentralen Wirkgeschehen (▶ Sicherheit ermöglichen).

Diana Pflichthofer (2005, S. 348) hat ausgeführt, wie die Stimme des Analytikers seinem Patienten ein ästhetisches Erleben ermöglicht, das zur Veränderung bisheriger Wahrnehmungsweisen führt. »Die von der Stimme ausgehende Verführung ist die Verführung zur sinnlichen Wahrnehmung, die Verführung, den fremden und den eigenen Leib sinnlich zu erfahren«.

Ana-Maria Rizzuto (2002) geht von dem Modell des polnischen Linguisten Roman Jakobson (1976, 1990) aus, der bei der Analyse des Sprechereignisses sechs Faktoren und sechs zugeordnete Funktionen unterscheidet: Wenn zwei Menschen, Sender und Empfänger (1), einen verbalen Inhalt austauschen, sich etwas mitteilen (2), was häufig eine Botschaft beinhaltet (3), beziehen sie sich auf einen für beide fassbaren und verbalisierbaren Kontext (4). Dies setzt einen gemeinsamen Code (5) voraus, um sich verständigen zu können, ferner einen Kontakt (6) zwischen den beiden Kommunizierenden. Jeder dieser sechs Faktoren begründet eine unterschiedliche Funktion der Sprache:

- Der Ausrichtung auf den Empfänger entspricht die »konative« Funktion
- Die Ausrichtung auf die Botschaft, die mehr ist als nur eine Mitteilung, stellt die »poetische« Funktion der Sprache dar, die Raum lässt für Andeutungen, Mehrdeutiges, Metaphorisches
- Mit der »phatischen« Funktion bezeichnet Jakobson die Einrichtung und Aufrechterhaltung von Kontakt, sie ist zugleich die ursprünglichste und früheste Form der Sprache
- Die »referenzielle« Funktion nimmt Bezug auf den Kontext, die Situation, den Rahmen
- Die »metasprachliche« Funktion hat mit dem Umstand zu tun, dass Menschen sich über die Bedeutung von Mitteilungen oder Botschaften austauschen müssen

Schließlich bleibt noch die »emotive« Funktion, die der Linguist Jakobson – hierin gänzlich in Abweichung von seiner

Zunft – zu der Analyse des Sprechereignisses als bedeutsamste Funktion hinzunahm: Die emotive oder expressive Funktion zielt darauf ab, Emotionen des Sprechers auszudrücken und Emotionen beim Empfänger hervorzurufen; sie durchdringt nach Jakobson nahezu all unsere Äußerungen auf einem phonetischen, grammatikalischen und lexikalischen Niveau (1990, S. 74).

Rizzutos Idee ist es nun, dass jede der verschiedenen Richtungen der Psychoanalyse eine der von Jakobson beschriebenen Funktion des Sprechereignisses schwerpunktmäßig verkörpert. So bevorzugte Freud die referenzielle Funktion; Klein konzentrierte sich auf die emotive Funktion; Winnicott thematisierte ganz stark die phatische Funktion; Lacan richtete sein ganzes Augenmerk auf die poetische und metalinguistische Funktion; die Selbstpsychologen und die Intersubjektivisten achten ebenfalls sehr auf die phatische Funktion, während die interpersonelle Schule mehr die konative Funktion betont. In Analogie zu Anna Freuds Konzept der Äquidistanz zu triebhaften, ichhaften und überichhaften Komponenten (▶ Neutralität) schlägt Rizzuto eine gleichschwebende Aufmerksamkeit für die genannten sechs Funktionen von Sprechereignissen vor (▶ Sprechhandeln).

Schwierigkeiten bei der ▶ freien Assoziation gehen nach Rizzuto nicht nur auf Widerstände psychodynamischer Konflikte des Gegenwarts-Unbewussten zurück, sondern können auch mit frühen Erfahrungen während der Sprachentwicklung zu tun haben. Kann ein in dieser Hinsicht entwicklungstraumatisierter Patient spüren, dass sein Sprechen willkommen ist und kann er ausreichend erleben, dass sein Analytiker daran interessiert ist, mit ihm in einen sprachlichen und emotionalen Kontakt zu treten?

Das bereits erwähnte Wörterbuch der Gewichteten Referentiellen Aktivität (▶ affektive Blindheit überwinden), das aus der multiplen Code-Theorie von Wilma Bucci (2012) hervorgegangen ist, ermöglicht es auf computerisierte Weise herauszufinden, in welchem Ausmaß z. B. Erinnerungen mit den subsymbolisch kodierten Emotionen des frühen Körpergedächtnisses verknüpft sind oder inwieweit sie deklarative

Erinnerungen darstellen, in der die semantischen Inhalte von den frühen nonverbalen Erfahrungen weitgehend abgekoppelt sind.

## Prozessmonitoring, engmaschige Beobachtung des assoziativen Prozesses

Psychoanalytiker haben den Menschen als ein »animal symbolicum« (vgl. Cassirer 1923) beschrieben, dessen »Symbol bildende und reflexive Geistestätigkeit« durch sprachliche Symbolisierung entsteht. Allerdings entwickelt sich diese nicht im beziehungslosen Geist des Kindes, sondern nimmt ihren Ausgang von sinnlichen Mutter-Kind-Interaktionen (vgl. z. B. Lorenzer 2002). Die Symboltätigkeit kann deshalb auch aus psychoanalytischer Sicht durch Verdrängungen und – wie in diesem Buch an verschiedenen Stellen ausgeführt – bereits durch unzureichende elterliche Regulierungsprozesse im nichtbewussten Interaktions- und Kommunikationsbereich schwerwiegende Beeinträchtigungen erfahren. Symbolisierungen sind dann konnotativ verzerrt, gar nicht verfügbar oder werden zu sprachlichen Leerformeln, in denen die Verbindung zur sinnlichen Welterfahrung, zum subsymbolischen Kosmos der emotionalen Beziehungswelt unterbrochen bzw. niemals hergestellt worden ist (vgl. Bucci 1997, Deserno 2006). Die ihrer sinnlichen Bedeutung entleerten Klischees bestimmen dennoch Erleben und Verhalten und bestätigen den Eindruck, dass menschliches Sprechen oftmals nur dazu dient, das Eigentliche vor sich selbst und anderen zu verbergen.

Das Achten auf Inhalt, Struktur und Form der Symbolisierungen, der Erzählungen sowie der Form ihrer Verknüpfungen wird deshalb zu einer ungemein wichtigen Aufgabe des interpretierenden Analytikers, das bei einer ausschließlichen Fokussierung auf selbstpsychologische oder interpersonelle Vorgänge zu kurz kommen kann (▶ Oberfläche).

Herausragend für die psychoanalytische Entschlüsselung des »Textes« des Patienten sind immer noch die Arbeiten von Herrmann Argelander (vgl. 1991, 2000, s. a. Mertens 1990b, Laimböck 2007) sowie von Lorenzer (1970; ▶ Szenisches Verstehen). Da jedoch in Deutschland die Arbeiten von Paul Gray weniger bekannt sind, soll seine Methode der engmaschigen Prozessbeobachtung kurz skizziert werden.

Nach Paul Gray (1982, 1986, 1994) ist es entsprechend einer ichpsychologischen Orientierung von ausschlaggebender Bedeutung, nicht nur auf den Inhalt der Erzählungen zu hören und daraus auf unbewusste Konfliktinhalte zu schließen, sondern vor allem auf die Pausen und Satzabbrüche in den Erzählungen des Patienten zu achten, auf subtile Themenverlagerungen u. a. m. Denn die freie Assoziation bzw. Erzählung reduziert die defensive Wachsamkeit des Ichs auch aufgrund der tendenziellen Verlagerung des Bewusstseinszustands von der objektiven zur subjektiven Selbstaufmerksamkeit (▶ Freie Assoziation). Deshalb werden Konfliktabkömmlinge dann eher mitgeteilt als in einem sehr wachen und kontrollierten Bewusstseinszustand. Das unbewusste und vorbewusste Ichabwehr-System erkennt aber unterschiedlich schnell die angstauslösende Potenz bestimmter Abkömmlinge in der jeweils aktivierten Übertragungsbeziehung zu einer Über-Ich-Autorität und unterbricht oder wechselt dann blitzschnell das Thema, um das reflexiv bewusstseinsfähige Ich vor einer Überflutung mit Angst oder Schamgefühlen zu schützen (▶ Übertragung). Diese Unterbrechungen, grammatikalisch falschen Verknüpfungen und konkretistischen Denkvorgänge sind Anzeichen dafür, dass die Abkömmlinge zu nahe in das Zentrum des Angst machenden Konflikts geraten sind (▶ Sicherheit).

Als Analytiker ichpsychologischer Provenienz achtet man konzentriert auf die thematischen Brüche und das konkretistisch werdende Denken, spricht den Patienten darauf an, warum er sich von einem Moment zum nächsten plötzlich unfrei oder eingeschränkt in seinem freien Erzählenkönnen fühlt, und versucht im nächsten Schritt, seine höheren introspektiven Ich-Funktionen zu aktivieren, für diese Unterbrechungen ein Gespür zu bekommen, um sich anschließend gezielter mit den angstmachenden Abkömmlingen auseinandersetzen zu können – was einer stufenweisen Annäherung an die Ängste entspricht. Post-Ichpsychologen, wie Fred Busch (vgl. z. B. 2003, 2010), erblicken hierin einen ganz wesentlichen Heilungsfaktor, der Patienten dazu verhilft, mehr Autonomie gegenüber ihrer angstgesteuerten Abwehr und damit auch gegenüber ihren abgewehrten Impulsen zu bekommen und vor allem auch nach einer abgeschlossenen Analyse selbstanalytisch mit sich umgehen zu können (▶ Autonomie, ▶ Einsicht fördern, ▶ Introspektion).

Kritisch ist zu dieser ichpsychologischen Vorgehensweise anzumerken, dass sie den Überich-Widerstand ausschließlich intrapsychisch verortet, anstatt auch die interpersonellen und adaptiven Einflüsse in der Hier und Jetzt-Beziehung zum Analytiker sowie das Eingebettetsein in die Dimension der impliziten Beziehungsregulierung anzuerkennen (vgl. Pray 2002, Mertens 2010; ▶ Beziehungsregulierung, ▶ Interpersonelle Orientierung).

## Prozessorientiert vorgehen

Ausgehend von den anfänglichen diagnostischen Überlegungen finden fortwährend Prozessüberlegungen statt: Bewährt sich die Einschätzung der Psychodynamik, der strukturellen Gegebenheiten? Welche Ersatzbildungen und Symptombildungen sind aufgrund der ursprünglichen Konflikte vorgenommen worden und wie manifestieren sie sich in der Gegenwart? Für eine Prozessorientierung hilft nicht nur eine immer gründlichere Kenntnis der Lebensgeschichte des betreffenden Patienten, wie man in früheren Zeiten annahm, sondern vor allem das Vertrautwerden mit den wichtigsten Themen des Patienten in der ▶ Übertragung und ▶ Gegenübertragung, dem ▶ Durcharbeiten, dem ▶ Enactment, dem ▶ Kontext bezogenen Intervenieren und dem ▶ Widerstand.

Auffassungen über den analytischen Prozess sind sehr stark von den jeweiligen theoretischen Orientierungen, wie in dieser Abhandlung ausgeführt, abhängig (vgl. Klüwer 2000b). So macht es einen ziemlichen Unterschied aus, ob in einem ichpsychologischen Ansatz davon ausgegangen wird, dass sich der analytische Prozess überwiegend der Eigendynamik des Unbewussten des Patienten verdankt, der in einer regressiven Bewegung nach und nach Wünsche aus dem Gegenwarts-Unbewussten bewusst werden lassen kann (▶ Ichpsychologische Orientierung), sofern er sich sicher fühlt; ob der Prozess über die Restituierung des Selbst anhand des Gewährenlassens narzisstischer Übertragungsformen geschieht (▶ Selbstpsychologische Orientierung), ob im kleinianischen Sinn mittels kräftiger Deutungen des Widerstands die innere Welt in ihren paranoid-schizoiden und depressiven Gefühlsschwankungen, Spaltungsprozessen und projektiven Identifizierungen reflexiv zugänglich wird (▶ Kleinianische Orientierung), ob in einem interpersonellen Verständnis die Beteiligung des Analytikers am Prozessgeschehen zur Kodeterminanten wird (▶ Interpersonelle Orientierung), ob mittels engagierter Unterstützung reflexive Vorgänge angeregt, Ich-Kompetenzen aktiv geübt und gefördert und interaktionelle Rückmeldungen gegeben werden (▶ Ich-Funktionen stärken) oder ob das Verstehen von Enactments und die Vorleistungen des Analytikers ausschlaggebend für die Bewegungen des analytischen Prozesses sind.

Auf jeden Fall ist bei der Konzeption des analytischen Prozesses zu berücksichtigen, dass dieser über weite Strecken im Erleben der Beteiligten unbewusst abläuft, in seinen verschiedenen Dimensionen voller Überraschungen sein kann und neben dem Vertrauten immer wieder rätselhafte Aspekte aufweist (vgl. Parsons 2006).

## Prozessphantasien (des Patienten) berücksichtigen

Patienten haben vor und während einer analytischen Behandlung bewusste und vorbewusste Vorstellungen von der Entstehung ihrer Krankheit und von dem, was sie heilen wird. Obwohl diese subjektspezifischen »Theorien« immer auch von jeweils vorherrschenden Ideologien (z. B. Teufelsbesessenheit – Teufelsaustreibung; organische Verursachung – chemische Einwirkung seitens des Arztes) geprägt sind, weisen sie doch auch individuelle Ausgestaltungen auf.

Wenn eine naiv empiristische Position in der Psychotherapieforschung lange Zeit davon ausgegangen ist, dass sie auf möglichst objektive Weise Ausprägungen von Symptomverbesserungen oder Persönlichkeitseigenschaften feststellen kann, dann wird dabei übersehen, dass diese Gegebenheiten nicht unabhängig von der oben beschriebenen Laienätiologie und den Erwartungen an den Heilungsprozess existieren, die wiederum als interaktionelles Phänomen einen Großteil der Aushandlungsprozesse zwischen Patient und seinem Analytiker während der Behandlung bestimmen (▶ Interpersonelle Orientierung). Wenn ein Patient z. B. der stillschweigenden Auffassung ist, dass seine Wünsche und Erwartungen umstandslos vom Analytiker befriedigt werden sollten (»Ja und, was soll ich jetzt mit Ihrer Deutung anfangen?«), wird ihn dieser in zähem Ringen immer wieder damit konfrontieren, dass es der Patient selbst ist, der sich seine gefühlshaften Phantasien vergegenwärtigen und Scham, Trauer, Unlust und Schuld auf sich nehmen muss (▶ Widerstand). Ob und in welchem Umfang sich ein Patient nach vollendeter Therapie besser fühlt, hängt in nicht unerheblichem Ausmaß von den früheren oder implizit immer noch vorhandenen Auffassungen über die Pathogenese und den therapeutischen Prozess ab. Wenn ein Patient z. B. die Vorstellung hegt, dass es ihm so schlecht geht, weil sich seine Mitmenschen nicht genügend um ihn kümmern und er zugleich die Phantasie hat, dass sich sein Therapeut nun endlich um ihn kümmern wird, weist er eine große und z. T. auch wirklichkeitsverzerrende Erwartungsvorstellung auf; es liegt deshalb nahe, dass er seinen »Erfolg« am Ende einer Therapie, selbst wenn er bis dahin viele Illusionen aufgeben konnte, als relativ bescheiden einschätzen wird. Anders hingegen ein Patient, der insgeheim davon ausging, dass er anderen zur Last fällt und glaubte, nur durch immense Arbeitsleistung seinen Therapeuten zufrieden stellen zu können. Die Rolle der »Prozessphantasie« (vgl. Plassmann 1986, Buchholz 1993b) hat mit anderen Worten eine relativierende Ankerfunktion. Sie bestimmt ganz wesentlich, was am Ende einer Therapie, aber natürlich auch zwischendurch, überhaupt als »Erfolg« wahrgenommen werden kann und was nicht. Wie Buchholz (1993b) aufgezeigt hat, ist die Beurteilung eines Therapieergebnisses aus der Sicht des Patienten nur mit Hilfe einer interpretativen Rekonstruktion seiner Prozessphantasien zu gewinnen; diese können deshalb auch nicht unmittelbar wie quantitative

Daten einem Interviewtext oder einem Fragebogen entnommen werden.

Ob eine Therapie dem Patienten aus dessen Sicht geholfen hat, ist somit nur patientenspezifisch und in einer empirisch hermeneutischen Einzelfallforschung genau bestimmbar. Ein auf die Schnelle applizierter Frage- oder Befundbogen ist der Einstellung einer Black-box-Ideologie oder eines bürokratischen Verwaltungs-Überichs geschuldet, die sich mit dem Vorwand der angeblich notwendigen objektiven Überprüfbarkeit über eine differenzierte Auseinandersetzung mit dem, was einen Patienten wirklich interessiert und bewegt, hinwegmogelt. Der auf diese Weise vorgehende Psychotherapieforscher oder Katamnestiker, der sein Gegenüber wie ein naturwissenschaftliches Objekt behandelt, hat dann zwar seine Pflicht getan und vielleicht sogar noch Meriten damit erworben, aber den Patienten hat er damit nur sehr wenig verstanden.

Aber nicht nur die individuellen »Prozessphantasien«, sondern auch der jeweils anders geartete Ausgangspunkt eines Patienten legt ein Einzelfallvorgehen mit jeweils individuellen Zielkriterien nahe. Jeder Patient kommt nur soweit wie er kommt. Jeder Patient hat andere Durststrecken, in denen er den Eindruck hat, dass die Veränderungsarbeit nur äußerst mühselig und aufwändig ist, bis sich dann wieder die analytische Arbeit zu lohnen scheint. Was davon wird am Ende erinnert, was beschönigt oder bagatellisiert? Sollten in der katamnestischen Befragung auch derartige Wegmarken rückblickend identifiziert werden? Auf jeden Fall ist wohl nur eine individuelle Bewertung unter Einbeziehung von vielen »Moderatorvariablen« sinnvoll (vgl. Leikert & Ruff 1997). Die Veränderung in »tieferen« Persönlichkeitsbereichen kann dabei durchaus mit Veränderungen auf der Verhaltens- oder Symptomebene korrelieren, aber dem Analysanden wird im Rückblick auch eine Einschätzung darüber möglich sein, welche anfänglichen, sehr rasch eingetretenen Symptomerleichterungen auf spezielle Übertragungen zurückgingen, oder auch, warum der Betreffende solange an einem Symptom festgehalten hat, obwohl die zugrunde liegenden Konflikte bereits in der Übertragung bearbeitet worden waren (▶ Kontext bezogenes Intervenieren).

# R

## Rahmen, Umgang mit dem

Ein häufig übersehenes Konstituens des psychoanalytischen Vorgehens und Erkenntnisprozesses ist der Rahmen oder das analytische Setting. Der angemessene Umgang damit fordert dem Patienten, aber auch dem angehenden Psychoanalytiker Einiges ab. Denn die sich rasch einstellende Intimität der analytischen Gesprächssituation lässt immer wieder Erinnerungen an vertraute Routinen aus alltäglichen Gesprächen und Beziehungen entstehen. Warum sollte man es als Patient nicht erwarten dürfen, z. B. Fragen nach Ehestand oder Kindern beantwortet zu bekommen? Und warum sollte man als Analytiker nicht, wie in einem normalen Alltagsgespräch – zumindest gelegentlich – von seinen eigenen Sorgen um den Beruf, den Partner, die Kinder erzählen können, von Vorlieben oder Abneigungen, von Urlaubsreisen, bevorzugten Hotels oder Restaurants usw.? Aber so wie z. B. ein Arzt seinen Patienten nicht dazu auffordert, sich vor seinem Schreibtisch auszuziehen, sondern ihn hierzu in einen separaten Untersuchungsraum bittet, so wie ein Scheidungsanwalt nicht von seiner eigenen Ehescheidung zu erzählen beginnt und so wie die Aufführung eines Theaterstücks auf eine vom Zuschauerraum abgegrenzte Bühne angewiesen ist, um die Fiktion von der Realität unterscheiden zu können, so sehr bedarf es auch in der psychoanalytischen Erkenntnissituation eines Settings, in dem Gesprächs- und Handlungsregeln festgelegt sind. Dementsprechend definiert die Grundregel der freien Assoziation, die zumeist im Paktgespräch geäußerte Bitte, dass der Patient alles aussprechen möge, was ihm im geschützten Raum der Analyse einfällt, seien es Gefühle und Gedanken, die er sonst niemanden mitteilen würde, seien es Eindrücke, die seinen Analytiker betreffen, die auch nicht immer schmeichelhaft zu sein brauchen, Körpergefühle, Träume u. a. m. (▶ Freie Assoziation, zulassen und fördern), neben dem Gebot der Abstinenz und ▶ Neutralität wesentliche Bestandteile des analytischen Rahmens.

Die Grundregel macht sehr schnell klar, dass die Beziehungsstruktur – im Unterschied zu alltäglichen Gesprächssituationen – asymmetrisch ist. Denn es gibt für den Patienten nicht die symmetrische und reziproke Chance, z. B. Fragen beantwortet zu bekommen, Aufschlüsse über nonverbale Kommunikationsmodi, wie mimische Äußerungen, zu erhalten, einen Sprecherwechsel zu initiieren, die Gesprächsinitiative zu verweigern oder die Gesprächsordnung zu verändern. Aber diese »ungewöhnliche Gesprächssituation« (Flader et al. 1982) eröffnet auch in dieser Hinsicht einen einmaligen Raum, alles aussprechen zu können, was in sonstigen Beziehungen nicht möglich ist: Unerhörtes, Unerlaubtes und bislang nicht Gedachtes und Gefühltes, ohne die Angst dabei empfinden zu müssen, sein Gesprächsgegenüber zu schockieren, zu verletzen oder gar zu verlieren. Und dieser Rahmen ermöglicht es dem Analytiker, mittels seines spezifischen Zuhörenkönnens (▶ (Zu-)Hören) verschüttete oder niemals zuvor symbolisierte Gefühle liebevoller, schmerzlicher, verzweifelter und hasserfüllter Natur für seinen Patienten zugänglich zu machen, deren bisherige Verdrängung und Dissoziation zu viel Leid geführt haben. Der psychoanalytische Rahmen sichert also auf eminente Weise das ▶ Arbeitenkönnen mit dem Unbewussten (Körner 1995, Wellendorf 1995, Müller 2014).

Der Rahmen wird von manchen Patienten aber nicht nur als Sicherheit vermittelnd empfunden. Die Regelmäßigkeit der vereinbarten wöchentlichen Stunden, die Begrenzung auf 50 Minuten, die Gleichförmigkeit der Liegeposition kann auch als Eingeengt- und Unterworfenwerden empfunden werden, was zumeist mit dem Hinweis auf das Überholtsein der klassischen psychoanalytischen Therapie vom Patienten rationalisierend kritisiert oder sogar bekämpft wird. Der Rahmen wird dann zur Verkörperung eines bösen und verfolgenden Introjekts, einer im impliziten Gedächtnis kodierten Beziehungserfahrung, bei der sich der Betreffende seiner Mutter ausgeliefert, willkürlich behandelt, unter einen fremden Willen unterworfen u. a. m. fühlte. Versuche, Rahmenänderungen vorzunehmen, stellen dann unbewusste Überlegungen dar, für die ansonsten unerträglichen Angst- und Wutgefühle einen Ausweg zu finden. Lässt sich aber ein Analytiker allzu bereitwillig auf eine Rahmenänderung ein, verzichtet er auf eine Chance, die Veränderungsmöglichkeiten, die in der Anerkennung des Rahmens zum Ausdruck kommen, aufrechtzuerhalten und gibt damit der Abwehr seines Patienten gegen Erkenntnis und Veränderung allzu bereitwillig nach (Junkers 2003).

Allerdings ist nicht jegliches Infragestellen eines hochfrequenten Liege-Settings als ▶ Widerstand aufzufassen. Strukturell beeinträchtigte Patienten benötigen oftmals das Gehaltenwerden mittels des unmittelbaren Blickkontakts, wie er sich im Gegenübersitzen ergibt (zumeist im Kontext modifizierter analytischer und tiefenpsychologisch fundierter Psychotherapie) und erleben Schweigepausen oder das Nichtidentifizierenkönnen positiver Emotionen als eine unerträgliche Bedrohung. Hier gilt es, sorgfältig die Belastbarkeit des Patienten diagnostisch angemessen einzuschätzen, um ihn nicht unbewältigbar erscheinenden negativen Affekten wie Wut, Angst, Leere auszusetzen (▶ Strukturniveau beachten) und die Festlegung der Frequenz mit den Möglichkeiten und Ängsten des jeweiligen Patienten abzustimmen (Pflichthofer 2011, 2012).

Parsons (2007) spricht von einem äußeren und einem inneren analytischen Setting. Die äußere Struktur des Settings besteht im Behandlungszimmer, der Sessel-Couch-Anordnung, der Frequenz, der Vereinbarung über Ferienzeiten und das Ausfallhonorar; das innere analytische Setting betrifft die Entwicklung einer analytischen Identität, bei der z. B. für den angehenden Psychoanalytiker gefühlsmäßig – und nicht nur theoretisch – nachvollziehbar wird, dass er z. B. wichtige Übertragungsrollen für seinen Patienten einnimmt, dass hinter dessen scheinbar vernünftig klingenden Erzählungen heftige Emotionen und Wünsche verborgen liegen, dass als harmlos gedachte Äußerungen starke Enttäuschungs- und Wutgefühle auslösen können, kurzum, dass jedes Wort und jede Geste eine unbewusste Bedeutung annehmen können, die es sorgfältig von einem analytischen Standpunkt aus zu verstehen und wenn möglich auch zu analysieren gilt.

Die Unterscheidung von einem äußeren und einem inneren analytischen Setting ist in vielerlei Hinsicht wichtig: Kann zum

Beispiel eine Patientin, die gerade ein Kind zur Welt gebracht hat, ihr Baby mit in die Stunde bringen? Würde man sich strikt dagegen aussprechen, etwa mit dem Argument, dass die konkrete Anwesenheit des Säuglings die symbolische Bearbeitung von Phantasien über es verhindere, so hätte man nach Parsons (2007) lediglich das äußere analytische Setting im Blick. Sobald ein inneres analytisches Setting entwickelt ist, kann das Mitbringen des Babys jedoch hinsichtlich seiner unbewussten symbolischen Bedeutung verstanden werden. Die Bearbeitung seiner Anwesenheit kann eine Fülle von idiosynkratischen Bedeutungen zutage fördern. Wenn das innere analytische Setting im Analytiker sicher etabliert ist, verhilft er dem Patienten zu einer entsprechenden Vergrößerung seines inneren reflexiven Raumes, anstatt diese Chance mit dem Hinweis auf die Regeln des äußeren Settings zu verunmöglichen. Allerdings sollte dies nicht als ein Freibrief für ein »Anything goes« aufgefasst werden. Die Experimente von Ferenczi, z. B. Zärtlichkeiten auszutauschen, seinen Patienten mit in den Urlaub zu nehmen u. a. m., die ein deutliches Aufgeben des äußeren Settings bedeuteten, mussten auch deshalb scheitern, weil sein inneres analytisches Setting nicht genügend ausgebildet war. Erst wenn dies der Fall ist, kann das sichere innere Setting eine Flexibilität des äußeren Settings zulassen. Psychoanalyse kann dann auch auf zwei Barhockern stattfinden, wie Merton M. Gill einmal gesagt hat.

## Regression ermöglichen

Entsprechend der klassischen Sichtweise fördert die Aktivierung der (Übertragungs-)Wünsche im Hier und Jetzt eine zeitliche und libidinöse Regression auf die kindlichen Fixierungspunkte der Triebentwicklung. Da diese Fixierungen kindliche Modalitäten der Lustbefriedigung beinhalten, stehen sie einer reifen, erwachsenen Befriedigung und Durchsetzung von dem Erwachsenenleben angemessenen Wünschen im Wege. Ihr Hervorlocken, ihre Identifizierung, das Erkennen, welchen Einfluss sie immer noch im Verborgenen ausüben können und ihr anschließendes Aufgeben i. S. eines ▶ Durcharbeitens und

Abtrauerns waren deshalb lange Zeit vorrangige Ziele in einer analytischen Kur.

Ein Patient der auf der Couch liegt, ist mit einer visuell ziemlich statischen Umgebung konfrontiert, v. a. wenn er die Augen schließt. Weil unser Gehirn immer auf die Wahrnehmung von Veränderungen reagiert, wird ein Analysand förmlich dazu gezwungen, seine Aufmerksamkeit noch stärker auf den sich rasch wechselnden inneren Bewusstseinsstrom zu lenken, um dort Veränderungen gewahr zu werden (vgl. Pally & Olds 1998). Die sensorische Deprivation fördert auf jeden Fall die topische und formale Regression (vgl. Körner 2014).

Nun ist aber nicht jede regressive Bewegung für den psychoanalytischen Erkenntnis- und Heilungsprozess förderlich. Ohnehin ist die klassische Unterscheidung von Triebregression und Ichprogression zu einfach.

In den diversen objektbeziehungstheoretischen Richtungen wird davon ausgegangen, dass die neurotischen, schlecht angepassten Beziehungserwartungen deutlich hervortreten können, sobald der Patient gelernte soziale Erwartungen in den Hintergrund treten lässt. Kleinianer und Postkleinianer verwenden das Regressionskonzept so gut wie überhaupt nicht, da ihrer Auffassung nach Patienten immer schon in einem deutlich regredierten Zustand in die Therapie kommen.

Das zugrunde liegende Fixierungs-Regressionskonzept der Entwicklung und der Entstehung von Psychopathologie ist aus heutiger Sicht nur noch für das triebtheoretische Segment von unbewussten psychosexuellen Phantasien partiell gültig; für alle anderen unbewussten, nichtbewussten und bewussten Phänomene sind mittlerweile differenziertere Konzepte entwickelt worden (s. u.). Zudem wurde beanstandet, dass die alte technische Einstellung der Förderung des analytischen Prozesses und des Entstehenlassens einer ▶ Übertragungsneurose anhand des Ermöglichens einer Regression zu autoritären Haltungen, wie z. B. zu übermäßig langem, manche Patienten irritierendem Schweigen führe (siehe jedoch ▶ freie Assoziation, zulassen und fördern), die Verwendung ungenauer genetischer Deutungen zur Folge habe, die oftmals auf einem genetischen Trugschluss basieren (▶ Deutung, genetische) und eine detaillierte

Analyse der komplexen Abwehrvorgänge, Kompromissbildungen sowie Bewältigungsmodi verhindere (▶ Entwicklungstheoretische Orientierung). Zudem enthalte die zugrunde liegende Behandlungsphilosophie Reste einer der schwarzen Pädagogik des vorigen Jahrhunderts geschuldeten Erziehungsauffassung, dass Selbstwertstützung, Anerkennung, Lob und Komplimente zu unterbleiben haben, da sie eine Triebbefriedigung und in unterschiedlichem Ausmaß sogar eine Anheizung von unbewussten inzestuösen und narzisstischen Phantasien befördern würden. Die Gratifikation sei v. a. deshalb nachteilig, weil nur die Nichtbefriedigung von Wünschen zu einer intensiven Selbsterfahrung führt (»Nur die Not lehrt denken«). Der Gelobte und Zufriedene bleibt hingegen auf seinen Lorbeeren sitzen und wird träge. Dies gilt natürlich noch viel mehr und mit ungleich schädlicheren Auswirkungen für die auch nur ansatzweise Befriedigung erotischer Wünsche. Sie ist v. a. deshalb so fatal, weil es dann für den betreffenden Patienten keine Notwendigkeit mehr gibt, sich mit seinen ödipalen Konflikten auseinanderzusetzen. Er fühlt sich vielmehr als Geliebter seiner Mutter-Analytikerin, die nur darauf wartet, dass von ihm die Analyse bald beendet wird, damit sich beide in die Arme fallen können. Körner (1990) hat diese Einstellung als das klassische defensiv-objektivierende Konzept der ▶ Gegenübertragung bezeichnet, das aber in Ansätzen auch heute noch bei manchen Therapeuten anzutreffen ist.

Gemäß der traditionellen psychoanalytischen Theorie werden unbewusste Wünsche aufgrund der analytischen Situation und der Regression im Behandlungsverlauf mobilisiert und in der Übertragung in impliziten Anspielungen auf die Person des Analytikers auszudrücken versucht (▶ Übertragungsdeutung im Hier und Jetzt). Die Frustration dieser Wünsche anhand der analytischen Abstinenzhaltung verstärkt den Druck oder Auftrieb dieser Wünsche, bewusst zu werden. Der ▶ Widerstand wendet sich gegen das Bewusstwerden dieser Wünsche.

Wenn jedoch das Streben nach Kompetenz oder Bewältigung ein grundlegendes Handlungsmotiv ist (▶ Bewältigungsmotiv anerkennen), wie in der Meisterungstheorie von Weiss und Sampson (1986), muss die »Frustrations- und Auftriebstheorie« neu durchdacht werden.

Moderne, intersubjektiv orientierte Psychoanalytiker beachten viel stärker regressive Veränderungen und Regulierungsschwierigkeiten von Bewusstseinszuständen, die sich in einer gemeinsamen Angleichung von unterschiedlichen Modi der bewussten Aufmerksamkeit ergeben (▶ Gemeinsames Regredieren). Ebenso weist Körner (2014) mit Waldvogel (1992, S. 191) darauf hin, dass sich kognitions- und gestaltpsychologisch Regression als »Rückkehr zu einer ganzheitlichen, nur schwach gegliederten kognitiven Struktur, einer ›Ganzgestalt‹ verstehen lässt«. Intersubjektiv betrachtet ist dies jedoch keine regressive Entdifferenzierung, die sich intrapsychisch in einem ichschwachen Patienten abspielt, sondern ein gemeinsames Abstimmen eines weiten Bereichs von Bewusstseinszuständen (▶ Gemeinsames Regredieren). Diese Abstimmung ermöglicht durchaus ein Variieren von unterschiedlich regressiven Bewusstseinszuständen, die mit ichstrukturell schwachen Patienten allerdings behutsam vorgenommen werden muss, wenn diese sich z. B. ohnehin in einem wenig entwickelten reflexiven Modus bewegen.

## Relationale Orientierung

Die »relationale Psychoanalyse«, deren führender Kopf der New Yorker Psychoanalytiker Stephen Mitchell war, unterscheidet sich nur unwesentlich von der interpersonellen Orientierung (▶ Interpersonelle Orientierung), die auf den Psychiater Harry Stack Sullivan zurückgeht (siehe Conci 2005), sollte aber auf jeden Fall von der intersubjektiven Sichtweise unterschieden werden (▶ Intersubjektive Orientierung). Aber diese Unterscheidung wird nicht von allen Anhängern geteilt: So lässt sich die relationale Richtung, die sich auf Donald W. Winnicott und Paul Loewald beruft und in Stephen Mitchell und Jessica Benjamin ihre exponiertesten Vertreter findet, auch als Teilströmung des intersubjektiven Ansatzes auffassen (vgl. Altmeyer 2006). Unter die relationale Orientierung kann auch der theoretische und methodische Hybrid einer dialektisch-emanzipatorischen Beziehungsanalyse (vgl. Bauriedl 1980) eingeordnet werden.

Nach Stephen Mitchells Auffassung ist die Freud'sche intrapsychische Betrachtung mit ihrem Schwerpunkt auf den Triebschicksalen wissenschaftlich überholt und durch eine Betrachtungsweise konflikthafter Beziehungen zu ersetzen, wobei Konflikte nichts mit triebhaften Spannungen und deren Abwehr zu tun haben, sondern ausschließlich durch Beziehungen mit anderen Menschen entstanden sind. Schon anhand dieser Formulierung erkennt der psychoanalytische Leser, dass Triebschicksale und Beziehungen von Mitchell in einem sehr eigenen Verständnis gebraucht werden.

So haben Bachant, Lynch und Richards (1995) zu Recht aufgezeigt, dass Mitchell offensichtlich einen Strohmann aufgebaut hat, der wenig mit Freud und so gut wie nichts mit einer zeitgenössischen freudianischen Sichtweise gemeinsam hat, in der die Auffassung besteht, dass Triebimpulse als Teil unbewusster Phantasien betrachtet werden, die im kindlichen Gedächtnis kodiert wurden und seit dieser Zeit Wahrnehmung und Denken in unterschiedlichem Ausmaß bestimmen (vgl. Erreich 2003, Hanenberg 2008). Die relationale Orientierung vernachlässigt hingegen mit der Konzentration auf die (eher sozialpsychologisch konzeptualisierte) Zwei-Personen-Psychologie im Hier und Jetzt das dynamisch Unbewusste.

Alle Psychoanalytiker der Gegenwart gehen davon aus, dass es verschiedene Modi der Beziehung in der analytischen Situation gibt: Eine reale Beziehung, eine Arbeitsbeziehung, eine Übertragungsbeziehung, eine bewusste, unbewusste und nichtbewusste Beziehung. Der Vorwurf der relationalen Theoretiker, Freud habe mit seiner »Chirurgenmetapher« und seinem »Spiegelgleichnis« für eine Nichtbeziehung plädiert, konstruiert aus einzelnen Textstellen Freuds eine Ein-Personen-Psychologie des angeblich beziehungsabstinenten Psychoanalytikers, wird aber seinen Ausführungen und geschweige denn den zeitgenössischen Freudianern in keinster Weise gerecht. Vielmehr müssen sich die Relationalen den Vorwurf gefallen lassen, dass ihre Auffassungen über Beziehung vage bleiben, weil nicht genügend deutlich wird, auf welche Ebene des kommunikativen Handelns sie sich beziehen. Allerdings hat Mitchell (2003) noch kurz vor seinem Tod auf diesen Vorwurf reagiert und eine Differenzierung des Beziehungsbegriffs ausgearbeitet. So unterschied er eine Ebene des nichtbewussten und nicht reflexiven reziproken, komplementären oder nicht komplementären Tuns; eine Ebene einer größtenteils nichtbewussten Affektansteckung und des gemeinsamen Teilens intensiver Gefühlszustände; ein Beziehungserleben, das von früheren Beziehungserfahrungen geprägt ist und das nur teilweise im Rahmen des deklarativen Gedächtnisses als »Übertragung« bewusst wird; und schließlich noch die bewusste, reflexive, symbolische Kommunikation mit dem anderen, der als eigenständiges Subjekt anerkannt wird.

Trotz der obigen Kritik an einigen zu einfachen Polarisierungen der relationalen Theoretiker hinsichtlich des klasssischen trieb- und strukturtheoretischen Modells und den postmodernen Auffassungen gilt jedoch, dass die Klassiker das interpersonelle Denken immer wieder zugunsten der intrapsychisch dynamischen Perspektivierung zurückgestellt oder gar vernachlässigt haben (siehe die Kritik Rapaports 1944, 1954, der allerdings auch schon gegen eine allzu einseitige interpersonelle Orientierung, wie sie von Alfred Adler, Karen Horney und Harry Stack Sullivan vertreten wurde, Stellung bezog; ▶ Adaptives Handeln, ▶ Interpersonelle Orientierung, ▶ Intersubjektive Orientierung).

## Respekt

Der Abschied vom Mythos eines allwissenden Analytikers bedeutet, nicht nur die Gewissheit von Annahmen über unbewusste Vorgänge in einem anderen Menschen aufzugeben, sondern auch eine neue Form des Respekts und der Bescheidenheit zu lernen. Der Mythos vom allwissenden Analytiker ist ein Ausdruck für das objektivistische Ideal des außenstehenden und zugleich mit Röntgenblicken für das Unbewusste seines Patienten ausgerüsteten Analytikers, das die Hoffnung auf eine grundlegende Heilung enthielt. Der Abschied von diesem Mythos steht im letzten Drittel des 20. Jahrhunderts auch für das Ende der positivistischen Überschätzung der Erreichbarkeit objektiven Wissens in allen Wissenschaften trotz der immensen Wissensfortschritte. Dieses Ideal verdankte seinen Ursprung dem naturwissenschaftlichen Credo des 19. Jahrhunderts. Dass es eine Subjekt-Objekt-Trennung im Erkenntnisprozess und damit objektives und gültiges Wissen über einen anderen Menschen oder über die Natur geben könne, enthielt die Hoffnung der Aufklärungsepoche und des Positivismus, dass zunehmendes Wissen zur Lösung aller naturwissenschaftlichen, sozialen und menschlichen Rätsel führen würde und verband sich bezüglich des Arzt-/Analytikerberufs mit dem kindlichen Wunsch nach elterlicher Allmacht und omnipotenter Heilung (▶ Nichtwissen ertragen können). Weil die Menge des Nichtwissen-Könnens angesichts des zunehmenden Wissens um die unvorstellbare Komplexität der belebten wie unbelebten Materie so ungeheuer groß ist, lässt sich auch unter Psychoanalytikern in zunehmendem Maß eine »Öffnung zum Nicht-Wissen« feststellen, wie Peter Geißler (2007) dies ausgedrückt hat.

Das Antidot zum allwissenden Analytiker ist das intersubjektive Ideal des Analytikers als verantwortlichen Teilnehmer in einer Interaktion, der für seinen Patienten Respekt empfindet und davon ausgeht, dass das Verstehen des anderen nur in einer guten Zusammenarbeit erreicht werden kann, und dass die daraus hervorgehenden Hypothesen prinzipiell fehlbar und jederzeit revidierbar sind. Lears (1996, S. 609 f.) Einschätzung bringt dies auf den Punkt: »Die richtige Haltung für den Analytiker ist die einer tiefen Demut vor der unendlichen Komplexität eines anderen menschlichen Wesens. Weil Menschen selbstinterpretierende Lebewesen sind, muß man stets dazu bereit sein, sich ihren Erklärungen für ihre Bedeutungen zu beugen«. Dann allerdings – so Lear – gibt es keine andere Form der klinischen Methode als die psychoanalytische, die dem Patienten eine größere Achtung zollt.

## Role-responsiveness, Rollenbereitschaft

Die frei flottierende »Rollenbereitschaft« wurde von Sandler (1976) als Analogie zur gleichschwebenden Aufmerksamkeit Freuds entwickelt. Die objektbeziehungstheoretische Betonung, dass nicht mehr nur isolierte Triebwünsche, sondern innere Objektbeziehungen übertragen werden, in denen ein

Wunsch enthalten ist, mit einem anderen Menschen auf eine ganz bestimmte Art und Weise lustvoll zu interagieren, führte zu dieser Ausweitung. Seine Ausarbeitung hat gleichzeitig dazu beigetragen, dem kleinianischen Konzept der projektiven Identifizierung etwas von seiner idiosynkratischen Formulierung zu nehmen und es für weite Teile der psychoanalytischen Welt annehmbarer zu machen (▶ Projektive Identifizierung).

Das analytische Setting mit seinen spezifischen Gesprächsregeln eröffnet für Patienten die Möglichkeit, ihre innere Welt besser verstehen zu lernen. Dabei sind sie aber auf die Hilfe ihres Analytikers angewiesen. Ohne es bewusst zu intendieren, versucht ein Patient deshalb seinen Analytiker dahingehend zu beeinflussen, dass er so fühlt und handelt, wie es den verschiedenen dramatischen Rollen in seiner inneren Welt entspricht (▶ Enactment). Und ohne es bewusst kontrollieren zu können, lässt sich der Analytiker zu diesem Drama verführen. Allerdings wird es dann wichtig, ob er nun – sobald er dieses Enactment erkannt hat – die Dramaturgie via anthropologischer Universalie einem schurkischen Kind klassisch kleinianischer Provenienz zuschreibt, das voll oraler Gier und destruktiver Impulse ist und in seinem Analytiker diese unerträglichen Impulse deponieren will, oder ob hiermit ein keineswegs ubiquitär gegebener, sondern ein aufgrund spezifischer generationsübergreifender pathogener Konstellationen entstandener maligner Interaktionszirkel auf zumeist emotional prozeduraler Grundlage gegeben ist, der das Kind und später den Erwachsenen immer wieder dazu zwingt, diese Interaktionsmuster blind agieren zu müssen, was eher dem Denken der Kleinkindforschung und dem intersubjektiv/relationalen Ansatz entspricht (▶ Intersubjektive Orientierung, ▶ Relationale Orientierung).

# S

## Selbstanalyse fördern

Die bereits von Freud für wichtig erachtete Fähigkeit zur Selbstanalyse wird vor allem von Post-Ichpsychologen, wie

Paul Gray (1994) oder Freud Busch (1992), als zentral wichtig eingeschätzt. Im deutlichen Unterschied zu der weit verbreiteten Auffassung, es sei Aufgabe der Psychoanalyse, »unbewusste Wünsche bewusst zu machen«, geht es Gray und Busch um die Analyse unbewusster Ich-Vorgänge und um eine Erweiterung des Ichs und seiner (selbst-)reflexiven Fähigkeiten.

Damit grenzen sie sich von der alten topographischen Lehrmeinung ab, dass es in der Psychoanalyse in erster Linie um die Bewusstmachung unbewusster Triebimpulse und Phantasien gehe. Dabei gehört seit der Einführung der Freud'schen Strukturtheorie (1923b) und der revidierten Angsttheorie (1926d) die Bewusstmachung unbewusster Ich-Vorgänge nach allgemeiner Auffassung zu einem Essential der psychoanalytischen Behandlungspraxis. Dieser »developmental lag«, wie Gray das Hinterherhinken der Praxis hinter den theoretischen Erkenntnissen genannt hat, gilt aber nicht nur für den behandlungstechnischen Umgang mit dem ▶ Widerstand, sondern z. B. auch für das Verständnis von und den Umgang mit Träumen und hat hierbei ebenfalls gravierende Auswirkungen. Gray bezeichnet es nachgerade als Mythos, wenn viele Psychoanalytiker der Gegenwart behaupten, sie hätten Freuds strukturelles Modell und seine zweite Angsttheorie sowie Anna Freuds Überlegungen zur Abwehr- und Widerstandsanalyse in ihr behandlungspraktisches Vorgehen selbstverständlich integriert.

Gray und Busch (z. B. 2010) legen großen Wert darauf, den Patienten zur Beobachtung seiner freien Assoziationen anzuhalten. Die subtile Beachtung und Zurkenntnisnahme von Widerständen beim freien Assoziieren, wozu auch das Achten auf unterschiedlich regressive Ichniveaus gehört, wird zu einem zentralen Anliegen. Patienten sollen ein immer besseres Gespür dafür bekommen, wie ihre eigene unbewusste Abwehrtätigkeit sie am Bewusstwerden von Gefühlen und Gedanken hindert. Schließlich ist die Fähigkeit zur Selbstanalyse das wichtigste Ziel einer gelungenen analytischen Behandlung, die auch nach deren Beendigung ohne die Hilfestellung des Analytikers fortgesetzt werden sollte.

Busch (2010, S. 26 f.) trifft die Unterscheidung zwischen Selbstbeobachtung, Selbstreflexion und Selbsterkundigung.

Während man bei der Selbstbeobachtung Gedanken als mentale Ereignisse betrachten kann (und nicht nur als vorbeiziehende Phänomene, die die erfahrene Realität lediglich widerspiegeln und somit zumeist im Äquivalenzmodus verbleiben), bei der Selbstreflexion die Abfolge und Zusammenhänge verschiedener Gedanken und Gefühle im Arbeitsgedächtnis reflektieren kann (also z. B. auch auf Gedanken und Einfälle zurückkommen kann, die zu Beginn der Stunde geäußert wurden), entsteht bei der Selbsterkundigung die Fähigkeit, mit diesen Vorgängen zu spielen, sie weiter zu erforschen und sie mit Erinnerungen anzureichern. Die selbstanalytische Kompetenz beruht auf diesen drei Fähigkeiten, ist aber durch die zusätzliche Möglichkeit charakterisiert, sich weitgehend angstfrei mit solchen Gedanken und Gefühlen auseinanderzusetzen, die zuvor stark unangenehme Gefühle ausgelöst haben.

Diese Kompetenz kann sich aber nur dann optimal entwickeln, wenn die Widerstände (▶ Widerstand beachten) gegen die verschiedenen Ängste konsequent durchgearbeitet werden (s. Busch 2007, Frayn 1996). Ansonsten bleibt es bei Errungenschaften, die oftmals am Ende einer Psychotherapie angetroffen werden können. Der Patient weiß dann viel über sich, er kann auch Zusammenhänge durchaus reflektieren, aber er weicht vor den entscheidenden unbewussten oder ahnungsbewussten Themen in sich nach wie vor zurück.

## Selbstenthüllung/-mitteilung

Die aus der Betrachtung von Reziprozitätsnormen normaler Alltagskommunikation und aus der humanistisch orientierten Sozialpsychologie der 1970er Jahre stammende methodische Einstellung, dass nur die Offenheit (»self disclosure«) des Versuchsleiters valide sozialpsychologische Aufschlüsse über das menschliche Sozialverhalten erbringen könne (»self-disclosure begets self-disclosure«) und nicht die bei Experimenten eingesetzte Verschleierungstechnik der artifiziellen Coverstory über den eigentlichen Versuchszweck (vgl. Mertens 1975), wurde in den letzten Jahren von Owen Renik (1995, 1999) auf das Verhalten des Analytikers übertragen (ursprünglich hatten diese

Forderungen aber schon Sandor Ferenczi und Paula Heimann erhoben, ▶ Mitteilung der Gegenübertragung). Er löste damit eine lebhafte Diskussion aus.

Da es ohnehin keine ▶ Neutralität geben würde, ist es nach Renik (1993, 1996) in vielen Fällen therapeutisch sinnvoller, auch von seinen eigenen Gefühlen zu sprechen, anstatt sie hinter einer pokerfacehaften Haltung zu verbergen. Denn wenn Spiegelhaltung und strikte Anonymität nunmehr einer veralteten positivistischen Methodologie zugeordnet werden müssen, und Analytiker in vielen kleinen – häufig sogar noch nicht einmal bewussten – Momenten Aspekte ihres subjektiven Erlebens zu erkennen geben, taucht natürlich unweigerlich die Frage auf, ob sich die unvermeidbare Subjektivität auch in Form von analytischen Mitteilungen äußern kann oder sogar sollte.

Bekanntlich erleichtert aber der Verzicht auf eigene Mitteilungen – abgesehen von Patienten mit einer sehr massiven Schamproblematik, bei denen Selbstmitteilungen schamentängstigend wirken können – das freie Erzählenkönnen und sichert für den Analytiker die Aufgabe des ▶ (Zu-)Hörens. Deshalb haben Kritiker von Renik eingewendet, dass es beim Wegfall dieser etablierten Gesprächsregel, die – abgesehen von Ausnahmen und wohlüberlegten Indikationen, wie z. B. beim ▶ Prinzip »Antwort« – das analytische Gespräch konstituiert, zu einer letztlich willkürlichen Ausrichtung am momentan wahrgenommenen interaktiven, interpersonellen Feld käme.

Glich die klassische Technikorientierung für viele Patienten einem Prokrustesbett (z. B. das Axiom, dass eine Selbstmitteilung des Analytikers einer Bankrotterklärung in puncto Abstinenz und Neutralität gleichkomme), so wird gegen Reniks Postulat, welches das andere Extrem dieser Einstellung darstellt, eingewendet, dass sich die psychoanalytische Haltung bei dieser überwiegend pragmatischen Einstellung recht schnell auflösen könnte. Denn warum nicht bei einem bestimmten Patienten dessen Ausstellungen oder Theatervorführungen besuchen, warum nicht beim nächsten Patienten Therapie im Spazierengehen machen und nicht mehr im Behandlungszimmer, warum beim dritten nicht auch von den eigenen Konflikten erzählen in Erwartung einer mutuellen Analyse, warum beim vierten nicht Ratschläge für den Alltag anhand eigener Problembewältigungen oder Lern- und Erfolgskontrollen unterbreiten usf.? »Wenn es dem Patienten nützt, warum nicht?«, ist darauf die Antwort von Owen Renik. Zwar sollten alle diese Schritte in einem psychoanalytischen Verständnis geschehen, aber eines Tages sei auch dies vielleicht nicht mehr so wichtig. Seine aus der High-Tech-Branche aus San Francisco stammende Klientel habe für manchen alten Zopf aus der Psychoanalyse ohnehin kein Verständnis mehr.

Anhand eines Fallbeispiels kritisiert Renik (1998b) die gängige Lehrmeinung, dass das Kennenlernen des Analytikers außerhalb des analytischen Settings übertragungszerstörende Eigenschaften habe. Ein sich bei ihm in Behandlung befindlicher Psychiater, der von einem deutlichen Neid auf die berufliche Kompetenz von Renik bestimmt war, tröstete sich mit der entwertenden Vorstellung, dass sein Analytiker wahrscheinlich seine Familie erheblich vernachlässigen würde. Als sie sich eines Tages bei einem Elterntreffen in der Schule ihrer Kinder begegneten, unterstellte der Patient anschließend Renik, dass dieser Besuch lediglich die Funktion gehabt habe, sein väterliches Interesse einmal im Jahr vor den anderen Eltern zu demonstrieren. Nachdem er einige Zeit später von Kollegen gehört hatte, dass Renik fast an jedem Footballspiel seiner Tochter teilnahm, äußerte er seinen Übertragungseindruck, dass sein Analytiker wohl ein starkes narzisstisches Interesse an den sportlichen Aktivitäten seiner Tochter haben müsse. Kurzum: Trotz Informationen über reale Aktivitäten seines Analytikers veränderte dieser Patient seine selektive Wahrnehmung qua Übertragung über längere Zeit hinweg nicht. Die klassische Befürchtung, eine Änderung der zugrunde liegenden, die Wahrnehmung und das Handeln prägenden Erlebnisstrukturen lasse sich nur erreichen, wenn der Analytiker seine Subjektivität vor seinem Patienten verberge, lässt sich nicht nur anhand dieser und natürlich vieler anderer Beispiele widerlegen, sondern sie muss nach Renik auch im Licht des nunmehr vorhandenen Wissens über Möglichkeiten und Grenzen von Veränderungsprozessen neu überdacht werden.

Die von Renik propagierte »Psychotherapeutisierung der Psychoanalyse«, worunter Psychoanalytiker verstehen, dass auf Kosten der Entfaltung der ▶ Übertragung und der ▶ Übertragungsneurose (alltags-) kommunikative Elemente bevorzugt werden und die für das Verstehen des Unbewussten förderliche asymmetrische Haltung aufgegeben wird – bis hin zu Ferenczis mutueller Analyse – wird von nicht wenigen gegenwärtigen Psychoanalytikern aber durchaus kritisch gesehen (vgl. z. B. K. König 2005).

Reniks herausfordernde Thesen führten in den letzten Jahren aber auch zu einem Überdenken manch selbstverständlich gewordener Techniktgrundsätze nordamerikanischer Provenienz (vgl. z. B. Jacobs 1999, Meissner 2002) und im Zuge der Diskussion zu einem Plädoyer für eine noch flexibler gehandhabte, auf die Bedürfnisse eines spezifischen Patienten abgestellte Vorgehensweise. So wurde zum Beispiel in der Vergangenheit die Mitteilung von Gegenübertragungsgedanken und -gefühlen zumeist nur dann als ultima ratio praktiziert, wenn die Analyse zu einem Stillstand gekommen war. Cooper (1998a) hingegen hat die Möglichkeit der Gegenübertragungsmitteilung an solchen Stellen diskutiert, bei denen Analysand und Analytiker unterschiedliche Auffassungen über Erlebnisse innerhalb der analytischen Sitzung haben. Das Kommunizieren darüber soll das gemeinsame Verstehen der Beziehung vertiefen. Selbstverständlich muss dann aber auch von Fall zu Fall sorgfältig überlegt werden, was diese Mitteilungen für die Beziehungsasymmetrie, die analytische Anonymität und das Offenhalten des analytischen Raumes jeweils bedeuten (▶ Mitteilung der Gegenübertragung).

Ebenso wie Evelyne Schwaber (1992a, b, 2000, 2005), welche die Auffassung vertreten hat, dass das Beschäftigtsein mit der eigenen Subjektivität den Analytiker davon abhalten kann, sich ausreichend in die Perspektive seines Patienten zu versetzen, hat auch die Selbstpsychologin Judith Teicholz (2000) zu bedenken gegeben, dass Patienten mit einem schwachen Selbstgefühl nicht zu einer frühzeitigen Auseinandersetzung mit der Perspektive des Analytikers gezwungen oder verführt werden sollten. Diese Einwände verdeutlichen wieder einmal, wie wichtig es ist, den Entwicklungsstand des Patienten zu berücksichtigen und ihn nicht mit bestimmten »Techniken« über einen Kamm zu scheren. Cooper (1998b) hält es deshalb auch für vorteilhafter, statt von der üblichen Begrifflichkeit »Selbstenthüllung/-mitteilung« (self-disclosure) von »analytischer Mitteilung« (analyst disclosure) zu sprechen. Wenn eine analytische Mitteilung eine Äußerung über ein Erleben des Analytikers sein soll, die den Übertragungsraum nicht beeinträchtigt oder einen Widerstand durchbricht, sondern vielmehr einen Erkenntnisprozess im Analysanden fördert, müssen die Auswirkungen gründlich durchdacht und wohl dosiert sein. Niemals sollte auch der Eindruck entstehen, dass diese Äußerung eine unumstößliche Wahrheit darstellt, über die kein weiteres Nachdenken mehr stattzufinden braucht. Ebenso sollte sich der Analytiker darüber Rechenschaft ablegen, ob er Übertragungen, die für ihn unangenehm werden könnten, nicht mit zu viel dialogischer Präsenz entgegentritt, so dass dann zwar eine gute neue Beziehung entsteht, die Übertragungskonflikte jedoch unanalysiert bleiben.

Helen Gediman (2006) hat sich gegen die falschen Stereotypisierungen gewandt, die zeitgenössische Freudianer und Beziehungsanalytiker in Hinblick auf das Thema der Selbstenthüllung bzw. -mitteilung trennen. Alle Psychoanalytiker, egal welcher Schulrichtungen, teilen in ihren Interventionen etwas von sich selbst mit, was Gediman in Anlehnung an Meissner (2002) »alltägliche Selbstmitteilungen« nennt. Davon unterscheidet sie wohlüberlegte explizite Selbstmitteilungen wie sie z. B. in der Endphase einer analytischen Psychotherapie oder angesichts einer drohenden Krankheit des Analytikers erfolgen können.

Übrigens hatte sich auch schon Freud – wie sollte es anders sein – in »Ratschläge für den Arzt bei der psychoanalytischen Behandlung« (1912e) mit diesem Thema beschäftigt. Gegen die Versuchung, »vertrauliche Mitteilungen« über die eigenen Defekte und Konflikte zu machen, in der Hoffnung, damit den Widerstand eines Patienten zu unterlaufen, forderte Freud in seiner berühmten Metapher der Spiegelplatte, »der Arzt soll undurchsichtig für den Analysierten sein und wie eine Spiegelplatte nichts anderes zeigen als was ihm gezeigt wird« (S. 384). Nur mit dieser experimentellen, versuchsleiteranalogen Haltung einer strikten Anonymität sei es möglich, die Übertragung des Patienten nicht mit der Subjektivität des Analytikers zu kontaminieren. Wir wissen heute, dass Freud sich selbst nicht an diesen Ratschlag gehalten hat, dass diese Empfehlung aber zunächst aus berufspolitischen Gründen wichtig war und dass sie aber aus mehreren Gründen nur bedingt sinnvoll sein kann.

## Selbstobjekt-Übertragung

Patienten, die nicht dazu in der Lage sind, andere Menschen als Personen in ihrem eigenen Recht anzusehen, die sie als Ausdehnung ihres eigenen Selbst betrachten und über sie verfügen und bestimmen wollen, die einen großen Nachholbedarf an Zuwendung, Verstanden- und Versorgtwerdenwollen haben, entwickeln in der analytischen Situation »Selbstobjekt-Übertragungen«. Während frühere Analytiker hierin zumeist ein defensiv regressives Erleben und Verhalten erblickten – der Patient will nicht seinem Entwicklungsstand entsprechend Verantwortung übernehmen, weil die Realisierung erwachsener Liebesfähigkeit konflikthaft ist –, stießen im Zuge des »widening scope« Analytiker in den 1970er Jahren auf Patienten, zumeist als narzisstische Persönlichkeiten bezeichnet, die von ihren Entwicklungsvoraussetzungen her noch nicht dazu in der Lage waren, »reife Objektbeziehungen« oder »Ganz-Objektbeziehungen« auszubilden (vgl. Heigl-Evers, Heigl, Ott & Rüger 1997; ▶ Selbstpsychologische Orientierung).

Mit Hilfe verschiedener psychoanalytischer Theorien, wie z. B. der postkleinianischen Ausarbeitung der paranoid-schizoiden und depressiven Position, entwicklungspsychologischer Triangulierungstheorien, ichpsychologischer Operationalisierungen verschiedener Ich-Funktionen, der bindungstheoretischen Mentalisierungstheorie u. a. m., lassen sich heutzutage »Teil-Objektbeziehungen« und »Selbstobjekte« hinsichtlich ihrer strukturellen mentalen Voraussetzungen noch sehr viel genauer beschreiben als in Zeiten der Ichpsychologie oder der Selbstpsychologie von Kohut. Klinisch bedeutsam ist auf jeden

Fall, dass diese Patienten mit anderen Beziehungserwartungen an ihren Psychoanalytiker herantreten (▶ Mentalisierung, ▶ Strukturniveau beachten).

Sich für Selbstobjekt-Übertragungen zu öffnen, gehörte zunächst vor allem zum Credo der analytischen Selbstpsychologen, ist aber mittlerweile auch über die Grenzen der Selbstpsychologie hinaus auf Akzeptanz gestoßen (▶ Selbstpsychologische Orientierung). Denn Probleme der Selbstwertregulierung lassen sich heutzutage bei vielen Menschen antreffen. Diese schwankt zwischen grandiosen Phantasien sowie Handlungen und Gefühlen der Minderwertigkeit bis hin zur totalen narzisstischen Leere und Sinnlosigkeit. Bei der Selbstobjekt-Übertragungsform macht ein Patient intensiven Gebrauch von seinem Analytiker in seinem Anliegen, dasjenige zu bekommen, was er für die Besserung seines psychischen Leidenszustandes benötigt. Denn das Selbst des Patienten, das Strebungen, Interessen, Ideale und ein Bedürfnis nach einem kohärenten Erleben umfasst, ist in einem sehr unvollständigen Zustand. In diesem Bereich beeinträchtigte Patienten erleben ihr Tun als überwiegend sinnlos und erfahren in sich eine große Leere, die sie mit hektischen Aktivitäten, die ihnen heutzutage in unserer Konsumgesellschaft überreichlich angeboten werden, zu füllen versuchen. Wenn sich eine Selbstobjekt-Übertragung entwickelt, beginnt ein intensives Sehnen nach Gesehen- und Verstandenwerden, nach unbedingter Teilung der Aufmerksamkeit und auch nach Idealisierung des als kohärent erlebten und mit Idealen ausgestatteten Analytikers. Dieser hat die Aufgabe, Funktionen zu erbringen, die von den Eltern des Patienten nicht ausreichend erfüllt werden konnten.

Eine Kritik an der alleinigen Fokussierung auf Selbstobjekt-Übertragungen lautet dahingehend, dass der klassische Selbstpsychologe statt für diejenigen Rollen empfänglich zu werden, die ihm tatsächlich angetragen wurden, von vornherein davon überzeugt war, dass sein Patient ein Selbstwertdefizit aufwies, das nur durch geduldiges Spiegeln zu beheben sei, wobei er selbst zwar ein durchaus einfühlsamer und auch warmherziger, aber letztlich doch außenstehender Beobachter bleiben konnte. Natürlich war er dies faktisch nicht, aber aufgrund seiner theoretischen Prämissen brauchte er sein eigenes unbewusstes Beteiligtsein nicht zu erkennen und nicht zu reflektieren (▶ Entwicklungstheoretische Orientierung).

Erst die intersubjektive Weiterentwicklung der Selbstpsychologie hat zu einer Betrachtungsweise geführt, bei der selbstverständlich davon ausgegangen wird, dass der Analytiker zu einem Mithandelnden wird und damit umgehen muss (▶ Enactment, ▶ Intersubjektive Orientierung). Denn auch für den Umgang mit Selbstobjekt-Übertragungen gelten die psychoanalytischen Erkenntnisse über die Herstellung und Entstehung einer ▶ Übertragungsneurose, nur dass an die Stelle überwiegend objektlibidinöser und -aggressiver Wünsche nunmehr selbstobjektale Wünsche treten, d.h. Wünsche nach Existenzberechtigung, Anerkanntwerden und der Wunsch, an der Sicherheit und Lebendigkeit eines anderen Menschen partizipieren zu wollen (früher oftmals auch als »präödipale Wünsche« bezeichnet). Hierzu gehört auch das Angenommenwerden mit kompensierenden Bemühungen in Form von Größenphantasien, Verschmelzungswünschen, um zu lernen, mit Gefühlen äußerster Machtlosigkeit und Demütigung umgehen zu können.

Patienten, die als Kinder aufgrund mangelhaft geglückter Abstimmungsprozesse derartigen Fragmentierungserlebnissen ausgesetzt waren, erleben heftige Wut- und Verzweiflungsgefühle, wenn sie den Eindruck bekommen, dass die allgegegenwärtige Verfügbarkeit über ihren Analytiker beeinträchtigt oder gar unterbrochen worden ist, was aufgrund einer kurzen Unaufmerksamkeit durchaus vorkommen kann (▶ Selbst-/Fremdregulierung, ▶ Lokale Ebene). Auch der Analytiker bleibt von diesen heftigen Gefühlen seines Patienten natürlich nicht unberührt. Eigene ungestillte Bedürfnisse nach Bewundertwerdenwollen und die schamhafte Abwehr dagegen werden wachgerufen, die narzisstischen Wutanfälle eines Patienten triggern ebenfalls mächtigen Ärger auf den anspruchsvollen »Säugling« und können unbewusst an eigene unbewältigte traumatisierende Kindheitssituationen erinnern (▶ Blinde Flecken, ▶ Gegenübertragung). Kurzum: Veränderungen müssen auch in ihm selbst stattfinden, um mit den Wünschen nach Gesehen- und

Beachtetwerden des Patienten gut umgehen zu können. Ansonsten wird der Umgang mit den Selbstobjekt-Übertragungen zu einer routinisierten Vorgehensweise mit aufgesetztem Pathos. Nur wenn die resonanten Antworten des Analytikers auch an eigenen Erfahrungen ansetzen, werden sie zu gefühlten Bestätigungen für den Patienten. Hierzu gehört auch das Erleben- und Äußernkönnen von freudigen Gegenübertragungsgefühlen (vgl. Heisterkamp 1999).

## Selbstpsychologische Orientierung

Steht in der klassischen Trieb- und Strukturtheorie Freuds der Konflikt zwischen Triebwünschen und gesellschaftlichen, im Über-Ich deponierten Normen mit dem Ich als einer regulierenden und adaptiven Struktur im Mittelpunkt der Betrachtung, so ist es in der selbstpsychologischen Orientierung, die mit Heinz Kohut (1973, 1979, 1987) ihren Anfang nahm, die Konstituierung des Selbst, das aufgrund mangelhafter oder verzerrter elterlicher Empathie als schamanfällig, zerbrechlich und fragmentierend erlebt wird. Die Selbstpsychologie eröffnete ein neues und fruchtbares Verständnis für menschliche Leidenszustände (vgl. Lichtenberg & Wolf 1997, Siegel 2000).

Selbstpsychologen, die auf Kohuts Werk aufbauen, wie z. B. Frank Lachmann, Joseph Lichtenberg, Anna und Paul Ornstein, Ernest Wolf, Hans Hartmann, Lotte Köhler, Peter Kutter und Wolfgang Milch, betonen als Ziel einer psychoanalytischen Behandlung vor allem, dass das Selbstgefühl gestärkt und dessen Entwicklung gefördert werden soll, was im Einzelnen bedeutet, zum Beispiel mit aversiven Erfahrungen besser umgehen, anerkennende Selbstobjekterfahrungen finden und nutzen und sich selbst trösten zu können, Humor zu entwickeln und Empathie in sich selbst und in andere zu verwirklichen. Des Weiteren gehört zur Zielvorstellung auch die Konsolidierung oder erstmalige Erreichung eines Erlebens von Werten. Denn nicht Triebe sind die Schrittmacher alles Lebendigen, sondern Werte (vgl. Weber 2007).

Goldberg (1998) hat drei Weiterentwicklungen der Selbstpsychologie seit Kohut beschrieben: Die Ausarbeitung der Ideen von Kohut, die intersubjektive Richtung und die relationale Selbstpsychologie. Die Vertreter der zuerst genannten Strömung setzen sich insbesondere mit der Frage auseinander, inwieweit das Konzept des Selbstobjekts mit einer Zwei-Personen-Psychologie kompatibel ist. In der intersubjektiven Richtung, die sich als Feld- oder Systemtheorie präsentiert, wird die gemeinsame Aktivität der beiden Beteiligten, Analytiker und Analysand betont, und die relationale Selbstpsychologie rückt die Beziehung, hierin vergleichbar mit der interpersonellen Analyse, in den Mittelpunkt der Betrachtung. Alle drei Richtungen sind nach Auffassung von Goldberg vorerst noch nicht zusammenführbar. Ist diese Betonung geringfügiger methodischer und inhaltlicher Unterschiede dem Narzissmus der kleinen Differenzen geschuldet oder sachlich tatsächlich gerechtfertigt?

Zeitgenössische Selbstpsychologen, wie z. B. Frank Lachmann, bevorzugen einen Deutungstypus, bei dem bevorzugt die Strebungen und Wertvorstellungen eines Menschen, das, was er in seinem Leben erreichen möchte, angesprochen werden, weniger hingegen die Inhalte und Konflikte, die vermieden, verdrängt oder verleugnet werden (Mertens, 2011).

Gibt es eine spezifische Indikation für die selbstpsychologische Vorgehensweise? In unterschiedlichem Ausmaß und Umfang sind bei vielen Patienten in der Gegenwart ichstrukturelle Kompetenzen eingeschränkt, welche als eine wichtige Voraussetzung für die Übertragung und die Beziehung ansprechende Vorgehensweisen gelten müssen. Ein labiles Selbstwertgefühl, die Tendenz zum konkretistischen Denken, eine Aversion gegen alles, was nicht den eigenen Denkmustern entspricht, eine Neigung zum Äquivalenzmodus der Wahrnehmungs- und Erlebnisverarbeitung, schnell anspringende paranoide Gedanken und die Tendenz, andere Menschen zu entwerten, eine eingeschränkte Kommunikationsfähigkeit, die Schwierigkeit, verschiedene Affekte zu mentalisieren, sind keine guten Voraussetzungen dafür, um mit derjenigen Person, die man als hilfreiche Therapeutenperson erleben möchte, in eine Beziehung zu treten oder gar in heftige und nie geahnte Konflikte zu geraten. Warum sollte man sich mit seinem Therapeuten, den man als resonante und einfühlsame Person benötigt, in einen Konflikt verstricken, von dem man aus vielen Situationen außerhalb des therapeutischen Settings weiß, welche Hassgefühle, Entwertungen und Beziehungsabbrüche daraus resultieren können? Warum sollte man sich verwundbar machen, wenn man die als überwältigend empfundenen Emotionen aus vergangenen Beziehungserfahrungen auf seinen Therapeuten überträgt? Wie lassen sich die Unterbrechungen des als wohltuend erlebten Zuhörens ertragen, wenn ein Therapeut wissen will, wie der Patient die Beziehung mit ihm erlebt, und er sich allein schon aufgrund dieser Unterbrechung schrecklich verunsichert und im Stich gelassen erlebt? Patienten mit vernachlässigenden, missbräuchlichen, wenig einfühlsamen oder aus anderen Gründen schwierigen und zu wenig kindgemäßen Beziehungserfahrungen kommen mit überwiegend misstrauischen Erwartungen in die Therapie; die kunstgerechte Absicht des Entstehenlassens einer ▶ Übertragungsneurose würde ihre Verzweiflung intensivieren, erneut nicht das zu bekommen, wonach sie sich so dringend sehnen. Dennoch erfahren alle genannten Einschränkungen der Mentalisierungsfähigkeit selbstverständlich eine »Interpersonalisierung«, d. h. auch diese Patienten »übertragen« ihre ichstrukturellen Einschränkungen auf ihren Therapeuten, und dieser darf sich trotz der Tendenz zu einer objektivierenden Diagnostik von Mentalisierungsdefiziten nicht davon abbringen lassen, die bewusste und unbewusste Beziehung in ihren permanenten Fluktuationen zu seinem Patienten konsequent zu reflektieren.

Auch wenn in der psychoanalytischen Literatur diagnostische Zuordnungen eindeutig zu sein scheinen, so machen Psychoanalytiker in der Praxis doch immer wieder die Erfahrung, dass sich allzu dichotome Verfahrensregeln nicht zu bewahrheiten brauchen. Manche Patienten, denen man ein höheres Strukturniveau attestierte, zeigen sich sehr brüskiert, wenn man ihnen eine Übertragungsdeutung im Hier und Jetzt anbietet, andere Patienten, die man eher auf einem niedrigen Stukturniveau eingeschätzt hatte, können von sich aus die Beziehung ansprechen.

Aber sobald sich das Selbstwertgefühl stabilisiert, der Patient sich in der Beziehung sicherer fühlt, sein konkretistisches

Denken geringer wird und wichtige Affekte von ihm differenziert und benannt werden können, wird das angsterfüllte und gekränkt wütende Reagierenmüssen geringer und das Nachdenkenkönnen stärker. Dann nehmen metaphorisierendes Wahrnehmen und Denken zu, die Beziehungsanalogien und das Als-ob der Beziehung zugänglicher werden lassen. Eine intensiver werdende Selbstbeobachtung und Selbstreflexion ermöglichen es dann dem Patienten, einen Schritt zurückzutreten und Denkvorgänge zu aktivieren.

Aber sicherlich gilt auch für höher strukturierte Patienten, dass Deutungen in eine Sicherheit vermittelnde Beziehung und das Selbst des Patienten anerkennende Beziehung eingebettet werden sollten, um als sinnvoll und hilfreich erlebt werden zu können.

## Selbstregulierung/Fremdregulierung, interaktive Regulierung

Die Beachtung der »Selbst- und interaktiven Regulierung« stellt für das Spüren der unmittelbaren Beziehungsebene eine unverzichtbare Methode dar; sie hilft dem Analytiker, insbesondere mit solchen Patienten besser in Kontakt zu kommen, die auf der verbalen Ebene nur schwer zu erreichen sind, und sie schafft vor allem ein Verständnis dafür, welche komplexen und komplizierten Prozesse der Nähe-Distanz-Regulierung, der affektiven Kommunikation und des Umgehens mit den im nichtdeklarativen Gedächtnis verankerten idiosynkratischen Beziehungsmodi bei allen Menschen ablaufen, von denen immer nur ein Teil überhaupt bewusst werden kann (▶ Enactment, ▶ Implizites Beziehungswissen, ▶ Körperinszenierungen, ▶ Nonverbale Kommunikation).

Die Beachtung der Selbst- und interaktiven Regulierung tritt aber keineswegs in Konkurrenz zu den Beobachtungs- und Identifizierungsprozessen, die für das Erkennen von Übertragungsvorgängen in der psychoanalytischen Als-ob-Welt notwendig sind. Vielmehr ist es angebracht, auch bei Patienten mit defizitären Erfahrungen im Bereich von Selbst- und Beziehungsregulierung beide Erfahrungsebenen zu berücksichtigen. Dabei gilt, was bereits Masud Khan vor einem halben Jahrhundert wusste: »Verdrängte psychodynamische Wünsche drängen allzu schnell auf Symbolisierung; während nichterfüllte Entwicklungsbedürfnisse eine unmittelbare Aktualisierung im interaktiven Handeln suchen, noch bevor der symbolische Prozess überhaupt einsetzt« (vgl. Khan 1958, zit. nach Litowitz 2002, S. 184).

Die Beziehungsregulierung ist ebenso wie die Selbstregulierung ein permanenter Bestandteil jeglicher Interaktion. Sie beginnt bereits ab der Geburt – auf einem physiologischen Niveau aber bereits in der vorgeburtlichen Zeit – in der frühen Mutter-Kind-Interaktion. Dabei kommt ein Säugling aber nicht völlig hilflos auf die Welt, sondern er verfügt bereits in unterschiedlichem Ausmaß über die Fähigkeit, sich selbst zu regulieren, wie z. B. eine starke Erregung angesichts einer Überstimulierung wieder abklingen zu lassen. Im kommunikativen Austausch zwischen Mutter und Kind werden kontinuierlich affektive Botschaften, Wünsche und Handlungsimpulse gegenseitig wahrgenommen und ausgehandelt.

> Könnten diese mimischen, gestischen und vokalen Elemente, die auf einer subsymbolischen Mikroebene angesiedelt sind, in Worte gefasst werden, dann würde ein kleines Kind z. B. sagen: »Ich möchte, dass Du es zulässt, dass ich mich ungemein freuen kann und voller Überschwang bin, und dass ich Dich mit meinen Vitalitätsäußerungen anstecken kann, und Du nicht sogleich ängstlich Dein Gesicht verziehst, sondern dass Du Deine eigene Angst vor einer zu starken Freude in Dir gut selbst regulieren kannst, in meine Freude einstimmst und eine Weile daran teilnimmst, bis wir zusammen dann einen Weg finden, die Freude wieder ausklingen zu lassen, damit sie nicht überhand nimmt und ich dann nicht mehr damit umgehen kann, weil ich zu übermütig werde. Wenn Du mich hingegen zu früh zu bremsen versuchst, aus Deiner eigenen Angst heraus, den freudvollen Affekt nicht gut regulieren zu können und anschließend enttäuscht zu sein, dann muss ich mich gegen Deine Regulierungsversuche wehren, so lange ich nur kann«. Oder: »Hilf mir, mit meinem völligen Überfordertsein beim Umgang mit unlustvollen Affekten, die mich körperlich ungemein bedrängen und meinen ganzen Leib in Aufruhr versetzen, umzugehen. Sieh nicht tatenlos zu, wie ich mich vor Schmerzen krümme oder nicht mehr aufhören kann, zu weinen. Hilf mir, bevor die Qualen sich für mich

ins Unermessliche steigern; ich selbst kann mich überhaupt nicht beruhigen, ich brauche Deine beruhigende Anwesenheit, schrei mich deshalb nicht an, weil Du Dich selbst so hilflos fühlst.«

Forscher aus unterschiedlichen Richtungen haben sich in den zurückliegenden 30 bis 40 Jahren mit den Vorgängen der Selbst- und Fremdregulierung in dyadischen Interaktionen beschäftigt (vgl. Beebe 2004, Beebe & Lachmann 1994, 1998, 2004, Beebe et al. 2003a, b, Sander 1985, Stern 1995, für einen Überblick siehe z. B. Geißler 2004, 2007). In der nordamerikanischen Literatur wurden v. a. die Arbeiten von Sander, Tronick, Beebe und Lachmann bekannt, in der deutschsprachigen psychoanalytischen Literatur die Arbeiten von Ulrich Moser und seinen Schülern.

Einen kräftigen Anschub erhielt dieses Denken von der Kleinkindforschung und hier insbesondere von Louis Sander, einem der Pioniere einer dynamisch systemtheoretischen Sicht der Mutter-Kind-Dyade. Weitere wichtige Theoriebestandteile sind die Erkenntnisse der neueren Gedächtnisforschung über nichtdeklarative und deklarative Gedächtnissysteme. Die neuen Konzepte über nonverbale und implizit prozedurale Vorgänge menschlicher Interaktion ermöglichen nicht nur ein neues Verständnis der Mutter-Kind-Interaktion, sondern vor allem auch der therapeutischen Prozesse. Im Unterschied zu älteren psychoanalytischen Auffassungen, dass frühere kindliche Zustände regressiv wiederbelebt werden, gehen Beebe und Lachmann nunmehr davon aus, dass die bereits in der Kindheit erworbenen, aber vielfach transformierten, basalen, nonverbalen Interaktionsvorgänge zusammen mit den verbalen Austauschprozessen an jeder Interaktion von Erwachsenen beteiligt sind (▶ Implizites Beziehungswissen).

Die herkömmliche Psychoanalyse befasste sich z. B. im Rahmen eines Trieb-Abwehr-Konzepts überwiegend mit Vorgängen der Selbstregulierung. Diverse Objektbeziehungstheorien, selbstpsychologische und interpersonelle Theorien sowie Säuglingsforscher, wie z. B. Stern, fokussierten demgegenüber schwerpunktmäßig Prozesse der interaktiven Regulierung entsprechend ihrer dyadischen und interpersonellen Ausrichtung. Beebe und Lachmann (2004) konzentrieren sich nun auf die wechselseitige Beeinflussung der Selbst- und der interaktiven Regulierung. In dieser dyadischen Systemsicht sind drei Aspekte zu unterscheiden: Die Eltern-Kind-Dyade als ein sich interaktiv regulierendes Feld, das Kind als eine sich selbst organisierende und regulierende Einheit und der Elternteil als eine sich selbst organisierende und regulierende Einheit. Das heißt konkret: Im Verlauf einer Interaktion kontrollieren und regulieren wir nicht nur ständig unseren eigenen Zustand, z. B. unsere freudige Erregung, sondern spüren auch dem nach, wie sich unser Zustand auf unser Gegenüber auswirkt sowie wie dieses auf uns – aufgrund seiner eigenen Selbstregulation und der Auswirkungen unseres Zustands auf ihn – reagiert. Wir regulieren unseren Zustand, beeinflussen gleichzeitig unser Gegenüber und werden von diesem ebenfalls gleichzeitig beeinflusst.

Was geschieht beim Säugling, wenn die Erwartung, dass Austauschprozesse in gewohnter Weise ablaufen, enttäuscht wird? Normalerweise lernt ein Säugling neben den bislang eingeübten Selbst- und interaktiven Regulierungen auch mit Unterbrechungen fertig zu werden, weil er nahezu unaufhörlich die Erfahrung gemacht hat, dass vertraute Regulierungen wiederhergestellt werden können. Neben diesen beiden Erwartungsprinzipien formulieren Beebe und Lachmann noch ein weiteres, das des intensiven affektiven Moments, in dem ein Kind mit etwas total Unerwartetem konfrontiert wird, das es einerseits in Schrecken versetzt, aber andererseits auch Staunen und Verwunderung in ihm auslöst. Diese drei Organisationsprinzipien zur Regulierung, Repräsentierung und Internalisierung von Interaktionen wenden Beebe und Lachmann nun auch auf die Patient-Analytiker-Interaktion an. Dabei ist den Autoren bewusst, dass die Symbolisierungs- und Elaborationsfähigkeit Erwachsener in Form von Phantasien, Wünschen und Abwehrvorgängen die Organisation und Repräsentation von präverbalen und subsymbolischen Interaktionsmustern überformen und modifizieren. Dennoch bleiben vor allem im Falle von kindlichen Traumatisierungen die nichtdeklarativen prozeduralen Gefühlsmuster erstaunlich veränderungsresistent. Wie auch andere Autoren, z. B. Böhme-Bloem, Bollas, Bucci,

Fonagy, Gutwinski-Jeggle, de Masi und Tenbrink, betrachten Beebe und Lachmann die zunehmende ▶ Mentalisierung der subsymbolischen Erfahrungsmuster als eines der wichtigsten Ziele der Psychoanalyse.

Ohne Zweifel wird das dynamisch systemtheoretische Paradigma dem komplexen, ständig im Fluss befindlichen Geschehen in menschlichen Beziehungen, das synchron und diachron organisiert ist und die Wechselseitigkeit von Selbst- und interaktiver Regulierung betont, gerechter als ein energietheoretisches oder ein simples kognitionspsychologisch informationstheoretisches Modell (▶ Gegenwartsmoment, ▶ Lokale Ebene). Somit wäre es auch geeignet, eine neue, für die Psychoanalyse dringend benötigte Metatheorie zu liefern. Die neue Metatheorie wäre keine allein an sprachlichen Bedeutungszusammenhängen orientierte Theorie, sondern müsste auch die Ebene des nichtdeklarativen, impliziten Wissens mitumfassen, das nach anderen Gesetzmäßigkeiten, als denen des deklarativen symbolischen Wissens und des aus psychodynamischen Gründen verdrängten Unbewussten funktioniert (▶ Arbeiten mit dem Unbewussten, ▶ Nonverbale Kommunikation beachten). Ebenso hätte dies z. B. Auswirkungen für das bisherige Nebeneinander von Triebtheorie und Bindungstheorie. Die Relevanz der letzteren wird zwar zunehmend von Psychoanalytikern anerkannt (vgl. z. B. Müller-Pozzi 2008), aber nicht zur genuinen Domäne der Psychoanalyse gezählt. Diese Auffassung könnte aber in eine Engführung der Psychoanalyse münden und zudem den Phänomenen nicht gerecht werden. So hat Lissa Weinstein (2007) aufgezeigt, wie zentral z. B. für sadomasochistische Phantasien und Handlungen vorhersagbare, bis ins Detail festgelegte Handlungsabläufe sind. Während trieborientierte Psychoanalytiker bislang in der übermäßigen Handlungskontrolle eine Abwehr von Aggression erblickt haben, gehen Bindungsforscher davon aus, dass sie der Meisterung von überwältigender Erregung mittels berechenbarer und zuverlässiger Strukturierung dienen, die diese Menschen niemals oder zu wenig in frühen interpersonellen Regulierungsprozessen erwerben konnten. Diffuse und partiell fragmentierende Selbstzustände während sexueller Erregung können in sadomasochistischen

Ritualen Teil einer Bedeutungsstruktur von Ordnung, Zuverlässigkeit, Unterwerfung oder Dominanz werden. Auf diese Weise kann Sexualität lustvoll erlebt werden, die ohne diese sadomasochistische Ritualisierung zu Angst machender sexueller Erregung führen würde, denn diese trägt noch die Erinnerung an frühe Affektstürme des Kindes in sich, die kein Containment mittels interpersoneller Regulierung erfahren haben.

Auf Selbst- und Fremdregulierung zu achten bedeutet nicht, einem Patienten ausschließlich eine interaktive Regulierung anzubieten. So gibt es beispielsweise Patienten, die diese zunächst zurückweisen, weil sie im Lauf ihres Lebens gelernt haben, bestimmte Prozesse selbst regulieren zu müssen, z. B. weil ihnen ihre Mutter für eine interaktive Regulierung zu wenig zur Verfügung stand oder weil ihnen die interaktive Regulierung oktroyiert und ihr Wunsch nach Eigenregulierung missachtet wurde. So können von Patienten z. B. manche zu forciert gegebenen Übertragungsbeziehungs-Deutungen als eine Verletzung ihrer Eigenregulierung aufgefasst werden (▶ Übertragungsdeutung im Hier und Jetzt).

Andere Patienten verlassen sich im Übermaß auf eine interaktive Regulierung und haben Schwierigkeiten damit, introspektiv und selbstreflexiv mit sich umzugehen; und wiederum andere regulieren sich lange Zeit allein und verlangen dann ziemlich abrupt nach einer interaktiven Regulierung, mit deren Ergebnis sie dann aber unzufrieden sind.

Die Einschätzung der selbst- und interaktiven Formulierung lässt sich auch gut für das Verständnis des manifesten Traums heranziehen (vgl. Steiner-Fahrni 2004, 2013).

### Sicherheit ermöglichen

»Der Mensch im Kellerloch« aus Dostojewskis »Aufzeichnungen aus dem Untergrund« gelangt zu der folgenden Erkenntnis: »In den Erinnerungen eines jeden Menschen gibt es Dinge, die er nicht allen, sondern höchstens seinen Freunden mitteilt. Doch gibt es auch Dinge, die er nicht einmal den Freunden aufdeckt, sondern nur sich selbst, und auch das unter dem Mantel der Verschwiegenheit. Und schließlich gibt es noch Dinge, so beschaffen, daß der Mensch sogar Angst hat, sie sich selbst zu gestehen, und von diesen Dingen sammelt sich bei jedem anständigen Menschen eine ganz beträchtliche Menge an.«

Patienten wollen die Sicherheit haben, dass sie nicht abrupt mit Deutungen ihres Unbewussten konfrontiert werden, dass die bislang abgewehrten Selbstbilder nicht allzu sehr von ihrem bewussten Selbstverständnis abweichen, dass Enttäuschung und Trauer über nie Bekommenes und Erfahrenes nicht übermächtig werden, dass Sehnsüchte, geliebt und anerkannt zu werden und die Enttäuschungswut darüber, wenn dies nicht erlebt werden kann, sie nicht überfluten, dass die Abwehr akzeptiert und ihre Zurückhaltung, bestimmte Erlebnisse in der Therapiestunde zu erinnern und auszusprechen, nicht unterlaufen wird, dass der Analytiker nicht Gleiches mit Gleichem vergilt oder seine Patienten für eigene Bedürfnisse und Problemlösungen missbraucht (▶ Antiregression beachten, ▶ Container/Contained, ▶ Gemeinsames Regredieren).

Patienten unterscheiden sich natürlich im Ausmaß, in dem sie verunsicherbar und belastbar sind. Deshalb kann es auch keine Regel dafür geben, ob man bestimmte Vermutungen über unbewusste Vorgänge beim Patienten bereits ansprechen kann oder nicht. Wie immer hängt dies von der individuellen Analytiker-Patient-Beziehung ab; das Ansprechen sehr erschütternder Begebenheiten, die ein Patient bislang vor sich verbergen konnte, braucht natürlich auch Zeit, um verarbeitet und verkraftet werden zu können, was z. B. bei der Indikation zu kürzeren Therapien überlegt werden muss.

Sandler (1960) hatte darauf aufmerksam gemacht, dass als übergeordnete Regulationsprinzipien des Handelns nicht nur das von Freud postulierte Lust-Unlust-Prinzip im Bereich der Psychosexualität, sondern auch ein Sicherheitsprinzip anzunehmen ist. Menschen planen und regulieren ihre Handlungen nicht nur im Hinblick auf Lustmaximierung und Unlustvermeidung, sondern auch nach der nichtbewussten und bewussten Einschätzung, wie groß die Wahrscheinlichkeit für unvermutet auftretende Risiken ist, die das Sicherheitsgefühl gefährden könnten. Zu diesen Gefährdungen gehören nicht nur materielle Einbußen, Macht- und Prestigeverluste, sondern auch Verunsicherungen des Selbstwertgefühls, Aufgebenmüssen vertrauter Routinen, Konfrontation mit Neuem und Fremdem. Die psychoanalytische Situation, die es sich zur Verpflichtung macht, den Patienten (und sich selbst) immer wieder dem Unvertrauten auszusetzen, ist natürlich par excellence dazu prädestiniert, diese Sicherheit zu gefährden (▶ Bindungstheoretische Orientierung).

Vorsichtige Psychoanalytiker mit viel Taktgefühl und Verständnis für Verunsicherungen und tendenzielle Überforderungen gehen deshalb sehr behutsam mit Vermutungen über unbewusste Hintergründe bei ihren Patienten um, verbleiben mehr bei den bewussten Phänomenen, die sie dann allerdings auch sehr detailliert und differenziert behandeln und haben eine Vorliebe für ▶ Selbstobjekt-Übertragungen, bei denen sie sich überwiegend konkordant in das bewusste Selbstverständnis ihres Patienten einfühlen (▶ Konkordante Gegenübertragung, ▶ Respekt). Manchmal erweckt dies den Anschein, als ob sich beide damit in einem illusionären Sicherheitsraum aufhalten würden, in dem alles Überraschende, Verunsichernde und Gefährliche für längere Zeit außen vor bleiben soll (▶ Gegenwartsmoment, ▶ Supportive Interventionen).

Generell lässt sich aber seit geraumer Zeit in der psychoanalytischen Gemeinschaft ein Trend beobachten, Deutungen des Unbewussten immer seltener zu praktizieren, in ihnen teilweise sogar eine überholte Vorgehensweise zu erblicken, bei der eine angeblich autoritäre Deutungsmacht des Analytikers zum Ausdruck kommt. Winnicott hat bereits davon gesprochen, dass er manche analytische Psychotherapien auch ganz ohne Deutungen durchgeführt habe. Dieser Trend hat andererseits André Green dazu veranlasst, von einer »phänomenologischen Versuchung« zu sprechen, die seiner Meinung nach den Tod der Psychoanalyse zur Folge habe (vgl. Rossi Monti 2005).

Gemäß der Kontrollbewältigungstheorie von Weiss und Sampson hat ein Patient einen unbewussten Plan, wie die Meisterung seines Konflikts aussehen könnte. Bevor er diesen aber in die Tat umsetzt, muss er die Gewissheit haben, dass er mit der Ausführung seines Plans nicht scheitern wird. Dazu braucht er ein Gefühl von Vertrauen und Sicherheit und aus diesem Grund sind bei diesem Modell die empathischen Fähigkeiten des Analytikers besonders gefragt. Patienten unternehmen deshalb eine Anzahl von Tests, um zu erproben, wie weit sie ihrem Analytiker trauen können oder nicht. Wenn der Analytiker den Test nicht besteht, wird der Widerstand gegen die abgewehrten unbewussten Inhalte verstärkt und die Ängstlichkeit des Patienten, sich diesen Themen anzunähern, nimmt wieder zu. Besteht hingegen der Analytiker den Test, dann steigt die Wahrscheinlichkeit, dass der Patient seinen Widerstand gegen das Zulassen seiner konflikthaften Themen reduzieren wird (▶ Widerstand).

## Sprechhandeln

In jedem Sprechakt ist zugleich auch eine Handlungskomponente enthalten. Pointiert kommt dies in der folgenden Feststellung zum Ausdruck: »Wir wollen dem anderen begegnen und etwas in ihm bewirken, wenn wir sprechen, bevor wir noch etwas bestimmtes Inhaltliches sagen wollen« (Warsitz 1997, S. 123). Dies hängt damit zusammen, dass zugleich mit dem bewussten Sprechen eine Anzahl von nichtbewussten selbst- und interaktiven Regulierungen abläuft, in denen Erwartungen und Aushandlungen über nichtsprachliche Kommunikationsprozesse stattfinden (▶ Nonverbale Kommunikation, ▶ Selbst-/Interaktive Regulierung).

Der Zwang zum Handeln wird vom Gegenüber umso stärker empfunden, je weniger symbolisiert und mentalisiert die verschiedenen Affekte mitsamt den nichtbewussten impliziten Handlungsaufforderungen beim Patienten sind. Bei Patienten mit einem höheren Mentalisierungsniveau (▶ Mentalisierung) ist der semantische Inhalt der Rede zumeist mit den prozeduralen Beziehungsmustern übereinstimmend. Je geringer aber das Mentalisierungsniveau ist, desto mehr wird das Sprechen unabhängig von den Inhalten – die dann relativ beliebig werden – dazu benützt, implizite Handlungsaufforderungen zur Geltung zu bringen. Der sprachliche Inhalt wird dann mehr oder weniger zum leeren und beliebigen Gerede, aber »darunter« werden mächtige Handlungsaufforderungen an das Gegenüber transportiert: »Stell Dich ganz auf mich ein!«, »Unterwirf Dich meinen Erwartungen und Wünschen!«, »Wage es nicht, mir zu widersprechen!«, »Bewundere mich!«, »Halte Dich auf Distanz zu mir!« u. a. m.

In der herkömmlichen Ausbildung zum Psychoanalytiker wurde überwiegend der behandlungstechnische Umgang mit dem gesprochenen Wort, dem lexikalisch-semantischen Inhalt gelehrt. Zwar lernten Psychoanalytiker auch, dass neben den semantischen Gesprächsinhalten vor allem auf die Wirkabsicht der sprachlichen Mitteilungen zu achten ist, also auf die Pragmatik der Sprechhandlungen (vgl. z. B. Körner 2006, Raguse 1992, 1998), aber die differenziertere Betrachtung der unbewussten Pragmatik auch in Form von körperlichen Ausdrucksphänomenen nichtsprachlicher Art und der gekonnte Umgang damit blieben zumeist außen vor. Davon legt auch immer noch die Gepflogenheit, allein schriftliche und zumeist sehr selektive Stundenprotokolle zur Grundlage von kasuistischen Seminaren zu machen, ein Zeugnis ab, was aus heutiger Sicht einer erheblichen Datenreduktion entspricht. Die Überschätzung der Wahrnehmung des Analytikers, die als wirklichkeitsgetreu angenommen wurde, und der sprachlich und bewusst produzierten Daten war zu Freuds Zeiten, in denen immer noch cartesianisches Denken vorherrschte, durchaus angemessen. Heute hingegen könnte die Beibehaltung dieses Denkrahmens die Weiterentwicklung der psychoanalytischen Theorie hemmen. Dementsprechend eingeschränkt und ungeübt erschien lange Zeit auch der Umgang mit Phänomenen nichtsprachlicher Art (▶ nonverbale Kommunikation beachten). Dies beginnt sich in den zurückliegenden Jahren allerdings zu verändern: Das gewachsene Verständnis der analytischen Beziehung in einem interpersonellen und intersubjektiven Bezugsrahmen, bei dem auch der Analytiker zu einem Handelnden, einem handelnd-teilnehmenden Beobachter wird, dessen Mimik, Gestik und Intonationen beim Sprechen von seinem Analysanden ständig wahrgenommen werden – wenngleich auch in einem erheblichen Ausmaß nichtbewusst – führt dazu, non- und paraverbalen Elementen im Dialog von Analytiker und Patient generell mehr Aufmerksamkeit zu widmen (vgl. Streeck

2000, 2004; ▶ Interpersonelle Orientierung, ▶ Intersubjektive Orientierung).

## Strukturniveau beachten

Schon Freud hatte in »Die zukünftigen Chancen der psychoanalytischen Therapie« (1910d) darauf hingewiesen, dass die analytische Technik je nach Krankheitsform zu modifizieren sei.

In »Wege der psychoanalytischen Psychotherapie« (1919a, S. 191) machte er erneut darauf aufmerksam, »dass die verschiedenen Krankheitsformen, die wir behandeln, nicht durch die nämliche Technik erledigt werden können«. Die von Freud entworfene Behandlungstechnik war ursprünglich für hysterische Patienten entwickelt worden; aber Patienten mit einer Angsthysterie, einer Zwangsneurose oder einer Phobie erforderten ein jeweils verändertes Vorgehen. Agoraphobe Patienten z. B. müsse man durch ein aktives Vorgehen dazu bewegen, auf die Straße zu gehen und sich dabei tatkräftig mit der Angst auseinanderzusetzen. Bei den schweren Fällen von Zwangshandlungen sei ein passives Zuwarten noch weniger angezeigt als bei den Phobikern, weil das freie Assoziieren wie ein Zwangsritual ablaufen und zu unendlichen Analysen führen könne.

Beginnend mit Überlegungen amerikanischer Ichpsychologen zur Berücksichtigung der Ich-Stärke, über Kernbergs Differenzierungen verschiedener Ichstruktur-Niveaus, der Diagnostik von Ich-Funktionen bei Blanck und Blanck (1978, 1980), den Konzepten von Heigl-Evers und Heigl (z. B. 1983) bis hin zur Operationalisierung von strukturellen Merkmalen (OPD-1, OPD-2) wurde der Umstand zu berücksichtigen versucht, dass nicht nur unterschiedliche Konflikte, sondern auch unterschiedlich entwickelte Kompetenzen, wie z. B. die Fähigkeit, Affekte differenziert wahrzunehmen, zu benennen und kommunikativ auszudrücken, selbstreflexiv mit sich umgehen zu können, dem imperativen Drang, triebhaftes Verhalten unmittelbar ausleben zu müssen, widerstehen zu können u. a. m., eine wichtige Rolle für die Wahl des richtigen therapeutischen Umgangs spielen (▶ Ich-Funktionen).

Tilmann Grande (2007) hat in einem anschaulichen Gleichnis die Bedeutung des Strukturniveaus verdeutlicht: Während bei einem hohen Strukturniveau das Theaterstück ohne Probleme aufgeführt werden kann, gibt es bei einem geringer integrierten Strukturniveau Probleme mit der Theaterbühne: So lässt sich z. B. der Vorhang nicht öffnen oder fällt aus der Halterung, das Licht erlischt oder das Mobiliar bricht zusammen.

Inwieweit ein übertragungsanalytisches Vorgehen bei Patienten mit gering ausgebildeten ichstrukturellen kognitiven und sozioemotionalen Kompetenzen durch ein stärkeres Eingehen auf die Ich-Funktionen zu modifizieren ist, inwieweit es durch ein unmittelbares Eingehen auf die Beziehung ergänzt werden muss (vgl. z. B. Moser 2001, Rudolf 2004), ist Bestandteil gegenwärtiger Diskussionen der analytischen Technik (▶ Ich-Funktionen stärken).

## Suggestion

Offiziell ist die »Suggestion« spätestens seit Freuds Übergang von der präanalytischen in die analytische Phase kein Bestandteil der analytischen Technik mehr. Dennoch war er realistisch genug, um zu erkennen, dass die Suggestion auch in seinem neuen Verfahren eine nicht unerhebliche Rolle spielte.

Auch heutzutage wird man deshalb nicht umhin können, den Purismus von Deutungen anzuzweifeln und in jeder engagiert ausgeführten Intervention auch immer eine Portion Suggestion zu erkennen (▶ Sprechhandeln). Die von Freud seinen allzu hitzig vorgehenden Schülern empfohlene »Kühle des Chirurgen«, das bionsche »no desire«, der Deutungsgleichmut Lacans gehen auf die Erkenntnis zurück, dass suggestive und beschwörende Einflussnahmen, die sich allein schon in einem beherzten Tonfall ausdrücken können, mehr oder weniger zum Alltag des Psychoanalytikers gehören. Natürlich fallen hierunter auch die subtil konditionierenden »Mhms« und es verwundert im Rückblick deshalb auch nicht, dass Freud von seinem Freund Wilhelm Fließ vorgehalten bekam, dass die behaupteten Heilerfolge wohl nicht so sehr der neuen analytischen Methode als weiterhin überwiegend der Suggestion, unverzichtbares Mittel der hypnotischen Technik, zu verdanken seien.

Paul E. Meehl (1994) hat darauf hingewiesen, dass die entscheidende Frage, die Wilhelm Fließ Sigmund Freud während ihres »Kongresses« am Achensee gestellt hatte und die letztlich zum Zerwürfnis zwischen den beiden führen sollte, bis zum heutigen Tag nicht wirklich gelöst ist: Suggeriert und projiziert der psychoanalytische Gedankenleser nur seine Gedanken, wenn er glaubt, die Ursache für eine bestimmte Handlung seinem Patienten bewusst zu machen? Dann wäre die psychoanalytische Technik genauso wertlos wie die früheren therapeutischen Vorgehensweisen, erwiderte Freud enttäuscht und beunruhigt seinem Freund.

Allerdings wird die Suggestion wohl erst dann zur tatsächlich unanalytischen Vorgehensweise, wenn die folgenden Sachverhalte vorliegen, die Schöpf (2014, S. 956) folgendermaßen formuliert hat: »Suggestive Einflussnahme oder Mitagieren des Analytikers ist daran zu erkennen, dass er erstens die psychische Ebene der Erlebnisse eines Analysanden mit der realen von objektiven Gegebenheiten verwechselt. Zweitens ist er in seiner Wahrnehmung der Erlebnisse des Patienten auf einen Konflikt- oder Persönlichkeitsanteil eingeschränkt und muss andere abwehren. Drittens sucht er entweder ausschließlich das Bündnis mit übermäßiger Harmonie oder die totale Gegnerschaft mit Feindseligkeit. Viertens kann er die sog. ▶ therapeutische Ich-Spaltung nicht aufrechterhalten, nämlich sowohl teilnehmender Zweiter im Dialog wie beobachtender Dritter in der Beziehung zum Patienten zu sein. Fünftens führt dies zum Festfahren des Dialogs in einer unbewussten Kollusion mit stereotypen Wiederholungen der Rollenverteilung bei Analytiker und Analysand«.

## Supportive Intervention

Nach landläufiger Auffassung schließen sich stützendes Vorgehen und analytische Psychotherapie/Psychoanalyse gegenseitig aus. Die aktive Bemühung um eine stützende therapeutische Beziehung galt als Antithese zur Psychoanalyse schlechthin.

Denn bei der stützenden Vorgehensweise wird den Wünschen nach Ratschlägen, positivem Feedback, Ressourcen-Verstärkung nachgekommen und dabei selbstverständlich keine neutrale Haltung mehr eingenommen, geschweige denn ein Konflikt aufdeckendes Vorgehen verfolgt, da dieses als viel zu verunsichernd und konfrontierend bewertet wird. Die Einschätzung, »das ist ja stützend«, kam deshalb in psychoanalytischen Kreisen lange Zeit einem Todesurteil gleich. Aber mittlerweile hat sich einiges in der zeitgenössischen Psychoanalyse geändert (vgl. z. B. De Jonghe et al. 1992, Falkenström et al. 2007, Lecours 2007, Möhlenkamp 2000, Ornstein & Ornstein 2000, Schachter & Kächele 2007).

So hat z. B. Serge Lecours (2007) aufgezeigt, dass stützende Interventionen in der Psychoanalyse zu Unrecht die Einschätzung als »unanalytisch« und »lediglich therapeutisch« (oder sogar noch weniger als therapeutisch, nämlich total unprofessionell) erhalten haben. Wenn man nämlich das psychoanalytische Verständnis – wie es in den letzten Jahren üblich geworden ist – ausweitet und unter psychoanalytischer Therapie nicht nur die Bewusstmachung verdrängter, aber prinzipiell symbolisch kodierter Gedächtnisinhalte versteht, sondern auch die nichtsymbolisch mentalen Inhalte in die Betrachtung einbezieht – was implizit ohnehin seit vielen Jahren bereits geschieht – , dann verliert der Terminus »stützende« oder »supportive« Intervention die Konnotation von »Krücke«, »lediglich zudeckend«, »unanalytisch«. Denn dem »Verdrängungsparadigma«, in dem es darum geht, psychodynamisch verdrängte, aber dem expliziten Gedächtnis prinzipiell erinnerbare Inhalte wieder zugänglich zu machen, ist das »Transformationsparadigma« an die Seite zu stellen, in dem es darauf ankommt, nicht symbolisierte mentale Inhalte schrittweise in eine symbolisierbare Kodierung zu überführen (▶ Mentalisierung, ▶ Metaphernbildung anregen). Damit verändern sich, wenn man z. B. an unsymbolisierte Affekt- und Triebspannungen denkt, deren ausschließlich als somatische Spannung erlebte Unmittelbarkeit und die imperative Tendenz zur unmittelbaren Abfuhr, statt der Fähigkeit eine reflektierende Zäsur vornehmen zu können u. a. m.

Nach Lecours (2007) erfordert dieser neue Bezugsrahmen eine Neueinschätzung der bislang in ihren therapeutischen Wirkungen nur sehr ungenau erfassten supportiven Elemente. Was bewirken diese? Sie erleichtern eine Transformation nicht symbolisierter Inhalte, indem sie erstens schonend mit dem psychischen Erleben eines Patienten umgehen und ihm dabei helfen, mit andrängenden Affekten besser zurande zu kommen, zweitens den Einsatz von symbolisierten Repräsentationen (»Repräsentanzen 2. Ordnung«) fördern, drittens ein hohes Niveau der resonanten Präsenz sicherstellen, wodurch gleichzeitig das Auftauchen pathogener Beziehungsschemata vermieden wird und viertens Erfahrungen des Patienten zulassen und anerkennen (▶ Anerkennung). In dieser Betrachtungsweise stehen supportive Faktoren nicht in einer orthogonalen Anordnung zu (die Übertragung) deutenden Interventionen, die auf überwiegend symbolisierbare Inhalte fokussieren, sondern sie leisten gleichsam eine wesentliche und unverzichtbare Vorarbeit für den späteren deutenden Umgang, indem sie nichtsymbolische Elemente in symbolische Kodierungen transformieren. Gleichwohl weist Lecours (2007) aber auch auf die mögliche Gefahr hin, dass supportive Interventionen die weitere Exploration und Vertiefung mentaler Inhalte still stellen können. Dies wurde noch in den 1970er Jahren als der wesentliche Grund dafür betrachtet, eine (stützende) Psychotherapie niemals in eine Psychoanalyse umwandeln zu können. In der Regel gewährleisten supportive Interventionen aber eine wohlwollende Interaktion und Kommunikation zwischen Analytiker und Patient, die zum Abruf von weniger verurteilenden emotionalen Beziehungserfahrungen führen und dadurch bewirken, dass die realen Beziehungen weniger verzerrt wahrgenommen und gespeichert werden müssen.

Stützende Interventionen ermöglichen einem Patienten mit einem unzulänglich funktionierenden Symbolisierungssystem somit, nichtsymbolische Episoden zu transformieren. Dabei muss sich der Analytiker vorwiegend interaktiver und pragmatischer Kommunikationsaspekte bedienen, da semantische Sprachinhalte ein intaktes mentales Symbolisierungssystem voraussetzen (worauf Freuds Neurosentheorie und -behandlung und die seiner ichpsychologischen Nachfolger weitgehend basiert). Es entstehen auf diesem Wege auch eine befriedigendere ▶ Affektregulierung sowie eine verbesserte Fähigkeit, Symbole zu verwenden.

Auch Björn Killingmo (1989) empfiehlt die Vermittlung von ▶ Anerkennung als eine stützende Vorgehensweise vor allem für Patienten mit ichstrukturellen Defiziten, während der Einsatz von Deutungen mehr für Patienten mit einer Konfliktpathologie angebracht sei (▶ Ich-Funktionen). Ebenso nehmen Gabbard und Wilkinson (1994) an, dass supportive Interventionen ein emotionales Klima und eine Bereitschaft beim Patienten schaffen, mit später erfolgenden Deutungen besser umgehen zu können.

Lecours' Theorie, die er auch mit einem differenzierten Instrument, dem GEVA, dem Gitter der verbalen Ausarbeitungen eines Affekts, operationalisiert hat, weist – was den Umgang mit nichtsymbolischen Affektmanifestationen anbelangt – Ähnlichkeiten mit Fonagys Mentalisierungstheorie und -therapie (▶ Mentalisierung) sowie mit Rudolfs strukturbezogener Psychotherapie auf.

Fredrik Falkenström und seine Mitarbeiter (2007) fanden in ihrer Katamnesestudie der Stockholmer Psychoanalyse Studie (STOPP) heraus, dass sich Psychoanalysepatienten von Patienten in einer Langzeitpsychotherapie zwar nicht im Gebrauch von selbstanalytischen Kompetenzen unterscheiden, wie zu erwarten wäre, dafür aber – man lese und staune – im Einsatz von sich selbst beruhigenden und selbst unterstützenden Strategien.

## Szenisches Verstehen

Das »szenische Verstehen« bezeichnet ein Verstehen der Interaktionsmuster und zwischenmenschlichen Szenen, die sich in den Mitteilungen des Analysanden äußern. Dieser epistemische Modus ist gleichsam der letzte Schritt in der Abfolge von kausalem Erklären, intentionalem Erklären und szenischem Verstehen (▶ Erklären und Verstehen). Er bezieht unweigerlich die Subjektivität des Analytikers mit ein (▶ Einfühlung, ▶ Enactment, ▶ Gegenübertragung, ▶ Rollenempfänglichkeit).

In ihrer Skepsis gegenüber den introspektiv gewonnenen Einsichten und Aufschlüssen verlässt sich die Psychoanalyse damit weder naiv auf die ▶ Introspektion, wie es beispielsweise die Phänomenologen tun (»Erste-Person-Perspektive«), noch verwirft sie diese zur Gänze, wie es die unter dem Banner des Behaviorismus operierenden Psychologen getan haben und zum Teil in der Kognitiven Psychologie immer noch tun. Und sie nähert sich ihrem Gegenüber auch nicht überwiegend in einer Haltung der Dritte-Person-Perspektive. Vielmehr hat sie eine eigene Methode entwickelt, die Introspektion ihrer Analysanden gegen rationalisierende Fehlschlüsse abzusichern. Diese Methode ist eine dialogische, eine »Zweite-Person-Perspektive« (vgl. Litowitz 2007).

Was dem Erkennen der unbewussten Handlungsabsichten in der analytischen Behandlungssituation zugute kommt, hat Freud bereits mit der Methode der Übertragungsanalyse auf geniale Weise beschrieben. Der Psychoanalytiker beobachtet die sprachlichen und nichtsprachlichen Mitteilungen seines Analysanden, setzt diese in Bezug zu dem manifest Mitgeteilten, achtet auf die Themenabfolge, auf Auslassungen und thematische Brüche und beobachtet dabei vor allem auch sich selbst mit analytisch-geschulter Kompetenz: Welche Gefühle löst der Analysand in ihm aus? Welche Aufforderungen gehen von diesem aus? Welche subtilen Rollenangebote, die er aufgrund von früheren konflikthaften Interaktionen erwartet, richtet er nun, ihm selbst nicht bewusst, an seinen Analytiker (▶ Einfühlung, ▶ Gegenübertragung, ▶ Rollenempfänglichkeit)?

Die Inszenierung der Beziehungserfahrungen und -wünsche in der Übertragung kann somit zu einem viel aufschlussreicheren Mittel als die Darstellung des bewussten Selbstverständnisses eines Analysanden in der analytischen Erzählung werden. Mittels des freien Aussprechens vormals aus dem Alltagsdiskurs herausgehaltener Redeinhalte, aber auch vor sich selbst verborgener Vorstellungen und Gedanken wird zunächst einmal der Bereich introspektiv zugänglichen und erinnerten Materials ungleich größer. Erinnerungen an relevante Vorkommnisse nehmen in der Regel zu, erste Verbindungen zwischen offensichtlich zusammengehörigen lebensgeschichtlichen Erfahrungen werden erlebbar. Für den Analytiker wird es möglich, sich ein »Arbeitsmodell« von seinem Patienten zu entwerfen, wozu nicht nur das Wissen gehört, wie der Analysand vergangene Geschehnisse mit Eltern, Geschwistern und anderen wichtigen Bezugspersonen erlebt hat, sondern vor allem auch, wie dieser für ihn wichtige Menschen in der Gegenwart wahrnimmt und die Reaktionen dieser Personen auf ihn erfährt. Die wichtigste Informationsquelle bleibt allerdings die im Hier und Jetzt unmittelbar erfahrbare Übertragung, von der Freud (1914g, S. 129) feststellte: »Der Analysierte *erinnere* überhaupt nichts von dem Vergessenen und Verdrängten, sondern er *agiere* es. Er reproduziert es nicht als Erinnerung, sondern als Tat, er *wiederholt* es, ohne natürlich zu wissen, daß er es wiederholt«.

Das derzeitige Wissen um die gedächtnis- und affektpsychologischen Grundlagen von Wahrnehmungskonstruktionen ermöglicht es annäherungsweise, Übertragungsprozesse auf verschiedenen Kodierungsebenen entsprechend der Unterscheidung von implizitem und explizitem Gedächtnissystem zu differenzieren (▸ Enactment, ▸ Implizites Beziehungswissen, ▸ Projektive Identifizierung, ▸ Selbst-/interaktive Regulierung, ▸ Übertragung der Gesamtsituation). Das Konzept des Szenischen verweist auf einen Mitteilungsaspekt, der an ein Gegenüber gerichtet wird, das allerdings dazu bereit sein muss, sich vom körperlich-gestischen Ausdrucksverhalten berühren und anstecken zu lassen (▸ Verändern lassen, sich). Nur dann lässt sich die Frage vom Analytiker beantworten, welche unbewusste und nichtbewusste Mitteilung ihm sein Analysand machen will, die sich wie eine Szene zwischen den beiden ausbreitet. Kritiker, denen das szenische Verstehen wie eine niemals erlernbare Wahrnehmungsform vorkommt, haben vor allem die mangelnde Validität dieser Erkenntnismöglichkeit moniert, die sich nur anhand eines Evidenzgefühls beschreiben lässt. Es hat deshalb nicht an Versuchen gefehlt, auch einem Außenstehenden und Anfänger dieses Vorgehen zu explizieren und auch Kriterien der Nachvollziehbarkeit zu benennen. Verkürzt lässt sich die Sicherung des szenischen Verstehens anhand der folgenden Erkenntnisschritte charakterisieren:

- Identifiziere in den semantischen Einfällen, v. a. aber in den nonverbalen Botschaften deines Patienten (▶ Nonverbale Kommunikation, ▶ Sprechhandeln, ▶ Übertragung der Gesamtsituation) – unter Zuhilfenahme deiner ▶ Einfühlung, der Wahrnehmung deiner ▶ Gegenübertragungsgefühle, deiner ▶ Rollenbereitschaft – Anspielungen auf bestimmte, wiederkehrende Interaktionsmuster im Hier und Jetzt der analytischen Beziehung (»inneranalytischer Kontext«).
- Identifiziere in den Mitteilungen des Analysanden, anhand der Erzählungen über bestimmte zwischenmenschliche Erfahrungen in seinem jetzigen Alltag (»außeranalytischer Kontext«) bestimmte wiederkehrende Interaktionsmuster.
- Identifiziere in den Mitteilungen des Analysanden, anhand der Erzählungen über bestimmte zwischenmenschliche Erfahrungen in seiner Vergangenheit (»biographischer Kontext«) bestimmte wiederkehrende Interaktionsmuster.
- Erkenne in den Mitteilungen des Analysanden anhand der Erzählungen über bestimmte zwischenmenschliche Muster in seinem jetzigen Alltag (»außeranalytischer Kontext«) und in seiner Vergangenheit (»biographischer Kontext«) die invariante Struktur oder die gemeinsame Schnittmenge der wiederkehrenden Interaktionsmuster im Hier und Jetzt der analytischen Beziehung (»inneranalytischer Kontext«).

Gegenüber dem klassischen Verständnis des szenischen Verstehens kommt das mittlerweile kräftig gewachsene Wissen um intersubjektive Austauschprozesse, die auch im Bereich der impliziten Beziehungsregeln ablaufen, hinzu; nicht-deklarative und über geraume Zeit zunächst subsymbolisch verbleibende affektive und körperliche Vorgänge geschehen sowohl beim Patienten als auch beim Analytiker, bis letzterer körperliche Empfindungen und affektive Spannungen soweit mentalisieren kann, dass er sein Mitagieren Schritt um Schritt begreift (▶ Enactment, ▶ Gegenübertragung). Szenisches Verstehen ist also beileibe kein epistemischer Vorgang, der sich jederzeit und mühelos beim Analytiker einstellt und wie ein logischer Schluss deduziert werden kann, sondern eine ziemliche Erkenntnisarbeit erfordert.

Laimböck (Laimböck 2007, 2013a, b) hat im Anschluss an die wichtigen Arbeiten von Lorenzer und Argelander zum szenischen Verstehen noch einmal darauf aufmerksam gemacht, dass sich das Szenische nicht aufgrund einer rationalen Deduktion einstellt, wie sie sich beispielsweise aufgrund der Kenntnis einiger zentraler Kindheitsszenen eines Patienten ergibt, die dann erwartungsgemäß übertragen werden. Diese Konzepte wie z. B. die Übertragung haben ja auch schon des Längeren Eingang in andere Therapieverfahren gefunden, sogar in solche, die sich ursprünglich darüber belustigt haben. Szenisches Verstehen kann sich vielmehr nur dann einstellen, wenn es dem Psychoanalytiker gelingt, die unbewusste Beziehung im Hier und Jetzt zu begreifen. Diese erhält ihre Dynamik und ihre Kontur zu einem erheblichen Anteil von dem, was er selbst zu den unbewussten Beziehungsangeboten seines Patienten beigetragen oder aufgrund seiner eigenen Ängste und unerkannten Gegenübertragungswiderstände bislang unterlassen hat. Dennoch kann szenisches Verstehen nicht in jeder Stunde stattfinden; deshalb ist es auch hier wichtig, zwischen Realität und Ideal zu unterscheiden (Zwiebel 2004).

# T

### Teilnehmende Beobachtung

Der epistemologische Standpunkt des »teilnehmenden Beobachters« wurde von Sullivan, als einem der maßgeblichen Begründer der interpersonellen Psychoanalyse, in seinen Schriften eingenommen, in seinem praktischen Vorgehen hat er jedoch niemals diese Sichtweise ausgeführt, beispielsweise in Form eines Begleitkommentars zu seinen diagnostischen Einschätzungen oder therapeutischen Interventionen (▶ Interpersonelle Orientierung). Erst bei Schülern, bei den sog. Post-Sullivan'schen Interpersonalisten, wie z. B. bei Clara Thompson (1950), finden sich Hinweise darauf, die Gegenübertragung/Subjektivität als unvermeidbar einzuschätzen und sie deshalb zu akzeptieren. Ein Nichtbeachten oder gar Verleugnen der Gegenübertragung würde sonst zu einem destruktiven Ausagieren führen. Etwa zur gleichen Zeit gelangten Paula Heimann (1950) und Margret Little (1951) in England und Heinrich Racker (1968) in Argentinien zu ganz ähnlichen Auffassungen, ohne allerdings voneinander Kenntnis zu nehmen.

Für zeitgenössische interpersonelle Psychoanalytiker hat sich das Sullivan'sche Modell der teilnehmenden Beobachtung zum Modell der »beobachtenden Teilnahme« gewandelt (vgl. z. B. Hirsch 1987, Stern 1997). Während beim Modell der teilnehmenden Beobachtung noch davon ausgegangen wird, dass die Subjektivität unvermeidbar ist, aber prinzipiell reflektiert und kontrolliert werden kann, ist der Analytiker im Modell der beobachtenden Teilnahme mehr ein relativ unwissender Teilnehmer, der keineswegs über das, was er an kommunikativen Botschaften aussendet, jemals volle Bewusstheit erreichen kann. Erst im Nachhinein kann sich ein Analytiker – im besten Fall – darüber bewusst werden, welche Signale und Botschaften er übermittelt hat, allerdings kann er zumeist nur einen Bruchteil davon wahrnehmen und reflektieren (▶ Intersubjektive Orientierung). Das ▶ Enactment geht deshalb auch der Bewusstwerdung der ▶ Gegenübertragung und ▶ Eigenübertragung voraus. Experimentelle Belege hierzu finden sich beispielsweise in den Untersuchungen von Bänninger-Huber (1996), Benecke (2002), Krause (1997), Merten (2001) und Rasting (2008).

Die manchem Leser vielleicht als Spitzfindigkeit erscheinende Unterscheidung von »teilnehmender Beobachtung« und »beobachtender Teilnahme« lässt sich im Rahmen der Theorie zweier Gedächtnissysteme plausibler begründen. Während das deklarative Gedächtnissystem ermöglicht, sich über eine etwaige Beteiligung an der analytischen Interaktion z. B. hinsichtlich der Beeinträchtigung der ▶ Neutralität Rechenschaft abzulegen, weil die Interaktionseinflüsse aus den Auswirkungen verbalisierbarer Inhalte bestehen, die prinzipiell beobachtungs- und reflexionsfähig sind, ist der Analytiker bei der beobachtenden Teilnahme unmittelbarer Teilnehmer mit seinen größtenteils impliziten Beziehungserfahrungen und -regulationen und wird sich immer erst im Nachhinein partiell über seine Interaktionsteilnahme bewusst werden können (▶ Beziehungsregulierung).

Evelyne Schwaber hat wiederholt darauf aufmerksam gemacht (z. B. 1986, 2000), dass in der Psychoanalyse zwar seit geraumer Zeit von der klassischen ichpsychologischen Auffassung des objektiven, außenstehenden Analytikers abgerückt worden ist und stattdessen seine Teilnahme betont wird, dass diese epistemologische Position aber nur selten in den Fallbeschreibungen dazu führt, wie sich diese konkret bemerkbar macht. Dazu wäre es notwendig, die Äußerungen eines Patienten nicht nur als Ausdruck seiner inneren Vorstellungswelt inklusive der Abkömmlinge seiner psychodynamisch unbewussten Phantasien zu betrachten, sondern auch als Verarbeitung der wahrgenommenen Hinweisreize, die vom Analytiker ausgehen. Dazu gehören selbstverständlich nicht nur seine gesprochenen Worte, sondern auch seine leibliche Präsenz in all ihren Manifestationen (▶ implizites Beziehungswissen beachten).

## Theorien verwenden

Seit langem wird davon ausgegangen, dass es keine »reine« Beobachtung, Empathie, Wahrnehmung der Gegenübertragung usw. gibt. Bei all diesen Methoden spielen theoretische Konzepte, wie z. B. klinischer, entwicklungspsychologischer und metapsychologischer Art eine mehr oder weniger große Rolle (vgl. z. B. Purcell 2004). In welchem Umfang sie überhaupt in einem tiefenhermeneutischen Verstehensprozess verwendet werden sollten, ist Thema vieler Kontroversen (z. B. H. König 2000, 2014). Denn im Übermaß eingesetzt, gefährden sie die unmittelbare emotionale Beziehung. Werden sie andererseits zu wenig reflektiert, unterscheidet sich die angeblich professionell-therapeutische Beziehung zu wenig von einer Alltagsbeziehung. Ein Nachdenken über die verwendeten Konzepte, die als »tacit knowledge« (vgl. Polanyi 1985) gewollt oder ungewollt eine Rolle spielen, ist also notwendig.

Des Längeren haben Psychoanalytiker über die expliziten Konzepte der verschiedenen Richtungen nachgedacht und auf Tagungen und Symposien sowie in Fachzeitschriften Vergleiche anhand von Therapietranskripten angestellt (vgl. z. B. Kernberg/Bohleber 1998, Fonagy/Denis, Hoffman 2004). Seit geraumer Zeit ist aber noch eine weitere Thematik aufgetaucht: Wie arbeitet der einzelne Analytiker tatsächlich, egal ob er sich als Post-Ichpsychologe, Selbstpsychologe, Kleinianer oder als psychoanalytischer Pluralist bezeichnet? Zu dieser Frage haben auch die Befunde der empirischen Psychotherapieforschung beigetragen, dass nämlich Psychoanalytiker »unter der Hand« anders intervenieren, als es ihrem eigenen Selbstverständnis entspricht (vgl. z. B. Ablon et al. 2006). Ja selbst Manual orientierte Therapeuten zeigen keineswegs die gewünschte Adhärenz an die geforderten Leitlinien der jeweiligen Therapie.

Dabei erinnerte man sich an eine Arbeit von Sandler aus dem Jahr 1983, in der er davon gesprochen hatte, dass ein Analytiker auch, vielleicht sogar überwiegend von privaten Theorien und Modellen geleitet sei, wobei diese allerdings niemals in der Öffentlichkeit expliziert werden, möglicherweise auch dem Betreffenden selbst gar nicht so recht zu Bewusstsein kommen. Oftmals sind sie aber die tatsächlich handlungsanleitenden Vorstellungen in der therapeutischen Praxis vis-à-vis einem bestimmten Patienten und gar nicht so sehr die offiziell vertretenen Theorien.

> »Mit zunehmender klinischer Erfahrung und Kompetenz wird sich der Analytiker vorbewußt (deskriptiv gesprochen: unbewußt) eine ganze Reihe von theoretischen Teilaspekten konstruieren, die direkt mit seiner klinischen Arbeit zu tun haben. Sie sind Produkte unbewußten Denkens, weitgehend Teiltheorien, Modelle oder Denkfiguren, die sozusagen in Reserve zur Verfügung stehen, um nach Bedarf abgerufen zu werden. Dass sie möglicherweise einander widersprechen, ist kein Problem. Sie existieren glücklich nebeneinander, solange sie unbewußt sind, und treten erst dann ins Bewusstsein, wenn sie mit der von mir offiziell oder öffentlich genannten Theorie übereinstimmen und in passenden Worten beschrieben werden können« (Sandler 1983, S. 582 f.).

Diese privaten Theorien oder Modelle verdanken sich wiederum anderen Elementen, die ebenfalls selten expliziert werden (vgl. Canestri 2006, Bohleber 2007):

Das neue Forschungsprogramm lautet deswegen: Die impliziten Hintergrundannahmen für sich selbst und für Dritte nachvollziehbar werden lassen, d. h. sich darüber Gedanken

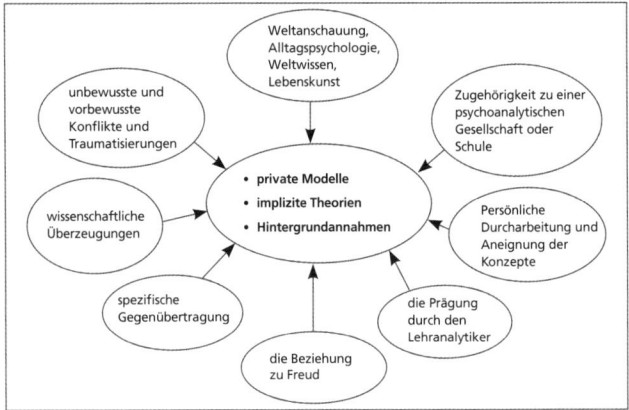

**Abb. 1:** Einflüsse auf die privaten Modelle, impliziten Theorien oder Hintergrundannahmen des Analytikers

machen, welche impliziten und natürlich auch expliziten Theoriebestandteile, Vorlieben und Gepflogenheiten das analytische/therapeutische Tun tatsächlich anleiten (vgl. Körner 2003). Dies lässt sich nicht allein mit Hilfe von Verbatim-Transkripten entscheiden, selbst wenn diese eine gute Basis darstellen, sondern nur durch eine gründliche Reflexion des Ablaufs einer Therapiesitzung mittels lauten Denkens. Wie ist es zu einer bestimmten Intervention gekommen? Was wurde dabei bewusst, vorbewusst gefühlt? Wird ein mögliches ▶ Enactment nachvollziehbar? Welche Entscheidungen sind eingeflossen, als sich der Analytiker z. B. zu einer Frage, einer ▶ Selbstenthüllung, einer Zurückhaltung, einer ▶ Übertragungsdeutung im Hier und Jetzt entschloss? Tauchte in diesem Moment die Erinnerung an die eigene Lehranalytikerin auf? An etwas in den letzten Tagen Gelesenes? Oder erfolgte die Intervention aus einem wieder virulent gewordenen Konflikt?

König (1996, 2014) hat mit Bion und Beland auf die Gefahr eines zu wenig reflektierten impliziten Theoriengebrauchs aufmerksam gemacht: »Die Gefahr eines viziösen Zirkels, wo eine Idee einen Patienten als Container sucht (parasitäres Containment, Bion 1970), ist klinischer Alltag. Individuell wie schulbezogen geht es immer wieder um ›die Aufhebung der Grenzen geschlossener Systeme, die als Begriffe, als Überzeugung, als Haltung die Erkenntnis des Unbekannten verhindern‹ (Beland 1990, S. 3).« (König 2014, S. 330).

## Theory of Mind, Entwicklung einer Theory of Mind fördern

Unter einer »Theory of Mind« (ToM) versteht man die nichtbewusst arbeitende kognitive Fähigkeit, automatisch davon auszugehen, dass andere Menschen mentale Absichten, Wünsche, Gefühle und Überzeugungen wie wir selbst haben, und dass diese mentalen Zustände mit dem beobachtbaren Verhalten zu tun haben, auch wenn es dabei keine einfache Entsprechung von Verhalten und Absicht gibt. Sie ist Bestandteil des reflexiven Funktionierens, das niemals allein das eigene Denken, sondern immer auch das des Gegenübers reflektiert. Erst diese grundlegende Kapazität, einschätzen zu können, welches Verhalten aus einer bestimmten Absicht folgen mag, lässt das Verhalten anderer Menschen absichts- und bedeutungsvoll sowie vorhersagbar erscheinen. Denn könnten wir lediglich das Verhalten unseres Gegenübers einschätzen, würden wir uns in sozialen Interaktionen ziemlich oft getäuscht und hilflos vorkommen. Unser nicht erfahrungsmäßiges Unbewusstes verarbeitet aber nicht nur Informationen, die vom manifesten Verhalten, wie dem verbal Mitgeteilten, erfolgen, sondern auch Signale, die von der Mimik, der Körperhaltung, der Prosodie ausgehen, und bezieht diese auf den situativen Kontext sowie auf vergangene Erfahrungen mit dieser und anderen Personen (▶ Beziehungsregulierung, ▶ Implizites Beziehungswissen). Wenn in den ersten Lebensjahren bestimmte Vorhersagen im nichtdeklarativen Gedächtnis entstehen (z. B. wie man sich am besten gegenüber einer gefühlsmäßig abwesenden Mutter oder gegenüber einem Vater, der wie aus heiterem Himmel zu Wutausbrüchen neigt, verhalten kann), ist es schwierig, sie später zu verändern. Alle gegenwärtigen Vorhersagen basieren aber auf gelernten Erfahrungen, die ab dem Säuglingsalter im nichtdeklarativen Gedächtnis kodiert worden sind (vgl. Pally 2007). Ein winziger

Stimulus reicht deshalb bereits aus, um die alten Vorhersagemuster zu aktivieren. In diesem Sinn müssen wir auch davon ausgehen, dass wir nur das hören, was wir zu hören erwarten, nur das sehen, was wir zu sehen erwarten und introspektiv nur dasjenige Gefühl als unsere Gegenübertragung identifizieren, das wir aufgrund unseres gelernten Beziehungswissens und unserer theoretischen Konzepte erwarten (▶ Gegenübertragung(-swiderstand) erkennen). Wir konstellieren deshalb auch oftmals das Verhalten beim anderen, unter dem wir in unserer Kindheit am meisten gelitten haben, ohne freilich zu wissen, was und wie wir dies tun (▶ Interpersonelle Orientierung, ▶ Umgang mit projektiver Identifizierung).

Die ursprünglich aus der Ethologie stammende und von Kognitionspsychologen weiter entwickelte »Theory of Mind« hat einen engen Bezug zum Vorgang der ▶ Mentalisierung sowie zur Reflexionsfunktion und ist derzeit für klinische Belange am differenziertesten von psychoanalytischen Bindungsforschern untersucht worden (vgl. z. B. Fonagy, Gergely, Jurist & Target 2004, Jurist 2005). Die Beschäftigung mit dieser Fähigkeit wurzelt u. a. in dem Werk des kognitiven Entwicklungspsychologen Jean Piaget, der mit Konzepten wie z. B. »Dezentrierung des Egozentrismus« bereits wichtige Erkenntnisse über die zunehmende Perspektivenübernahmefähigkeit begründete. Wie die Forschung zur »Theory of Mind« aufzeigt, stellt sie die Grundlage für entwicklungspsychologisch später auftretende Einfühlungsvorgänge dar, bei denen man sich die Absichten, Wünsche, Gefühle und Überzeugungen eines anderen Menschen auch sprachlich vergegenwärtigen und im deklarativen Gedächtnis speichern kann (▶ Einfühlung).

Im therapeutischen Kontext sprach Ralph Greenson (1973) von einem Arbeitsgedächtnis, das peu à peu beim Analytiker entsteht und neben biographischen Daten auch die individuellen interaktionsspezifischen Reaktionsweisen, Empfindsamkeiten und Vorlieben seines Patienten enthält. Ebenso entsteht aber auch beim Analysanden im Verlauf der Zusammenarbeit die Fähigkeit, bestimmte Reaktionen seines Analytikers vorhersagen zu können, und der Austausch über die tatsächlichen und vermeintlichen sowie unterstellten und projizierten Absichten und Gefühle gehört zum psychoanalytischen Einmaleins (▶ Übertragungsdeutung im Hier und Jetzt).

Diese Fähigkeit der uranfänglichen interpersonellen affektiven Bezogenheit und der später entstehenden reflexiven und sprachlichen Erfassung bewusster Absichten und Wünsche eines anderen Menschen kann bei bestimmten Patienten generell gering ausgeprägt sein; sie kann sich aber auch lediglich auf bestimmte aktualisierte Konfliktbereiche beziehen. Mit Hilfe der Operationalisierten Psychodynamischen Diagnosik (OPD 2006) lassen sich entsprechende ichstrukturelle Kompetenzen von Patienten unterschiedlichen Alters mittlerweile schon gut erfassen (vgl. Bielska-Content 2007 für Vorschläge zu einer noch stärkeren Feinauflösung).

## Tiefenpsychologisches Intervenieren

Warum wird ein in den Psychotherapierichtlinien und im allgemeinen Verständnis separat geführtes Verfahren unter den psychoanalytischen Erkenntnishaltungen und Interventionen aufgelistet? Selbstverständlich basiert tiefenpsychologisches Intervenieren auf einer bzw. den diversen psychoanalytischen Grundhaltungen (▶ Arbeiten mit dem Unbewussten, ▶ Freie Assoziation, ▶ Interpersonelle Orientierung, ▶ Intersubjektive Orientierung u. a. m.). Nicht anders als in der analytischen Psychotherapie findet hierbei ein Arbeiten mit ▶ Übertragung, ▶ Gegenübertragung und ▶ Widerstand statt. Allerdings wird im Unterschied zu dieser eine Begrenzung der ▶ Regression angestrebt und es werden auch kognitive, erzieherische, suggestive sowie krankheitsspezifische Techniken eingesetzt. Das Behandlungsziel wird ebenfalls auf umschriebene Konfliktpathologien und defizitäre Ich-Funktionen begrenzt (▶ Strukturniveau beachten); mittels einer stärkeren inhaltlichen Fokussierung soll eine zeitliche Begrenzung erreicht werden (vgl. Hoffmann & Schüßler 1999, Wöller & Kruse 2001).

Aufgrund des stärker strukturierten und fokussierten Arbeitens hat es nicht an Stimmen gefehlt, die angesichts der Diversifizierung psychoanalytisch begründeter Verfahren auch eine unterschiedliche Form der Selbsterfahrung gefordert haben. So hat z. B. Michael Ermann (2004, S. 310 ff.) vorgeschlagen, dass für die Ausbildung in den tiefenpsychologisch fundierten Standardverfahren und in den tiefenpsychologisch modifizierten Verfahren, wie z. b. bei der Behandlung von Patienten mit posttraumatischen Störungen, eine tiefenpsychologisch fundierte Lehrtherapie bei einem entsprechend tiefenpsychologisch fundiert ausgebildeten Lehrtherapeuten sinnvoll sei, wobei es durchaus vorstellbar wäre, dass diese fakultativ durch eine spätere Lehranalyse ergänzt werden könnte. Entsprechend der Behandlungsphilosophie der tiefenpsychologisch fundierten Verfahren mit ihrer Begrenzung der Zielsetzung auf die Aufhebung der aktuellen Störung und damit der Konzentration auf den reaktualisierten Hintergrund dieser Störung sowie einer Vorgehensweise, welche regressive Prozesse vermeidet oder zumindest eingrenzt, sollte ein tiefenpsychologisch ausgebildeter Therapeut überwiegend im »Hier und Heute« bleiben und auftauchende Übertragungen »dezentralisieren«, statt sich in regressive übertragungsneurotische Prozesse zu vertiefen. Sein Theoriehintergrund sollte aber nach wie vor die Psychoanalyse bleiben und er sollte deshalb auch in seiner eigenen tiefenpsychologischen Lehrtherapie erfahren, was es heißt, schwerpunktmäßig das eigene Augenmerk auf die psychosozialen Konflikte in Außenbeziehungen zu richten (▶ Interpersonelle Orientierung).

So sinnvoll diese Aufteilungen und Überlegungen auf den ersten Blick auch erscheinen, so tauchen bei genauerer Betrachtung doch Bedenken auf. Denn die theoretische Grenzziehung zwischen der Arbeit im Hier und Heute und derjenigen mit regressiven übertragungsneurotischen Prozessen löst sich in der Praxis in ein Kontinuum mit gleitenden Übergängen auf. Beziehungsregulierung findet auch bei der Übertragungsanalyse statt, wenngleich auch nicht so intensiv wie bei Personen, die überwiegend unter strukturellen Beeinträchtigungen ihrer Affektmentalisierung und -regulierung leiden (▶ Mentalisierung). Die Steuerung der Regression ist ein von vielen Faktoren abhängiger Prozess, der sich nicht allein durch ein Zuwarten des Analytikers ergibt (▶ Gemeinsames Regredieren, ▶ Regression). Ob und wie eine regressive ▶ Übertragungsneurose in der analytischen Psychotherapie mittels spezifischer Erkenntnishaltungen und Interventionsmodi tatsächlich hergestellt werden kann oder ob dies nicht einer der vielen Mythen einer vergangenen psychoanalytischen Epoche ist, müsste empirisch sorgfältig geklärt werden. Wie in dieser Abhandlung ausgeführt, finden auch in einer analytischen Psychotherapie Vorgehensweisen statt, die früher als unanalytisch galten (▸ Bestätigung kleinster Lernfortschritte, ▸ Ich-Funktionen des Patienten ansprechen und fördern, ▸ Ich-Funktionen stärken, ▸ Supportive Intervention).

Das tiefenpsychologische Vorgehen (mit einer einstündigen Frequenz und im Sitzen) ist immer dann gerechtfertigt, wenn durch die analytische Haltung des Zuwartens – in der Hoffnung, hiermit einen inneren Raum zu eröffnen – beim Patienten der Eindruck entsteht, er werde total allein gelassen; wenn eine rasche Anpassung an äußere Erfordernisse notwendig ist; wenn zu starke Näheängste eine intensivere Beziehung, die sich in einer höheren Stundenfrequenz ergibt, verhindern, aber auch, wenn wichtige interpersonelle Veränderungen sich auch ohne die intensive Bearbeitung der Gesamtpersönlichkeit ergeben können (Wöller & Kruse 2001, S. 12 f.).

## Traumaspezifische Techniken

In den letzten 15 bis 20 Jahren hat sich eine Anzahl von Vorgehensweisen speziell für die Bearbeitung von Traumata und deren Folgen entwickelt (vgl. z. B. Barwinski-Fäh 2001, Ehlert & Lorke 1988, Ehlert-Balzer 1996, 1999, 2000, Fischer 2000, Fischer & Riedesser 1998, Geißler 2004, Heuft 2008, Holderegger 1993, Peichl 2005, Reddemann & Sachsse 1998). Dabei lassen sich verschiedene Zugangswege unterscheiden: Das genuin psychoanalytische Vorgehen nimmt die Bearbeitung traumatischer Ereignisse in der Übertragung vor (vgl. z. B. Ehlert & Lorke 1988, Ehlert-Balzer 1996, 1998, 1999, 2000).

Vor allem die Tatsache, dass traumatische Erlebnisse neuronal anders kodiert werden, führte zu der Auffassung, dass hierfür auch andere Interventionsformen notwendig sind (vgl. z. B. Peichl 2005). Inwieweit die andersartige Einspeicherung vor allem bei schweren Traumatisierungen keine Arbeit in der Übertragung zulässt oder diese sich sogar kontratherapeutisch bis hin zu einer möglichen Retraumatisierung auswirkt (vgl. Reddemann & Sachsse 1998), ist Gegenstand von Kontroversen. Gottfried Fischer (2000) hat eine eigene manualisierte Form der Traumatherapie entwickelt.

Das genuin psychoanalytische Vorgehen nimmt die Bearbeitung traumatischer Ereignisse in der Übertragung vor (vgl. z. B. Ehlert-Balzer 2000, Holderegger 1993, Jiménez 1988, Kögler 1991). Dies entspricht guter psychoanalytischer Tradition, denn trotz des ichpsychologischen Schwerpunkts in der Konfliktpsychogenese haben Traumatisierungen unterschiedlicher Schweregrade vor allem in der objektbeziehungstheoretischen und selbstpsychologischen Vorgehensweise einen wichtigen Stellenwert. Ehlert (1999) kritisiert an den mehr tiefenpsychologischen »Techniken« von Reddemann und Sachsse, dass sie die unbewusste Dimension seelischen Geschehens vernachlässigen, wenn sie bei traumatisierten Patienten z. B. die unbewusste Identifikation mit dem Täter ausblenden.

Peichl (2005) hat dafür plädiert, den empathischen Verstehenszugang zum Patienten (die Identifizierung mit der Erste-Person-Perspektive des Patienten) mit dem kognitiven Wissen von der Neurobiologie der Traumatisierung und deren Folgen zu erweitern (Dritte-Person-Perspektive auf der Folie neurobiologischen Wissens; ▶ Deutung, neurowissenschaftliche), um ein Patienten adaptiertes psychoanalytisches Vorgehen zu ermöglichen. Das alleinige Verstehenwollen der Folgen von in früher Kindheit erfolgten Traumatisierungen anhand von Übertragungsprozessen würde an die Grenzen der Einfühlung stoßen und möglicherweise den Patienten retraumatisieren.

## Traumatisierende Übertragung

Bei dieser erstmalig von Hans Holderegger (1993) differenziert beschriebenen Form der Übertragung besteht die Kunst im Umgang mit der »traumatisierenden Übertragung« nicht nur darin, die traumatische Situation dergestalt in der gemeinsamen Beziehung in Ansätzen wieder entstehen zu lassen, dass sie vom Patienten verkraftet werden kann und dennoch etwas von der emotionalen Wucht der ursprünglichen traumatischen Situation spürbar wird, sondern sich auch von den mitgeteilten Affekten nicht überwältigen zu lassen. Es geht darum, ein unassimiliertes, bedrohliches inneres Objekt, das beim Patienten äußerste Ohnmachtsgefühle, Verwirrung, heftige Angst oder massive Scham- und Vernichtungsgefühle auslöst, in der ▶ Gegenübertragung zuzulassen, mitzuerleben, um auf die Traumatisierung des Patienten zu reagieren, ohne sich von den heftigen Affektäußerungen total vereinnahmen oder anstecken zu lassen. Holderegger findet die bildliche Vorstellung hilfreich, »daß der Patient dem Analytiker das bedrohte innere Kind anvertraue, damit er dieses halte und vor Übergriffen bzw. vor einer psychischen Vernichtung beschütze, dessen Gefühle ausspreche und sich an seiner Stelle auf die Gefahr einlasse, die sich durch diese Neuinszenierung des Traumas ergibt« (S. 24). Dazu gehört selbstverständlich auch, dass der Analytiker die Rollenumkehr, die mit einer traumatisierenden Übertragung einhergeht, ansprechen kann. So wie ein Kind angesichts einer gefühlsmäßig abwesenden, depressiven Mutter verzweifelte Anstrengungen unternimmt, um diese zufrieden zu stellen und wieder glücklich zu machen (vgl. Tronick 2003, 2004), so inszeniert nunmehr der depressive Patient die Beziehung zu seinem Analytiker. Dieser erlebt sich nun in der Rolle des Kindes, das irgendwann resigniert seine Reparaturbemühungen einstellte und in eine Apathie angesichts des Unabänderlichen verfiel. Im Unterschied zum traumatisierten Kind im Patienten darf der Analytiker aber die verzweifelte Wut spüren, die diese Ohnmachtserfahrung mit sich bringt: »Wahrscheinlich erwarten Sie von mir schon längst, daß ich aus der Sackgasse, die Sie mir nun schon eine geraume Weile zeigen, herausfinde und mich endlich gegen das Gefühl der Hilflosigkeit und Ohnmacht, das unsere Sitzungen bestimmt, zu wehren vermag!« (ebd. S. 30). Die Erfahrungen mit einer »toten Mutter«, d. h. körperlich anwesenden, aber gefühlsmäßig nicht reagierenden Mutter, lösen in der Regel in einem Kind neben der schrecklichen Erfahrung, nichts bewirken zu können, auch eine unbändige Wut aus, die von ihm nicht integriert, d. h. nicht ausgedrückt und an die Mutter gerichtet, geschweige denn mentalisiert werden konnte, sondern nur als ungeheure körperliche Spannung die Lebendigkeit und Selbstentfaltung behindert und in der Folge zu psychischen und psychosomatischen Symptomen führt (▶ Mentalisierung). Wenn aber der Analytiker die Wut erleben und zulassen kann, in der ihn – neben den Gefühlen der Inkompetenz, des Selbstzweifels und der Hilflosigkeit – die traumatisierende Übertragung seines Patienten versetzt, verändert sich die affektive Situation schrittweise in der Analyse.

Ausgehend von der Erkenntnis, dass viele Traumata nichtsymbolisch verarbeitet werden, v. a. wenn sie in den ersten Lebensmonaten geschehen, muss hierbei der Analytiker neben der Bereitschaft zur Resonanz für die traumatisierende Übertragung darauf eingestellt sein, dass die Leidenszustände überwiegend präverbal ausgedrückt werden, also z. B. in Form von Stimmungen, Affektzuständen und körperlichen Signalen (vgl. Volz-Boers 1999). Deshalb steht bei diesen Patienten eine Erweiterung der psychoanalytischen Technik an, in dem für die im unterschiedlichen Ausmaß und Umfang beeinträchtigten ichstrukturellen Kompetenzen dieser Patienten auch entwicklungsfördernde Interventionen gefunden werden müssen (▶ Implizite Behandlungstechnik, ▶ Supportive Interventionen, ▶ Strukturbezogenes Intervenieren).

## Traumdeutung entsprechend einem Traumklassifikationsdiagramm

Träume können schlaglichtartig die innere Situation eines Patienten beleuchten, sein Entwicklungspotenzial verdeutlichen, die Strukturentwicklung seines Ichs erkennen und sich wie ein Wegweiser durch den Verlauf einer Therapie auffassen lassen; Träume können abgespaltene Selbstanteile aufweisen, Verdrängtes zugänglich machen, noch niemals Symbolisiertes erstmals in Bildern erahnen lassen, Vergangenheit und Gegenwart miteinander verbinden sowie Anspielungen auf die Person des Therapeuten enthalten. Es verwundert deshalb nicht, dass es im babylonischen Talmud bereits hieß, dass ein ungedeuteter Traum wie ein ungeöffneter Brief aufzufassen sei.

Die Beschäftigung mit dem Phänomen des Traums, die durch Freuds epochales Werk erneut angestoßen wurde, hat im 20. Jahrhundert zu einer nahezu unüberschaubaren Vielfalt an Ansichten über die Funktionen des Träumens geführt (z. B. Deserno 1999, Mertens 1999). Dementsprechend vielfältig sind auch die mannigfachen Auffassungen über die Art und Weise, wie man einen Traum deuten kann. Die noch relativ konsistente Sichtweise Freuds, eine Trauminterpretation bestehe in der Rückgängigmachung der Traumarbeit, somit einer Dekonstruktion des manifesten Traums, der sich Verschiebungen und Verdichtungen verdankt, wurde in der Folge eine Aufwertung des manifesten Traumgeschehens wie z. B. bei Erikson und v. a. in der Selbstpsychologie Kohuts (▶ selbstpsychologische Orientierung) an die Seite gestellt. Dadurch gingen wichtige tiefenhermeneutische Erkenntnisse der Freud'schen Trauminterpretation zunächst einmal wieder verloren. Schließlich mündeten viele Auffassungen über die angemessene Traumdeutung in eine interpersonelle und intersubjektive Sichtweise ein, die in den Traumberichten primär eine Mitteilungsfunktion erblickt. Aber auch die Erkenntnisse aus der Kleinkind- und Bindungsforschung, wie die Bedeutung des impliziten Beziehungswissens und die Affektspiegelung, haben das Wissen um die Darstellung der impliziten Regulierungsvorgänge im Traum sehr bereichert (Steiner-Fahrni 2004, 2013).

Anknüpfend an das Bion'sche Traumverständnis, dem auch eine veränderte Auffassung über den Zusammenhang von unbewusster zu bewusster Denktätigkeit zugrunde liegt (Pally & Olds 1998, Schneider 2010), und das als ein nachfreudianisches Traummodell von herausragender Bedeutung gelten kann (Grotstein 2009), hat Heinz Weiß (2002) ein »Klassifikationsdiagramm« für Träume entwickelt, das entsprechend der Mentalisierungsfähigkeit (▶ Mentalisierung) eines Patienten Träume danach unterscheidet, ob sie lediglich der Evakuation »unverdauten«, d. h. unmentalisierten psychischen Materials oder einer intendierten Kommunikation über die innere Welt dienen (= horizontale Achse) und ob sie emotionale Erfahrungen symbolhaft darstellen können oder lediglich konkretistisch verfasst sind (vertikale Achse). Damit werden Fragen wie: »Hat der Traum eine kommunikative Funktion (vgl. z. B. Kanzer 1955) oder will er jemandem etwas mitteilen?«, differenzierter beantwortbar.

# U

## Übertragung – Arbeit in der Übertragung, Arbeit an der Übertragung

Gedo (1993) spricht von einem dyadischen In-Szene-Setzen, einem psychodramatischen »mise en scène«, in dem auch körpersprachlich die leidenschaftliche Stellungnahme des Analytikers übertragungsbezogen zum Ausdruck kommt. Als Beispiel führt er aus, dass er einen starrsinnig sich verweigernden Patienten eines Tages anbrüllte: »Okay, es geht mich ja nichts an, ertrinken Sie nur!« (ebd., S. 141). Gedo schränkt ein, dass sich diese Vorgehensweise nur nach längerem Vertrautsein empfiehlt; zudem wusste der Patient aus dem früheren Umgang mit Gedo, dass viele seiner Interventionen metonym zu verstehen waren (▶ Verändern lassen, sich).

Seit Jürgen Körners (1989b) origineller Arbeit hat es sich in Deutschland eingebürgert, von einer Arbeit an der Übertragung und einer Arbeit in der Übertragung zu sprechen. Diese Interventionstypen unterscheiden sich durch die Art ihrer sprachlichen Formulierung. So ist es z. B. ein großer Unterschied, ob man zu einem Patienten, der sich über ein Gähnen seines Analytikers beschwert hat, sagt: »Sie haben mein Gähnen offenbar so erlebt, als ob ich nicht an Ihnen interessiert wäre?«, oder ob man folgendermaßen interveniert: »Die heutige Stunde mit Ihnen macht mich tatsächlich müde!« Im ersten Fall wird durch das »Als-ob« und durch die konjunktivistische Formulierung bereits auf die Virtualität der Übertragung hingewiesen, und sie enthält implizit die Aufforderung, den Wahrnehmungseindruck zu überprüfen (im ▶ Sprechhandeln könnte zudem durch eine entsprechende Intonation auch noch eine unbewusste Wirkabsicht des Analytikers zum Ausdruck kommen: »Wie können Sie es mir unterstellen, dass sich mein

Gähnen überhaupt auf Sie bezogen hat!«). Unweigerlich wird durch die Arbeit an der Übertragung die gefühlsmäßige Valenz abgeschwächt, vielleicht werden beim Patienten lediglich latente Schuldgefühle verstärkt.

Dies verhält sich anders bei der Arbeit in der Übertragung: Hierbei wird die affektive Übertragungsspannung erhöht; es kommt zu einem tendenziellen Vergessen des »Als-ob« der »simulativen Mikrowelt« (vgl. Moser 2001). Aus der Virtualität wird kurzfristig Realität. Selbstverständlich empfiehlt sich diese Vorgehensweise nur für Patienten mit einer intakten Realitätsprüfung, denn die »therapeutische Ich-Spaltung« (vgl. Körner 1989a) wird vorübergehend suspendiert. Patientin: »Ich habe Angst, Sie in der letzten Stunde beleidigt zu haben, weil Sie heute so zurückhaltend sind und mich beim Hereinkommen nicht so freundlich wie sonst begrüßt haben.« – Analytiker: »Ja, das haben Sie tatsächlich.« Hätte der Analytiker unanalytisch geantwortet, dass dies nicht der Fall sei, bestünde so gut wie keine Möglichkeit, das innere Drama der Patientin zu analysieren. Wäre er von dem Konzept der Arbeit an der Übertragung ausgegangen, wäre er zwar analytisch geblieben, aber der Effekt seiner Intervention wäre möglicherweise zu rasch geschwunden: »Sie erleben mich gerade so, als könnte ich beleidigt sein? Wie kommen Sie darauf?« Immerhin kann aber hierbei die Aktualgenese der Eindrücke weiter aufgeklärt werden.

## Übertragung der Gesamtsituation

Konzept der Post-Kleinianerin Betty Joseph (1985), die einige Jahre bevor die gedächtnispsychologische Unterscheidung von implizitem (nichtdeklarativem) Gedächtnis und explizitem (deklarativem) Gedächtnis von Psychoanalytikern verschiedener Richtungen aufgegriffen wurde (vgl. z. B. Clyman 1992), in der kleinianischen Tradition stehend die Wichtigkeit betonte, nicht nur den semantischen Inhalt der Assoziationen zu berücksichtigen, sondern auch – und oftmals vor allem – den gegenwärtigen inneren Zustand eines Patienten, wie er in der interpersonellen Beziehung zum Analytiker zum Ausdruck kommt. »Deutungen, die sich nur mit einzelnen Assoziationen auseinandersetzen, würden lediglich den erwachseneren Teil der Persönlichkeit berühren, während der Teil, der des Verständnisses eigentlich bedarf, sich durch den auf den Analytiker ausgeübten Druck mitteilt« (S. 88). Mit anderen Begrifflichkeiten hatten dies natürlich auch schon Psychoanalytiker vor Melanie Klein und Betty Joseph formuliert, wobei sie diese Beziehungsgestaltung meistens mit triebtheoretischen Konzepten ausgedrückt haben (z. B. »oral-unersättlich«, »anal-retentiv«, »anal-sthenisch«, mit »phallischem Imponiergehabe« usw., siehe z. B. Wendl-Kempmann 1978).

Wenn nicht nur der Inhalt der Assoziationen in der Beziehung zwischen Patient und Analytiker bedeutsam ist, sondern vor allem die Art und Weise, wie ein Patient auf seinen Analytiker – und wie dieser daraufhin ebenfalls auf seinen Patienten einwirkt (▶ Enactment) – werden zeitgenössische Konzepte unmittelbar bedeutsam. So vergleicht Hübner (2006, S. 325 f.) die Übertragung der Gesamtsituation mit der »Aktualisierung der spezifischen Weise des Zusammenseins-mit-dem-Anderen« i. S. v. Fonagy, als die Aktualisierung des impliziten, prozeduralen Wissens über Beziehungen i. S. v. Stern, als wunschgeleitete Inszenierung von Rollenbeziehungen i. S. v. Sandler und Sandler.

Das Konzept der Übertragung der Gesamtsituation von Betty Joseph wird von modernen neurobiologischen Erkenntnissen voll unterstützt.

- Übertragung besteht nicht aus Es-Impulsen oder Über-Ich-Inhalten, sondern aus Beziehungserfahrungen die von Geburt an existieren.
- Diese Beziehungserfahrungen entstehen aus komplexen Wünschen, Erwartungen und Reaktionen auf die Reaktionen der anderen häufig eingebettet in familiendynamische Konstellationen.
- Beziehungserfahrungen enthalten einen nichtdeklarativ entstandenen und kodierten Anteil, der relativ permanent sein kann (vor allem bei Persönlichkeitsstörungen) und einen deklarativen Anteil, der sich über die Zeit stark verändert und sich auch aufgrund gegenwärtiger Beziehungen relativ rasch verändern kann.

- Die meisten Repräsentanzen, die den übertragenen Beziehungserfahrungen zugrunde liegen, sind multimodal, d. h. sie bestehen aus miteinander assoziierten, semantischen, sensorischen und emotionalen Komponenten mit vielen Verbindungen untereinander; denn die Informationsverarbeitung im impliziten Gedächtnis geschieht parallel, nicht seriell. Verschiedene Komponenten des Wahrnehmens, des Denkens und des Erinnerns werden gleichzeitig verarbeitet. Schon auf einem einfachen Wahrnehmungs-Level, wenn wir z. B. einen Satz hören, arbeiten multiple Netzwerke gleichzeitig, die für Phoneme, Morpheme, Worte, Syntax und den pragmatischen Sinn des Satzes zuständig sind (vgl. Westen & Gabbard 2002a, b, Gabbard & Westen 2003).

Die Konzentration auf das Hier und Jetzt in der kleinianischen Übertragungsauffassung der Gesamtsituation, d. h. von dem Überzeugtsein, dass sich in jeder Kommunikation Anteile des impliziten Gedächtnisses bemerkbar machen – allerdings nur dann störend, wenn es sich um missglückte emotionale Beziehungserfahrungen handelt –, lässt sich von der modernen Gedächtnis- und Kleinkindforschung somit sehr gut rechtfertigen. Freilich ist zu fragen, ob diese Erkenntnis auch dahingehend umzusetzen ist, dass sie dem Patienten auf Schritt und Tritt verbal deutlich gemacht werden muss. Problematisch wird dies vor allem, wenn die Bewusstmachung auf ▶ Widerstand stößt und als kränkend erlebt wird. Viele der Erfahrungen, die in der Übertragung der Gesamtsituation zum Ausdruck kommen, sind zudem präsymbolischer Art und Ausdruck früher impliziter Beziehungserfahrungen, in denen es um Affektabstimmung, Aufmerksamkeitssynchronisation u. a. geht (vgl. Bergmann-Mausfeld 2006). Wichtig ist aber auf jeden Fall, dass der Analytiker sich klar zu machen versucht, welche Erfahrungen sein Patient gerade auf ihn überträgt und welche Veränderungen in seiner eigenen inneren Welt stattfinden müssen, damit er auf andere Weise mit seinem Patienten umgehen kann, als es dessen projizierte Introjekte nahelegen (vgl. Varga 2006).

Deshalb sollten Übertragungsdeutungen auch nicht wie ein Trommelfeuer vonstatten gehen (wie z. B. in Fonagys (2004)

Falldarstellung) und die Wahrnehmung der mitgeteilten Beziehungserfahrungen muss auch nicht in Widerspruch zum
▶ (Zu-)Hören auf das, was der Patient zu sagen hat, geraten.

### Übertragungsdeutung im Hier und Jetzt

»Die Übertragungsdeutung im Hier und Jetzt«, von Thomä und Kächele (1985) auch aktualgenetische Übertragungsdeutung genannt, wurde in den vergangenen 25 Jahren zum »absoluten Renner« der psychoanalytischen Behandlungstechnik, v. a. seit dem Werk von Merton Max Gill (1982), das hierzulande in vielen Veröffentlichungen und Lehrbüchern, wie z. B. von Bettighofer (1998), Deserno (1998), Ermann (1993), Mertens (1990a, b, 1991), Thomä und Kächele (1985) sowie anderen dargestellt, übernommen und elaboriert wurde.

Ein eindeutiger Schwerpunkt von Übertragungsdeutungen im Hier und Jetzt liegt auf den unbewussten und vorbewussten Interaktionswünschen und Rollenzuweisungen des Patienten, gegenüber denen der Analytiker keine abwartende oder gar zudeckende Position, sondern eine aktive metakommunikative Rolle einnehmen sollte. Frühe und häufige Deutungen des Widerstands, eine Übertragungsbeziehung überhaupt zuzulassen und zu erkennen sowie sie zu einem späteren Zeitpunkt durchzuarbeiten und sich von ihr verabschieden zu können, gehören zum Programm dieser Vorgehensweise. Ferner gehört hierzu auch die Aufforderung an den Patienten, die Auslöser seiner Wahrnehmungskonstruktionen sowie die Aktualgenese der Eindrücke genau zu schildern, – analytikerseits – diese so wenig wie möglich mit der Vergangenheit in Verbindung zu bringen (▶ Deutung, genetische, ▶ Interpersonelle Orientierung) und weder von einer verzerrten, noch veridikalen Wahrnehmung auszugehen, sondern in erster Linie die Eindrücke des Patienten anzunehmen. Denn eine Entscheidung über das Ausmaß der Veridikalität ist weder angebracht noch möglich. Dies gilt allerdings nur für höher strukturierte Patienten, denn bei Patienten mit einer Borderlinepersönlichkeits-Organisation ist es sinnvoll, die in der Regel doch aufgrund von Spaltungsprozessen und geringer ▶ Mentalisierung verzerrten

Wahrnehmungseindrücke relativ rasch zu korrigieren, wie dies z. B. in der manualisierten übertragungsfokussierten Psychotherapie von Clarkin et al. (1999) geschieht.

Es gibt mittlerweile schulenbedingt verschiedene Varianten der Übertragungsdeutung im Hier und Jetzt. So richtet die »interpersonelle Psychoanalyse« ihr Augenmerk bevorzugt auf die Beziehungsmuster eines Patienten, wie sie sich in der Übertragung bemerkbar machen. Interpersonelle Psychoanalytiker geben ihrem Patienten deshalb eine Rückmeldung darüber, wie sie selbst die Beziehungsgestaltung des Patienten erleben (▸ Mitteilung der Gegenübertragung, ▸ Prinzip Antwort).

> »Ich habe den Eindruck, dass Sie auch in der Beziehung zu mir mit spontanen Äußerungen extrem vorsichtig sind, aus Angst, Sie könnten einen Fehler machen, für den ich Sie dann bestrafen oder beschämen könnte. Ich merke, wie ich manchmal etwas ungeduldig werde, wenn Sie sich so zögerlich verhalten, nur weil Sie alles perfekt machen wollen. Ich kann mir durchaus vorstellen, dass Sie bei Ihren Freunden oder Arbeitskollegen mit dieser Haltung auch Verärgerung auslösen können.«

Die post-selbstpsychologische Variante der Arbeit im Hier und Jetzt besteht darin, dass der Schwerpunkt der Deutung auf dem Beitrag des Analytikers liegt und weniger darauf, welche Auswirkung das Beziehungsmuster auf den Analytiker oder auf andere Menschen hat (▸ Selbstpsychologische Orientierung). Post-Selbstpsychologen intendieren damit, dass sie zwar auch die Bewusstheit des Patienten über sein Muster, sich in Beziehungen zu verhalten, fördern, aber zunächst dem Patienten dabei helfen wollen, seinen Selbstzustand zu erkennen und seine Affektregulierung zu optimieren.

> »Kann es sein, dass Sie sich von mir unter Druck gesetzt oder beschämt fühlen, wenn ich bestimmte Formulierungen gebrauche, die Ihre Schuldgefühle verstärken oder ein Schamgefühl entstehen lassen? Und dass es Ihnen dann zunächst schwerfällt, mit diesen Gefühlen gut umgehen zu können?
> Ich merke, dass ich vorsichtig bin, um bei Ihnen nicht das Gefühl entstehen zu lassen, dass ich Sie zurückweise oder beschäme.
> Ich könnte mir vorstellen, dass auch ihre Freunde oder Arbeitskollegen aus diesem Grund Ihnen gegenüber zurückhaltend sind.«

Übertragungsdeutungen im Hier und Jetzt heben einen auch im impliziten Gedächtnissystem ablaufenden Beziehungsvorgang auf die Ebene des reflexiven Bewusstseins. Dieser Prozess kann sich zwar die hochauflösende, wenngleich auch sehr langsame Verarbeitungsgeschwindigkeit dieser evolutiven Errungenschaft des menschlichen Geistes zunutze machen, aber der Reichtum der nichtbewussten Kommunikation kommt dadurch zumindest vorübergehend zum Erliegen. Deshalb bleibt es nicht aus, dass die Vorgehensweise der Übertragungsdeutung im Hier und Jetzt nicht nur Befürworter findet.

Wie so oft in der Geschichte der psychoanalytischen Behandlungstechnik wechseln sich Phasen und bevorzugte Interventionsmodi in periodischen Abständen miteinander ab. Nach wie vor wird die Übertragungsanalyse im Hier und Jetzt in der Post-Ichpsychologie, in der postkleinianischen Objektbeziehungstheorie und bei den zeitgenössischen Freudianern (z. B. Anne-Marie Sandler und Joseph Sandler) für absolut wichtig erachtet. Bei einigen Psychoanalytikern der britischen Unabhängigen oder Middle Group und in der französischen Richtung (am pointiertesten bei den Lacan-Anhängern) wird die forcierte Übertragungsanalyse aber eher als oberflächliche, interpersonelle und sozialpsychologische Vorgehensweise eingeschätzt, die von einem tieferen Verstehen des Unbewussten wegführt (▶ Interpersonelle Orientierung). Diese Gegenbewegung hat in der Gegenwart ihren eindeutigsten Proponenten in Christopher Bollas gefunden. Dieser Autor, der der Gruppe der zeitgenössischen britischen Middle Group oder der sog. Independents zuzurechnen ist – zu der gegenwärtig z. B. auch Patrick Casement, Gregorio Kohon, Eric Rayner und Harold Stewart gehören – äußert massive Bedenken gegen eine zu häufig angewendete Übertragungsdeutung. Er sieht in ihr eine Unterbrechung der ▶ freien Assoziation und der gleichschwebenden Aufmerksamkeit und damit eine Gefährdung der nichtbewussten, nonverbalen Kommunikation (▶ Nonverbale Kommunikation). Diese beinhaltet eine nichtbewusste Partizipation der Gefühle des anderen, worin Bollas den Kern des Freud'schen Paares erblickt. Auch wenn der Analytiker beim ▶ (Zu-)Hören der Einfälle seines Patienten oftmals von bestimmten Inhalten bewegt wird, deren Gründe er oft noch nicht kennt, kann er dennoch sein begrenzt bewusstes Verstehen der unbewussten Bedeutungen nutzen. Wenn er sich in einem guten, unbewussten Rapport mit seinem Patienten befindet und ihm lediglich die Worte und Bilder spiegelt, die ihn selbst gefühlsmäßig bewegen, löst er damit weitere Einfälle bei ihm aus (Bollas 2001, S. 96; ▶ Einfühlung). Diese ständig mitlaufende, unbewusste Kommunikation hat eine wichtige therapeutische Wirkkraft. Für Thomas Ogden (1994), der vom »analytischen Dritten« spricht, sind Patient und Analytiker deshalb auch Teil des gemeinsamen Systems der unbewussten Kommunikation. Für Bollas ist Dreh- und Angelpunkt des gesamten analytischen Unternehmens die Frage: Wann wird der Analytiker als jemand benötigt, der einen sicheren Hintergrund für das aufregende Bewusstwerdenlassen von Einfällen, gleichsam für die Wachtraum-Aktivität seines Patienten bietet, und wann wird er (gelegentlich) als jemand gebraucht, der für interpersonelle Klärungen bereitsteht? Sich immer nur als interpersonellen Sparring-Partner anzubieten, wie es interpersonalistisch Mode geworden ist, betrachtet Bollas als einen gravierenden Kategorienfehler (▶ Interpersonelle Orientierung).

Die Vorliebe für die Übertragungsanalyse im Hier und Jetzt bringt auch für Manfred Klemann (2008) eine Art von Hörverlust mit sich, »die schwerhörig, wenn nicht sogar manchmal taub machen kann für das, was Patienten sagen« (S. 415). Zwar bestreitet dieser Autor die »Nützlichkeit einer Kombination von Inhalts- und Übertragungsdeutungen« keineswegs, aber er bemängelt ebenso wie Bollas die ausschließliche Fokussierung der Übertragungsanalyse auf die analytische Beziehung im Hier und Jetzt, deren Deutung weitgehend intuitionistisch erfolge – mit Rückgriff auf entwicklungspsychologische und anthropologische Theorien ohne genaues Hören auf das, was der Patient idiosynkratisch zu sagen hat (▶ (Zu-)Hören).

## Übertragungsdeutung, klassische

Seit Freuds Programmatik und James Stracheys (1934) Vertiefung gilt die Übertragungsdeutung als am wirksamsten für eine Veränderung in der psychischen Struktur eines Patienten (▶ Deutung, mutuelle). Wenn der pathogene Konflikt in der Übertragung wiederholt (▶ Übertragungsneurose) und dann mit dem vollen emotionalen Gewicht erfahren wird, erzielt die Übertragungsdeutung – so die Hypothese – die intensivste Wirkung. Nach Fenichel brauche man lediglich das vernünftige Ich des Patienten mit seinem ▶ Widerstand und dem genetischen Anfang zu konfrontieren, um die Übertragung einsichtig werden zu lassen.

Keiner der früheren Psychoanalytiker machte sich aber Gedanken darüber, wie diese Wirkung tatsächlich zustande kommt, – in der heutigen Terminologie ausgedrückt: in welchem Gedächtnissystem diese Deutung angedockt wird, so als ob die Deutung automatisch in das Unbewusste übermittelt werde.

Weinshel (1988) stellte die vorsichtige Hypothese auf, dass für einen Veränderungsprozess immerhin Vorgänge der Synthese, Integration, Assimilation und Reorganisation im Patienten stattfinden müssen, die nicht zu beobachten, sondern nur zu erschließen und natürlich auch mit entsprechenden Interventionen zu fördern seien. Von einer einfallsreichen Hypothese ging auch der Ichpsychologe Paul Gray (1990) aus: Die Analyse der oberflächennahen Ich-Widerstände führe dazu, dass nach und nach eine Assimilierung der abgewehrten mentalen Inhalte möglich werde (▶ Oberfläche, ▶ Prozessmonitoring).

Obwohl die Notwendigkeit der Erfahrung abgewehrter Inhalte in der Übertragung immer deutlich war, wurde jedoch nur allmählich erkannt, dass der Deutungsprozess in eine Beziehungserfahrung eingebettet ist. Wie dabei jedoch verbal vermittelte Einsichten oder affektive Erfahrungen zu strukturellen Veränderungen führen, blieb weiterhin im Dunkeln. Weder die klassischen Psychoanalytiker noch die Kleinianer (▶ Übertragung der Gesamtsituation) können bis zum heutigen Tag erklären, warum die Übertragungsdeutung diejenige Interventionsform sein soll, die am stärksten zu therapeutischer Veränderung führt. Wenn man jedoch aus intersubjektiver Sicht die Teilhabe des Psychoanalytikers stärker akzentuiert, vor allem aber über die epistemische Sichtweise hinausgehend die Notwendigkeit seiner eigenen Transformationsprozesse betont, dann wird die Tatsache der veränderten ▶ Beziehungsregulierung unmittelbar evident (▶ Enactment, ▶ Container/Contained). Denn bereits bei den einer Übertragungsdeutung vorausgehenden Schritten (▶ Einfühlung, ▶ Gegenübertragung) laufen viele stille Denkprozesse im Analytiker ab, die unweigerlich die Beziehungsregulierung tangieren: Kann der Patient das Verlassenwerden aus der resonanten Dyade verkraften? Was kann das Selbstverständnis des Patienten generell und v. a. in dieser Stunde ertragen? Wie hoch sind die derzeitige Kränkungsbereitschaft, narzisstische Verletzlichkeit und Beschämbarkeit in einem bestimmten Erlebnisbereich? (▶ Sicherheit ermöglichen). Wie stark ist die Gefahr, dass die unbewusst bestrafende Selbstkritik des Patienten mit einer Übertragungsdeutung wieder erhöht wird (vgl. Busch, 1992)? Der Analytiker sollte bei all diesen Überlegungen sich selbst mit den Augen des Patienten sehen können; dabei aber laufen Prozesse durchaus auch körperlich spürbarer interaktiver Emotionsregulierungen ab (▶ Beziehungsregulierung, ▶ Enactment).

Hugo Bleichmar (2004) hat darauf aufmerksam gemacht, dass ein Patient nur dann zu einer Erlebens- und Verhaltensänderung bereit ist, wenn das Aufgeben einer neurotischen Einstellung, einer maladaptiven interpersonellen Verhaltensweise oder eines überfordernden Ich-Ideals mit einem gleichzeitigen Zugewinn in der angesprochenen Erlebnisdomäne (z. B. narzisstisch, sexuell) einhergeht. Nicht die Übertragungsdeutung als solche ist deshalb bereits verändernd, sondern nur wenn der mitlaufende Beziehungskontext Anerkennung, Selbstwertzuwachs und Surplus an sinnlich sexuellen Möglichkeiten u. a. vermittelt.

Bleichmar hat aber noch eine andere Idee verfolgt, die vor kurzem im Tierexperiment eine erstaunliche Bestätigung erfahren hat. In den letzten Jahren war es die Lehrmeinung, dass implizite, vor allem amygdalär gespeicherte Gedächtnisspuren an furchtauslösende Erinnerungen zwar nicht gelöscht, aber immerhin inaktiviert, durch Erfahrungen überlagert und im besten Fall auch kontrolliert werden können. Dass in belastenden Lebenssituationen lebensgeschichtlich frühe implizite traumatische Erfahrungen trotz einer gelungen erscheinenden Therapie wieder aktualisiert werden können, bliebe demnach leider ein bedauerliches Faktum.

Aufgrund einer bestimmten klinischen Technik konnte Bleichmar (2004, 2011) nun erreichen, dass amygdalär kodierte Furchterinnerungen mittels Informationen, die nicht Furcht auslösen, aber während eines Schmerzzeitfensters, in der die Gedächtnisspur erinnert und rekonsolidiert wird, gleichsam upgedatet, d. h. verändert werden. Dazu ist folgendes Vorgehen erforderlich:

Ausgangspunkt des therapeutischen Vorgehens ist eine Erinnerung an eine Person aus der Vergangenheit (also z. B. eine als uneinfühlsam erlebte Mutter) oder die Person des Therapeuten selbst. Der Therapeut fordert seinen Patienten nun auf, diese Vorstellung mit einem intensiven Gefühl zu verbinden und es mit allen Sinnen (visuell, akustisch, körperlich) zu erleben, also nicht nur distanziert darüber zu sprechen. Wenn dies dem Patienten gelingt, bittet er ihn, sich nun in ein angenehmes Gefühl hineinzuversetzen und dieses dann zusammen mit dem unangenehmen Gefühlszustand gleichzeitig zu halten, wobei er ihm dabei suggeriert, dass er nun die Möglichkeit besitzt, die alte traumatische Erfahrung zu verändern. Anschließend fordert er seinen Patienten auf, zwischen diesen beiden Erlebnissen zu oszillieren.

Dieser Behandlungsvorschlag stammt nicht aus der wilden Berliner tiefenpsychologischen Therapeutenszene, wie man auf den ersten Blick vermuten könnte, sondern wurde von einem Psychoanalytiker beschrieben, der sich viele Gedanken über die verändernde Wirkung von (Übertragungs-)Deutungen gemacht hat. In einer weiteren Mitteilung hat Bleichmar (2010) darauf aufmerksam gemacht, dass die Forschungsgruppe um Daniela Schiller, Elizabeth Phelps und Joseph LeDoux im Jahr 2009 herausgefunden hat, dass Furchterinnerungsspuren in der Amygdala von Ratten mit Hilfe einer nichtinvasiven Technik verändert werden können. Dieser sensationelle neurowissenschaftliche Befund ist für Bleichmar ein Beweis dafür, dass klinische Praktiker durchaus zu wichtigen Entdeckungen kommen können, die dann später von den Nachbarwissenschaften wie zum Beispiel der Neurowissenschaft mit deren wissenschaftlichen Methoden belegt werden.

## Übertragungsfokussierung

Zwar wird bei der Handhabung der Übertragung, wie sie gegenwärtig praktiziert wird, großer Wert auf das kontinuierliche Ansprechen von Übertragungswiderständen gelegt, doch unterscheidet sich das übertragungsfokussierte Vorgehen, das speziell für die Behandlung von Borderline-Patienten entwickelt worden ist, noch in einem weiteren Punkt von dieser Auffassung. Es basiert auf Überlegungen von Kernberg und wurde von seiner New Yorker Arbeitsgruppe ausgearbeitet (vgl. Clarkin et al. 1999). Bei Patienten mit einer Borderlinepersönlichkeitsorganisation sind nach herkömmlicher Auffassung ihre nur gering integrierten Ich-Funktionen der hauptsächliche Grund dafür, ich-reparativ vorzugehen (▶ Strukturniveau beachten). Nach landläufiger Auffassung kann das Ansprechen der Übertragung von diesen Patienten aus verschiedenen Gründen nicht akzeptiert werden. Weil sie sich z. B. missverstanden, verfolgt, überwältigt u. a. m. fühlen, kognitiv und gefühlsmäßig unfähig zur therapeutischen Ich-Spaltung sind und Schwierigkeiten haben, ihr konkretistisches Denken in eine »Als-ob-Betrachtung« zu überführen. Die Überlegungen von Clarkin, Yeomans und Kernberg (1999) erscheinen deshalb auf den ersten Blick kontraintuitiv. Diese Irritation lässt sich aber auflösen, wenn man berücksichtigt, dass im übertragungsfokussierten Vorgehen der Schwerpunkt auf der frühzeitigen und konsequenten Bearbeitung und Auflösung negativer Übertragungen liegt, und dass wegen des strukturierteren und fokussierteren Vorgehens Spaltungsprozesse an ihrer Entstehung gehindert, bzw. sofern sie auftreten, konsequent verringert werden sollen (vgl. Damann 2004). Demgegenüber legt die eher der interpersonellen Orientierung verpflichtete, psychoanalytisch-interaktionelle Methode des Göttinger Modells (z. B. Heigl-Evers, Heigl, K. König, Streeck) großen Wert auf interaktionelle Methoden, wie dem ▶ Prinzip Antwort, wenn es um die Behandlung von Persönlichkeitsstörungen geht.

## Übertragungsneurose, Herstellung einer

Die Herstellung einer »Übertragungsneurose« gilt als Herzstück der klassischen Deutungstechnik mit den Bestimmungsstücken: Abstinenz, Spiegelhaltung, Versagung von Triebbefriedigung, Verzicht auf Ratschläge, Suggestionen und Manipulationen, Vertrauen auf den natürlichen Auftrieb des Unbewussten und Primat der sprachlichen Kommunikation, ▸ Deutung des Widerstands, ▸ Einsicht statt Agieren.

Freud benützte expressis verbis den Begriff der Übertragungsneurose nur an vier Stellen seines Werkes, aber er gebrauchte auch eine Reihe von Synonymen für diesen Ausdruck wie »Übertragungskrankheit«, »künstliche Krankheit«, »künstliche Neurose« und »Neuauflage«, vor allem in seinen Aufsätzen »Vorlesungen zur Einführung in die Psychoanalyse« (1916/17) und »Erinnern, Wiederholen und Durcharbeiten« (1914g). In dieser letzten Schrift gelang Freud bereits eine Definition der Übertragungsneurose, die in nuce alle wesentlichen Kriterien enthält (1914g, S. 134 f.):

> »Wenn der Patient nur so viel Entgegenkommen zeigt, daß er die Existenzbedingungen der Behandlung respektiert, gelingt es uns regelmäßig, allen Symptomen der Krankheit eine Übertragungsbedeutung zu geben, seine gemeine Neurose durch eine Übertragungsneurose zu ersetzen, von der er durch die therapeutische Arbeit geheilt werden kann. Die Übertragung schafft so ein Zwischenreich zwischen der Krankheit und dem Leben, durch welches sich der Übergang von der ersteren zum letzteren vollzieht. Der neue Zustand hat alle Charaktere der Krankheit übernommen, aber er stellt eine artefizielle Krankheit dar, die überall unseren Eingriffen zugänglich ist. Er ist gleichzeitig ein Stück des realen Erlebens, aber durch besonders günstige Bedingungen ermöglicht und von der Natur eines Provisoriums«.

Eine post-ichpsychologische Kritik (vgl. Smith 2003) an der Herstellung der Übertragungsneurose lautet nun, dass bei vielen Patienten heutzutage (vielleicht aber immer schon) eine Erweiterung der klassisch psychoanalytischen Technik anstehe, bei der die Herstellung einer artifiziellen Krankheit, der sog. Übertragungsneurose, nicht mehr das vorrangige Ziel sein könne. Denn viele Psychoanalytiker haben die Erfahrung gemacht, dass sich die Psychoanalyse mit dem Ideal einer ausschließlichen Übertragungsanalyse bei nicht wenigen Patienten als zu eng erweist: Entweder können die Patienten damit nichts anfangen, oder die Analytiker haben den Eindruck, dass Übertragungsdeutungen nicht wirklich zu einer Veränderung führen, so als ob Patienten noch mehr und auch anderes bräuchten, als die Betrachtung der Beziehung zu ihrem Analytiker, selbst wenn hierbei durchaus intensive Gefühle ausgelöst werden können und sich tatsächlich eine dichte Beziehung einstellt. Aber das klassische Ideal der Herstellung und Auflösung einer Übertragungsneurose bleibe irgendwie hinter der Wirklichkeit des analytischen Alltags zurück. Verdeutlichen wir uns noch einmal, was Psychoanalytiker bis zum heutigen Tag unter einer Übertragungsneurose verstehen.

Das Konzept der Übertragungsneurose geht von folgender Auffassung aus: Im Verlauf einer psychoanalytischen Behandlung verändert sich nahezu unmerklich die fokussierende Aufmerksamkeit des Patienten. Waren es zu Beginn überwiegend die schwierigen Außenbeziehungen oder die als verletzend oder vernachlässigend erlebten Interaktionen mit den Eltern in der Kindheit, war es die Beschäftigung mit quälenden Symptomen und körperlichen Beschwerden, die das Leidensbewusstsein des Patienten ausmachten, so tauchen im Zuge der Herausbildung der Übertragungsneurose mehr und mehr Irritationen, Unzufriedenheiten, Anspruchlichkeiten und schließlich auch immer stärker bewusst werdende Konflikte mit dem Analytiker auf. Und häufig kommt es dann auch zu einem Nachlassen der Symptome und zu einem Geringerwerden der Außenkonflikte. Es ist, als ob der Patient sagen wollte: »Eigentlich geht es mir jetzt ziemlich gut mit meinen Symptomen, das einzige Problem, das ich jetzt noch habe, sind Sie!« Es verhält sich so, als verlagere sich die von Anfang an existierende, aber bis dahin noch unbewusst gebliebene Inszenierung der inneren Dramen, die bislang nur auf der Symptomebene oder in den Beziehungen zur Außenwelt eine Entäußerung fanden, nun auch auf die Beziehung zum Analytiker, der ja aufgrund seiner realen Existenz und seiner bewussten wie unbewussten Einflüsse genügend Aufhänger für die interaktionelle Ausgestaltung der externalisierten Dramen seines Patienten liefert.

Aber dieser idealtypische Verlauf der Verlagerung und der allmählichen Bewusstwerdung tritt zum einen oftmals nur fragmentarisch auf, zum anderen scheint eine kontinuierliche Thematisierung der Beziehungserfahrungen mit vielen heutigen Patienten kaum mehr möglich zu sein oder zu keiner Linderung ihres Leidens zu führen. Deshalb muss die Frage gestellt werden, ob diese Art des Vorgehens auf alle Patienten anwendbar und erfolgreich ist?

Aber selbst wenn es erstaunlich klingt: Gerade auch in einer ▶ intersubjektiven Orientierung wird davon ausgegangen, dass aus einer relativ festgefügt imponierenden und intrapsychisch erscheinenden Struktur (wie z. B. einem depressiven oder paranoiden Leidenszustand), die zunächst relativ unveränderbar wirkt, ein interpersoneller und intersubjektiver Prozess mit einer neuen Person, dem Psychoanalytiker in der analytischen Situation, wird. Diese Struktur (oder neurotische Erkrankung) ist deshalb seit jeher als eine interaktive und operationale Größe, die an die Empfänglichkeiten des Analytikers anknüpft, und nicht als eine Entität im Patienten, beschrieben worden (vgl. z. B. Freud 1937c). Und auch das in dieser Abhandlung an verschiedenen Stellen ausgeführte Konzept des ▶ Enactments lässt sich ohne eine permanente Inszenierung in der Beziehung zwischen Analytiker und Patient kaum vorstellen. Die »Neuauflage« der neurotischen Krankheit, von der Freud sprach, ist nichts anderes als der andauernde unbewusste Dialog von Patient und Analytiker, in den nun beide Dialogpartner in unterschiedlichem Ausmaß beteiligt und eingebunden sind. Das Können des Analytikers besteht darin, diesen übertragungsneurotischen Dialog in kleinen Schritten zu ändern, was nur optimal gelingen kann, wenn er selbst zu einem anderen Umgang mit seinem Patienten findet. Dies macht aber keineswegs erforderlich, dass er deswegen permanent die (Übertragungs-)Beziehung zu seinem Patienten anspricht (▶ Übertragungsdeutung im Hier und Jetzt). Wichtig ist vielmehr, dass er das – patientenseits überwiegend unbewusst – mitlaufende Beziehungsgeschehen wahrnimmt, reflektiert und seinen eigenen Anteil daran zu transformieren versucht. Jede vorschnelle Beziehungsdeutung könnte vom Patienten zu Recht als eine Unlust des Analytikers wahrgenommen werden, schwierige Beziehungsgefühle in sich zu behalten (▶ Container/Contained).

# V

## Verändern lassen, sich

Wahrnehmungen, die den Psychoanalytiker berühren, verändern ihn. Sie haben eine performative Wirkung (vgl. Pflichthofer 2008). Ohne diese bleibt der Wahrnehmungsakt mehr oder weniger bedeutungslos (▶ Szenisches Verstehen).

Patienten spüren in unterschiedlichem Ausmaß, ob die ▶ Einfühlung ihres Analytikers oberflächlich bleibt oder intensiv genug ist, um erleben zu können, dass er die Gefühle seines Patienten teilt. Die vorübergehende »Probeidentifizierung« braucht tatsächlich nicht in ein totales Mitleiden einzumünden – was sogar abträglich wäre –, aber wenn die Einfühlung nur aus gedanklichen Konstruktionen besteht oder aus der Erinnerung analoger Erfahrungen ohne eine entsprechende Gefühlsaktivierung, lässt sie beim Patienten kein Gefühl resonanten Erlebens entstehen. Das Sich-Verändernlassen geschieht weitgehend automatisch mit Hilfe des nichtdeklarativen Gedächtnisses, es bedarf deshalb auch nicht der Vortäuschung einer Betroffenheit, was tatsächlich von einigen Psychotherapeuten erwogen worden ist, hierbei Psychotherapie mit (schlechter) Schauspielerei gleichsetzend. Deshalb kann es problematisch sein, wenn bei der Wahrnehmung gefühlvoller Schilderungen keine oder eine zu geringe performative Wirkung beim Analytiker entsteht. Dies kann nach psychoanalytischer Auffassung auf Verdrängungen und Affektisolierungen beim Analytiker zurückgehen, im Kontext neuerer Überlegungen auf eine nur unzureichend erworbene ▶ Mentalisierung oder auf Unterbrechungen der Verbindungen subsymbolischer mit symbolischen Kodierungen in bestimmten Gefühlsbereichen (vgl. Bucci 1997, 2001). Die betreffenden Personen haben dann zwar gelernt, dass man bei bestimmten verbalen Schilderungen Traurigkeit erleben sollte, können dies aber nicht wirklich fühlen. Ihr sprachlicher Ausdruck klingt dann entweder hohl oder wie unechtes Betroffenheitspathos (▶ Affektive Blindheit überwinden).

# W

## Widerstand beachten

Entsprechend der Grundregel kann ein Patient im Prinzip nahezu alles sagen, aber aufgrund seiner Ängste und Über-Ich-Introjekte wird er vieles unbewusst und bewusst zensieren, um sich sicher zu fühlen (▶ Freie Assoziation, ▶ Sicherheit ermöglichen). Seine Erzählungen spiegeln ein Abbild seiner interpersonellen und familiendynamischen Erfahrungen mit den Empfindsamkeiten, Verboten, Konflikten und Delegationen seiner Eltern wider, an die er sich als Kind und Heranwachsender anpassen musste, um eine Balance zwischen Selbstständigkeit und Sicherheit zu finden sowie seinen intrapsychischen Umgang damit in Form von Abwehrvorgängen, Bewältigungsmodalitäten, persönlichkeitsspezifischen Eigentümlichkeiten u. a., die natürlich teilweise auch wiederum von den Beziehungspersonen des Heranwachsenden beeinflusst worden sind.

Die gesamte Rede des Patienten ist also organisiert von seinen früheren Erfahrungen. In dieser spielen einige archaische Übertragungen, die mit unbewältigten traumatischen Komplexen und Konflikten zu tun haben, eine besondere Rolle. Ein Großteil seiner Erzählungen ist um diese archaischen Übertragungen herum organisiert, wobei einige Erfahrungen noch zu wenig mentalisiert sind, um im symbolischen Übertragungsraum auftauchen zu können und deswegen nur als nichtsymbolisches ▶ Enactment, etwa als heftig vorgetragenes depressives Beklagen eines scheinbar aussichtslosen Zustandes geäußert werden können. Je stärker Scham- und Schuldgefühle auslösende Wünsche aber bereits mentalisiert sind und damit auch im Vorbewussten erkennbar werden können, desto eher äußern Patienten einen Widerstand gegen das Bewusstwerden dieser Wünsche und Erwartungen. Dennoch manifestieren sich die abgewehrten Wunschinhalte in zahlreichen Abkömmlingen, was aber dem Selbstverständnis des Patienten zunächst verborgen bleibt. Ein vorsichtiges Ansprechen der unterdrückten Wünsche kann deshalb ein Irritiertsein und Nichts-mit-der-Deutung-anfangen-Können bis hin zur Empörung auslösen. Widerstände manifestieren sich aber auch ohne vorausgegangene Interventionen einfach durch die Art und Weise, wie und worüber ein Patient spricht, an welchen Stellen Unterbrechungen und Auslassungen erfolgen u. a. m. (▶ Prozessmonitoring).

Vor allem die Post-Ichpsychologen haben mit der Ausarbeitung einer Methode der subtilen Beobachtung des Prozesses der freien Assoziation, der Themenabfolge, ihrer Unterbrechungen und subtilen Abschweifungen diese Thematik konsequent weiterverfolgt (vgl. z. B. Busch 1996, 1997, Gray 1994, Kern 1995). Moderne Strukturtheoretiker betrachten jegliche Äußerung ihres Patienten unter Widerstandsgesichtspunkten als Teil einer Kompromissbildung. Die psychischen Leidenszustände des Patienten, seine »Psychopathologie«, ist von der Gesamtpersönlichkeit nicht zu trennen, d. h. sie ist kein ausgestanztes Symptom oder ein isolierbarer »Persönlichkeitszug«. Aus diesem Grund wird auch jede Intervention des Therapeuten via Assimilation vom Patienten in bestehende Übertragungsmuster eingefügt. Der Widerstand gegen eine Veränderung wird deshalb als ubiquitär angenommen. Busch (1993, 1994) und Gray (1994) haben mit der »engmaschigen Prozessbeobachtung« (▶ Prozessmonitoring) eine Methode entwickelt, dem Patienten eine Möglichkeit an die Hand zu geben, die Auswirkungen seiner unbewusst operierenden Abwehr bei sich selbst wahrnehmen zu lernen (Mertens 2010).

Intersubjektive Psychoanalytiker betrachten das Auftreten eines Widerstandes vorrangig als ein beziehungsmäßiges Phänomen, nicht als ein überwiegend intrapsychisches des Patienten. Auch der Selbstpsychologe Kohut führt das Auftreten eines Widerstands beim Patienten auf eine mangelhafte Einfühlung des Analytikers zurück, was die »Ursache« für den Widerstand aber zu einseitig ausschließlich im Analytiker lokalisiert.

Denn selbst wenn durchaus angenommen werden muss, dass manche Widerstände gegen das Zulassen und das Bewusstwerden von Übertragungen wegen eines Mangels an erlebter ▶ Sicherheit, kollusiver Vermeidung bestimmter beschämender oder Angst bereitender Themen, wiederholt inadäquaten Reagierens oder der Vernachlässigung des Kontext bezogenen Wahrnehmens und Intervenierens seitens des Analytikers (▶ Kontext bezogenes Intervenieren) sowie einer Missachtung des Sprecherwechsels interaktionell bzw. konversationell mitbedingt sind (vgl. Streeck 1995, Will 1999), so würde die Annahme, dass Widerstände ausschließlich interpersonell entstehen, zu einer Annullierung der genuin psychoanalytischen Theorie der Tiefendimension führen. Diese geht nämlich davon aus, dass Abwehrvorgänge bereits lebensgeschichtlich in der intrapsychischen Welt des Patienten entstanden sind. Die wichtige Unterscheidung eines Vergangenheits- und eines Gegenwarts-Unbewussten (Sandler & Sandler 1983) weist darauf hin, die in der Hier und Jetzt-Interaktion auftretenden Scham-, Schuld-, und depressiven Ängste als die zentralen Faktoren für die Entstehung von widerständigem Verhalten zu betrachten. Dass hierbei von der Person des Analytikers zahlreiche subtile Signale ausgehen können, die vom Patienten z. B. als einschüchternd, beschämend oder bestrafend interpretiert werden, lässt ein Sowohl-als-auch der intrapsychischen und interpersonellen/intersubjektiven Perspektive bei der Entstehung von Widerständen als sinnvoll erscheinen. Unvergessen bleibt deshalb auch die Einschätzung von Sandler und Sandler (1983, S. 423): »Ein Hauptziel der Analyse ist es, den Patienten dazu zu bringen, sich mit den zuvor unannehmbaren Teilen seiner selbst anzufreunden, bzw. ein gutes Verhältnis mit den zuvor bedrohlichen Wünschen und Phantasien zu entwickeln. Um dies zu erreichen, muß der Analytiker durch seine Deutungen und durch die Art wie er sie gibt, für eine Atmosphäre der Toleranz für das Infantile, das Perverse und das Lächerliche sorgen, eine Atmosphäre, die der Patient in seine Haltung sich selbst gegenüber integrieren kann, die er verinnerlichen kann zusammen mit den Einsichten, die er in der gemeinsamen Arbeit mit dem Analytiker gewonnen hat.«

Aus diesem Grund sollte die intersubjektive Auffassung nicht allzu schnell ad acta gelegt werden. Denn mit der immer stärkeren Erkenntnis, dass die analytische Dyade nicht nur eine bewusste, sondern vor allem eine unbewusste interaktive und kommunikative Beziehung darstellt, in der beide Teilnehmer für sie selbst unerkennbare und unbewusste Botschaften verbaler und nonverbaler Art aussenden, dass somit jeder der beiden mit seiner Subjektivität auf die Subjektivität des jeweiligen anderen reagiert und sich dadurch ein intersubjektives Feld auftut, muss auch das Konzept des Widerstandes einer erneuten Überprüfung unterzogen werden. Denn trotz kompetenter Ausbildung und jahrelanger Berufserfahrung kann es nicht ausbleiben, dass Analytiker gegenüber ihren Patienten auch ihre eigene nicht bewusst reflektierte Subjektivität agieren und eben nicht nur reflektiert mit ihren Interventionen reagieren; und trotz besten Wissens über die Möglichkeit eigener Widerstände können Enactments (▶ Enactment, Erkennen des und Umgang mit dem) ihrer Patienten in ihnen ebenfalls Reaktionen und Widerstände auslösen, die sich in Form vielfältiger Deckaffekte, aber auch als Unlust, Langeweile, Aggressivität, übermäßiges Engagement, Denkhemmung, Mangel an kreativen Einfällen u. a. m. manifestieren.

Zwar bleibt es richtig, dass ein Analytiker wie ein Container im Bion'schen Sinne affektregulierend reagieren sollte; aber diese Metapher darf nicht darüber hinwegtäuschen, dass der analytische Container keineswegs leer ist, sondern ständig unterschweillige, aber durchaus auch bewusst wahrnehmbare Botschaften aussendet. Nur ein Teil dieser Botschaften kann vom Analytiker bewusst reflektiert werden und als epistemische Möglichkeit einer exzentrischen/exterritorialen Position genutzt werden.

Gleichwohl gibt es nach wie vor einen Widerstand, der überwiegend vom Patienten ausgeht, wenn dieser sich gegen ein intensiveres gefühlsmäßiges Ergriffenwerden wehrt und den analytischen Prozess stagnieren lässt. Bewährte und festgefahrene Bewältigungsmodi und traumakompensatorische Maßnahmen – selbst wenn diese eine erneute Belastung und weitere Konflikte mit sich bringen, weil sie für das gegenwärtige

Beziehungserleben maladaptiv geworden sind – stellen eine derartige Quelle des Widerstandes dar. Ein allmähliches und schrittweises Aufgeben oder ein Sichtrennen von derartigen häufig zu charakterlichen Eigenarten gewordenen Gewohnheiten wird vor allem dann notwendig, wenn es wie in einer analytischen Psychotherapie darum geht, Veränderungen auch in einem strukturellen Bereich erzielen zu wollen.

Für die meisten psychoanalytischen Schulrichtungen kann es deshalb keinen Zweifel daran geben, dass die Bearbeitung der Widerstände – vor allem in der Übertragung – auch weiterhin ein zentrales Thema der Psychoanalyse darstellt. Unterschiede gibt es allerdings darin, mit welcher Intensität, in welchem Tempo und mit welchem Verständnis von Abwehr und Widerstand diese Bearbeitung erfolgt.

So haben z.B. die Post-Ichpsychologen Gray (1996) und Busch (2000, 2001) eine Vorgehensweise konzeptualisiert, bei der bei jeder Unterbrechung des freien Assoziierens (▶ freie Assoziation) unmittelbar interveniert wird, weil davon ausgegangen wird, dass diese eine defensive Aktivität anzeigt, die als Folge einer aktivierten unbewussten Gefahr im Hier und Jetzt entstanden ist. Es ist klar, dass dieses sehr aktive und auch möglicherweise als konfrontativ empfundene Vorgehen beim Patienten Irritationen auslösen kann.

Ein aktives Ansprechen von Widerständen wird hingegen von solchen Psychoanalytikern eher strikt vermieden, die es als ihre Aufgabe betrachten, sich feinfühlig in die verschiedenen traumakompensatorischen Aktivitäten und Bewältigungsmodi einzufühlen, diese als wirkliche Leistungen anzuerkennen und nur ganz allmählich – hierbei die Initiative überwiegend dem Patienten überlassend – anzuregen, ob diese Haltungen nicht auch nach und nach verringert werden können, weil, zumindest in der Übertragungsbeziehung, die ursprüngliche Gefahr nicht mehr existiert. Jegliche Beschämung wird hierbei strikt zu vermeiden versucht, die trotz Traumatisierung und Konflikt aufrechterhaltenen Aktivitäten werden gewürdigt, etwaige weitere Ressourcen aktiviert. Es ist unmittelbar nachvollziehbar, dass dieses Vorgehen aber auch seine Zeit braucht. Es vermeidet zwar, ein Ungleichgewicht zwischen Analytiker und Analysanden herzustellen, das jedem Deutungsvorgang inhärent ist (Grabska 2002), weil hierbei der Analytiker die determinierende Macht des Unbewussten vor Augen führt, aber es verschenkt mitunter auch die Möglichkeiten, die reflexive Verfügbarkeit des Analysanden über sich selbst zu erhöhen. Denn auch eine zu große Bereitschaft, dem Patienten Kränkungen ersparen zu wollen, kann Veränderungschancen einschränken.

Wichtig ist vor allem ein gründliches Verstehen, aufgrund welcher lebensgeschichtlichen Verletzungen Patienten im Übermaß kränkbar, misstrauisch, abweisend und auch destruktiv reagieren müssen. Seit den grundlegenden Arbeiten von Betty Joseph (1975) überden »unzugänglichen« Patienten und von Joyce McDougall (1984) über alexithym wirkende Patienten, die ihre Emotionen stark unterdrücken bzw. nicht symbolisieren können, ist eine Anzahl von Arbeiten über autistische Barrieren, schizoide Widerstände und emotionalen Besetzungsabzug erschienen (z. B. Cohen & Jay 1996, Hoffman 2003, Moser & v. Zeppelin 2004, Nissen 2007, Dammann 2014).

Bei Patienten mit einem autistischen Kern scheinen oftmals beträchtliche Anteile ihres Erlebens bedeutungslos zu bleiben; dann stellt sich nicht selten Langeweile im Analytiker ein. Dies aber nur als Anzeichen für den Widerstand des Patienten aufzufassen, käme einem Kunstfehler gleich. Denn dahinter kann sich eine Erfahrung mit einer emotional unzugänglichen Mutterperson verbergen, die buchstäblich Leerstellen in der inneren Erfahrungsorganisation des Patienten hinterlassen hat. Entsprechend wichtig wird es sein, für diese nichtresonante Objekterfahrung einen inneren Raum zu schaffen, in dem die Verzweiflung über das nie Bekommene erst einmal eine Andockstelle finden kann (Bergstein 2009).

Bei dem interstrukturellen Konflikt, dem klassischen Trieb-Abwehr-Konflikt oder dem konvergenten Konflikttypus (vgl. Kris 1985) richtet sich der Widerstand gegen das Bewusstwerden der Angst, Schuld, Scham oder Depression bereitenden Wünsche und Affekte, wobei die Abwehr im Kontext des klindlichen Denkens und seiner sozioemotionalen Entwicklung entstand. In der Beziehung zum Analytiker manifestiert er sich als

Widerstand gegen das Bewusstwerden und benötigt deshalb eine intensive Durcharbeitung.

Beim intrastrukturellen oder divergenten Konflikttypus (vgl. Kris 1985) steht das immer erneute Erleben eines schmerzlichen Entweder-Oder im Mittelpunkt der Bearbeitung; der Widerstand richtet sich dagegen, eine Wahl zu treffen, sich für eine Seite (zumeist die progressive, entwicklungs- sowie realitätsangemessene) zu entscheiden; dies macht ein Abtrauern erforderlich, d. h. ein teilweises Aufgeben einer in der Vergangenheit durchaus als lustvoll erlebten, nun aber nicht mehr angemessenen Wunschbefriedigung; der Widerstand richtet sich ebenfalls gegen das Finden und Erleben eines Kompromisses, bei dem der partiell aufzugebende Wunsch bzw. seine Befriedigung doch noch temporär gelebt werden kann; stattdessen ist lange Zeit nur ein undialektisches Entweder-Oder vorstellbar. Z. B.: »Wenn ich nicht mehr umstandlos auf die Erwartungen meiner Freunde eingehe, um mir deren Liebe und Anerkennung zu versichern, werde ich zu einem krassen Egoisten, der nur an sich selbst denkt. Soll dies etwa das Ziel der Therapie sein?«

Bedeutsam wurde auch die Unterscheidung von M. M. Gill (1982) zwischen einem Widerstand gegen das Involviertwerden in die Übertragung (wie man ihn häufig bei betont um ihre Autonomie und Autarkie bemühten Patienten findet), einem Widerstand gegen das Bewusstwerden einer Übertragung und dem Widerstand gegen die Auflösung einer Übertragung. Bei der zuletzt genannten Widerstandsform hat der Patient mit seinem deklarativen Wissen bereits wiederholt erkannt, wie sich in seine Wahrnehmung immer wieder die gewohnten Erwartungen einschleichen: Aber es gelingt ihm noch nicht, die implizit kodierten Emotionen ausreichend zu verändern.

Vor allem die epidemiologischen Veränderungen, die im gegenwärtigen Klientel auftreten, haben zu einem erneuten Überdenken des klassischen psychoanalytischen Settings geführt; viele der heutigen Patienten sind an der Grenze zur Analysierbarkeit. Sie können mit einem wohlwollend schweigenden und gleichwohl konzentriert zuhörenden Analytiker, der mit dieser ungewöhnlichen Gesprächssituation auf den »Auftrieb des Unbewussten«, auf die allmähliche Entstehung einer Übertragungsneurose wartet, nichts anfangen. Sie brauchen vielmehr das lebendig reagierende Gegenüber, der den handelnden Umgang mit seinen eigenen Gefühlen aktiv strukturiert, statt auf das Auftreten von Erinnerungen beim Patienten zu warten, die ohnehin nur Leere, Nichtverstandenwordensein, Abwesenheit, Ohnmacht und Hilflosigkeit mit sich bringen würden. Bei nicht wenigen der in der Vergangenheit diagnostizierten Widerständen von Patienten handelte es sich vermutlich um iatrogene Artefakte, d.h. um eine Fehlanwendung einer behandlungstechnischen Einstellung, die bei Patienten mit einer gut entwickelten Mentalisierung und einer ausreichenden Beziehungskompetenz durchaus optimal ist, bei niederstrukturierten Patienten jedoch zu Unverständnis und Enttäuschung führt.

# Z

## (Zu-)Hören

Das psychoanalytische »(Zu-)Hören« ist immer noch konstitutiv für das genuin psychoanalytische Vorgehen (Akhtar 2013). Es weist klassischerseits folgende methodische Voraussetzungen auf: die Grundregel der ▶ freien Assoziation und die ▶ gleichschwebende Aufmerksamkeit als ihr Pendant beim Analytiker (vgl. Raguse 1998). Die Fähigkeit zur freien Assoziation – trotz anfänglicher Widerstände dagegen – galt viele Jahrzehnte als ein Kriterium für Analysierbarkeit. Dies hat sich in der Gegenwart geändert. So muss das freie Assoziieren oftmals entgegen vieler Ängste abgerungen werden. Aber auch die Erkenntnishaltung der gleichschwebenden Aufmerksamkeit hat schon bei Freud selbst verschiedene Etappen seiner Behandlungstechnik durchlaufen und sich entsprechend verändert (1912e, 1923a, 1925d).

Nach Freuds grundlegender Arbeit: »Ratschläge für den Arzt bei der psychoanalytischen Behandlung« (1912e), in der er einen Zustand der »gleichschwebenden Aufmerksamkeit« empfohlen hatte, wandte sich erst wieder Theodor Reik (1958) in seinem Buch »Hören mit dem dritten Ohr« dem analytischen Hören zu. Dies verwundert, denn das (Zu-)Hören stellt den hauptsächlichen methodischen Zugang zum Analysanden dar. Reik änderte Freuds Begriff der gleichschwebenden Aufmerksamkeit in den der »frei flottierenden Aufmerksamkeit« ab und kam damit auch in eine größere Nähe zu der in den 1950er und 1960er Jahren entstandenen kognitiven Psychologie, die sich nach ihrer Befreiung aus einer behavioristischen Psychologie wieder der Untersuchung unterschiedlicher Bewusstseinsgrade zuwenden durfte.

Reik betonte darüber hinaus, dass das psychoanalytische Hören immer schon eine Form des schwebenden Hörens gewesen sei und stets auch eine Oszillation beinhalte. Erforderlich sei nach Reik ein kontinuierlicher Wechsel zwischen der Bereitschaft, Stimuli zu empfangen und einer fokussierten und willentlichen Aufmerksamkeitsanstrengung.

Mit der ▶ gleichschwebenden Aufmerksamkeit wird eine generelle psychoanalytische Erkenntnishaltung beschrieben, die ihren Ausdruck vor allem in einer spezifischen Art des Hörens findet. Allgemein gesprochen ist diese zunächst einmal durch ein Ausredenlassen des Patienten gekennzeichnet, ohne dabei – wie im Alltagsdiskurs nicht selten üblich – sich als Dialogpartner zur Geltung zu bringen, sein Gegenüber in seinen Ausführungen zu unterbrechen, ihm ins Wort zu fallen und die Gesprächsinitiative an sich zu reißen oder gar wichtigtuerisch und überfahrend nach dem Sprecherwechsel einen Monolog zu führen, der einschüchternd, rivalisierend, belehrend, Aufmerksamkeit erheischend und Distanz herstellend, aber auch verführerisch zur Nähe einladend u. a. m. sein kann.

Die Haltung der gleichschwebenden Aufmerksamkeit beim Hören hat sich bei Freud von der Vorstellung eines unmittelbaren Rapports von Unbewusst zu Unbewusst (1912e) hin zu einer stärkeren Strukturierung des Gehörten entwickelt (1923a, 1925d), die bei Anna Freud (1936) mit ihrer Empfehlung einer Äquidistanz am differenziertesten zum Ausdruck kommt. Demnach soll der Analytiker allen Seiten des berichteten konflikthaften Materials gleichermaßen Gehör schenken: den sexuellen und aggressiven Wünschen, den Gefühlen der Angst, die mit diesen Wünschen einhergehen, den Abwehrmaßnahmen, die zur Bewältigung der Angst vorgenommen werden sowie den Ich-Ideal-Forderungen und Über-Ich-Verboten (die Anforderungen der interpersonellen Außenwelt wurden dann erst von Rapaport 1944, 1954 hinzugefügt, ▶ Interpersonelle Orientierung). Gegenüber dem nahezu voraussetzungslosen Zuhören des Freud von 1912 werden nunmehr klinische und metapsychologische Gesichtspunkte als Strukturierungshilfen akzeptiert, wobei die Balance zwischen dem konzept-, theorie- und erwartungsfreien Zuhören und dem durch Theoriefolien strukturierten Zuhören ein Thema werden sollte, das die psychoanalytische Gemeinschaft bis zum heutigen Tag intensiv beschäftigt (vgl. z. B. H. König 1996, 2000, 2014). Damit in engem Zusammenhang steht die Dialektik von Wissen und Nichtwissen (▶ Nichtwissen ertragen können, ▶ Theorien verwenden). Die Schreibweise (Zu-)Hören kann vielleicht die Eigentümlichkeit dieser psychoanalytischen Methode am besten verdeutlichen: »Zuhören« ist stärker von theoretischen Präkonzepten geleitet, »Hören« öffnet sich stärker dem unmittelbaren Eindruck und kann das Vorauswissen zurückstellen.

Lawrence Josephs (1988) unterschied ein archäologisches Zuhören von einem empathischen Hören. Archäologisches Zuhören ist darauf ausgerichtet, hinter der manifesten Oberfläche der semantischen Inhalte eine latente, »tiefere« Bedeutung zu entdecken (den unbewussten Konflikt, den abgewehrten Affekt, die verleugneten Erwartungen anderer, die unbewusste Wirkabsicht und Rollenerwartung).

Empathisches Hören verzichtet hingegen auf Annahmen über ein Dahinter und auch weitgehend auf Rekonstruktionen, die theoretisch zu belastet erscheinen und deren notwendig zu erfolgende Schlussfolgerungen sich unterschiedlich weit von einem unmittelbaren Mitfühlen entfernen können (▶ Einfühlung, ▶ Konkordante Identifizierung, ▶ Selbstobjekt-Übertragungen).

Allerdings ist diese Unterscheidung vertrackter als sie auf den ersten Blick erscheint. Denn auch das empathische Hören, das scheinbar auf alle theoretischen Konzepte verzichtet, ist letztlich doch wieder theorie- und konzeptgesteuert (▶ Theorien verwenden).

Nach Robert Langs (1981) lassen sich drei therapeutische Modalitäten in Bezug auf das (Zu-)Hören (sowie auf das Intervenieren) unterscheiden. Beim Typus 1 ist das Hören auf den manifesten Inhalt gerichtet (dies entspricht weitgehend dem empathischen Hören von Josephs), beim Typus 2 auf vereinzelte Abkömmlinge, die aus dem Material geschlussfolgert werden und beim Typus 3 auf Abkömmlinge in den Narrativen des Patienten, die sich im Anschluss an Interventionen des Analytikers ergeben (dies entspricht dem archäologischen (Zu-)Hören in seiner voll entwickelten Form; ▶ Kontext bezogenes Intervenieren). Diese drei Suchhaltungen konstituieren aus leicht einsehbaren Gründen jeweils sehr unterschiedliches Material und begründen aus klassischer Sicht ein eher nichtpsychoanalytisches Vorgehen, ein eher psychotherapeutisches Vorgehen und ein genuin psychoanalytisches Vorgehen.

Der von Langs beschriebene Typus 1 lässt sich mit Überlegungen von Evelyne Schwaber (1981, 1983, 1988) noch verdeutlichen. Für sie ist es entscheidend wichtig, auf das vom Patienten Mitgeteilte wirklich zu hören und sich seine Sichtweise zu vergegenwärtigen (was mit den Termini ▶ konkordante Identifizierung oder ▶ Einfühlung in den Selbstanteil zwar auch intendiert ist, aber dennoch nicht ausreichend deutlich wird, bzw. viele Spielräume offen lässt).

»Die große Schwierigkeit liegt im Verzicht auf eine Position, in der wir diejenigen sind, die wissen können, wann ein Patient verkehrt wahrnimmt, die beurteilen können, ob etwas real oder ›nur‹ Verzerrung ist. Es ist sehr schwer, die Innenwelt eines anderen Menschen zu erkennen, zu akzeptieren, daß die einzige Wahrheit, nach der wir suchen können, die psychische Wahrheit des Patienten ist« (Schwaber 1988, S. 227).

Die Forderung von Schwaber, mit diesem psychoanalytischen Grundsatz endlich Ernst zu machen und die Hoffnung aufzugeben, der Analytiker könne die »objektive« Realität des Patienten besser als dieser selbst erkennen, bedeutet die Verpflichtung zu einem radikal phänomenologischen Erkenntnisstandpunkt. Diesen kritisiert André Green andererseits als »phänomenologische Versuchung«, weil Typus 1 des Hörens auf die Wahrnehmung des unbewussten emotionalen Beziehungsfeldes, das zwischen Analytikerin und ihrem Patienten entsteht und in narrativen Abkömmlingen zum Ausdruck kommt und deshalb erschlossen werden muss, verzichtet.

Aber schließen sich diese drei Modi des Hörens tatsächlich aus? Auch beim sog. archäologischen Hören sollte der erschlossene Subtext immer mit dem vom Patienten intendierten Selbstverständnis und seiner bewussten Wirkabsicht im Stillen vom Analytiker abgeglichen werden; verlöre er diesen Referenzpunkt, hätten die entstehenden Konstruktionen keine Rückkopplung an das Bewusstsein des Patienten und deutende Interventionen wären nur um den Preis einer Suspendierung von Empathie und Taktgefühl möglich. Denn die Konfrontation mit dem Subtext könnte ohne die Einfühlung in das Selbstverständnis des Patienten zu äußerst verunsichernden Folgen für diesen führen (▶ Sicherheit).

Andererseits kann ein ausschließlich empathisches Hören, bei dem der Analytiker ausnahmslos mit dem bewussten Selbstverständnis seines Patienten identifiziert bleibt, sich somit durchweg konkordant einfühlt und sich auf wohltuende Weise resonant verhält, wohl kaum noch als psychoanalytisch bezeichnet werden, weil hierbei das Erkennen und Durcharbeiten unbewusster Vorgänge – nach wie vor konstitutiv für das psychoanalytische Vorgehen (▶ Arbeiten mit dem Unbewussten) – keine oder nur eine sehr geringe Beachtung finden. Wenn ein Analytiker immer nur den subjektiven und bewusstseinszugänglichen Standpunkt seines Analysanden einnimmt – unter maximaler Absehung von seinen eigenen Erfahrungen, Gegenübertragungsanmutungen und theoretischen Überlegungen, wie dies Schwaber (1992) empfiehlt –, kann dies wie eine »Beschwichtigungspolitik« (Gedo 1993, S. 135) erscheinen, bei der die Übertragungsbühne (mit Ausnahme für die ▶ Selbstobjekt-Übertragungen) geschlossen bleibt.

Allerdings gibt es Patienten, die das Verlassen einer empathischen Hörerposition ihres Analytikers für längere Zeit aus ganz unterschiedlichen Gründen nicht ertragen können und durch Beziehungsdeutungen mehr oder weniger stark verunsichert würden. Dies schließt aber keineswegs aus, dass Übertragungs- und Gegenübertragungsprozesse stillschweigend mitreflektiert werden und nicht nur eine ängstliche »Gegenübertragungsunterwürfigkeit« (vgl. Racker 1968) stattfindet, d.h. ein weitgehender Verzicht auf ein gefühlsmäßiges Involviertwerden des Analytikers oder bereits auf das Nachdenken über die Beziehung.

Diese z. T. sehr unterschiedlichen Auffassungen über die Art des (Zu-)Hörens verdeutlichen, in welchem Ausmaß die jeweilige Theorie der Behandlungstechnik von den zugrunde liegenden Epistemologien bestimmt ist. So geht z. B. Laplanches Allgemeine Verführungstheorie mit einer erkenntnistheoretischen Position einher, die zwei Übertragungsformen benennt: Bei der »gefüllten Übertragung« wird das vom Patienten Mitgeteilte unter eine Übertragungsbedeutung subsumiert, die eine Wiederholung der bewusst erinnerbaren Eltern-Kind-Interaktionen erkennen lässt. (»Sie erleben mich jetzt wie Ihre Mutter, die sich all Ihrer Gefühle bemächtigt hat«). Darüber hinaus bevorzugt Laplanche (1991) ein Hören auf »hohlförmige Übertragungen«, in die das Rätsel des Patienten sich einnisten kann. Denn die analytische Beziehung stellt die Beziehung zur ursprünglichen rätselhaften Botschaft wieder her. »Der Analytiker bietet dem Analysanden eine Höhlung an, in die dieser das Rätsel seiner ursprünglichen Beziehung einlagern und dort wieder aufnehmen kann« (Aichhorn 2013, S. 145).

# Literatur

Ablon, J. S., Levy, R. A. & Katzenstein, A. (2006). Beyond brand names of psychotherapy: Identifying empirically supported change processes. Psychotherapy: Theory, Research, Practice, Training, 43, 216–231.
Agosta, L. (1984). Empathy and intersubjectivitiy. In J. D. Lichtenberg, M. Bornstein & D. Silver (Eds.), Empathy, Vol. 1. (pp. 43–61). Mahwah, NJ: Erlbaum.
Aichhorn, T. (2013). Die Übertragung der Übertragung. Eine Reflexion der Praxis nach Jean Laplanche. In C. Diercks & S. Schlüter (Hg.), Sigmund-Freud-Vorlesungen 2012. Psychoanalysieren. Grundlagen und aktuelle Fragen der psychoanalytischen Methode (S. 141–149). Wien: Mandelbaum.
Akhtar, S. (1999). Immigration and identity. Turmoil, treatment, and transformation. Northvale, NJ.: Jason Aronson.
Akhtar, S. (2013). Psychoanalytic listening. Methods, limits, and innovations. London: Karnac.
Alexander, F. & French, T. M. (1946). Psychoanalytic therapy. New York: Ronald Press.
Altmeyer, M. (2006). Persönliche Mitteilung.
Altmeyer, M. & Thomä, H. (Hg.) (2006). Die vernetzte Seele. Die intersubjektive Wende in der Psychoanalyse. Stuttgart: Klett-Cotta.
Amati-Mehler, J., Argentieri, S. & Canestri, J. (1993). The babel of the unconscious. Mother tongue and foreign languages in the psychoanalytic dimension. Madison, Conn.: International Universities Press.
Ammaniti, M. & Sergi, G. (2003). Clinical dynamics during adolescence: psychoanalytic and attachment perspectives. Psychoanalytic Inquiry, 23, 54–80.
Anscombe, E. (1957). Intention. Oxford: Basil Blackwell.
Appelbaum, A. H. (1994). Psychotherapeutic routes to structural change. Bulletin of the Menninger Clinic, 58, 37–54.
Arbeitskreis OPD (Hg.) (2006). Operationalisierte psychodynamische Diagnostik OPD-2. Das Manual für Diagnostik und Therapieplanung. Bern: Hans Huber.
Argelander, H. (1991). Der Text und seine Verknüpfungen. Berlin: Springer.
Argelander, H. (2000). Über eine Anwendung der Textverknüpfungsmethode. In S. Drews (Hg.) Zum szenischen Verstehen in der

Psychoanalyse. Herrmann Argelander zum 80. Geburtstag (S. 77–97). Frankfurt/M.: Brandes & Apsel.

Aron, L. & Bushra, A. (1998). Mutual regression and altered states. Journal of the American Psychoanalytic Association, 46, 389–412.

Austin, J. L. (1962). How to do things with words. Oxford: Clarendon Press.

Bach, S. (1994). The language of perversion and the language of love. Northvale, NJ: Aronson.

Bachant, J. L., Lynch, A. A. & Richards, A. D. (1995). Relational models in psychoanalytic theory. Psychoanalytic Psychology, 12, 71–87.

Bachmann, I. (1966). Das dreißigste Jahr. Erzählungen. München: dtv.

Balter, L. & Spencer, J. H. (1991). Observation and theory in psychoanalysis: The self psychology of Heinz Kohut. Psychoanalytic Quarterly, 60, 361–395.

Balter, L., Lothane, Z. & Spencer, J. H. (1980). On the analyzing instrument. Psychoanalytic Quarterly, 49, 474–504.

Bänninger-Huber, E. (1992). Prototypical affective microsequences in psychotherapeutic interaction. Psychotherapy Research, 2, 291–306.

Bänninger-Huber, E. (1995). Die Untersuchung von Schuldgefühlen in der psychotherapeutischen Interaktion. Eine mimische Mikroanalyse. In G. Koch (Hg.), Auge und Affekt. Wahrnehmung und Interaktion (S. 39–56). Frankfurt/M.: Fischer.

Bänninger-Huber, E. (1996). Mimik – Übertragung – Interaktion. Die Untersuchung affektiver Prozesse in der Psychotherapie. Göttingen: Huber.

Bänninger-Huber, E. (2005). Mimische Signale, Affektregulierung und Psychotherapie. In P. Geißler (Hg.), Nonverbale Interaktion in der Psychotherapie. Forschung und Relevanz im therapeutischen Prozess (S. 51–64). Gießen: Psychosozial.

Baranger, M. & Baranger. W. (2008). The analytic situation as a dynamic field. International Journal of Psychoanalysis, 89, 795–826.

Barwinski Fäh, R. (2001). Trauma, Symbolisierungsschwäche und Externalisierung im realen Feld. Forum der Psychoanalyse, 17, 20–37.

Bauer, J. (2005). Warum ich fühle, was Du fühlst. Hamburg: Hoffmann & Campe.

Bauriedl, T. (1980). Beziehungsanalyse – Das dialektisch-emanzipatorische Prinzip der Psychoanalyse und seine Konsequenzen für die psychoanalytische Familientherapie. Frankfurt/M.: Suhrkamp.

Beebe, B. (2004). Faces in relation: A case study. Psychoanalytic Dialogues, 14, 1–52.

Beebe, B. & Lachmann, F. F. (1994). Representation and internalization in infancy: Three principles of salience. Psychoanalytic Psychology, 11, 127–165.

Beebe, B. & Lachmann, F. F. (1998). Co-constructing inner and relational processes: Self-and mutual regulation in infant research and adult treatment. Psychoanalytic Psychology, 15, 480–516.

Beebe, B. & Lachmann, F. F. (2004). Säuglingsforschung und die Psychotherapie Erwachsener. Wie interaktive Prozesse entstehen und zur Veränderungen führen. Stuttgart: Klett-Cotta.

Beebe, B., Knoblauch, S., Rustin, J. & Sorter, D. (2003a). Introduction. A systems view. Psychoanalytic Dialogues, 13, 743–776.

Beebe, B., Rustin, J., Sorter, D. & Knoblauch, S. (2003b). An expanded view of intersubjectivity in infancy and its application to psychoanalysis. Psychoanalytic Dialogues, 13, 805–841.

Beland, H. (1990). Bion zur analytischen Haltung – Ein Überblick. DPV Informationen, 7, 2–8.

Benecke, C. (2002). Mimischer Affektausdruck und Sprachinhalt. Interaktive und objektbezogene Affekte im psychotherapeutischen Prozess. Bern: Peter Lang.

Bergmann-Mausfeld, G. (2000). Empathie und Resonanz. Psychoanalyse und Säuglingsforschung. Forum der Psychoanalyse, 16, 204–213.

Bergmann-Mausfeld, G. (2006). Pathologische Passung, Mentalisierung und therapeutische Reaktion. Forum der Psychoanalyse, 22, 249–267.

Bergstein, A. (2009). On boredom: A close encounter with encapsulated parts of the psyche. International Journal of Psychoanalysis, 90, 613–631.

Bernardi, R. (2007). The concept of therapeutic action today: Lights and shadows of pluralism. Psychoanalytic Quarterly, 76, 1585–1599.

Berns, U. (1994). Die Übereinstimmungsdeutung. Ein Ergebnis der Evaluationsanalyse. Forum der Psychoanalyse, 10, 226–244.

Berns, U. (2014). Deutung. In W. Mertens (Hg.), Handbuch psychoanalytischer Grundbegriffe (S. 176–182). Stuttgart: Kohlhammer, 4., überarb. u. erw. Aufl. 2014.

Berns, U. (2001). Valide Interventionen in der Psychoanalyse. Zur Überprüfung der Wirksamkeit einer kontextorientierten psychoanalytischen Interventionstechnik. Forum der Psychoanalyse, 17, 312–331.

Bersofsky, M., Davis, M., Lavender, J. & Freedman, N. (2001). Nonverbal facilitators of symbolizing space. Psychoanalysis and Psychotherapy, 18, 145–170.

Bertalanffy, L. von (1968). General systems theory. New York: Braziller.

Betan, E. J. & Westen, D. (2009). Countertransference and personality pathology: development and clinical application of the Countertransference Questionnaire. In R. A. Levy & J. S. Ablon (Eds.),

Handbook of evidenced based psychodynamic psychotherapy: Bridging the gap between science andd practice (pp. 179–198). New York: Humana Press.
Bettighofer, S. (1998). Übertragung und Gegenübertragung im therapeutischen Prozess. Stuttgart: Kohlhammer, 3. Aufl. 2004.
Bibring, G. (1954). The training analysis and its place in psychoanalytic training. International Journal of Psycho-Analysis, 35, 169–173.
Bielska-Content, E. (2007). Die Realität fühlen: Das »Modell der Multiplen Theories of Mind« und die Erweiterung der »Operationalisierten Psychodynamischen Diagnostik«. Psyche – Z Psychoanal, 61, 754–780.
Bion, W. R. (1957). Attacks on linking. International Journal of Psycho-Analysis, 40, 308–315.
Bion, W. R. (1962). Learning from experience. London: Heinemann (dt.: Lernen aus Erfahrung).
Bion, W. R. (1979). Attention and interpretation. London: Maresfield Reprints, 1984.
Blanck, G. & Blanck, R. (1978). Angewandte Ich-Psychologie. Stuttgart: Klett-Cotta, 7. Aufl. 1998.
Blanck, G. & Blanck, R. (1980). Ich-Psychologie. II. Psychoanalytische Entwicklungspsychologie. Klett-Cotta, 7. Aufl. 2000.
Bleichmar, H. (2004). Making conscious the unconscious in order to modify unconscious processing. Some mechanisms of therapeutic change. International Journal of Psychoanalysis, 85, 1379–1400.
Bleichmar, H. (2010). On memory in a labile state: Therapeutic application. International Journal of Psychoanalysis, 91, 1524–1526.
Bleichmar, H. (2011). Elektronische Mitteilung am 18. September 2011.
Blum, H. (2003). Response to Peter Fonagy. International Journal of Psychoanalysis, 84, 509–513.
Boesky, D. (1982). Acting out. A reconsideration of the concept. International Journal of Psychoanalysis, 63, 39–54.
Bohleber, W. (1997). Trauma, Identifizierung und historischer Kontext. Über die Notwendigkeit, die NS-Vergangenheit in den psychoanalytischen Deutungsprozess einzubeziehen. Psyche – Z Psychoanal, 51, 958–995.
Bohleber, W. (1998). Diskussion der Fallvorstellung Otto F. Kernbergs. Psyche – Z Psychoanal, 52, 1163–1169.
Bohleber, W. (2007). Der Gebrauch von offiziellen und von privaten impliziten Theorien in der klinischen Situation. Psyche – Z Psychoanal, 60, 426–454.
Bohleber, W., Fonagy, P., Jiménez, J.P., Scarfone, D., Varvin, S. & Zysman, S. (2013). Towards a better use of psychoanalytic concepts: A model illustrated using the concept of enactment. International Journal of Psychoanalysis, 94, 501–530.

Böhme-Bloem, C. (2002). Das Ergriffene im Begriff. Gedanken zum Symbolisierungsprozeß. Zeitschrift für psychoanalytische Theorie und Praxis, 17, 371–392.

Bollas, C. (1997). Der Schatten des Objekts. Das ungedachte Bekannte: Zur Psychoanalyse der frühen Entwicklung. Stuttgart: Klett-Cotta, 1. Aufl. 1987.

Bollas, C (2001). Freudian intersubjectivity: Commentary on paper by Julie Gerhardt and Annie Sweetnam. Psychoanalytic Dialogues, 11, 93–106.

Bollas, C. (2002). Free association. London: Icon Books.

Bollas, C. (2006). Übertragungsdeutung als ein Widerstand gegen die freie Assoziation. Psyche – Z Psychoanal, 60, 932–947.

Bolognini, S. (2001). Empathy and the unconscious. Psychoanalytic Quarterly, 70, 447–473.

Bolognini, S. (2004). Psychoanalaytic empathy. London: Free Association (dt.: Empathie. Gießen: Psychosozial, 2006).

Bolognini, S. (2006). The profession of ferryman: Considerations on the analyst's internal attitude in consultation and in referral. International Journal of Psychoanalysis, 87, 25–42.

Borbely, A. F. (1998). A psychoanalytic concept of metaphor. International Journal of Psycho-Analysis, 79, 923–936.

Boston Change Process Study Group: Bruschweiler-Stern, N. et al. (2002). Explicating the implicit: The local level and the microprocess of change in the analytic situation. International Journal of Psychoanalysis, 83, 1051–1062 (dt.: Das Implizite erklären: Die lokale Ebene und der Mikroprozess der Veränderung in der analytischen Situation. Psyche – Z Psychoanal, 58, 935–952, 2004).

Boston Change Process Study Group (2005a). The »something more« than interpretation revisited: Sloppiness and co-creativitiy in the psychoanalytic encounter. Journal of the American Psychoanalytic Association, 53, 693–729.

Boston Change Process Study Group (2005b). Response to commentaries. Journal of the American Psychoanalytic Association, 53, 761–769.

Brenner, C. (1982). The mind in conflict. New York: International Universities Press (dt.: Elemente des seelischen Konflikts. Theorie und Praxis der modernen Psychoanalyse. Frankfurt/M.: S. Fischer, 1986).

Brenner, C. (1994). The mind as conflict and compromise formation. Journal of Clinical Psychoanalysis, 3, 473–488.

Brenner, C. (1998). Beyond the ego and the id revisited. Journal of Clinical Psychoanalysis, 7, 165–180.

Brenner, C. (2000). Observations on some aspects of current psychoanalytic theories. Psychoanalytic Quarterly, 69, 597–632.

Brisch, H.-H. (1999). Bindungsstörungen. Von der Bindungstheorie zur Therapie. Stuttgart: Klett-Cotta.

Britton, R. (1989). The missing link: parental sexuality in the oedipus complex. In R. Britton, M. Feldman & E. O'Shaugnessy (Eds.), The oedipus complex today – Clinical implications (pp. 83–101). London: Karnac Books.

Brocher, T. & Sies, C. (1986). Psychoanalyse und Neurobiologie. Zum Modell der Autopoiese als Regulationsprinzip. Stuttgart: Frommann-holzboog.

Bründl, P. & Kogan, I. (Hg.) (2005). Kindheit jenseits von Trauma und Fremdheit. Psychoanalytische Erkundungen von Migrationsschicksalen im Kindes- und Jugendalter. Frankfurt/M.: Brandes & Apsel.

Bucci, W. (1997). Psychoanalysis and cognitive science. A multiple code theory. New York: Guilford Press.

Bucci, W. (2001). Pathways of emotional communication. Psychoanalytic Inquiry, 21, 40–70.

Bucci, W. (2002). The challenge of diversity in modern psychoanalysis. Psychoanalytic Psychology, 19, 216–226.

Bucci, W. (2011). The interplay of subsymbolic and symbolic processes in psychoanalytic treatment: It takes two to tango – but who know the steps, who is the leader? The choreography of the psychoanalytic interchange. Psychoanalytic Dialogues, 21, 45–54.

Bucci, W. & Maskit, B. (2007). Beneath the surface of the therapeutic interaction: The psychoanalytic method in modern dress. Journal of the American Psychoanalytic Association, 55, 1355–1397.

Bucci, W. Maskit, B. & Hoffman, L. (2012). Objective measures of subjective experience: The use of therapist notes in process-outcome research. Psychodynamic Psychiatry, 40, 303–340.

Buchheim, A. et al. (1998). Einführung in die Bindungstheorie und ihre Bedeutung für die Psychotherapie. Psychotherapie, Psychosomatik, medizinische Psychologie, 48, 128–138.

Buchholz, M. B. (Hg.) (1993a). Metaphernanalyse. Göttingen: Vandenhoeck & Ruprecht.

Buchholz, M. B. (1993b). Die Rolle der Prozeßphantasie in der stationären Psychotherapie. Journal für Psychologie, 1 (4), 64–81.

Buchholz, M. B. (1994). Therapie als Interaktionsgeschichte. Metaphernanalytische Rekonstruktionen der Prozessphantasie. In H. Faller & J. Frommer (Hg.), Qualitative Psychotherapieforschung. Grundlagen und Methoden (S. 348–372). Heidelberg: Roland Asanger.

Buchholz, M. B. (1998). Die Metapher im psychoanalytischen Dialog. Psyche – Z Psychoanal, 52, 545–571.

Buchholz, M. B. (1999). Psychotherapie als Profession. Gießen: Psychosozial.

Buchholz, M. B. & Kleist, C. von (1995). Metaphernanalyse eines Therapiegesprächs. In M. B. Buchholz (Hg.), Psychotherapeutische Interaktion – Qualitative Studien zu Konversation, Metapher, Geste und Plan (S. 93–125). Opladen: Westdeutscher Verlag.
Busch, F. (1992). Recurring thoughts on unconscious ego resistances. Journal of the American Psychoanalytic Association, 40, 1089–1115.
Busch, F. (1993). In the neighborhood: aspects of a good interpretation and a »developmental lag« in ego psychology. Journal of the American Psychoanalytic Association, 41, 151–177.
Busch, F. (1994). Some ambiguities in the method of free association and their implications for technique. Journal of the American Psychoanalytic Association, 42, 363–384.
Busch, F. (1996). The ego and its significance in analytic interventions. Journal of the American Psychoanalytic Association, 44, 1073–1099.
Busch, F. (1997). Understandig the patient's use of the method of free association: an ego psychological approach. Journal of the American Psychoanalytic Association, 45, 407–424.
Busch, F. (2003). Back to the future. Psychoanalytic Quarterly, 72, 201–215.
Busch, F. (2010). Distinguishing psychoanalysis from psychotherapy. International Journal of Psychoanalysis, 91, 23–34.
Canestri, J. (Hg.) (2006). Psychoanalysis. From practice to therapy. London: John Wiley & Sons.
Caper, R. (1995). On the difficulty of making a mutative interpretation. International Journal of Psycho-Analysis, 76, 91–101.
Carpy, D. V. (1989). Tolerating the countertransference: A mutative process. International Journal of Psycho-Analysis, 70, 287–294.
Carsky, M. & Yeomans, F. (2012). Overwhelming patients and overwhelmed therapists. Psychodynamic Psychiatry, 40, 75–90.
Casement, J. M. (1989). Vom Patienten lernen. Stuttgart: Klett-Cotta.
Casement, J. M. (2002). Learning from our mistakes. Beyond dogma in psychoanalysis and psychotheray. Hove: Brunner-Routledge.
Cavell, M. (1993). The psychoanalytic mind – From Freud to philosophy. Cambridge: Harvard University Press (dt.: Freud und die analytische Philosophie des Geistes. Stuttgart: Klett-Cotta, 1997).
Chodorow, N. (1999). The power of feelings. New Haven: Yale University Press.
Chused, J. F. (2000). Discussion: A clinican's view of attachment theory. Journal of the American Psychoanalytic Association, 48, 1175–1187.
Clarkin, J. F., Yeomans, F. E. & Kernberg, O. F. (1999). Psychotherapy for borderline personality. New York: Wiley (dt.: Psychotherapie

der Borderline-Persönlichkeit: Manual zur psychodynamischen Psychotherapie. Stuttgart: Schattauer, 2001).

Clyman, R. (1992). The procedural organisation of emotions: A contribution from cognitive science to the psychoanalytic theory of therapeutic action. In T. Shapiro & R. Emde (Eds.), Affect: Psychoanalytic perspectives (pp. 349–382). Madison: International Universities Press.

Coates, S. (1997). It is time to jettison the concept of develomental lines? Gender and Psychoanalysis, 2, 35–53.

Cohen, D. (2007). Freud's baby: beyond autoerotism and narcissism. International Journal of Psychoanalysis, 88, 883–893.

Cohen, D. & Jay, S. M. (1996). Autistic barriers in the psychoanalysis of borderline patients. International Journal of Psychoanalysis, 77, 913–933.

Conci, M. (2005). Sullivan neu entdecken. Leben und Werk Harry Stack Sullivans und seine Bedeutung für Psychiatrie, Psychotherapie und Psychoanalyse. Gießen: Psychosozial.

Cooper, S. H. (1998a). Countertransference disclosure and the conceptualization of analytic technique. Psychoanalytic Quarterly, LXVI, 128–154.

Cooper, S. H. (1998b). Analyst subjectivity, analyst disclosure, and the aims of psychoanalysis. Psychoanalytic Quarterly, LXVI, 379–406.

Cremerius, J. (1979). Gibt es zwei psychoanalytische Techniken? Psyche – Z Psychoanal, 33, 577–599.

Dahl, H. (2010). Nachträglichkeit, Wiederholungszwang, Symbolisierung. Zur psychoanalytischen Deutung von primärprozesshaften Szenen. Psyche – Z Psychoanal, 64, 385–407.

Damann, G. (2004). Interaktionelle Methode und übertragungsfokussierte Psychotherapie. Gemeinsamkeiten und Unterschiede zweier psychodynamischer Therapieverfahren für persönlichkeitsgestörte Patienten. Forum der Psychoanalyse, 20, 314–330.

Danckwardt, J. F. (1994). Vom Aufspüren bedeutungsfähiger Übertragung durch Arbeitsaffekte, In C. Frank (Hg.), Wege zur Deutung (S. 114–132). Opladen: Westdeutscher Verlag.

Danckwardt, J. F. (2006). Der Einriß in der Beziehung des Ichs zur Außenwelt und seine Performance als Restitutionsversuch – Eine Einführung. Jahrbuch der Psychoanalyse, 53, 11–27.

Danckwardt, J. F. (2010). Über die allmähliche Verfertigung neuer Theorien in psychoanalytischen Prozessen am Beispiel von Sigmund Freuds dritter Traumatheorie, Entdeckung des Widerstands und Synthesetheorie für Setting und Deutung. Psyche – Z Psychoanal, 64, 408–436.

Danckwardt, J. F. (2011). Die Angst vor der Methode in der Psychoanalyse. EPF-Bulletin, 65, 121–132.

Danckwardt J. (2013). Performance. Zur Begriffsentwicklung, Konzeptgeschichte und zum Erklärungs- und Gebrauchswert in der Psychoanalyse. Jahrbuch der Psychoanalyse, 66, 147–169.

Daser, E. (1995). Nonverbale Kommunikation im therapeutischen Dialog. Forum der Psychoanalyse, 11, 119–132.

Daser, E. (1999). Kognitive und interaktionelle Elemente der Empathie. Psychotherapie und Sozialwissenschaften, 1, 165–186.

Daser, E. (2001). Deuten als Form der hilfreichen Beziehung. Dargestellt an zwei Sequenzen aus psychoanalytischen Krisenintervention. Psyche – Z Psychoanal, 55, 504–533.

Daser, E. (2003). Begegnung im Dienste des Begreifens. Anerkennung als Moment des analytischen Prozesses. Forum der Psychoanalyse, 19, 295–311.

Daser, E. (2005). Anerkennung als interaktionelles Moment der Psychoanalyse. Forum der Psychoanalyse, 21, 168–183.

Davis, T. J. (2001). Revising psychoanalytic interpretations of the past: an examination of declarative and non-declarative memory processes. International Journal of Psychoanalysis, 82, 449–462.

De Jonghe, F., Rijnierse, P. & Jansen, R. (1992). The role of support in psychoanalysis. Journal of the American Psychoanalytic Association, 40, 475–499.

De Masi, F. (2003). Das Unbewusste und die Psychosen. Einige Überlegungen zur psychoanalytischen Theorie der Psychosen. Psyche – Z Psychoanal, 57, 1–34.

Dennett, D. C. (1991). Consiousness explained. London: Penguin.

Deserno, H. (1990). Die Analyse und das Arbeitsbündnis. München: Verlag Internationale Psychoanalyse.

Deserno, H. (1992). Zum funktionalen Zusammenhang von Traum und Übertragung. Psyche – Z Psychoanal, 46, 959–978.

Deserno, H. (1998). Wie wird die Übertragung erfaßt? Die Auswertung der 290. Stunde in klinischer Perspektive. Psychotherapie, Psychosomatik, medizinische Psychologie, 48, 308–313.

Deserno, H (Hg.) (1999). Das Jahrhundert der Traumdeutung. Perspektiven psychoanalytischer Traumforschung. Stuttgart: Klett-Cotta.

Deserno, H. (2006). Die gegenwärtige Bedeutung von Symboltheorien für die psychoanalytische Praxis und Forschung. In H. Böker (Hg.) Psychoanalyse und Psychiatrie. Geschichte, Krankheitsmodell und Therapiepraxis (S. 345–358). Berlin: Springer.

Diamond, M. J. (2004). The shaping of masculinity: Revisioning boys turning away from their mothers to construct male gender identity. International Journal of Psychoanalysis, 85, 359–380.

Diamond, D., Blatt, J. D. & Lichtenberg, J. (2007). Attachment & sexuality. New York: Analytic Press.

Dornes, M. (1997). Der Säugling und das Unbewusste. In ders., Die frühe Kindheit. Entwicklungspsychologie der ersten Lebensjahre (S. 290–323). Frankfurt/M.: Fischer 7. Aufl. 2003.

Dornes, M. (1998). Bindungstheorie und Psychoanalyse. Psyche – Z Psychoanal, 52, 299–348.

Dorpat, T. (1984). The technique of questioning. In J. S. Raney (Ed.). Listening and interpreting – The challenge of the work of Robert Langs (pp. 55–74). New York: Aronson.

Duval, S. & Wicklund, R. A. (1972). A theory of objective self-awareness. New York: Academic Press.

Eagle, M. N. (1988). Neuere Entwicklungen in der Psychoanalyse. Eine kritische Würdigung. München: Verlag Internationale Psychoanalyse.

Eagle, M. N. (2000). A critical evaluation of current conceptions of transference and countertransference. Psychoanalytic Psychology, 17, 24–37.

Eagle, M. N. (2003a). Clinical implications of attachment theory. Psycho-analytic Inquiry, 23, 27–53.

Eagle, M. N. (2003b). The postmodern turn in psychoanalysis: A critique. Psychoanalytic Psychology, 20, 411–424.

Eagle, M. N. (2007). Psychoanalysis and its critics. Psychoanalytic Psychology, 24, 10–24.

Eagle, M.N., Gallese, V. & Migone, P. (2009). Mirror neurons and mind: Commentary on Vivona. Journal of the American Psychoanalytic Association, 56, 559–568.

Eckardt, M.-E. (1995). Durcharbeiten im analytischen Prozeß. Zeitschrift für psychoanalytische Theorie und Praxis, 10, 424–441.

Ehlert, M. & Lorke, B. (1988). Zur Psychodynamik der traumatischen Reaktion. Psyche – Z Psychoanal, 42, 502–532.

Ehlert-Balzer, M. (1996). Das Trauma als Objektbeziehung. Veränderungen der inneren Objektwelt durch schwere Traumatisierung im Erwachsenenalter. Forum der Psychoanalyse, 12, 291–314.

Ehlert-Balzer, M. (1999). Ist die Psychoanalyse Gift für Traumaopfer? Erwiderung auf Luise Reddemann und Ulrich Sachsse: Welche Psychoanalyse ist für Opfer geeignet? Forum der Psychoanalyse, 15, 81–84.

Ehlert-Balzer, M. (2000). Phantasie und Realität – Die psychoanalytische Bearbeitung eines Verfolgungstraumas in der Übertragung. Psychotherapie im Dialog, 1, 13–20.

Erhardt, J. (2013). Beziehung und Differenzierung in der therapeutischen Dyade. Gießen: Psychosozial.

Eicke-Spengler (1999). Der erweiterte Erlebnisraum der psychoanalytischen Beziehung. Zeitschrift für psyschoanalytische Theorie und Praxis, 14, 5–16

Endres, M. & Hauser, S. (Hg.) (2000). Bindungstheorie in der Psychotherapie. München: Ernst Reinhardt.

Ensink, K. (2013). The impact of mentalization training on the reflective function of novice therapists: A randomized controllend trial. Psychotherapy Research, 23, 526–538.

Erim, Y. (2001). Muttersprachliche Gruppentherapie mit türkeistämmigen Migrantinnen. Gruppenpsychotherapie und Gruppendynamik, 37, 158–176.

Erim, Y & Senf, W. (2002). Psychotherapie mit Migranten. Interkulturelle Aspekte in der Psychotherapie. Psychotherapeut, 47, 336–346.

Erim-Frodermann, Y. (1999). Psychotherapie mit Migranten. In W. Senf & W. Broda (Hg.), Praxis der Psychotherapie. Ein integratives Lehrbuch (S. 634–639). Thieme: Stuttgart.

Ermann, M. (1993). Übertragungsdeutungen als Beziehungsarbeit. In ders. (Hg.), Die hilfreiche Beziehung in der Psychoanalyse (S. 50–67). Göttingen: Vandenhoeck & Ruprecht.

Ermann, M. (2004). Die tiefenpsychologisch fundierte Methodik in der Praxis. Die Spezifizierung des psychodynamischen Ansatzes in der Richtlinienpsychotherapie. Forum der Psychoanalyse 20, 300–313.

Ermann, M. (2005). Explizite und implizite psychoanalytische Behandlungs-praxis, Forum der Psychoanalyse, 21, 3–13.

Erreich, A. (2003). A modest proposal: (re-)defining unconscious phantasy. Psychoanalytic Quarterly, 72, 541–574.

Etchegoyen, L. & Amati-Mehler, J. (2004). Language and affects in the analytic practice. International Journal of Psychoanalysis, 85, 1479–1483.

Fabregat, M. & Krause, R. (2008). Metaphern und Affekt: Zusammenwirken im therapeutischen Prozess. Zeitschrift für Psychosomatische Medizin und Psychotherapie, 54, 77–88.

Faimberg, H. (1996). Listening to »listening«. International Journal of Psychoanalysis, 77, 667–677.

Faimberg, H. (2007). Plea for a broader concept of Nachträglichkeit. Psychoanalytic Quarterly, 76, 1221–1240.

Fain, M. & David, C. (1963). Aspects fonctionells de la vie onirique. Revue Francaise de Psychoanalyse, 27, 241–343.

Fain, M. & Marty, P. (1964). Perspective psychosomatique sur la fonction des fantasmes. Revue Francaise de Psychoanalyse, 28, 609–622.

Falkenström, F., Grant, J. Broberg, J. & Sandell, R. (2007). Self-analysis and post-termination improvement. Journal of the American Psychoanalytic Association, 55, 629–674.

Fenichel, O. (1941). Problems of psychoanalytic technique. Albany, NY.: Psychoanalytic Quarterly.

Ferro, A. (2003). Das bipersonale Feld. Konstruktivismus und Feldtheorie in der Kinderanalyse. Gießen: Psychosozial.

Fischer, G. (2000). Mehrdimensionale Psychodynamische Traumatherapie (MPTT). Manual zur Behandlung psychotraumatischer Störungen. Heidelberg: Asanger.

Fischer, G. & Riedesser, P. (1998). Lehrbuch der Psychotraumatologie. München: UTB.

Fishman, G. G. (1999). Knowing another from a dynamic systems point of view: The need for a multimodal concept of empathy. Psychoanalytic Quarterly, 68, 376–400.

Flader, D., Grodzicki, W.-D. & Schröter, K. (Hg.) (1982). Psychoanalyse als Gespräch. Interaktionsanalytische Untersuchungen über Therapie und Supervision. Frankfurt/M.: Suhrkamp.

Fogel, A. (1992). Movement and communication in human infancy: the social dynamics of development. Human Movement Science, 11, 387–423.

Fonagy, P. (1991). Thinking about thinking: some clinical and theoretical considerations in the treatment of a borderline patient. International Journal of Psychoanalysis, 72, 639–656.

Fonagy, P. (1999a). Guest Editorial: Memory and therapeutic action. International Journal of Psychoanalysis, 80, 215–223.

Fonagy, P. (1999b). Response. International Journal of Psychoanalysis, 80, 1011–1013.

Fonagy, P. (2001). Das Ende einer Familienfehde. Versöhnung von Bindungstheorie und Psyachoanalyse. In W. Bohleber & S. Drews (Hg.), Die Gegenwart der Psychoanalyse – die Psychoanalyse der Gegenwart (S. 304–319). Stuttgart: Klett-Cotta.

Fonagy, P. (2003a). Rejoinder to Harold Blum. International Journal of Psychoanalysis, 84, 503–509.

Fonagy, P. (2003b). Some complexities in the relation of psychoanalytic theory to technique. Psychoanalytic Quarterly, 72, 13–47.

Fonagy, P. (2003c). Bindungstheorie und Psychoanalyse. Stuttgart: Klett-Cotta.

Fonagy, P. (2004). Miss A with commentaries by Paul Denis, Irwin Z. Hoffman. International Journal of Psychoanalysis, 85, 807–822.

Fonagy, P. & Target, M. (1996). Playing with reality: I. Theory of mind and the normal development of psychic reality. International Journal of Psycho-Analysis, 77, 217–233.

Fonagy, P. & Target, M. (2007). Playing with reality: IV. A theory of external reality rooted in intersubjectivity. International Journal of Psychoanalysis, 88, 917–937.

Fonagy, P., Target, M., Steele, H., & Steele, M. (1998). Reflective-Functioning Manual for Application to Adult Attachment Interviews (Version 5.0). London, University College London, 1998 (deutsche

Übersetzung von Reinke, E. et al. AG Psychoanalyse und Bindungsforschung. Universität Bremen 2000; überarbeitetes Manual).

Fonagy, P., Gergely, G., Jurist, E. & Target, M. (2004). Affektregulierung, Mentalisierung und die Entwicklung des Selbst. Stuttgart: Klett-Cotta.

Fosshage, J. L. (1995). Countertransference as the analyst's experience of the analysand: Influence of listening perspectives. Psychoanalytic Psychology, 12, 375–391.

Frank, G. (1998). On the relational school of psychoanalysis. Some additional thoughts. Psychoanalytic Psychology, 15, 141–153.

Frayn, D. H. (1996). What is effective self-analysis: Is it necessary or even possible? Canadian Journal of Psychoanalysis, 4, 291–307.

Freedman, N. & Lavender, J. (1997). On receiving the patient's transference: the symbolic and desymbolizing countertransference. Journal of the American Psychoanalytic Association, 45, 79–103.

Freedman, N. & Russell, J. (2003). Symbolization of the analytic discourse. Psychoanalysis and Contemporary Thought, 26, 39–86.

Freedman, N., Karliner, R. & Kagan, D. (2000). The scales of incremental symbolization manual. New York: Department of Psychology, SUNY Downstate Medical.

Freedman, N., Lasky, R. & Webster, J. (2009). The ordinary and the extraordinary countertransference. Journal of the American Psychoanalytic Association, 57, 303–331.

Freud, A. (1936). Das Ich und die Abwehrmechanismen. London: Imago.

Freud, S. (1890). Psychische Behandlung (Seelenbehandlung). GW V, 287–315.

Freud, S. (1910d). Die zukünftigen Chancen der psychoanalytischen Therapie. GW 8, 104–115.

Freud, S. (1911b). Formulierungen über die zwei Prinzipien des psychischen Geschehens. GW 8, 230–238.

Freud, S. (1912e). Ratschläge für den Arzt bei der psychoanalytischen Behandlung. GW 8, 376–387.

Freud, S. (1913c). Zur Einleitung der Behandlung. GW 8, 454–478.

Freud, S. (1914g). Erinnern, Wiederholen und Durcharbeiten. GW 10, 126–134.

Freud, S. (1915a). Bermerkungen über die Übertragungsliebe. GW 10, 306–321.

Freud, S. (1915c). Triebe und Triebschicksale. GW 10, 210–232.

Freud, S. (1915e). Das Unbewusste. GW 10, 264–303.

Freud, S. (1916-1917a). Vorlesungen zur Einführung in die Psychoanalyse. GW 11.

Freud, S. (1919a). Wege der psychoanalytischen Psychotherapie. GW 12, 183–194.

Freud, S. (1923a). ›Libidotheorie‹ ›Psychoanalyse‹. GW 13, 211–233.
Freud, S. (1923b). Das Ich und das Es. GW 13, 237–289.
Freud, S. (1925d). Selbstdarstellung. GW 14, 31–96.
Freud, S. (1926d). Hemmung, Symptom und Angst. GW 14, 111–205.
Freud, S. (1926e). Die Frage der Laienanalyse. GW 14, 207–286.
Freud, S. (1937c). Die endliche und unendliche Analyse. GW 16, 59–99.
Freud, S. (1940b). Some Elementary Lessons in Psycho-Analysis. GW 17, 139–147.
Friesen, W. V. & Ekman, P. (1984). EMFACS-7: Emotional Facial Action Coding System, Version 7. Unveröffentlicht (zit. nach Merten, J. 2003, Einführung in die Emotionspsychologie. Stuttgart: Kohlhammer.)
Frommer, J. & Tress, W. (1998). Primäre traumatisierende Welterfahrung oder primäre Liebe? Zwei latente Anthropologien in der Psychoanalyse. Forum der Psychoanalyse, 14, 139–150.
Fuchs, T. (2008). Das Gehirn – ein Beziehungsorgan – Eine phänomenologisch-ökologische Konzeption. Stuttgart: Kohlhammer.
Gabbard, G. O. (2007). ›Bound in a nutshell‹: Thoughts on complexity, reductionism, and ›infinite space‹. International Journal of Psychoanalysis, 88, 559–574.
Gabbard, G. O. & Westen, D. (2003). Rethinking therapeutic action. International Journal of Psychoanalysis, 84, 823–842.
Gabbard, G. O. & Wilkinson, S. M. (1994). Management of countertransference with borderline patients. Washington DC: American Psychiatric Press.
Gallese, V., Eagle, M. N. & Migone, P. (2007). Intentional attunement: Mirror neurons and the neural underpinnings of interpersonal relations. Journal of the American Psychoanalytic Association, 55, 131–176.
Gaston, L., & Marmar, C. R. (1994). The California Psychotherapy Scales. In A. O. Horvath & L. S. Greenberg (Eds.). The working alliance: Theory, research and practice (pp. 85–108). New York: Wiley.
Gediman, H. K (2006). Facilitating analysis with implicit and explicit self-disclosures. Psychoanalytic Dialogues, 16, 241–262.
Gedo, J. E. (1993). Psychoanalytische Interventionen: Überlegungen zur Form. Psyche – Z Psychoanal, 47, 130–147.
Gehrie, M. J. (2011). From archaic narcissism to empathy for the self: The evolution of new capacities in psychoanalysis. Journal of the American Psychoanalytic Association, 59, 313–334.
Geißler, P. (Hg.) (2004). Was ist Selbstregulation? Eine Standortbestimmung. Gießen: Psychosozial.
Geißler, P. (Hg.) (2006). Das Körper-Selbst und seine Regulierungsstörungen. Gießen: Psychosozial.

Geißler, P. (2007). Entwicklungspsychologisch relevante Konzepte im Überblick. In ders. & G. Heisterkamp, a. a. O. (S. 99–164).

Geißler, P. (Hg.) (2008). Der Körper in Interaktion. Handeln als Erkenntnisquelle in der psychoanalytischen Therapie. Gießen: Psychosozial.

Geißler, P. & Heisterkamp, G. (Hg.) (2007). Psychoanalyse der Lebensbewegungen – Zum körperlichen Geschehen in der psychoanalytischen Therapie – Ein Lehrbuch. Springer: Wien, New York.

Geist, R. (2007). Who are you, who am I, and where are we going: Sustained empathic immersion in the opening phase of psychoanalytic treatment. Journal of Psychoanalytic Self Psychology, 2, 1–26.

Gelso, C. J. & Hayes, J. A. (2007). Countertransference and the therapist's inner experience. Perils and possibilities. Mahwah, NJ: Lawrence Erlbaum.

Gergely, G. & Watson, J. (1996). The social feedback theory of parental affect-mirroring: The development of emotional self-awareness and self-control in infancy. International Journal of Psychoanalysis, 77, 1181–1212.

Gilch-Geberzahn, G: (1998). Vom Wahrnehmen zum Deuten. Über die innere Arbeit des Psychoanalytikers. Forum der Psychoanalyse, 10, 34–51.

Gill, M. M. (1954). Psychoanalysis and exploratory psychotherapy. Journal of the American Psychoanalytic Association, 2, 771–797.

Gill, M. M. (1982). Analysis of transference. Vp. 1. Theory and technique. Psychological Issues Monograph 53. New York: International University Press. (dt.: Die Übertragungsanalyse: Theorie und Technik. Frankfurt/M.: Fischer, 1996).

Gill, M. M. (1993). Die Analyse der Übertragung. Forum der Psychoanalyse, 9, 46–61.

Gill, M. M. & Hoffman, I. Z. (1982). A method for studying the analysis of aspects of the patient's experience of the relationship in psychoanalysis and psychotherapy. Journal of the American Psychoanalytic Association, 30, 137–168.

Ginot, E. (2007). Intersubjectivity and neuroscience. Understanding enactments and their therapeutic significance within emerging paradigms. Psychoanalytic Psychology, 24, 317–332.

Ginot, E. (2009). The empathic power of enactments. The link between neuropsychological processes and an expanded definition oft empathy. Psychoanalytic Psychology, 26, 290–309.

Ginot, E. (2012). Self-narratives and dysregulated affective states. The neuropsychological links between self-narratives, attachment, affect and cognition. Psychoanalytic Psychology, 29, 59–80.

Ginsburg, S. A. (2012). The Boston Change Process Study Group: Reflections on a clinical theory. Psychoanalytic Quarterley, LXXXI, 751–771.

Gödde, G. & Zirfas, J. (2006). Das Unbewusste in Lebenskunst und Psychotherapie. In M. B. Buchholz & G. Gödde (Hg.), Das Unbewusste in der Praxis. Erfahrungen verschiedener Professionen. Bd. 3 (S. 746–782). Gießen: Psychosozial.

Goldberg, A. (1998). Self psychology since Kohut. Psychoanalytic Quarterly, LXVII, 240–255.

Götzmann, L. & Hochapfel, M. (2003). Zur Natur des »Sechsten Sinnes«. Die Gegenübertragung im Kontext der Psychoanalyse und der kognitiven Neurosciences. Forum der Psychoanalyse, 19, 116–128.

Götzmann, L. & Ruettner, B. (2007). »Explosionen, Beton, Totes und Schrumpfungsprozesse« – Zur Focusing-Wahrnehmung des Körpers in der Gegenübertragung. Psyche – Z Psychoanal 61, 137–150.

Grabska, K. (2000). Gleichschwebende Aufmerksamkeit und träumerisches Ahnungsvermögen (Rêverie). Forum der Psychoanalyse, 16, 247–260.

Grabska, K. (2002). Zur Gewalt der Deutung. Über Destruktivität in der analytischen Methode. In A.-M. Schlösser & A. Gerlach (Hg.), Gewalt und Zivilisation. Erklärungsversuche und Deutungen (S. 617–635). Gießen: Psychosozial.

Grabska, K. (2004). Die Desobjektalisierung des Psychoanalytikers. In C. Rohde-Dachser & F. Wellendorf (Hg.), Inszenierungen des Unmöglichen. Theorie und Therapie schwerer Persönlichkeitsstörungen (S. 187–209). Stuttgart: Klett-Cotta.

Grande, T. (2007). Wie stellen sich Konflikt und Struktur in Beziehungen dar? Zeitschrift für Psychosomatische Medizin und Psychotherapie, 53, 144–162.

Gray, P. (1982). »Developmental lag« in the evolution of technique for psychoanalysis of neurotic conflict. Journal of the American Psychoanalytic Association, 30, 621–655.

Gray, P. (1986). On helping analysands observe intrapsychic activity. In A. D. Richards & M. S. Willick (Eds.), Psychoanalysis: The science of mental conflict: Essays in honor of Charles Brenner (pp. 245–262). Hillsdale, NJ: Analytic Press.

Gray, P. (1990). The nature of therapeutic action on psychoanalysis. Journal of the American Psychoanalytic Association, 38, 1083–1097.

Gray, P. (1994). The ego and the analysis of defense. Northvale, NJ: Jason Aronson.

Gray, P. (1996). Undoing the lag in the technique of conflict and defense analysis. Psychoanalytic Study of the Child, 51, 87–101.

Greenberg, J. R. (1986). Theoretical models and the analyst's neutrality. Contemporary Psychoanalysis, 22, 87–106.

Greenberg, J. R. & Mitchell, S. (1983). Object relations in psychoanalytic theory. Cambridge University Press.

Greenberg, L. (2005). Emotionszentrierte Therapie: Ein Überblick. Psychotherapeutenjournal, 4, 324–337.

Greenson, R. R. (1967). The technique and practice of psychoanalysis, Vol. 1. New York: Int. Press (dt.: Technik und Praxis der Psychoanalyse, Bd. 1. Stuttgart: Ernst Klett Verlag, 1973).

Grieser, J. (1998). Der phantasierte Vater. Zu Entstehung und Funktion des Vaterbildes beim Sohn. Tübingen: edition diskord.

Grimmer, B. (2006). Psychotherapeutisches Handeln zwischen Zumuten und Mutmachen. Das Beziehungs- und Kommunikationskonzept der Kreditierung. Stuttgart: Kohlhammer.

Grotstein, J. S. (2009). » …But at the same time and on another level …« Psychoanalytic theory and technique in the Kleinian/Bionian mode. Vol. 1. London: Karnac.

Guderian, C. (2004). Magie der Couch. Bilder und Gespräche über Raum und Setting in der Psychoanalyse. Stuttgart: Kohlhammer.

Gutwinski-Jeggle, J. (2003). Netze und Gefäße zum Bergen von Abwesendem und Verlorenem. Gedanken zur Rolle der Sprache im Rahmen einer psychoanalytischen Theorie der Symbolbildung. Psyche – Z Psychoanal, 57, 1057–1085.

Haesler, L. (1992). Die Beziehung zwischen Außerübertragungsdeutungen und Übertragungsdeutungen. Eine klinische Studie. Zeitschrift für psychoanalytische Theorie und Praxis, 7, 380–397.

Hanenberg, R. G. (2008). Wissenschaftliche Kreativität und Phantasie in der Psychoanalyse Freuds. Frankfurt/M.: Edition Déjà-vu.

Hartkamp, N. (2014). Ich-Psychologie. In W. Mertens (Hg.), Handbuch psychoanalytischer Grundbegriffe (S. 399–403). Stuttgart: Kohlhammer, 4., überarb. u. erw. Aufl.

Hartmann, H. (1964). Psychoanalyse und Entwicklungspsychologie. In ders., Ich-Psychologie. Studien zur psychoanalytischen Theorie (S. 106–118). Stuttgart: Klett, (1. Aufl. 1950).

Hartmann, H.-P. & Lohmann, K. (2004). Selbstregulation. In P. Geißler (Hg.), Was ist Selbstregulation? Eine Standortbestimmung (S. 41–65). Gießen: Psychosozial.

Haubl, R. & Mertens, W. (1996). Der Psychoanalytiker als Detektiv. Stuttgart: Kohlhammer.

Hauser, S. (2000). Die Narben der Vergangenheit. Psychoanalytische Behandung einer 37jährigen depressiven Patientin. In M. Endres & S. Hauser (Hg), Bindungstheorie in der Psychotherapie (S. 136–158). München: Ernst Reinhardt.

Hauser, S. & Endres, M. (2000). Therapeutische Implikationen der Bindungstheorie. In M. Endres & S. Hauser (Hg), Bindungstheorie in der Psychotherapie (S. 159–176). München: Ernst Reinhardt.

Heigl-Evers, A. & Heigl, F. (1983). Das interaktionelle Prinzip in der Einzel- und Gruppenpsychotherapie. Zeitschrift für Psychosomatische Medizin und Psychoanalyse, 29, 1–14.

Heigl-Evers, A. & Heigl, F. (1988). Zum Prinzip »Antwort« in der psycho-analytischen Therapie. In R. Klußmann, W. Mertens & F. Schwarz (Hg.), Aktuelle Themen der Psychoanalyse (S. 85–97). Berlin, Heidelberg, New York: Springer.

Heigl-Evers, A. Heigl, F., Ott, J. & Rüger, U. (1997). Lehrbuch der Psychotherapie. Lübeck: Gustav Fischer.

Heigl-Evers, A., & Ott, J. (1996). Die psychoanalytisch-interaktionelle Methode. Ein Behandlungsangebot für strukturell gestörte Patienten. Psychotherapeut, 41, 77–83

Heigl, F. & Triebel, A. (1977). Lernvorgänge in psychoanalytischer Therapie. Die Technik der Bestätigung – eine empirische Untersuchung. Bern: Huber.

Heimann, P. (1977). Further observations on the analyst's cognitive process. Journal of the American Psychoanalytic Association, 25, 313–333.

Heimann, P. (1996). Über die Gegenübertragung. Forum der Psychoanalyse, 12, 179–184 (1. Aufl. 1950).

Heisterkamp, G. (1999). Zur Freude in der analytischen Psychotherapie. Psyche – Z Psychoanal, 53, 1247–1265.

Heisterkamp, G. (2002). Basales Verstehen. Handlungsdialoge in Psychotherapie und Psychoanalyse. Stuttgart: Pfeiffer.

Heisterkamp, G. (2008). Enactments: Basale Formen des Verstehens. In P. Geißler, a. a. O. (S. 241–269).

Hendrik, (1943). Instinct and ego during infancy. Psychoanalytic Quarterly, 11, 33–58.

Heuft, G. (1990). Bedarf es eines Konzepts der Eigenübertragung? Forum der Psychoanalyse, 6, 299–315

Heuft, G. (2008). Individuelles und kollektives Gedächtnis – Kindheiten im zweiten Weltkrieg im psychoanalytischen Dialog. Psychosozial, 31 (111), 45–55.

Hinshelwood. R. D. (1997). Die Praxis der kleinianischen Psychoanalyse. Stuttgart: Verlag Internationale Psychoanalyse.

Hinshelwood. R. D. (2007). The Kleinian theory of therapeutic action. Psychoanalytic Quarterly, 76, 1479–1498.

Hinz, H. (1991). Gleichschwebende Aufmerksamkeit und die Logik der Abduktion. Jahrbuch der Psychoanalyse, 27, 146–175.

Hinz, H. (2001). Zur klinischen Leichtgewichtigkeit des Diskurs-Diskurses. Was Sie schon immer über »sex and life« wußten und doch nicht glaubten. Psyche – Z Psychoanal, 55, 137–158.

Hirsch, I. (1987). Varying modes of analytic participation. Journal of the American Academy of Psychoanalysis, 15, 205–222.

Hirsch, I. (1997). The concept of enactment and theoretical convergence. Psychoanalytic Quarterly, 67, 78–101.
Hoffman, I. Z. (1991). Some practical implications of a social-constructivist view of the analytic process. Psychoanalytic Dialogues, 2, 287–304.
Hoffman, I. Z. (1996). The intricate and ironic authority of the psychoanalyst's presence. Psychoanalytic Quarterly, 65, 102–136.
Hoffman, I. (2003). Identity maintenance in the affectively distant patient. Journal of the American Psychoanalytic Association, 51, 491–515.
Hoffman, I. Z. (2006). The myths of free association and the potentials of the analytic relationship. International Journal of Psychoanalysis, 87, 43–61.
Hoffmann, S. O. & Schüßler, G. (1999). Wie einheitlich ist die psychodynamisch/psychoanalytisch orientierte Psychotherapie? Psychotherapeut, 44, 367–373.
Holderegger, H. (1993). Der Umgang mit dem Trauma. Stuttgart: Klett-Cotta., 2. Aufl. 1998.
Holmes, J. (2012). Sichere Bindung und Psychodynamische Therapie. Stuttgart: Klett-Cotta.
Horowitz, M., Strauß, B. & Kordy, H. (2000). Inventar zur Erfassung interpersonaler Probleme (IIP-D). Handanweisung, Weinheim: Beltz, 2. Aufl.
House, J. & Portuges, S. (2005). Relational knowing, memory, symbolization, and language: Commentary on the Boston Change Process Study Group. Journal of the American Psychoanalytic Association, 53, 731–744.
Hübner, W. (2006). »Jenseits der Worte«. Versuch über projektive Identifizierung und ästhetische Erfahrung. Psyche – Z Psychoanal, 60, 319–348.
Hübner, W. (2009). Notwendige Regelverletzungen. Der Analytiker als Vermittler zwischen der Welt der inneren und der Welt der äußeren Objekte. Psyche – Z Psychoanal, 63, 22–47.
Hülzer, H. (1999). Metapher: Verständigungsfalle und Verstehenshilfe. Psychotherapie und Sozialwissenschaft. Zeitschrift für Qualitative Forschung, 1, 187–198.
Ivey, G. (2008). Enactment controversies: A critical review of current debates. International Journal of Psychoanalysis, 89, 19–38.
Ietswaart, W. L. (1995). Szene und Symbol als treibende Kräfte. Die unbewußte Phantasie in der Übertragung. Psyche, 49, 141–158.
Jacobs, T. J. (1986). On countertransference enactments. Journal of the American Psychoanalytic Association, 34, 289–307.
Jacobs, T. J. (2001). On unconscious communications and covert enactments: Some reflections on their role in the analytic situation. Psychoanalytic Inquiry, 21, 4–23.

Jakobson, R. (1976). Selected writings, Vol 7: Metalangugae as a linguistic problem. Hawthorne, NY: Mouton.
Jakobson, R. (1990). The speech event and the function of language. In L. R. Waugh & M. Monville-Burston (Eds.), On language (pp. 113–121). Cambridge, MA: Harvard University Press.
Jiménez, J. P. (1988). Die Wiederholung des Traumas in der Übertragung. Katharsis oder Durcharbeiten? Forum der Psychoanalyse, 4, 186–203.
Jiménez, J. P. (2006). After pluralism: Towards a new, integrated psychoanalytic paradigm. International Journal of Psychoanalysis, 87, 1487–1508.
Jones, E. E. (2000). Therapeutic action. A guide to psychoanalytic therapy. Northvale, NJ.: Jason Aronson.
Joseph, B. (1975). Der unzugängliche Patient. In dies. Psychisches Gleichgewicht und psychische Veränderung (S. 116–134). Stuttgart: Klett-Cotta, 1994.
Joseph, B. (1985). Übertragung – Die Gesamtsituation. In E. Bott-Spillius (Hg.), Melanie Klein Heute, Bd. 2 (S. 84–100). Weinheim: Verlag Internationale Psychoanalyse.
Josephs, L. (1988). A comparison of archaeological and empathic modes of listening. Contemporary Psychoanalysis, 24, 283–300.
Junkers, G. (2003). Zwanghaftes Zweifeln als Angriff auf den analytischen Rahmen. Zeitschrift für psychoanalytische Theorie und Praxis, 18, 378–401.
Jurist, E. L. (2005). Mentalized affectivity. Psychoanalytic Psychology, 22, 426–444.
Kanzer, M. (1955). The communicative function of the dream. International Journal of Psycho-Analysis, 36, 260–266.
Kern, J. W. (1995). On focused association and the analytic surface: Clinical opportunities in resolving analytic stalemate. Journal of the Psychoanalytic Association, 43, 393–422.
Kernberg, O. F. (1996). The analyst's authority in the psychoanalytic situation. Psychoanalytic Quarterly, 65, 137–157.
Kernberg, O. F. (1998). Eine schwere sexuelle Hemmung im Laufe der psychoanalytischen Behandlung eines Patienten mit narzißtischer Persönlichkeitsstörung. Psyche – Z Psychoanal, 52, 1147–1162.
Kernberg, O. F. (1999a). Vorwort. In J. Sandler & A.-M. Sandler, a. a. O. (S. 15–21).
Kernberg, O. F. (1999b). Psychoanalysis, psychoanalytic psychotherapy and supportive psychotherapy: Contemporary controversies. International Journal of Psychoanalysis, 80, 1075–1091.
Kernberg, O. F., Selzer, M. A., Koenigsberg, H. W., Carr, A. C. & Appelbaum, A. M. (1993). Psychodynamische Therapie bei Borderline-Patienten. Bern: Huber.

Kettner, M. (1995). Psychoanalytische Deutungsmuster. Plädoyer für die diskursive Erforschung der Supervision. In E. Kaiser (Hg.), Psychoanalytisches Wissen. Beiträge zur Forschungsmethodik (S. 265–282). Opladen: Westdeutscher Verlag.

Kettner, M. (1998). Zur Semiotik der Deutungsarbeit: Freud und Peirce. Psyche – Z Psychoanal, 52, 619–647.

Killingmo, B. (1989). Conflict and deficit: implications for technique. International Journal of Psychoanalysis, 70, 65–79.

Killingmo, B. (1995). Affirmation in psychoanalysis. International Journal of Psychoanalysis, 76, 503–518.

Kind, J. (2005). Kränkung und destruktiver Narzißmus. Zum Zerstörungspotential von Selbstobjektbeziehungen. In C. Rohde-Dachser & F. Wellendorf (Hg.), Inszenierungen des Unmöglichen. Theorie und Therapie schwerer Persönlichkeitsstörungen (S. 76–105). Stuttgart: Klett-Cotta.

Klemann M. (2008). »Wer nicht hören will, muß fühlen!« Übertragungsanalyse und die unbewußten Wünsche des Analytikers. Psyche – Z Psychoanal, 62, 397–422.

Klüwer, R. (1983). Agieren und Mitagieren. In S. O. Hoffmann (Hg.), Deutung und Beziehung. Kritische Beiträge zur Behandlungskonzeoption und Technik in der Psychoanalyse (S. 231–248). Frankfurt/M.: Fischer.

Klüwer R. (1995a). Studien zur Fokaltherapie. Frankfurt/M.: Suhrkamp.

Klüwer, R. (1995b). Agieren und Mitagieren – 10 Jahre später. Zeitschrift für psychoanalytische Theorie und Praxis, 10, 45–70.

Klüwer, R. (2000a). Fokus – Fokaltherapie – Fokalkonferenz. Psyche – Z Psychoanal, 54, 299–321.

Klüwer, R. (2000b). Das szenische Verstehen und psychoanalytische Prozesse. In S. Drews (Hg.) Zum »Szenischen Verstehen« in der Psychoanalyse (S. 21–42). Frankfurt/M.: Brandes & Apsel.

Köhler, L. (1998a). Anwendung der Bindungstheorie in der psychoanalytischen Praxis. Einschränkende Vorbehalte, Nutzen, Fallbeispiele. Psyche – Z Psychoanal, 52, 369–397.

Köhler, L. (1998b). Einführung in die Entstehung des Gedächtnisses. In M. Koukkou, M. Leuzinger-Bohleber & W. Mertens (Hg.), Erinnerung von Wirklichkeiten. Psychoanalyse und Neurowissenschaften im Dialog, Bd. 1: Bestandsaufnahme (S. 131–222). Stuttgart: Verlag Internationale Psychoanalyse.

Köhler, L. (2002). Erwartungen an eine klinische Bindungsforschung aus der Sicht der Psychoanalyse. In B. Strauß, A. Buchheim, & H. Kächele (Hg.). Klinische Bindungsforschung. Theorien-Methoden-Ergebnisse (S. 3–8). Stuttgart: Schattauer.

Köhler, L. (2004). Frühe Störungen aus der Sicht zunehmender Mentalisierung. Forum der Psychoanalyse, 20, 158–174.

Kohut, H. (1971). Introspektion, Empathie und Psychoanalyse. Psyche – Z Psychoanal, 25, 831–855.
Kohut, H. (1973). Narzissmus. Frankfurt/M.: Suhrkamp.
Kohut, H. (1979). Die Heilung des Selbst. Frankfurt/M.: Suhrkamp.
Kohut, H. (1987). Wie heilt die Psychoanalyse? Frankfurt/M.: Suhrkamp.
König, H. (1996). Gleichschwebende Aufmerksamkeit, Modelle und Theorien im Erkenntnisprozeß des Psychoanalytikers. Psyche – Z Psychoanal, 50, 337–375.
König, H. (2000). Gleichschwebende Aufmerksamkeit und Modellbildung. Eine qualitativ-systematische Einzelfallstudie zum Erkenntnisprozess des Psychoanalytikers. Ulm: Ulmer Textbank.
König, H. (2014). Gleichschwebende Aufmerksamkeit. In W. Mertens (Hg.), Handbuch psychoanalytischer Grundbegriffe (S. 324–329). Stuttgart: Kohlhammer, 4., übearb. u. erw. Aufl.
König, K. (2005). Abstinenz, Neutralität und Transparenz in psychoanalytisch orientierten Therapien. Stuttgart: Klett-Cotta.
Körner, J. (1985). Vom Erklären zum Verstehen in der Psychoanalyse. Göttingen: Vandenhoeck & Ruprecht.
Körner, J. (1989a). Kritik der »therapeutischen Ich-Spaltung«. Psyche – Z Psychoanal, 43, 385–396.
Körner, J. (1989b). Arbeit an der Übertragung? Arbeit in der Übertragung! Forum der Psychoanalyse, 5, 209–223.
Körner, J. (1990). Übertragung und Gegenübertragung, eine Einheit im Widerspruch. Forum der Psychoanalyse, 6, 87–104.
Körner, J. (1995). Der Rahmen der psychoanalytischen Situation. Forum der Psychoanalyse, 11, 15–26.
Körner, J. (2003). Die argumentationszugängliche Kasuistik. Forum der Psychoanalyse, 19, 28–35.
Körner, J. (2006). Erinnern oder Zurückphantasieren. Über Nachträglichkeit in der Übertragung. Forum der Psychoanalyse 22, 231–239.
Körner, J. (2014). Abstinenz. In W. Mertens (Hg.), Handbuch psychoanalytischer Grundbegriffe (S. 1–6). Stuttgart: Kohlhammer, 4., überarb. u. erw. Aufl.
Körner, L. & Rosin, U. (1992). Über Regression. Forum der Psychoanalyse, 1, 25–47.
Koukkou, M., Leuzinger-Bohleber, M. & Mertens, W. (Hg.) (1998). Erinnerung von Wirklichkeiten. Psychoanalyse und Neurowissenschaften im Dialog, Bd. 1: Bestandsaufnahme. Stuttgart: Verlag Internationale Psychoanalyse.
Krause, R. (1992). Die Zweierbeziehung als Grundlage der psychoanalytischen Therapie. Psyche – Z Psychoanal, 46, 588–612.
Krause, R. (1997). Allgemeine Psychoanalytische Krankheitslehre. Bd. 1. Stuttgart: Kohlhammer.

Krause, R. (2002a). Affekte und Gefühle aus psychoanalytischer Sicht. Psychotherapie im Dialog, 3, 120–127.
Krause, R. (2002b). Psychoanalytische Affektforschung. Anwendungen auf die psychoanalytische klinische Arbeit. In P. Giampieri-Deutsch (Hg.), Psychoanalyse im Dialog der Wissenschaften. Bd. 1. Europäische Perspektiven (S. 273–286). Stuttgart: Kohlhammer.
Krause, R. (2005). Das Gegenwartsunbewusste als kleinster gemeinsamer Nenner aller Techniken – Integration und Differenzierung als Zukunft der Psychotherapie. In G. Poscheschnik (Hg.), Empirische Forschung in der Psychoanalyse. Grundlagen – Anwendungen – Ergebnisse (S. 239–256). Gießen: Psychosozial.
Krause, R. (2012). Allgemeine psychodynamische Behandlungs- und Krankheitslehre. Grundlagen und Modelle. 2., vollst. überarb. u. erw. Aufl. Stuttgart: Kohlhammer.
Kris, A. O. (1985). Resistance in convergent and in divergent conflicts. Psychoanalytic Quarterly, 54, 537–568.
Kris, A. O. (1990). Helping patients by analyzing self-criticism. Journal of the American Psychoanalytic Association, 38, 605–636.
Kris, A. O. (1996). Free association: method and process. Hillsdale, NJ: The Analytic Press.
Kris, E. (1956). On some vicissitudes of insight in psychoanalysis. In ders., Selected papers (pp. 252–271). New Haven: Yale University Press, 1975.
Kronberger, N. (1999). Schwarzes Loch, geistige Lähmung und Dornröschenschlaf: Ein metaphernanalytischer Beitrag zur Erfassung von Alltagsvorstellungen von Depression. Psychotherapie und Sozialwissenschaft. Zeitschrift für Qualitative Forschung, 1, 85–104.
Küchenhoff, J. (2003). Körperbild und psychische Struktur – zur Erfassung des Körpererlebens in der psychodynamischen Struktur. Zeitschrift für Psychosomatische Medizin und Psychotherapie, 49, 175–194.
Küchenhoff, J. (2007). Körperinszenierungen. In P. Geißler & G. Heisterkamp (Hg.), Psychoanalyse der Lebensbewegungen. Zum körperlichen Geschehen in der psychoanalytischen Therapie. Ein Lehrbuch (S. 23–38). Wien/New York: Springer.
Lachauer, R. (2005). Du sollst Dir ein Bild machen. Fokus – Metapher – psychoanalytische Heuristik. Forum der Psychoanalyse, 21, 14–29.
Lachmann, F. & Beebe, B. (1996). Three principles of salience in the organization of the patient-analyst-interaction. Psychoanalytic Psychology 13, 1–22.
Laireiter, A.-R. (1995). Die Therapeut-Patient-Beziehung in der Verhaltenstherapie. Psychotherapie Forum, 3, 128–146.

Laimböck, A. (2007). Schwierige Passagen. Herausforderungen an die psychoanalytische Methode. Frankfurt/M.: Brandes & Apsel.

Laimböck, A. (2013a). Nachdenken über ›Szenisches Verstehen‹ – heute. Jahrbuch der Psychoanalyse, 66, 49–80.

Laimböck, A. (2013b). Szenisches Verstehen, Unbewusstes und frühe Störungen. Psyche – Z Psychoanal, 67, 881–902.

Lakoff, G. & Johnson, M. (1980). Metaphers we live by. Chicago: University of Chicago Press (dt.: Leben in Metaphern. Heidelberg: Carl-Auer, 1998, 4. Aufl. 2004).

Lamm, L. J. (1993). The idea of the past. History, science, and practice in American psychoanalysis. New York: New York University Press.

Langs, R. (1978). Technique in transition. New York: Jason Aronson.

Langs, R. (1981). Modes of ›cure‹ in psychoanalysis and psychoanalytic psychotherapy. International Journal of Psycho-Analysis, 62, 199–214.

Langs, R. (1982). Psychotherapy: A basic text. New York: Jason Aronson.

Langs, R. (1996). Modalitäten des »Heilens« in der Psychoanalyse. Forum der Psychoanalyse, 12, 204–225.

Lanz, P. (1993). Alltagspsychologie und Psychoanalyse. In W. Tress & S. Nagel (Hg.). Psychoanalyse und Philosophie: eine Begegnung (S. 96–109). Heidelberg: Asanger.

Laplanche, J. (1996). Die unvollendete kopernikanische Revolution in der Psychoanalyse. Frankfurt/M.: Fischer.

Lear, J. (2003). The therapeutic action of psychoanalysis. New York: Other Press.

Lear, J. (2005). Freud. New York: Routledge.

Lear, J. (2009). Technik und eigentliches Ziel der Psychoanalyse: Vier Möglichkeiten, einen bestimmten Moment zu betrachten. Psychoanalyse in Europa, Bulletin 63, 137–159.

Lecours, S. (2007). Supportive interventions and nonsymbolic mental functioning. International Journal of Psychoanalysis, 88, 895–915.

Lecours, S. & Bouchard, M.-A. (1997). Dimensions of mentalisation: outlining levels of psychic transformation. International Journal of Psychoanalysis, 78, 855–875.

Lecours, S., Bouchard, M.-A. & Normandin, L. (1995). Countertransference as the therapist's mental activity: Experience and gender differences among psychoanalytically oriented psychologists. Psychoanalytic Psychology, 12, 259–279.

Leikert, S. & Ruff, W. (1997). Die posttherapeutische Krise: Eine Untersu-chung zum Durcharbeiten von Therapieerfahrung. Jahrbuch der Psychoanalyse, 39, 135–153.

Leuzinger-Bohleber, M., Mertens, W. & Koukkou, M. (Hg.) (1998a). Erinnerung von Wirklichkeiten. Psychoanalyse und Neurowissen-

schaften im Dialog, Bd. 2: Folgerungen für die psychoanalytische Praxis. Stuttgart: Verlag Internationale Psychoanalyse.
Leuzinger-Bohleber, M., Pfeifer, R. & Röckerath, K. (1998b). Wo bleibt das Gedächtnis? Psychoanalyse und embodied cognitive science im Dialog. In M. Koukkou, M. Leuzinger-Bohleber & W. Mertens (Hg.), Erinnerung von Wirklichkeiten. Psychoanalyse und Neurowissenschaften im Dialog, Bd. 1: Bestandsaufnahme (S. 517–588). Stuttgart: Verlag Internationale Psychoanalyse.
Levenson, E. (1991). The purloined self: Interpersonal perspective in psychoanalysis. New York: Contemporary Psychoanalysis Books.
Levine, F. (1990). Mapping the mind. Hillsdale: Analytic Press.
Levy, K. N. & Blatt, S. J. (1999). Attachment theory and psychoanalysis: Further differentiations within insecure attachment patterns. Psycho-analytic Inquiry, 19, 541–575.
Levy, S. T. & Inderbitzin, L. B. (1997). Safety, danger, and the analyst authority. Journal of the American Psychoanalytic Association. 377–394
Lichtenberg, J. (2003). A clinican's view of attachment theory and research: A discussion of the papers in three issues of Psychoanalytic Inquiry. Psychoanalytic Inquiry, 23, 151–206.
Lichtenberg, J. D. (2007). Kunst und Technik psychoanalytischer Therapien. Frankfurt/M.: Brandes & Apsel.
Lichtenberg, J. D. & Wolf, E. (1997). Principles of self psychology. Journal of the Psychoanalytic Association, 45, 531–543.
Lionells, M., Fiscalini, J., Mann, C., & Stern, D. (Eds.) (1995). Handbook of interpersonal psychoanalysis, Hillsdale, NJ: Analytic Press.
Litowitz, B. (2002). Sexuality and textuality. Journal of the American Psychoanalytic Association, 50, 171–198.
Litowitz, B. E. (2005). When »something more« is less: Commentary on the Boston Change Process Study Group. Journal of the American Psychoanalytic Association, 53, 751–759.
Litowitz B. (2007). The second person. Journal of the American Psychoanalytic Association, 55, 1129–1149.
Little, M. (1951). Countertransference and the patient's response to it. International Journal of Psychoanalysis, 32, 32–40.
Loewenstein, R. M. (1966). On the theory of the superego: A discussion. In R. M. Loewenstein, L. M. Newman, M. Schur & A. J. Solnit (Eds.), Psychoanalysis' – A general psychology: Essays in honor of Heinz Hartmann (pp. 298–314). New York: International University Press.
Lohmer, M. (2011). Übertragung und Gegenübertragung. Psychotherapeut, 2, 98–104.
Lorenzer, A. (1970). Sprachzerstörung und Rekonstruktion. Vorarbeiten zu einer Metatheorie der Psychoanalyse. Frankfurt/M.: Suhrkamp.

Lorenzer, A. (2002). Die Sprache, der Sinn, das Unbewusste. Psychoanalytisches Grundverständnis und Neurowissenschaften. Stuttgart: Klett-Cotta.
Lyons-Ruth, K. (1998a). Implicit relational knowing: its role in development and psychoanalytic treatment. Infant Mental Health Journal, 7, 127–131.
Lyons-Ruth, K. (1998b). The two person unconscious: intersubjective dialogue, enactive relational representation and the emergence of new forms of relational organisation. Psychoanalytic Inquiry, 19, 576–617.
Lyons-Ruth, K. (2003). Dissociation and the parent-infant dialogue: A longitudinal perspective from attachment research. Journal of the American Psychoanalytic Association, 51, 883–911.
Lyons-Ruth K. (2006). The interface between attachment and intersubjectivity: perspective from the longitudinal study of disorganized attachment. Psychoanalytic Inquiry, 26, 595–616.
Mahl, G. F. (1977). Body movements, representation, and verbalization. In N. Freedman & S. Grand (Eds.), Communicative structures and psychic structures (pp. 291–310). New York: Plenum Press.
Maiello, S. (1999). Das Klangobjekt. Über den pränatalen Ursprung auditiver Gedächtnisspuren. Psyche – Z Psychoanal, 53, 137–157.
Maiello, S. (2003). Die Bedeutung pränataler auditiver Wahrnehmung und Erinnerung für die psychische Entwicklung – Eine psychoanalytische Perspektive. In M. Nöcker-Ribaupierre (Hg.), Hören – Brücke ins Leben. Musiktherapie mit früh- und neugeborenen Kindern (S. 151–169). Göttingen: Vandenhoeck & Ruprecht.
Mancia, M. (2006). Implicit memory and early unrepressed unconscious: Their role in the therapeutic process (How the neurosciences can contribute to psychoanalysis). International Journal of Psychoanalysis, 87, 83–103.
Mancia, M. (2007). Feeling the words. Neuropsychoanalytic understanding of memory and the unconscious. London/New York: Routledge.
Marcus, E. R. (1999). Modern ego psychology. Journal of the American Psychoanalytic Association, 47, 843–871.
Matte Blanco, I. (1975). The unconscious as infinite sets. An essay in bi-logic. London: Druckworth.
Mayes, L. C. (2005). Something is different but what or why is unclear: Commentary on the Boston Change Process Study Group. Journal of the American Psychoanalytic Association, 53, 745–750.
McDougall, J. (1984). The »dis-affected« patient: reflections on affect pathology. Psychoanalytic Quarterly, 53, 386–409.
McLaughlin, J. T. (1987). The play of transference: some reflections on enactment in the psychoanalytic situation. Journal of the American Psychoanalytic Association, 35, 557–582.

McLaughlin, J. T. (1991). Clinical and theoretical aspects of enactment. Journal of the American Psychoanalytic Association, 39, 595–614.

McLaughlin, J. T. (1996). Power, authority, and influence in the analytic dyad. Psychoanalytic Quarterly, 65, 201–235.

Meehl, P. E. (1994). Subjectivity in psychoanalytic inference: The nagging persistence of Wilhelm Fliess's Achensee question. Psychoanalysis and Contemporary Thought, 17, 3–82.

Meissner, W. W. (1998). Neutrality, abstinence, alliance. Journal of the American Psychoanalytic Association, 46, 1089–1128.

Meissner, W. W. (2002). The problem of self-disclosure in psychoanalysis. Journal of the American Psychoanalytic Association, 50, 827–867.

Meltzer, D. (1981). The Kleinian expansion of Freud's metapsychology. International Journal of Psycho-Analysis, 62, 177–185.

Merten, J. (2001). Beziehungsregulation in Psychotherapien. Maladaptive Beziehungsmuster und der therapeutische Prozess. Stuttgart: Kohlhammer.

Mertens, W. (1975). Zur Sozialpsychologie des Experiments – das Experiment als soziale Interaktion. Hamburg: Hoffmann und Campe.

Mertens, W. (1990a). Einführung in die psychoanalytische Therapie, Bd. 1. Stuttgart: Kohlhammer, 3. Aufl. 2000.

Mertens, W. (1990b). Einführung in die psychoanalytische Therapie, Bd. 2. Stuttgart: Kohlhammer, 3. Aufl. 2004.

Mertens, W. (1991). Einführung in die psychoanalytische Therapie, Bd. 3. Stuttgart: Kohlhammer, 2. Aufl. 1993.

Mertens, W. (1996). Grundlagen psychoanalytischer Psychotherapie. In W. Senf & M. Broda (Hg.), Praxis der Psychotherapie. Ein integratives Lehrbuch für Psychoanalyse und Verhaltenstherapie (S. 152–190). Stuttgart: Thieme, 5. Aufl., 2012.

Mertens, W. (1999). Traum und Traumdeutung. München: C.H.Beck, 4. Aufl. 2009.

Mertens, W. (2003). Psychoanalytischer Raum und alltägliche Welt – Transfers und Transformationen. Forum der Psychoanalyse, 19, 169–180.

Mertens, W. (2005). Psychoanalyse. Grundlagen, Behandlungstechnik und Anwendung. Stuttgart: Kohlhammer.

Mertens, W. (2007). Zur Konzeption des Unbewussten – Einige Überlegungen zu einer interdisziplinären Theoriebildung zum Unbewussten. In E. Geus-Mertens (Hg.), Eine Psychoanalyse für das 21. Jahrhundert. Wolfgang Mertens zum 60. Geburtstag (S. 114–163). Stuttgart: Kohlhammer.

Mertens, W. (2008). Tiefenpsychologie – Psychoanalytische Menschenbilder nach Freud. In C. Thies & H. Bohlken (Hg.), »Handbuch Anthropologie« (S. 257–268). Stuttgart/Weimar: Metzler.

Mertens, W. (2011). Entwicklungsorientierung in der Psychoanalyse: überflüssig oder unerlässlich? Psyche – Z Psychoanal, 65, 808–831.
Mertens, W. (2010–2012). Psychoanalytische Schulen im Gespräch. Bd. 1–3. Bern: Huber.
Mertens, W. (2013). Das Zwei-Personen-Unbewusste – unbewusste Wahrnehmungsprozesse in der analytischen Situation. Psyche – Z Psychoanal, 67, 817–843.
Mertens, W. (2015). Einführung in die psychoanalytische Therapie. Stuttgart: Kohlhammer (umfassend überarbeitete Neuauflage der Bände 1–3).
Mertens, W. & Haubl, R. (1996). Der Psychoanalytiker als Archäologe. Stuttgart: Kohlhammer.
Mertens, W. (Hg.) (2014). Handbuch psychoanalytischer Grundbegriffe. Stuttgart: Kohlhammer, 4., überarb. u. erw. Aufl.
Milch, W. E. & Hartmann, H.-P. (Hg.) (1999). Die Deutung im therapeutischen Prozess. Gießen: Psychosozial.
Miller, M. L. (1996). Validation, interpretation, and corrective emotional experience in psychoanalytic treatment. Contemporary Psychoanalysis, 32, 385–410.
Milrod, B., Busch F., Cooper, A. & Shapiro, T. (1997). Manual of panic-focused psychodynamic psychotherapy, Washington, DC. American Psychiatric Association.
Mischel, T. (1981). Zum Verständnis neurotischen Verhaltens: Vom Mechanismus zur ›Intentionalität‹. In ders., Psychologische Erklärungen. Gesammelte Aufsätze (S. 180–229) Frankfurt/M.: Suhrkamp.
Mitchell, S. A. (1988). Relational concepts in psychoanalysis: An integration. Cambridge: Harvard University Press.
Mitchell, S. A. (1993). Hope and dread in psychoanalysis. New York: Basic Books.
Mitchell, S. A. (1998). The emergence of features of the analyst's life. Psychoanalytic Dialogues, 8, 187–194.
Mitchell, S. A. (2003). Bindung und Beziehung. Auf dem Weg zu einer relationalen Psychoanalyse. Gießen: Psychosozial.
Mitrani, J. L. (1995). Towards an understanding of unmentalized experience. Psychoanalytic Quarterly, 64, 68–112.
Modell, A. H. (1984). Gibt es die Metapsychologie noch? Psyche – Z Psychoanal, 38, 214–234.
Modell, A. H. (1990). Other times, other realities. Cambridge: Harvard University Press.
Modell, A. (2003). Imagination and the meaningful brain. Cambridge/London: MIT Press.
Möhlenkamp, G. (2000). Supportive Psychotherapie – Eine nützliche Nebensache oder ein psychotherapeutisches Basiskonzept? Psycho-

therapie in Psychiatrie, Psychotherapeutischer Medizin und Klinischer Psychologie, 5, 180–185.
Moser, T. (1987). Der Psychoanalytiker als sprechende Attrappe. Eine Streitschrift. Frankfurt/M.: Suhrkamp.
Moser, T. (2005). Analytische Körperpsychotherapie und Mikroperspektive. In P. Geißler (Hg.), Nonverbale Interaktion in der Psychotherapie. Forschung und Relevanz im therapeutischen Prozess (S. 83–87). Gießen: Psychosozial.
Moser, U. (2001). »What is a Bongaloo, Daddy?« Übertragung, Gegenübertragung, therapeutische Situation. Allgemein und am Beispiel »früher Störungen«. Psyche – Z Psychoanal, 55, 97–136.
Moser, U. & Zeppelin, I. von (1991). Cognitive-affective processes: new ways of psychoanalytic modeling. Berlin: Springer.
Moser, U. & v. Zeppelin, I. (2004). Die Regulierung der Beziehung bei »frühen Störungen« (»Borderline«-Fällen). Psyche – Z Psychoanal, 58, 1089–1110.
Müller, T.(2014). Rahmen, Setting. In W. Mertens (Hg.) (2014). Handbuch psychoanalytischer Grundbegriffe (S. 790–798). Stuttgart: Kohlhammer, 4., überarb. u. erw. Aufl.
Müller-Pozzi, H. (2003). Buchbesprechung von Herbert Will: Was ist klassische Psychoanalyse? Ursprünge, Kritik, Zukunft. Zeitschrift für Psychoanalytische Theorie und Praxis, 28, 402–406.
Müller-Pozzi, H. (2007). Eine Triebtheorie für unsere Zeit. Sexualität und Konflikt in der Psychoanalyse. Bern: Hans Huber.
Nissen, B. (2007). Autistoide Rückzugsdynamik bei schwerer Hypochondrie. Psyche – Z Psychoanal, 61, 34–55.
Normandin, L. & Bouchard, M.-A. (1993). The effects of theoretical orientation and experience on rational, reactive, and reflective countertransference. Psychotherapy Research, 3, 77–94.
Ogden, T. H. (1979). Projective identification. International Journal of Psychoanalysis, 60, 357–373.
Ogden, T. H. (1994). The analytic third: working with intersubjective clinical facts. International Journal of Psychoanalysis, 75, 3–19.
Ogden, T. H. (2001). Analytische Träumerei und Deutung. Zur Kunst der Psychoanalyse. Wien: Springer.
Ogden, T. H. & Gabbard, G. O. (2010). The lure of symptom in psychoanalytic treatment. Journal of the American Psychoanalytic Association, 58, 533–544.
Orange, D. M. (1995). Emotional understanding: Studies in psychoanalytic epistemology. New York: Guilford.
Orange, D. M., Atwood, G. E. & Stolorow R. D. (1997). Working intersubjectively: Contextualism in psychoanalytic practice. Hillsdale, NJ: Analytic Press.

Ornstein, A. (1996). Die Angst vor der Wiederholung. Bemerkungen zum Prozeß des Durcharbeitens in der Psychoanalyse. Psyche – Z Psychoanal, 50, 444–462.

Ornstein, A. & Ornstein, P. (2000). Alle »guten« psychoanalytischen Psychotherapien sind supportiv – und was zeichnet »gute« Psychotherapien aus? Psychotherapie in Psychiatrie, Psychotherapeutischer Medizin und Klinischer Psychologie, 5, 186–196.

Pally, R. (1997). How the brain actively constructs perceptions. International Journal of Psycho-Analysis, 78, 1021–1030.

Pally, R. (1998a). Emotional processing: the mind-body connection. International Journal of Psycho-Analysis, 79, 349–362.

Pally, R. (1998b). Bilaterality: Hemispheric specialization and integration. International Journal of Psycho-Analysis, 79, 565–578.

Pally, R. (2001). A primary role for nonverbal communication in psychoanalysis. Psychoanalytic Inquiry, 21, 71–93.

Pally, R. (2005). A neuroscientific perspective on forms of intersubjectivity in infant research and adult treatment. In B. Beebe, S. Knoblauch, J. Rustin & D. Sorter (Eds.), Forms of intersubjectivity in infant research and adult treatment (pp. 191–241). New York: Other Press.

Pally, R. (2007). The predicting brain: Unconscious repetition, conscious reflection and therapeutic change. International Journal of Psychoanalysis, 88, 861–881.

Pally, R. & Olds, D. (1998). Consciousness: A neuroscience perspective. International Journal of Psycho-Analysis, 79, 971–989.

Palombo, S. (1999). The evolving ego. Madison, CT: International University Press.

Parsons, M. (2006). The analyst's countertransference to the psychoanalytic process. International Journal of Psychoanalysis, 87, 1183–1198.

Parsons, M. (2007). Reading the inarticulate: The internal analytic setting and listening beyond contertransference. International Journal of Psychoanalysis, 88, 1441–1456.

Parsons, M. (2013). Zwischen Tod und Urszene. Forum der Psychoanalyse, 29, 115–131.

Peichl, J. (2005). Psychoanalytisch verstehen, neurobiologisch denken, störungsspezifisch handeln. Psychotherapie in Psychiatrie, Psychotherapeutischer Medizin und Klinischer Psychologie, 10, 182–189.

Peskin, M. (2001). Back to basics. Psychoanalytic Inquiry, 21, 658–674.

Pflichthofer, D. (2005). Hörräume – Klanghüllen. Die Stimme als ästhetisches Element in der analytischen Aufführung. Forum der Psychoanalyse, 21, 333–349.

Pflichthofer, D. (2008). Performanz in der Psychoanalyse. Inszenierung – Aufführung – Verwandlung. Psyche – Z Psychoanal, 62, 28–60.

Pflichhofer, D. (2011). Zwischen Gesetz und Freiheit. Die Suche nach dem Rahmen und dem Objekt. Psyche – Z Psychoanal, 65, 30–62.

Pflichhofer, D. (2012). Spielregeln der Psychoanalyse. Gießen: Psychosozial.

Pflichthofer, D. (2014). Performanz. In W. Mertens (Hg.), Handbuch psychoanalytischer Grundbegriffe (S. 709–714). Stuttgart: Kohlhammer, 4. überarb. u. erweit. Aufl.

Pine, F. (1994). Some impressions regarding conflict, defect, and deficit. Psychoanalytic Study of the Child, 49, 222–240.

Pine, F. (2006). The psychoanalytic dictionary: A position paper on diversity and its unifiers. Journal of the American Psychoanalytic Association, 54, 463–491.

Plassmann R. (1986). Prozessphantasien. Zur Technik der systemischen Einzeltherapie. Familiendynamik, 11, 90–108.

Plassmann, R. (1993). Organwelten: Grundriß einer analytischen Körperpsychologie. Psyche – Z Psychoanal, 47, 261–282.

Plassmann, R. (1996). Körperpsychologie und Deutungstechnik. Die Arbeit mit Deutungen zweiter Ordnung (Prozeßdeutungen). Forum der Psychoanalyse, 12, 19–30.

Pohl, S. (1991). Wissenschaftstheoretische und methodologische Probleme der Psychoanalyse. Eine Auseinandersetzung mit Grünbaums Psychoanalysekritik. Würzburg: Königshausen & Neumann.

Polanyi, M. (1985). Implizites Wissen. Frankfurt/M.: Suhrkamp.

Porder, M. (1988). Projektive Identifikation: Eine Alternativ-Hypothese. Forum der Psychoanalyse, 4, 1–21.

Pray, M. (2002). The classical/relational schism and psychic conflict. Journal of the American Psychoanalytic Association, 50, 249–280.

Prigogine, I. (1980). From beeing to becoming. San Fracisco: Freeman.

Prigogine, I. & Stengers, I. (1981). Dialog mit der Natur. München: Piper.

Pugh, G. (2002). Freud's »problem«: Cognitive neuroscience & psychoanalysis working together on memory. International Journal of Psychoanalysis, 83, 1375–1394.

Pulver, S. E. (1992). Psychic change: Insight or relationship? International Journal of Psycho-Analysis, 73, 199–208.

Purcell, S. D. (2004). The analyst's theory: A third source of countertransference. International Journal of Psychoanalysis, 85, 635–652.

Quindeau, I. (2004). Die intersubjektive Konstitution des Unbewußten. Zeitschrift für psychoanalytische Theorie und Praxis, 19, 309–324.

Racker, H. (1968). Transference and countertransference. Madison, C. T.: International Universities Press (dt. Übertragung und Gegenübertragung. Studien zur psychoanalytischen Technik. München: Ernst Reinhardt, 1978).

Raguse, H. (1992). »Freie Assoziation« als Sprache der Psychoanalyse – einige linguistische Reflexionen. Zeitschrift für psychoanalytische Theorie und Praxis, 7, 293–305.

Raguse, H. (1998). Psychoanalytische Hermeneutik – Weltanschauung oder Regelkorpus? Psyche – Z Psychoanal, 52, 648–702.

Rapaport, D. (1944). The scientific methodology of psychoanalysis. In M. M. Gill (ed.), The collected papers of David Rapaport (pp. 165–220). New York: Basic Books, 1967.

Rapaport, D. (1954). Clinical implications of ego psychology. In M. M. Gill (ed.), The collected papers of David Rapaport (pp. 586–593). New York: Basic Books, 1967.

Rasting, M. (2008). Mimik in der Psychotherapie. Die Bedeutung der mimischen Interaktion im Erstgespräch für den Therapieerfolg. Gießen: Psychosozial.

Reddemann, L. & Sachsse, U. (1998). Welche Psychoanalyse ist für Opfer geeignet? Einige Anmerkungen zu Martin Ehlert-Balzer: Das Trauma als Objektbeziehung. Forum der Psychoanalyse, 14, 289–294.

Reich, G. (2014). Projektive Identifizierung. In W. Mertens (Hg.), Handbuch psychoanalytischer Grundbegriffe (S. 745–750). Stuttgart: Kohlhammer, 4., überarb. u. erw. Aufl.

Reichmayr, J., Wagner, U., Quederrou C. & Pletzer B. (2003). Psychoanalyse und Ethnologie. Biographisches Lexikon der psychoanalytischen Ethnologie, Ethnopsychoanalyse und interkulturellen psychoanalytischen Therapie. Gießen: Psychosozial.

Reinke, E. (2013). ›Szenische Evidenz‹ und ›Szenisches Verstehen‹. Zur Vermittlung des Werks von Herrmann Argelander und Alfred Lorenzer. Jahrbuch der Psychoanalyse, 66, 13–48.

Renik, O. (1993). Analytic interaction: Conceptualizing technique in the light of the analyst's irreducible subjectivity. Psychoanalytic Quarterly, 62, 553–571.

Renik, O. (1995). The ideal of the anonymous analyst and the problem of self-disclosure. Psychoanalytic Quarterly, 64, 466–495.

Renik, O. (1996). The perils of neutrality. Psychoanalytic Quarterly, 65, 495–517.

Renik, O. (1998a). The analyst's subjectivity and the analyst's objectivity. International Journal of Psycho-Analysis, 79, 487–497.

Renik, O. (1998b). Getting real in psychoanalysis. Psychoanalytic Quarterly, 67, 566–593.

Renik, O. (1998c). Knowledge and authority in the psychoanalytic relationship. Northvale, NJ: Aronson.

Riesenberg-Malcolm, R. (2003). Unerträgliche seelische Zustände erträglich machen. Psychoanalytische Arbeiten mit extrem schwierigen Patienten. Stuttgart: Klett-Cotta.

Rizzuto, A.-M. (2002). Speech events, language development, and the clinical situation. International Journal of Psychoanalysis, 83, 1325–1344.

Robbins, M. (1983). Toward a new mind model for the primitive personalities. International Journal of Psychoanalysis, 64, 127–148.

Robbins, M. (1988). The adaptive significance of destructiveness in primitive personalities. Journal of the American Psychoanalytic Association, 36, 627–652.

Robbins, M. (1996). The mental organization of primitive personalities and its treatment implications. Journal of the American Psychoanalytic Association, 44, 755–784.

Rohde-Dachser, C. & Wellendorf F. (Hg.) (2004). Inszenierungen des Unmöglichen. Theorie und Therapie schwerer Persönlichkeitsstörungen. Stuttgart: Klett-Cotta, 2. Aufl. 2005.

Romanowsk, R., Escobar J. R. & Sordi, R. E. (2003). An application of bi-logical theory to the study of psychic change and mourning. International Journal of Psychoanalysis, 84, 533–545.

Rorty, R. (1979). Philosophy and the mirror of nature. Princeton, NJ: Princeton University Press.

Rorty, R. (1989). Contingency, irony, and solidarity. Cambridge: Cambridge University Press.

Rosegrant, J. (2005). The therapeutic effects of the free-associative state of consciousness. Psychoanalytic Quarterly, 74, 737–766.

Rosenbloom, S. (1998). The complexities and pitfalls of working with the countertransference. Psychoanalytic Quarterly, 67, 256–275.

Rosenfeld, H. (1981). Zur Psychoanalyse psychotischer Zustände. Frankfurt/M.: Suhrkamp.

Rossi Monti, M. (2005). New interpretative styles: Progress or contamination? Psychoanalysis and phenomenological psychopathology. International Journal of Psychoanalysis, 86, 1011–1032.

Roth, G. (2001). Fühlen, Denken, Handeln. Wie das Gehirn unser Verhalten steuert. Frankfurt/M.: Suhrkamp.

Roth, G. (2003a). Wie das Gehirn die Seele macht. In G. Schiepek (Hg.), Neurobiologie der Psychotherapie (S. 28–41). Stuttgart: Schattauer.

Roth, G. (2003b). Aus Sicht des Gehirns. Frankfurt/M.: Suhrkamp.

Rotmann, J. M. (1996). Wie psychoanalytisch kann Psychotherapie sein? Zeitschrift für psychoanalytische Theorie und Praxis, 11, 162–182.

Rudolf, G. (2000). Psychotherapeutische Medizin und Psychosomatik. Ein einführendes Lehrbuch auf psychodynamischer Grundlage. Stuttgart: Thieme, 4. überarb. u. erw. Aufl.

Rudolf, G. (2004). Strukturbezogene Psychotherapie. Leitfaden zur psychodynamischen Therapie struktureller Störungen. Stuttgart: Schattauer.

Rudolf, G., Grande, T. und Oberbracht, C. (2000). Die Heidelberger Umstrukturierungsskala. Ein Modell der Veränderung in psychoanalytischen Therapien und seine Operationalisierung in einer Schätzskala. Psychotherapeut, 45, 237–246.

Rüger, U. Dahm, A. & Kallinke, D. (2011). Faber/Haarstrick. Kommentar Psychotherapie Richtlinien. München: Urban & Fischer, 9. Aufl.

Safran, J. D., Muran, J. C. & Proskurov, B. (2009). Alliance, negotiation, and rupture resolution. In R.A. Levy & J.S. Ablon (Eds.), Handbook of evidence-based psychodynamic psychotherapy (pp. 201–225). New York: Humana Press.

Sander, L. (1962). Issues of early mother-child-interaction. Journal of the American Academy of Child Psychiatry, 1, 141–166.

Sander, L. (1964). Adaptive relationships in early mother-child-interaction. Journal of the American Academy of Child Psychiatry, 3, 231–264.

Sander, L. (1975). Infant and caretaking environment. Investigation and conceptualization of adaptive behavior in a system of increasing complexity. In E. J. Anthony (Ed.), Explorations in child psychiatry (pp. 129–166). New York: Plenum Press.

Sander, L. (1977). The regulation of exchange in the infant-caretaker system and some aspects of the context content/relationship. In M. Lewis & L. Rosenblum (Eds.), Interaction, conversation, and the development of language (pp. 133–156). New York: Wiley.

Sander, L. (1985). Toward a logic of organization in psychobiological development. In H. Klar & L. Siever (Eds.), Biologic response styles: Clinical implications (pp. 20–36). New York: APA Monographs.

Sandler, A.-M. (1997). Zur Deutung der Übertragung im Hier und Jetzt. Forum der Psychoanalyse, 13, 211–222.

Sandler, J. (1960). The safety principle. International Journal of Psycho-Analysis, 41, 352–356.

Sandler, J. (1976). Countertransference and role-responsiveness. International Review of Psychoanalysis, 3, 43–47 (dt.: Gegenübertragung und die Bereitschaft zur Rollenübernahme. Psyche – Z Psychoanal, 30, 297–305, 1976).

Sandler, J. (1983). Reflections on some relations between psychoanalytic concepts and psychoanalytic practice. International Journal of Psychoanalysis, 64, 35–45 (dt., Die Beziehungen zwischen psychoanalytischen Konzepten und psychoanalytischer Praxis. Psyche – Z Psychoanal, 37, 577–595, 1983).

Sandler, A.-M. & Sandler, J. (1983). The ›second censorship‹, the ›three box model‹ and some technical implications. International Journal of Psycho-Analysis 64, 413–425 (dt.: Vergangenheits-Unbewuß-

tes, Gegenwarts-Unbewußtes und die Deutung der Übertragung. Psyche – Z Psychoanal, 39, 800–829, 1985).
Sandler, A.-M. & Sandler, J. (1997). A psychoanalytic theory of repression and the unconscious. In J. Sandler & P. Fonagy (Eds.), Recovered memories of abuse: True or false (pp. 163–181). Madison, Conn.: International Universities Press.
Sandler, J. & Joffe, W. G. (1969). Towards a basic psychoanalytic model. International Journal of Psycho-Analysis, 50, 79–90.
Sandler, J. & Sandler, A.-M. (1993). Regression und Anti-Regression. Forum der Psychoanalyse, 8, 283–291.
Sandler, J. & Sandler, A.-M. (1999). Innere Objektbeziehungen. Entstehung und Struktur. Stuttgart: Klett-Cotta.
Sandler, J., Holder, A., Dare, C. & Dreher, A. U. (2003). Freuds Modelle der Seele. Eine Einführung. Gießen: Psychosozial.
Schachter, J. & Kächele, H. (2007). The analyst's role in healing: Psychoanalysis-Plus. Psychoanalytic Psychology, 24, 429–444.
Schafer, R. (1976). A new language for psychoanalysis. New Haven: Yale University Press. (dt. Eine neue Sprache für die Psychoanalyse. Stuttgart: Klett-Cotta, 1982).
Schafer, R. (1997a). Die zeitgenössischen Kleinianer in London. Psych – Z Psychoanal, 51, 338–357.
Schafer, R. (Ed.) (1997b). The contemporary Kleinians of London. Madison, Conn.: International Universities Press.
Scharff, J. M. (1995a). Zwischen Freud und Ferenczi: die inszenierende Interaktion (Teil 1). Zeitschrift für psychoanalytische Theorie und Praxis, 10, 349–374.
Scharff, J. M. (1995b). Zwischen Freud und Ferenczi: die inszenierende Interaktion (Teil 2). Zeitschrift für psychoanalytische Theorie und Praxis, 10, 442–461.
Scharff, J. M. (2004). ›Ein Modell, das die Fehler in seinem Zentrum hat.‹ Neuere Arbeiten zur psychoanalytischen Behandlungstechnik. Psyche – Z Psychoanal, 58, 1011–1031.
Scharff, J. M. (2009). Verwickeln und Entwickeln – das analytische Paar und das Sexuelle. Psyche – Z Psychoanal, 63, 1–21.
Scharff, J. M. (2010). Die leibliche Dimension in der Psychoanalyse. Frankfurt/M.:Brandes & Apsel.
Schechter, M. (2007). The patient's experience of validation in psychoanalytic treatment. Journal 167 ft he American Psychoanalytic Association, 55, 105–130.
Scheidt, C. E. (1995). Sprechhandlungen im psychoanalytischen Dialog. Forum der Psychoanalyse, 11, 324–337.
Scheidt, C. E. (2005). Bindungstheorie. In W. Senf & M. Broda (Hg.), Praxis der Psychotherapie. Ein integratives Lehrbuch (S. 92–96). Stuttgart: Thieme.

Schmidt, S. & Strauß, B. (1996). Die Bindungstheorie und ihre Relevanz für die Psychotherapie. Teil 1. Psychotherapeut, 41, 139–150.

Schneider-Heine, A. & Lohmer, M. (2011). Abwehr und Gegenübertragung. In B.Dulz, S. Herpertz, O.F.Kernberg & U.Sachsse (Hg.), Handbuch der Borderline-Störungen (S. 559–565). Stuttgart: Schattauer.

Schneider, G. (2003). Die Zukunft? Plädoyer für eine atopische Grundhaltung in der Psychoanalyse – mit einem Exkurs zu Melvilles Bartleby. Psyche – Z Psychoanal, 57, 226–248.

Schneider, J.A. (2010). From Freud's dreamwork to Bion's work of dreaming: The changing conception of dreaming in psychoanalytic theory. International Journal of Psychoanalysis, 91, 521–540.

Schönle, O. (1981). Die Konzeption Roy Schafers und ihr Resultat die »action language« In W. Mertens (Hg.) Neue Perspektiven der Psychoanalyse (S. 124–160). Stuttgart: Kohlhammer.

Schöpf A. (2014). Suggestion. In W. Mertens (Hg.), Handbuch psychoanalytischer Grundbegriffe (S. 914–916). Stuttgart: Kohlhammer, 4., überarb. u. erw. Aufl.

Schore, A. N. (2005). Das menschliche Unbewusste: die Entwicklung des rechten Gehirns und seine Bedeutung für das frühe Gefühlsleben. In V. Green (Hg.) Emotionale Entwicklung in Psychoanalyse, Bindungstheorie und Neurowissenschaften. Theoretische Konzepte und Behandlungspraxis (S. 35–68). Frankfurt/M.: Brandes und Apsel.

Schore, A. N. (2007). Affektregulation und die Reorganisation des Selbst. Stuttgart: Klett-Cotta.

Schülein, J. A. (1999). Schwierigkeiten psychoanalytischer Theorie – Anmerkungen zur wissenschaftstheoretischen Diskussion. Zeitschrift für psychoanalytische Theorie und Praxis, 14, 308–334.

Schüßler, G. (2002). Neurobiologie und Psychotherapie. Zeitschrift für Psychosomatische Medizin und Psychotherapie, 50, 406–429.

Schüßler, G. (2004). Innnerpsychischer Konflikt und psychische Struktur: Wo steht das Unbewusste heute? In R. W. Dahlbender, P. Buchheim & G. Schüßler (Hg.), Lernen an der Praxis. OPD und Qualitätssicherung in der Psychodynamischen Psychotherapie (S. 181–191). Bern/Göttingen: Hans Huber.

Schultz-Venrath, U. (2013). Lehrbuch mentalisieren. Psychotherapien wirksam gestalten. Stuttgart: Klett-Cotta.

Schwaber, E. A. (1983). Psychoanalytic listening and psychic reality. International Review of Psycho-Analysis, 10, 379–392.

Schwaber, E.A. (1986). Reconstruction and perceptual experience: Further thoughts on psychoanalytic listening. Journal of the American Psychoanalytic Association, 34, 911–932.

Schwaber, E. A. (1988). Rekonstruktion und Wahrnehmungserleben: Weiterführende Gedanken zum psychoanalytischen Zuhören. In P. Kutter, R. Páramo-Ortega & P. Zagermann (Hg.), Die psychoanalytische Haltung (S. 207–230). Verlag Internationale Psychoanalyse.

Schwaber, E. A. (1992). Countertransferences: The analyst's retreat from the patient's vantage point. International Journal of Psycho-Analysis, 73, 349–361.

Schwaber, E. (2000). Zum Konzept der psychischen Realität des Patienten. Forum der Psychoanalyse, 16, 1–15.

Schwaber, E. A. (2005). The struggle to listen: Continuing reflections, lingering paradoxes, and some thoughts on recovery of memory. Journal of the American Psychoanalytic Association, 53, 789–810 (dt.: Das Ringen ums Zuhören: Gedanken über den Wiedergewinn von Erinnerungen. Psyche – Z Psychoanal, 60, 31–56).

Searle, J. R. (1969). Speech acts. London: Cambridge University Press.

Searle, J. R. (1993). Die Wiederentdeckung des Geistes. München: Artemis und Winkler.

Shapiro, E. R. & Carr, A. W. (1991). Lost in familiar places. New Haven, CT: Yale University Press.

Siegel, A. M. (2000). Einführung in die Selbstpsychologie. Das psychoanalytische Konzept von Heinz Kohut. Stuttgart: Kohlhammer.

Silverman, D. K. (1998). The tie that binds affect regulation, attachment, and psychoanalysis. Psychoanalytic Psychology, 15, 187–212.

Silverman, D. K. (2001). Sexuality and attachment: A passionate relationship or a marriage of convenience? Psychoanalytic Quarterly, LXX, 325–358.

Slade, A. (2000). The development and organization of attachment: Implications for psychoanalysis. Journal of the American Psychoanalytic Association, 48, 1147–1174.

Slavin, M. O. & Kriegman, D. (1992). The adaptive design of the human psyche: Psychoanalysis, evolutionary biology, and the therapeutic process. New York: Guilford Press.

Slavin, J. H., Rahmani, M. & Pollock, L. (1998). Reality and danger in psychoanalytic treatment. Psychoanalytic Quarterly, LXVII, 191–217.

Smith, H. F. (2003). Analysis of transference: A north american perspective. International Journal of Psychoanalysis, 84, 1017–1041.

Soldt, P. (2006a). Bildliches Denken. Zum Verhältnis von Anschauung, Bewusstsein und Unbewusstem. Psyche – Z Psychoanal, 60, 543–572.

Spencer, J. H. & Balter, L. (1984). Empathy and the analyzing instrument. In J. Lichtenberg, M. Bornstein & D. Silver (Eds.), Empathy II (pp. 289–307). Hillsdale, NJ.: Analytic Press.

Spencer, J. H. & Balter, L. (1990). Psychoanalytic observation. Journal of the American Psychoanalytic Association, 38, 393–421.
Stadler, T. (2007). Informationsbroschüre für Analytische Kinder- und Jugendlichen-Psychotherapeuten der Akademie für Psychoanalyse und Psychotherapie in München.
Stegmüller, W. (1969). Probleme und Resultate der Wissenschaftstheorie und analytischen Philosophie. Berlin: Springer.
Stein, H., Buchholz, M. B. & Gödde, G. (2003). Braucht die Psychoanalyse eine Lebenskunstlehre? Journal für Psychologie, 11, 305–322.
Steiner, J. (1993). Patienten-zentrierte und Analytiker-zentrierte Deutungen. Überlegungen zu »Containment« und Gegenübertragung. In J. Gutwinksi-Jeggle & J. M. Rottmann (Hg.), »Die klugen Sinne pflegend«. Psychoanalytische und kulturkritische Beiträge (S. 222–239). Tübingen: edition diskord.
Steiner, J. (1998). Orte des seelischen Rückzugs. Stuttgart: Klett-Cotta.
Steiner, J. (2003). Probleme der analytischen Technik – Patientenzentrierte und analytikerzentrierte Deutungen. In A.-M. Sandler & R. Davies (Hg.), Psychoanalyse in Großbritannien (S. 126–151). Göttingen: Vandenhoeck & Ruprecht.
Steiner Fahrni, M. (2004). Interaktive Regulation und Selbstregulation in Träumen von Erwachsenen aus der Sicht der Säuglingsforschung. P. Geißler (Hg.), Was ist Selbstregulation? Eine Standortbestimmung (S. 119–136). Gießen: Psychosozial.
Steiner Fahrni, N. M. (2013). Implizites Beziehungswissen als Wegweiser in Träumen und im psychotherapeutischen Geschehen. In P. Geißer & A. Sassenfeld (Hg.), Jenseits von Sprache und Denken. Implizite Dimensionen im psychotherapeutischen Geschehen (S. 199–236). Gießen: Psychosozial.
Stern, D. (1985). The interpersonal world of the infant. A view from psychoanalysis and developmental psychology. New York: Basic Books (dt. Die Lebenserfahrung des Säuglings. Stuttgart: Klett, 1992).
Stern, D. (1995). The motherhood constellation. New York: Basic Books (dt. Die Mutterschaftskonstellation. Eine vergleichende Darstellung verschiedener Formen der Mutter-Kind-Psychotherapie. Stuttgart: Klett-Cotta, 1998).
Stern, D., Sander, L., Nahum, J. Harrison, A., Lyons-Ruth, K., Morgan, A., Bruschweiler-Stern, N. & Tronick, E. (1998a). Noninterpretative mechanisms in psychoanalytic therapy. The ›something more‹ than interpretation. International Journal of Psycho-Analysis, 79, 903–921 (dt.: Nicht-deutende Mechanismen in der psychoanalytischen Therapie. Das »Etwas-Mehr« als Deutung. Psyche – Z Psychoanal, 56, 974–1006, 2002).
Stern, D., Bruschweiler-Stern, N., Harrison, A., Lyons-Ruth, K., Morgan, A., Nahum, J., Sander, L., & Tronick, E. (1998b). The process of the-

rapeutic change involving implicit knowledge: Some implications for adult psychotherapy. Infant Mental Health Journal, 19, 300–308.
Stern, D. B. (1997). Unformulated experience: From dissociation to imagination in psychoanalysis. Hillsdale, NJ: Analytic Press.
Stolorow, R. D. (1997). Dynamic, dyadic, intersubjective systems: An evolving paradigm for psychoanalysis. Psychoanalytic Psychology, 14, 317–334.
Stolorow, R. & Atwood, G. (1992). Contexts of beeing: The intersubjective foundations of psychological life. Hillsdale, NJ: Analytic Press.
Storck, T. (2013). Doing transference – Agieren als Verhandeln der Übertragungsbeziehung. Jahrbuch der Psychoanalyse, 66, 81–120.
Strachey, J. (1934). The nature of the therapeutic action of psychoanalysis. International Journal of Psychoanalysis, 15, 127–159.
Strauß, B. & Schmidt, S. (1997). Die Bindungstheorie und ihre Relevanz für die Psychotherapie. Psychotherapeut, 42, 1–16.
Strauß, B., Buchheim, A. & Kächele, H. (Hg.) (2002). Klinische Bindungsforschung. Theorien-Methoden-Ergebnisse. Stuttgart: Schattauer.
Streeck, U. (1994). Psychoanalyse von Angesicht zu Angesicht? Forum der Psychoanalyse, 10, 1–16.
Streeck, U. (1995). Die interaktive Herstellung von Widerstand. Zeitschrift für Psychosomatische Medizin und Psychoanalyse, 41, 241–252.
Streeck, U. (1999). Nichts anderes als ein »Austausch von Worten«? Interaktion und Inszenierungen im therapeutischen Dialog. Forum der Psychoanalyse, 15, 91–100.
Streeck, U. (2000). Szenische Darstellungen, nichtsprachliche Interaktion und Enactments im therapeutischen Prozeß. In ders. (Hg.), Erinnern, Agieren und Inszenieren. Enactments und szenische Darstellungen im therapeutischen Prozeß (S. 13–55). Göttingen: Vandenhoeck & Ruprecht.
Streeck, U. (2004). Auf den ersten Blick. Psychotherapeutische Beziehungen unter dem Mikroskop. Stuttgart: Klett-Cotta.
Strenger, C. (1989). The classic and the romantic vision in psychoanalysis. International Journal of Psycho-Analysis, 70, 593–610.
Sugarman, A. (1995). Psychoanalysis: Treatment of conflict and deficit. Psychoanalytic Psychology, 12, 55–70.
Sugarman, A. (2006). Mentalization, insightfulnes, and therapeutic action. The importance of mental organization. International Journal of Psychoanalysis, 87, 965–987.
Sugarman, A. & Wilson, A. (1995). Introduction to the special section: contemporary structural analysts critique relational theories. Psychoanalytic Psychology, 12, 1–8.

Talvitie, V. & Ihanus, J. (2002). The repressed and implicit knowledge. International Journal of Psychoanalysis, 83, 1311–1324.
Teicholz, J. G. (2000). Kohut, Loewald, and the postmoderns: A comparative study of self and relationship. Hillsdale, NJ: Analytic Press.
Teicholz, J. G. (2006). Qualities of engagement and the analyst's theory. International Journal of Psychoanalytic Self Psychology, 1, 47–78.
Thelen E. & Smith, L. (1994). A dynamic systems approach to the development of cognition and action. Cambridge MA: MIT.
Thomä, H. (1995). Über die Validierung psychoanalytischer Deutungen (1965–1995). Psychotherapie, Psychosomatik, medizinische Psychologie, 46, 234–240.
Thomä H. & Kächele, H. (1985). Lehrbuch der psychoanalytischen Therapie, Bd. 1: Grundlagen. Berlin: Springer, 3. Aufl. 2006.
Tronick, E. Z. (1989). Emotions and emotional communication in infants. American Psychologist, 44, 112–119.
Tronick, E. Z. (2003). Stimmungen des Kindes und die Chronizität depressiver Symptome: Der einzigartige schöpferische Prozess des Zusammenseins führt zu Wohlbefinden oder in die Krankheit. Teil 1: Der Prozess der normalen Entwicklung und die Ausbildung von Stimmungen. Entstehung von negativen Stimmungen bei Kleinkindern und Kindern von depressiven Müttern. Zeitschrift für Psychosomatische Medizin und Psychotherapie, 49, 408–424.
Tronick, E. Z. (2004). Stimmungen des Kindes und die Chronizität depressiver Symptome: Der einzigartige schöpferische Prozess des Zusammenseins führt zu Wohlbefinden oder in die Krankheit. Teil 2: Die Entstehung von negativen Stimmungen bei Kleinkindern und Kindern von depressiven Müttern. Zeitschrift für Psychosomatische Medizin und Psychotherapie, 50, 153–170.
Tuch, R. H. (2007). Thinking with, and about patients to scared to think: Can non-interpretive maneuvers stimulate reflective thought? International Journal of Psychoanalysis, 88, 91–111.
Tuckett, D. (2005). Does anything go? International Journal of Psychoanalysis, 86, 31–49. (dt.: Ist wirklich alles möglich? Über die Arbeit an einem System zur transparenteren Einschätzung psychoanalytischer Kompetenz. Forum der Psychoanalyse, 23, 44–64, 2007).
Tuckett, D. (2007). Wie können Fälle in der Psychoanalyse verglichen und diskutiert werden? Implikationen für künftige Standards der klinischen Arbeit. Psyche – Z Psychoanal, 1042–1071.
Tuckett, D. (2012). Some reflections on psychoanalytic technique: In need of core concepts or an archaic ritual? Psychoanalytic Inquiry, 32, 87–108.
Utari-Witt, H. (2005). Begegnung im interkulturellen Entwicklungsraum. In P. Bründl & I. Kogan (Hg.), Kindheit jenseits von Trauma und Fremdheit (S. 190–216). Frankfurt/M.: Brandes & Apsel.

Varga, M (2006). A clinical approach to transforming enactment. Psycho-analytic Review, 93, 411–435.
Viederman, M. (1991). The real person of the analyst and his role in the process of psychoanalytic cure. Journal of the American Psychoanalytic Association, 39, 451–489.
Vivona, J. M. (2006). From developmental metaphor to developmental model: The shrinking role of language in the talking cure. Journal of the American Psychoanalytic Association, 54, 877–902.
Vivona, J.M. (2009). Leaping from brain to mind: A critique of mirror neuron explanations of countertransference. Journal of he American Psychoanalytic association, 57, 525–550.
Volz-Boers, U. (1999). »Ich bin wieder ein Mensch.« Transformationen des frühen psychischen Traumas durch Neubildung von Repräsentanzen. Psyche – Z Psychoanal, 53, 1137–1159.
Von der Stein, B. (2006). Verborgene Traumatisierungen und transgenerationelle Traumaweitergabe bei Nachkommen von Migranten. Psychoanalyse. Texte zur Sozialforschung. 10, 137–150.
Waldron, S., Scharf, R. D., Hurst, D., Firestein, S. K. & Burton, A. (2004). What happens in a psychoanalysis. A view through the lens of the analytic process scales (APS). International Journal of Psychoanalysis, 85, 443–466.
Waldvogel, B. (1992). Psychoanalyse und Gestaltpsychologie. Jahrbuch der Psychoanalyse, Beiheft 18, Stuttgart: frommann-holzboog.
Wallerstein, R. S. (1986). How does self psychology differ in practice? In A. Goldberg (Ed.), Progress in self psychology, Vol. 2 (pp. 63–83). New York: Guilford Press.
Wallerstein, R. S. (1989). Psychotherapy project of the Menninger foundation: an overview. Journal of Consulting & Clinical Psychology, 57, 195–205.
Wallerstein, R. S. (1990). The corrective emotional experience: Is reconsideration due? Psychoanalytic Inquiry, 10, 288–324.
Wallerstein, R. S. (1998). The new american psychoanalysis. A commentary. Journal of the American Psychoanalytic Association, 46, 1021–1043.
Wallerstein, R. S. (2002). The growth and transformation of american ego psychology. Journal of the American Psychoanalytic Association, 50, 135–169.
Walter, A. (2010). Entwicklungslinien psychoanalytischer Entwicklungspsychologie und Entwicklungstheorie. Von der Entwicklungsstörung zur Entwicklungstherapie. In S. K. D.Sulz & S.Höfling (Hg.), …und er entwickelt sich doch! Entwicklung durch Psychotherapie (S. 71–116). München: CIP-Medien.
Wampold, B. E. (2001). The great psychotherapy debate: Models, methods and findings. Mahwah, London: Lawrence Erlbaum Associates.

Warsitz, R. P. (1997). Die Psychoanalyse zwischen den Methodologien der Wissenschaften. Psyche – Z Psychoanal, 51, 101–142.

Wasserman, M. D. (1999). The impact of psychoanalytic theory and a two-person psychology on the empathising analyst. International Journal of Psychoanalysis, 80, 449–464.

Weber, A. (2007). Alles fühlt. Mensch, Natur und die Revolution der Lebenswissenschaften. Berlin: Berlin-Verlag.

Wegner, P. (2006). Überwältigtwerden als Performance. Performance als Restitutionsversuch. Jahrbuch der Psychoanalyse, 53, 29–51.

Weinstein, L. (2007). When sexuality reaches beyond the pleasure principle. Attachment, repetition, and infantile sexuality. In D. Diamond, S. J. Blatt & J. D. Lichtenberg (Eds.), Attachment and sexuality (pp. 107–136). New York: Analytic Press.

Weiss, H. (2002). Reporting a dream accompanying an enactment in the transference situation. International Journal of Psychoanalysis, 83, 633–645.

Weiss, J. & Sampson, H. (1986). The psychoanalytic process. New York: Guilford.

Weiß, H. (2007). Ein mehrphasiges Modell der projektiven Identifizierung. Psyche – Z Psychoanal, 61, 151–173.

Welker, R. L. (2005). The fundamental importance of simple operational definitions of introspection and empathy. Psychoanalytic Quarterly, LXXIV, 767–800.

Wellendorf, F. (1995). Lernen durch Erfahrung und die Erfahrung des Lernens. Forum der Psychoanalyse, 11, 250–265.

Wellendorf, F. (1999). Jenseits der Empathie. Forum der Psychoanalyse, 15, 9–24.

Wendisch, M. (2000). Beziehungsgestaltung als spezifische Intervention auf vier Ebenen. Verhaltenstherapie und Verhaltensmedizin, 21, 359–380.

Wendl-Kempmann, G. (1978). Behandlungstechnische Überlegungen zur Bearbeitung der aktuellen Beziehung und der mitgeteilten Inhalte in der Psychoanalyse. Praxis der Psychotherapie, 23, 1–11.

Westen, D. & Gabbard, G. O. (2002a). Developments in cognitive neuroscience, I. Conflict, compromise, and connectionism. Journal of the American Psychoanalytic Association, 50, 53–98.

Westen, D. & Gabbard, G. O. (2002b). Developments in cognitive neuroscience, II. Implications for theories of transference. Journal of the American Psychoanalytic Association, 50, 99–134.

Whitebook, J. (2006). Wissenschaft und Religion: Zur Problematik von Objektivität und Kritik der Psychoanalyse. Psyche – Z Psychoanal, 60, 1018–1039.

Will, H. (1999). Ist Widerstand eine Tatsache, eine Interpretation oder eine Interaktion? Zum Widerstandskonzept in der klassi-

schen Psychoanalyse. Psychotherapie und Sozialwissenschaften, 1, 105–130.
Will, H. (2001). Die Handhabung der Übertragung. Forum der Psychoanalyse, 17, 207–234.
Will, H. (2003). Was ist klassische Psychoanalyse? Ursprünge, Kritik, Zukunft. Stuttgart: Kohlhammer.
Will, H. (2006). Psychoanalytische Kompetenzen. Standards und Ziele für die psychotherapeutische Ausbildung und Praxis. Stuttgart: Kohlhammer.
Will, H. (2008). Über die Position eines Analytikers, der keiner Schule entstammt. Eine Fallstudie zum Verhältnis von privater und öffentlicher Theorie. Psyche – Z Psychoanal, 62, 1–27.
Will H. (2012). Die Suche nach Darstellbarkeit. Psyche – Z Psychoanal, 66, 289–309.
Winnicott, D. W. (1971). Playing and reality. London: Tavistock; New York: Basic Books, 1979 (dt.:Vom Spiel zur Kreativität. Stuttgart: Klett-Cotta, 1974).
Wöller, W. & Kruse, J. (2001). Tiefenpsychologisch fundierte Psychotherapie. Stuttgart: Schattauer. 2. erw. Aufl. 2006.
Worm, G. (2008). Möglichkeiten und Schwierigkeiten im Umgang mit dem Körper in der psychoanalytischen Praxis. In P. Geißler (Hg.), Der Körper in Interaktion. Handeln als Erkenntnisquelle in der psychoanalytischen Therapie (S. 223–239). Gießen: Psychosozial.
Wright, G. (1984). Erklären und Verstehen. Frankfurt/M.: Athenäum.
Wurmser, L. (1987). Flucht vor dem Gewissen. Analyse von Über-Ich und Abwehr bei schweren Neurosen. Berlin: Springer.
Zepf, S. (2006). Attachment theory and psychoanalysis. Some remarks from an epistemological and from a Freudian viewpoint. International Journal of Psychoanalysis, 87, 1529–1548.
Zepf, S. & Hartmann, S. (2008) Some thoughts on empathy and countertransference. Journal of the American Psychoanalytic Association, 56, 741–768.
Zielke, B. (2006). Dimensionen interkultureller Kompetenz in der Psychotherapie: Kulturstandards, interkulturelle Handlungskompetenz und kulturspezifisches Gegenübertragungswissen. In V. Luif, G. Thoma & B. Boothe (Hg.), Beschreiben – Erschließen – Erläutern. Psychotherapieforschung als qualitative Wissenschaft (S. 275–294). Lengerich: Pabst Science Publishers.
Zimmer, D. E. (2000). Lernziel Beziehungsgestaltung: Erfahrungen und Ergebnisse aus der Ausbildung von Verhaltenstherapeuten. Verhaltenstherapie und Verhaltensmedizin, 21, 455–467.
Zimmermann F. (2007). Über die Begrenztheit der psychoanalytischen Theorien dargestellt am Beispiel der Thematisierung der Ge-

schlechterdifferenz durch die Theorien von Freud, Rank, Ferenczi, Klein und Lacan. Psyche – Z Psychoanal, 61, 252–281.

Zittel, C. & Westen, D. (2003). The Countertransference Questionnaire. Download: http://www.psychsystems.net.lab.

Zwiebel, R. (1992). Der Schlaf des Analytikers. Die Müdigkeitsreaktion in der Gegenübertragung. Stuttgart: Verlag Internationale Psychoanalyse.

Zwiebel, R. (2001). Das Konzept des Inneren Analytikers. Forum Supervision, 9, 65–82.

Zwiebel, R. (2003). Psychische Grenzen und die innere Arbeitsweise des Analytikers. Psyche – Z Psychoanal, 57, 1131–1157.

Zwiebel, R. (2004). Der Analytiker als Anderer. Überlegungen zum Einfluß der Person des Analytikers in der analytischen Praxis. Psyche – Z Psychoanal, 58, 836–868.

Zwiebel, R. (2005). Zur Dynamik der »lebendigen Erinnerung in der analytischen Situation«. Psyche – Z Psychoanal, 59 (Beiheft 2005), 78–90.

Zwiebel, R. (2007). Von der Angst, Psychoanalytiker zu sein. Das Durcharbeiten der phobischen Position. Stuttgart: Klett-Cotta.

Zwiebel, R. (2013). Was macht einen guten Psychoanalytiker aus? Grundelemente professioneller Psychotherapie. Stuttgart: Klett-Cotta.

# Personenregister

## A

Ablon 22–23, 285
Adler 166, 248
Agosta 94
Aichhorn 324
Akthar 162
Alexander 195
Altmeyer 168, 246
Amati-Mehler 162
Ammaniti 67
Anscombe 115
Arbeitskreis OPD 73, 150
Argelander 234
Aron 139–140
Atwood 168
Austin 19

## B

Bach 124
Bachant 247
Bachmann 37
Balint 99
Balter 53
Bänninger-Huber 160–161, 224–225, 283
Baranger 168
Barwinski 90
Barwinski-Fäh 291
Bauer 133
Beebe 41, 61, 155, 176, 221, 265
Beland 286
Benecke 160, 251, 283
Bergmann-Mausfeld 17, 96, 299
Bergstein 317
Berns 192–194
Bertalanffy 174
Berzofski 57
Betan 130
Bettighofer 300
Bibring 182
Bielska-Content 289
Bion 75, 77, 142, 202, 226, 286, 315
Blanck, G. 103, 200, 273
Blanck, R. 103, 200, 273
Blatt 68
Bleichmar 89, 305–306
Blum 70–71
Boesky 119
Bohleber 21, 162, 284–285
Böhme-Bloem 266
Bollas 120, 126, 128, 266, 302–303
Bolognini 53, 96–97
Boothe 197
Borbely 205
Boring 179
Bostoner Gruppe 138
Boston Change Process Study Group 116, 138, 216
Bouchard 103, 135, 201
Brenner 152
Brisch 67
Britton 77
Brocher 176
Bründl 162
Bruschweiler-Stern 115
Bucci 17, 27, 133, 177, 216, 233–234, 266, 311
Buchheim 67
Buchholz 21, 198, 204, 238
Busch 149, 235, 305, 313, 316
Bushra 139–140

## C

Canestri  21, 285
Caper  85
Carpy  90, 109, 207
Carsky  130
Carr  108
Casement  74, 302
Cassirer  234
Cavell  34
Chodorow  70
Chused  67
Clarkin  301, 307
Clyman  36, 50, 297
Coates  70
Cohen  20
Coleridge  93
Colombo  216
Conci  246
Cooper  207, 208, 255–256
Cremerius  29, 99

## D

Dahl  42
Damann  90
Danckwardt  40–41, 186
Daser  18, 30, 79, 100, 135, 147
Daser, Eckhardt  57
David  201
Davies  208
Davis  50
De Jonghe  276
de M'Uzan  103
De Masi  51, 267
Denis  284
Dennett  170
Descartes  171
Deserno  33, 194, 234, 295, 300
Diamond  20, 68
Dornes  67, 154, 200
Duval  125

## E

Eagle  67, 98, 135, 154, 213
Eckardt  90
Ehlert-Balzer  291
Ehrenberg  167
Eicke-Spengler  36
Eissler  119
Ekman  27
Endres  67–68
Ensink  131, 136
Erhardt  35
Erikson  295
Erim  162
Erim-Frodermann  162
Ermann  51–52, 79, 89, 290–300
Erreich  247
Etchegoyen  162, 207

## F

F. Mahl  56
Fabregat  204, 205
Fahrni  61
Fain  201
Falkenström  276, 278
Fenichel  149, 223
Ferenczi  99, 174, 253
Ferro  168
Fischer  90, 291
Fishman  96–97
Flader  119, 241
Fließ  274
Fogel  61
Fonagy  33, 51, 67, 70–71, 103, 136, 202, 267, 284, 288, 299
Fosshage  217
Foucault  198
Frank  173
Frayn  252
Freedman  222
French  195

Freud 33, 41, 55–56, 58, 71–72, 78, 97, 108, 120, 129, 133–134, 183, 187, 192, 204, 219–220, 223, 230, 251, 256, 269, 272, 274–275, 277, 280, 295, 303, 308, 310, 319
Freud A. 211, 320
Friesen 27
Frommer 198
Fuchs 97

## G

Gabbard 15, 18, 40, 208, 278, 299
Gallese 98, 133
Gaston 34
Gediman 256
Gedo 101, 230, 296, 323
Geißler 42, 61, 111, 154, 189–190, 221, 249, 265, 291
Gelso 135
Gergely 62, 103, 231, 288
Gill 74, 127, 138, 194, 243, 300, 318
Ginot 105, 109
Gödde 21, 198
Goldberg 260
Götzmann 133
Grabska 317
Grande 274
Gray 148, 235, 251, 304, 313, 316
Green 322
Greenberg, J. R. 153, 166, 174, 215
Greenberg, L. 103
Greenson 78, 138, 149, 182, 223, 288
Grieser 164
Grimmer 198
Grotstein 295
Guderian 42
Gutwinski-Jeggle 267

## H

Hadot 198
Haesler 120
Hanenberg 247
Hartkamp 151
Hartmann H. 25, 70, 110
Hartmann H.-P. 61, 183, 191, 260
Haubl 69, 173
Hauser 67–68
Hayes 135
Hayne 216
Heigl 57, 159, 226, 257, 307
Heigl-Evers 159, 197, 226, 257, 307
Heimann 129, 253, 283
Heisterkamp 42, 96, 189–190, 260
Helmholtz 169
Hendrick 58
Heuft 91, 291
Hinshelwood 186
Hinz 41, 131, 218
Hirsch 167, 283
Hochapfel 133
Hoffman 31, 48, 120, 168, 194, 284
Hoffmann 289
Holderegger 291
Holmes 68
Horney 166, 248
Horowitz 26
House 116
Hübner 41, 227–228, 298
Hülzer 205

## I

Ihanus 50
Inderbitzin 18
Ivey 105

## J

Jacobs 57, 104, 255

Jakobson 232
Jiménez 18, 292
Johnson 203–204
Jones 22
Joseph 31, 227, 297–298
Josephs 321
Jung 174
Junkers 242
Jurist 41, 103, 288

## K

Kächele 117, 276, 300
Kanzer 296
Katzenstein 23
Kern 313
Kernberg 17, 34, 49, 102, 131, 173, 214, 273, 284, 307
Kettner 88, 131
Khan 264
Killingmo 278
Kind 101
Klein 77, 127, 183–184, 226, 237, 244, 285, 298
Klemann 129, 141, 303
Klüwer 105, 117, 146, 236
Kögler 292
Kogan 162
Köhler 68, 200, 260
Kohon 302
Kohut 53, 97, 164, 180–181, 260, 295
König, H. 284, 286, 321
König, K. 255, 307
Körner 38, 48, 95, 111, 130, 158, 244–245, 272, 286, 296
Koukkou 21
Kratzsch 189
Krause 26–27, 62, 103, 109, 160, 165, 176, 204–205, 229, 283
Kriegman 166
Kris, A. O. 120, 215, 229, 317
Kris, E. 101

Kronberger 205
Kruse 90, 104, 167, 289, 291
Küchenhoff 186
Kutter 189, 260

## L

Lacan 118, 274
Lachauer 118, 205
Lachmann 41, 221, 260–261, 265
Laimböck 234, 282
Laireiter 100
Lakoff 203–204
Lamm 60
Langs 194, 322
Lanz 115
Laplanche 324
Lavender 222
Lear 115, 215, 249
Lecours 103, 135, 201, 276–278
Ledoux 306
Leikert 66, 239
Leuzinger-Bohleber 21
Levenson 165, 167
Levine 204
Levy 18, 68
Levy, R. 23
Lichtenberg 55, 68, 164, 260
Lionells 165
Litowitz 116, 264, 279
Little 129, 283
Loewald 246
Loewenstein 168
Lohmann 61
Lohmer 81
Lorenzer 234
Lorke 291
Luquet 202
Lynch 247
Lyons-Ruth 33, 68, 115, 155, 176, 199

## M

Mahler 70, 164
Maiello 66
Marcus 152
Marmar 34
Marty 103, 201–202
Matte Blanco 31
Mayes 116
McLaughlin 48, 104, 143
Mead 125
Meehl 275
Meissner 98, 213, 255–256
Meltzer 185
Merten 160, 229, 283
Mertens 12, 15, 36, 51, 69, 104, 111, 135, 149, 173, 193, 198, 234, 236, 252, 261, 295, 300, 313
Migone 98
Milch 183, 191, 260
Miller 30
Milrod 22
Mischel 115
Mitchell 33, 63, 70, 82, 153, 164, 166–168, 174, 213, 246–247
Mitrani 200
Modell 54, 206, 217
Möhlenkamp 276
Morgan 115
Moser, T. 159, 188–189
Moser, U. 38–39, 61, 100, 122, 155, 224, 265, 274, 297
Müller 241
Müller-Braunschweig 189
Müller-Pozzi 20, 100, 267

## N

Nahum 115

## O

Ogden 40, 173, 184, 226, 303
Olds 244, 295
Orange 168
Ornstein, A. 260, 276
Ornstein, P. 260, 276
Ott 257

## P

Pally 62, 86, 219, 221–222, 244, 287, 295
Palombo 176
Parsons 24, 133, 242
Peichl 291
Peskin 20
Pflichthofer 66, 186, 227, 232, 242
Phelps 306
Pine 70
Plassmann 88, 238
Poettgen-Havekost 189
Poetzl 174
Pohl 115
Pollock 208
Prigogine 174
Pulver 18
Purcell 218, 284

## R

Racker 130, 190–191, 324
Raguse 120–121, 131, 142, 229, 272, 319
Rahmani 208
Rapaport 148, 165, 248, 321
Rasting 283
Rayner 302
Reddemann 291
Reich 227
Reichmayr 161
Reik 319
Renik 48, 79, 118, 172, 213, 252–253
Richards 247
Riedesser 291

Riesenberg-Malcolm  17
Rizzuto  232–233
Robbins  17, 97
Rohde-Dachser  17
Rosegrant  124
Rosenfeld  17
Rosin  130
Rossi Monti  270
Roth  62
Rovee-Collier  216
Rudolf  90, 103, 274
Ruettner  133
Ruff  239
Rüger  43, 257

## S

Sachsse  291
Safran  34
Sampson  50, 58–59, 75, 194, 246, 270
Sander  61, 115, 174, 199, 265
Sandler, A.-M.  116, 127, 298, 302, 314
Sandler, J.  18, 108, 116, 127, 198, 227, 249, 269, 285, 298, 302, 314
Schachter  276
Schafer  47, 185–186
Scharff  75, 157–158, 189
Schechter  30, 215
Scheidt  67
Schiller  306
Schmidt  67
Schneider  118, 210
Schneider-Heine  81
Schönle  47
Schöpf  275
Schore  62
Schüßler  289
Schwaber  49, 54, 190, 207, 255, 284, 322–323
Searle  19, 181

Senf  162
Sergi  67
Shakespeare  93
Shapiro  108
Siegel  260
Sies  176
Silverman  68
Slavin  166, 208
Smith  174, 308
Soldt  123
Spencer  53
Stadler  73
Stark  120
Stein  198
Steiner  61, 80
Steiner-Fahrni  268, 295
Stengers  174
Stern  31, 41, 61, 155, 164, 199, 219, 231, 265, 283, 298
Stern, D.  115
Stewart  302
Stolorow  168, 174
Storck  109
Strachey  83, 303
Strauß  67
Streeck  57, 105, 159–160, 165, 176, 229, 273, 307, 314
Strenger  99
Sugarman  83, 102, 153
Sullivan  165, 248, 283

## T

Talvitie  50
Target  33, 103, 288
Teicholz  255
Tenbrink  267
Thelen  174
Thomä  117, 131, 168, 214, 300
Thompson  282
Tress  198
Triebel  57
Tronick  61, 199, 265, 293

Tuch   101
Tuckett   21, 23

## U

Utari-Witt   162

## V

v. Zeppelin   224
Varga   147, 299
Viederman   31
Vivona   98, 117
Volz-Boers   294
von der Stein   162

## W

Waldron   18
Waldvogel   246
Wallerstein   19, 195
Walter   111
Wampold   100
Warsitz   271
Wasserman   93
Wassermann   96
Watson   62, 231
Weber   260
Weinshel   304
Weinstein   20, 267
Weiss   50, 58–59, 74, 194, 245, 270, 295

Weiß, H.   108, 185, 295
Wellendorf   17, 96, 241
Wendisch   100
Wendl-Kempmann   298
Westen   15, 18, 130, 136, 299
White   58
Whitebook   215
Wicklund   125
Wilkinson   278
Will   21, 23, 99, 145, 314
Winnicott   39, 51, 99, 140, 246
Wolf   260
Wöller   90, 104, 167, 289, 291
Worm   189–190
Wright   115
Wundt   179

## Y

Yeomans   130, 307

## Z

Zepf   20, 98
Zielke   162
Zimmer   100
Zimmermann   99
Zirfas   21, 198
Zittel   136
Zwiebel   14, 72, 143, 156, 173, 282

Wolfgang Mertens

# Psychoanalyse im 21. Jahrhundert

Eine Standortbestimmung

*2014. 232 Seiten mit 1 Abb. und 9 Tab. Kart.*
*€ 24,90*
*ISBN 978-3-17-022273-1*

Die Psychoanalyse ist nicht nur das älteste, umfassendste und auch am gründlichsten beforschte Psychotherapieverfahren, sondern auch eine Theorie und Methode, von der im 20. Jahrhundert viele entscheidende Anstöße für die Entwicklung eines aufgeklärten und reflektierten Bewusstseins ausgegangen sind. Ihre kritischen Denkanstöße haben zu bedeutsamen kulturellen Veränderungen geführt. Wird sie diese Rolle auch im 21. Jahrhundert beibehalten können oder aufgrund der Entwicklungen der Neurobiologie oder der Cognitive Sciences als überflüssig eingeschätzt werden?
In diesem Buch wird herausgearbeitet, warum psychoanalytisches Denken weiterhin zentral für menschliches Erleben und Handeln bleibt und sogar noch wichtiger werden wird, auch wenn ihm nach wie vor viele Widerstände entgegengesetzt werden.

W. Kohlhammer GmbH · 70549 Stuttgart
vertrieb@kohlhammer.de · www.kohlhammer.de